KB131853

외교의 부활

다시 그리는 외교안보전략지도: 동맹, 연합, 공존, 그리고 자강

외교의 부활

미중 충돌 속 흔들리는 체스판, 한국은 어떤 수를 둘 것인가?

NEAR재단 편저

중앙books

왜 우리에게
새로운 외교안보전략지도가 필요한가

• 정덕구 NEAR재단 이사장 •

이 책은 세기적 미중 세력전이기의 한복판에 서서 흔들리는 체스판을 매의 눈으로 주시하며 이것이 미래 한국의 생존 방정식에 미칠 파장을 주목한다. 그리고 이러한 전환기적 상황에서 우리의 주권, 생존권과 국가 정체성을 확고히 지키기 위한 안보전략지도를 새로 그려 제시하고 있다.

지금 우리는 옛 지도와 잘 안 맞는 나침반을 들고 폭우가 쏟아지는 칠흑 같은 밤길을 더듬어가며 관성의 함정에 빠져들고 있지 않나 하고 심히 우려한다. 1년 전 NEAR재단과 상황 인식을 같이하는 굴지의 외교안보 전략가들이 함께 모였다. 여러 차례 발표와 토론을 계속하며 상황 진단과 대안을 모색하는 데 지략과 지적 상상력을 총동원하였다. 모두는 한국이 전환기적 상황에 직면하고 있으며 기존의 외교안보전략 전반에 대한 체계 있는 재검토 작업review session이 필요하다는 데 공감했다. 그리고 우리의 국력, 국격 그리고 지정학적 환경의 변화에 맞는 새로운 외교안보전략지도를 새로 그려야 한다는 데 의견을 모았다.

논의를 거듭하면서 모두는 현재 진행되고 있는 세계 질서의 변화가 세기적 세력전이기에서 나타나는 현상이며 한국이 그 소용돌이의 한복판에 근접해 있다는 데 대하여 모두가 상황 인식을 같이했다. 그리고 이것이 전방위적으로 오래 진행되며 한국의 미래 생존과 번영에 직접적인 영향을 미치게 될 것으로 진단했다. 따라서 한국의 대응전략이 기존 전략에 대한 단편적 수정이나 부분 조정으로는 가능하지 않으며 외교안보 분야뿐 아니라 경제·산업기술·문화 전반에 걸쳐 종합적이고 체계 있는 전략지도를 다시 그리는 작업이 되어야 한다고 주문했다.

이에 따라 구체적인 작업 계획이 수립되고 분야별 전문가들이 투입되었다. 무엇보다도 외교안보전략의 목표를 미중 충돌 속 흔들리는 체스판에서 우리의 주권과 생존권 그리고 정체성을 확고히 지킬수 있는 튼튼한 방패를 만드는 데 두고 작업에 몰두했다. 이제 그 작업 결과를 한 권의 책으로 묶어 국민 앞에 바치게 되었다.

선택의 함정

일반적으로 약소국 외교의 고민은 항상 강대국과의 관계에 있다. 강대국이 1국이면 예속과 위협을 걱정하고, 여러 강대국에 둘러싸이면 선택 비용을 걱정한다. 한국이 약소국이었고 미국이 세계 초강대국 지위를 유지하는 동안 우리는 한미동맹 체제 하에서 미국 외교에 편승하다시피 하며 선택 비용 없이 경제 발전과 국력 신장에 주력할 수 있었다.

그러나 이제는 이러한 단선적 외교 전략은 더 이상 유효하지 않게 되었다. 첫째, 미중 전략경쟁이 충돌적 상황에 이르며 높은 선택 비용을 강요받고 있다. 그리고 탈냉전 이후 북한, 중국, 러시아 등 대륙 외교를 구사하는 나라들이 외교무대에 전면 등장하면서 그들의 폐쇄적이고 은밀하며 변화무쌍한 외교 전술에 자주 무력감을 나타내기도 한다. 그들과의 소통 방식이 해양 국가와 다르고 예측 가능성이 낮기 때문에 기존의 해양 외교, 열린 외교 방식이 그리 유효하지 않다. 둘째, 이제 한국은 더 이상 약소국이 아니다. 중강국이라고 부를 만큼 국력과 국격이 높아지고 하드 파워와 소프트 파워를 같이 겸비한 세계 중요 국가가 되었다. 이제 이렇게 큰 나라의 외교안보 문제를 특정국에 전적으로 의존하는 것은 지속 가능하지 않은 상황이다. 셋째, 그런데도 우리는 아직도 외교적 의사 결정을 할 때 주변국을 의식한다. 그 이유는 우리나라가 세계 강대국에 포위되다시피 하며 높은 지정학적, 지경학적 리스크를 부담할 수밖에 없는 숙명적 위치에 있기 때문이다. 더욱이 미중 충돌 상황이 전개되는 이때 그 최전방에 근접한 한국은 높은 선택 비용을 강요받는 선택의 함정에 빠질 위험이 크다. 넷째, 미국은 초강대국임에도 국내 문제에 발목이 잡혀 대외관계에 국력을 집중하기가 어려워지고 있다. 중국은 공고하고 경성화^{硬性}化된 사회주의 국가로 전환되고 있고 공산당이 국가의 주체인 나라로서 한국과는 정체성의 거리가 멀어지고 중국의 주변국에 대한 잠복된 복속주의가 외교안보 정책에 그대로 반영되고 있다. 또한 중국은 한국에 위협적인 나라가 되고 있다. 문제는 미국이 한미동맹과 한미일 공조체제 하에서 이러한 중국의 위협을 완전히 막아줄 수 있을 것인가가 한국의 최대 고민거리이고 불안요인이 되고 있다는 점이다.

이렇게 한국을 둘러싸고 있는 외교안보 환경은 급속히 복잡하고 난해하게 변화하고 있다. 이에 대응하는 대응 방정식도 새롭게 재구성되어야 할 상황에 직면하고 있다. 따라서 이제 한국은 미중 양국이 처해 있는 상황과 한계를 있는 그대로 받아들이고 점증하는 지정학적 리스크의 헤징 비용과 미중 사이에서의 선택 비용을 최소화할 수 있는 새로운 전략지도를 그려야 할 때다.

미중 간 전방위적 충돌 상황과 양국의 현실적 한계

최근 미국과 중국의 견제와 충돌은 매우 전방위적이고 사생결단 적cut throat이며 장기전의 양상을 보이고 있다. 그리고 한국은 미중 충돌의 모든 영역에서 직접적인 영향권 내에 있다. 무엇보다도 미중 간 가치와 이념적 갈등과 대립은 가장 해소하기 어려운 대상이다.

그동안 자유세계의 리더 국가로 자임해왔던 미국은 인류 보편적 가치로 자리잡은 인간의 자유와 존엄성, 자유 민주정치와 정반대로 치닫고 있는 중국의 통치체제와 시진핑식 중국 특색 사회주의적 가치에 대하여 수수방관하기 어렵다. 그러나 중국은 이에 대한 도전을 내정 간섭 행위라고 보며 적대한다. 그동안 미국 등 자유세계는 중국의 공산당 체제가 점차 연성화軟性化되고 경제 발전에 따라 국민소득이 급상승하면 중국인들의 가치 체제 내부에 큰 변화가 일어날 것으로 기대해왔다. 그러나 지금 세계는 시진핑 시대 중국의 노선과 행위 규범에 크게 실망하고 있다. 특히 미국이 심각하게 우려하고 있는 것은 이렇게 인류 보편적 가치와 반대 방향으로 급팽창하고 있는 중국이 국제사회의 공정한 기준이나 법적 규범을 무시하면서 불공정한 방법으로 미국을 앞질러 세계 중심국가가 되겠다는 야망을 불태우고 있다는 사실이다.

시진핑 시대의 중국은 과거와 다른 중국의 모습으로 변화되고 있다. 이미 세계 강국으로 발돋움한 중국에게는 두 가지 어려움이 다가오고 있다. 첫째는 미국의 초조함이 중국을 비우호적으로 보기 시작하고 견제 의식이 강해진 것이다. 그리고 두 나라는 끝이 안 보이는 분쟁의 소용돌이에 빠져들고 있다는 점이다. 둘째는 국민들의 욕구 체계가 변하며 체제 위험이 증가하는 등 중국은 내부에 심각한 도전이 기다리고 있고 여러 개의 함정을 넘어야 한다. 시진핑 시대 들어 중국은 국내에서 국민들의 욕구를 다시 통제, 억제해 나가며 공산당의 통치 기반을 보다 더 견고하게 다지는 방법을 택했다. 그리고 중국 공산당은 국민들에게 새로운 국가 목표와 공동 과제를 제시하게 된다. 즉 중화사상을 중심으로 세계 중심국가가 되는 데 일치단결해야 한다는 것이다. 시진핑 시대에 이르러 공산당의 통치 기반 강화 노력은 더욱 강화되고 연성화 과정을 걸어왔던 공산당 통치체제는 급속히 경성화되며 이제는 시진핑 주석 1인 체제가 강하게 자리 잡고 있다.

그리고 중화민족주의, 시진핑식 중국 특색 사회주의, 디지털 공산주의, 과학기술 중국몽으로 모든 국민을 무장시키며 미국과 결사항전의 길에 들어서고 있다. 미국은 중국의 팽창이 자유체제의 번영과 안정에 해가 될 것이라는 강한 우려 속에 강력한 견제, 봉쇄 정책을 쓰기 시작했다. 시진핑 주석은 미국의 봉쇄를 자신의 1인 체제를 공고히 하는 기회로 역이용하여 선전선동 역량을 총동원하고, 디지털 공산주의 방식으로 인민의 일거수일투족을 통제, 관리하는 데 주력했다. 그러나 중국은 독자 생존력이 약하기 때문에 닫힌 민족주의로는 더 이상의 발전을 기대하기 어려운 나라다. 이미 미중 충돌 과정에서 중국 경제 내부에 엄청난 내상을 입고 있다는 사실이 드러나고 있다. 그리고 시진핑 주석의 대미 항전은 후기 디지털 세계로 뻗어나갈 동력을 상실하게 할 수 있다. 그리고 급속한 소득 증대는 국민의 지향점을 변화시켜 시진핑식 공안통치를 더 이상 유지하기 어렵게 할 수 있을 것이다. 더욱이 최근에 목격하듯이 자원이 빈궁한 중국이 폐쇄회로에 갇히고 미국과 동맹국들의 봉쇄에 핵심 자원이 막힐 경우 경제사회적 불안요인이 커지며 시진핑 체제를 험로에 몰아넣을 수 있다.

한편 미국의 세계 경제 비중(GDP 기준)이 1960년 40%, 1970년 36%, 2001년 30%였지만 지금은 20% 수준에 머물고 있고 앞으로도 더 내려갈 전망이다. 물론 미국의 세계 리더십을 GDP 비중만으로는 평가하기 어렵다. 세계 기축통화로서의 달러Dollar 금융 파워, 아직도 세계 각국을 압도하는 군사력과 기술력, 외교 네트워크와 국제사회에서 축적한 신뢰 자산, 국민 생활의 질적 수준, 교육, 기타 사회 시스템의 수준과 안정 등 소프트 파워 면에서 미국은 강력한 리더십을 유지하고 있다.

그러나 이러한 자산 축적Stock의 힘을 유지하려면 매년 창출하는 소득GDP, Flow의 힘이 뒷받침되어야 하는데 미국은 이 면에서 계속 위축되고 있다. 미국이 자산 축적에 비해 소득 창출이 위축되면 대외정책에 필요한 파워의 유지 비용을 줄이고 국내 부문의 어려운 현실을 극복하는 데 집중도를 높일 수밖에 없는 것이다.

이것이 미국이 갖고 있는 고민이다. 더욱이 그동안 자유자본주의 체제 하에서의 성과주의가 양극화를 극도로 심화시키는 과정에서 쌓여 있던 국내 불만과 분노가 미국 국내 정치를 흔들어 놓았고 이것이 트럼피즘으로 새롭게 표현된 것이다. 생각과 노선의 차이는 분명하지만 바이든 대통령도 쉽게 이 고민에서 벗어나기 어려울 전망이다. 무엇보다도 그동안 미국을 세계 초강대국으로 뒷받침했던 기둥들이 흔들리고 있다. 의회 정치의 양극단화, 잘 결합된 청교도적 기독교 정신과 자본주의 정신과의 유대 약화, 다민족 국가의 다양성에 대한 도전, 두터운 중산층과 산업 구조의 높은 생산성이 퇴조하는 등 각 기둥들이 흔들리고 있는 것이다.

중국은 한국을 롤모델로 삼고 수출 주도 공업화의 스승으로 받들었지만 그동안 충분히 추격하고 충분히 추월해왔고 더 이상 한국으로부터 배우거나 크게 신세 질 것이 없어졌다고 생각한다. 오히려 시진핑 눈에는 한국이 미국에 밀착, 예속되어 중국 봉쇄망의 교두보 역할을 하지 않을까 하는 의심의 눈초리를 번뜩이고 있다. 그리고 잠복되어온 복속주의를 끄집어내 외교, 안보에 적용하고 싶어 한다. 또한 자유민주주의, 시장경제, 인권 보장이라는 한국의 국가 정체성이 중국에 전염되지 않을까 우려한다. 아울러 시진핑식 중국 특색 사회주의를 오염시킬 K-Culture를 눈엣가시로 바라보는 경향이 뚜렷해지고 있다.

이러한 외교안보 상황의 급속한 변화 속에서 최근의 한국 외교는 지나치게 대북한 외교, 한반도 평화 외교에 편향돼 결과적으로 중국 접근적 외교 행태를 보여왔다는 평가다. 이로 인해 한국 외교는 세기적 세력전이기의 한복판에서 전개되고 있는 외교안보 전쟁 상황과 상당히 엇박자를 보여왔다는 평가를 받는다. 더욱이 국내 이념 충돌은 그대로 국제관계에 대입되고 잠재되어온 민족주의는 닫힌 민족주의로 대외관계를 폐쇄회로 속에 가두어놓았다. 이 과정에서 우리의 국력, 국격에 맞는 큰 외교, 열린 외교는 길을 잃고 표류해왔다는 것이 중론이다. 한국의 국력이 커지고 국격이 높아졌음에도 닫힌 민족주의, 이념적 편향성이 짙은 국내 정치가 대외관계에 그대로 투영되고 그나마 5년마다 외교 나침반이 바뀌면서 국제사회에서 외교적 신뢰 자산의 축적을 방해해 왔다는 것에 대하여 모두가 의견을 같이했다.

또 한번의 세력전이기, 또 한번의 국론 분열

비록 그때와는 국력이나 국격 그리고 외교 역량의 차이가 크게 나기는 하지만 주변 열강 사이에 세력전이가 진행되었던 구한말 통한의 외교적 실패를 답습하려는 기질적 잔재가 남아 있지 않을까 하는 우려도 있다. 그리고 현존하는 국내 정치의 분열과 대결 구도가 그러한 우려를 현실로 만들지 않을까 하는 우려도 만만치 않게 존재하고 있다. 명분론과 실리론의 분열적 논쟁에 빠지며 미중 사이에서 내부적으로 지리멸렬하다 보면 우리의 주권과 생존권, 우리 스스로의 운명과 역사가 강대국들의 선택에 이끌려 갈 수도 있다는 불편한 현실을 인정해야 한다.

무엇보다도 국가 리더십이 국민 생각을 하나로 통합하면서 분열적 사고를 종식시켜야 한다. 이러한 세력전이기의 대혼돈 속에서 한국 정치는 국내 정치 내부의 갈등 요인을 국제관계에 그대로 대입하는 우를 반복하지 말아야 한다. 그리고 국력, 국격에 걸맞은 외교 역량과 사회통합력을 갖추는 것이 전환시대 한국 정치의 큰 사명이다. 아울러 미국에 대하여도, 중국에 대하여도 주체적 인식을 해야 한다. 미국과 중국을 우리의 국익 차원에서 바라보며 접근해야 한다. 이를 기초로 우리는 새로운 외교안보전략의 틀을 확립해야 한다.

이미 미국 등 주변 강국들이 국가이익을 최우선의 외교안보적 가치로 삼고 국제관계를 재단하려 하는 것이 오늘의 현실이다. 따라서 불가피하게 우리의 외교안보전략도 국가이익을 기본으로 하여 재구성되어야 한다. 아울러 우리의 국익 개념이 보다 현실적이고 구체적이며 보다 정교하게 정립되어야 한다.

한미동맹은 지난 60여 년간 많은 변화를 가져왔다. 한미동맹의 목표도 한반도의 평화와 안정을 넘어서 미중 대립 구도와 불가분의 관계 속에 변화되고 있다. 이제 한미동맹은 절대적 개념에서 다소 상대적 개념으로, 수직적 개념에서 수평적 개념으로, 가치동맹 중심에서 상호 이익을 중시하는 개념으로 변화의 길을 가고 있다. 더욱이 미국의 국내 정치가 한미동맹의 미래에 미치는 영향도 점점 커지고 있는 것도 주목할 만한 현실이다. 이러한 상황 전개 속에서도 한미동맹은 한국의 외교안보전략에 있어서 가장 중심축에 자리 잡고 있다. 특히 북한 핵무장 가능성이 높아지고 중국과의 국력의 비대칭성 확대, 점점 멀어진 가치와 정체성의 거리 등으로 인해 한국의 외교안보 리스크가 더욱 커지고 있기 때문에 한미동맹의 중요성은 더욱 커지고 있다는 데 대하여 누구도 반대할 명분을 갖고 있지 못하다.

문제는 한중관계가 점점 불편한 전략적 동반자 관계로 가고 있지만 앞으로 동북아시아의 평화와 안정에 중요한 역할을 행사할 중국과 적대관계로 이행하기 어려운 것이 한국이 안고 있는 최대의 고민이다. 반면, 지금 미국의 최대 이익 개념은 공산주의 중국의 확장을 억제하고 봉쇄하는 것이다. 이제 한미동맹을 이에 대입한다면 한국은 현재 미국의 최대 이익인 중국 봉쇄, 억제 정책에 동참해야 한다는 압박을 완전히 피할 수 없을 것이다. 이러한 기대에 거리가 생기면 미국과 한국 사이에 내면적으로 국가이익적 충돌이 생길 수밖에 없다. 이러한 미국의 국가이익에 반한 한국의 대중국 정책의 선택은 미국 입장에서 오래 인내하기 힘들 것이다. 따라서 이러한 이익 충돌 요인을 사전에 제거하고 이익의 균형을 도모하기 위하여 양국은 부단히 협력하고 상대방을 이해하는 자세와 노력이 필요한 시점이다. 한국은 한국의 국가이익과 동맹 체제를 조화롭게 연결하는 우리 나름의 원칙과 기준을 연구·발전시키고 이 과정에서 미국과 협의 채널을 발전시켜 나가야 한다. 이 과정에서 미국은 한국이 처해 있는 지정학적 특수성을 인정하고 보다 큰 틀에서 한미관계를 받아들여야 한다. 특히 양국의 국가이익이 조화를 이루도록 노력함에 있어서 한미동맹이 군사동맹에 머물지 않고 최근 안보 개념으로 확장되고 있는 미국의 과학기술동맹 라인에 한국이 중심적 역할을 해나가야 한다. 더욱이 시진핑이 미국과의 결사항전 수단으로 제시한 과학기술 중국몽과 이에 맞선 쿼드 과학기술 이니셔티브[QTI]의 움직임을 예의 주시하며 한국의 과학기술 생태계의 혁신 전략과 연계시키는 노력이 긴요한 시점이다. 이제 한국은 중국을 가상의 적으로 보며 그 위협에 대하여 적극 대비하지만 가급적 충돌과 예속을 예방하면서 국가이익 중심으로 선택의 폭을 넓히고 한중 양국 간 새로운 공존의 틀을 만들기 위한 부단한 노력이 필요하다. 그리고 중국은 한국에 대한 위협이나 압박이 결과적으로 중국에게 오히려 큰 비용과 위험을 초래할 것이라는 현실을 직시해야 한다.

중요성이 커지는 자강론의 자리

우리는 미국과의 동맹과 국제 우호 국가들과의 연합 그리고 중국과의 공존체제 속에서 국가의 번영을 뒷받침하고 우리의 주권과 생존권 그리고 국가 정체성을 확고히 지키는 데 부족함이 없는 튼튼한 방어책을 구상해왔다. 그러나 동맹과 연합 그리고 공존체제 모두 내적인 한계와 불안정을 내포하고 있음을 부인할 수 없다. 특히 현재 진행 중인 미중 대립 충돌 상황이 앞으로 어떻게 전개될 것인가가 가장 큰 불안정 요인이다. 그리고 자국 이익 중심의 국제관계 환경이 여기저기서 틈새를 만들게 될 것으로 전망한다. 이제 이러한 틈새와 불안정 요소를 무엇으로 메워나갈 것인가? 이것은 우리의 국력, 국격을 높여 나가며 자강의 힘을 강화함으로써만 가능하다. 이것이 미래 지향적 외교안보전략의 기초 자산인 것이다. 우리에게 외교안보적 위협이 다가올 때 1차적 대응의 주체는 우리 스스로이다. 자강력이 뒷받침되지 않는 동맹이나 연합은 항상 틈새와 불안정성을 품게 된다. 이러한 자강론에 가장 위해를 끼치는 존재는 국론 분열이며 무능한 정치다. 이것이 우리의 뼈아픈 현실이다. 따라서 새로 그리는 외교안보전략지도는 우리가 갖고 있는 취약점과 한계를 포함한 냉엄한 현실에 바탕을 두어야 한다. 이를 위해 경제적으로 강대국 어느 나라도 함부로 할 수 없는 필수 국가가 되도록 과학기술, 산업기술의 첨단, 핵심, 틈새 부분에 있어서 절대적 우월성을 확보해야 한다. 또한 국방력을 최첨단 무기 증강과 함께 주변국 어느 나라와도 국지전을 수행할 능력이 있고 전쟁 억지력을 갖출 만큼 강화하되 동맹국, 연합 세력과 긴밀한 협력체제를 갖추어야 한다. 또한 다자 외교, 양자 외교 네트워크를 강화하고 우리의 국력, 국격에 맞는 수준으로 외교 역량을 강화해야 한다. 특히 전방위적 외교 네트워크 구축에 주력하고 외교 부문의 인적·물적 인프라를 대폭 확충해야 한다. 아울러 외교안보전략 수행 능력을 보강하고 국가안보실^{NSC}의 기능과 역량을 내실화해야 한다.

이 책에서 제시하고 있는 새 전략지도는 이처럼 철저한 현실에 바탕을 두고 새로운 생존의 틀을 모색하고 있다. 이 생존의 틀은 몇 가지 기본 질문을 전제로 한 것이다.

1. 한미동맹 체제 그리고 한미일 공조체제는 중국과의 비대칭적 국력, 정체성, 가치의 거리 확대 속에서 중국의 위험과 위협을 충분히 헤징^{Hedging}할 수 있을 것인가?
2. 동북아시아 각국에서 분출하는 민족주의는 이 지역의 지정학적, 지경학적 역학 구도에 어떤 영향을 미치고 한국은 중일 양국의 민족주의에 어떻게 대응해야 할 것인가?
3. 한미동맹의 성격과 역할 범위의 변화에 어떻게 대응하고 미국과 국가이익의 조화를 어떻게 이루어 낼 것인가?
4. 중국과의 공존의 틀은 어떻게 만들어 나갈 것인가? 중국과의 공존과 견고한 한미동맹은 양립될 수 있는가?
5. 부족한 외교안보 체제의 틈새를 메우는 데 우리의 총체적인 국력과 국격을 높여 자강해야 한다. 어떤 노력이 필요한가?

이러한 기본 질문에 대하여 우리는 현실적인 답변을 준비해왔다. 앞으로 이어질 본문의 각 장에 이러한 질문과 답변이 자세히 정리되어 있다. 먼저 그 골자를 간략히 정리하면 첫째, 우리는 크게 늘어나는 지정학적, 지경학적 위험을 줄이고 우리나라의 주권, 생존권과 정체성을 확고히 지켜나가기 위하여 오랜 우방인 미국과의 동맹을 더욱 강화하고 우리와 가치와 생각이 같은 Like-Minded 나라와의 연합을 굳건히 하되 그들과의 외교, 안보, 경제 네트워크를 강화해야 한다. 우리는 그 나라들과 가치를 공유하고 국가이익의 조화를 도모한다. 둘째, 우리는 우리와 가치와 생각이 다르거나 정체성이나 체제가 다른 나라의 위협 앞에서 주권과 생존권을 확고히 지키고 그들 나라와의 충돌, 예속을 적극 예방하면서 국가이익 면에서 공존할 수 있는 새로운 틀을 구축하는 데 각별한 노력을 다한다. 셋째, 우리는 동맹과 연합 그리고 공존의 틀을 마련하는 데 있어서 그 기초 여건인 자강력을 키우는 데 모든 노력을 다해야 한다. 이를 위해 국력을 신장하고 국격을 높이며 국제사회에서 신뢰 자산을 축적한다. 자강력은 강대국과의 국력의 비대칭성을 줄여 나감으로써 외교안보적 선택의 폭을 넓히고 강대국 외교에 있어서 선택 비용을 최소화하는 기초 여건이 된다.

이러한 결론을 얻으면서 아직도 많은 회한이 남는다. 관성의 함정 때문이다. 아직도 우리 외교는 지난 70년간 이어져온 외교의 관성이 존재하고, 지나치게 이념적으로 양분되어 있다. 이 과거의 틀에서 쉽게 벗어날 수 있을 것인지에 대하여는 아직도 일말의 의구심을 갖고 있다.

NEAR재단은 당대 걸출한 외교안보 전문가 여러분들을 이 난해한 새 전략지도 그리기에 모시게 되어 매우 기쁘고 영광스럽게 생각한다. 지난 1년간 그들은 국가의 현실과 미래 전망에 대하여 심각히 우려하면서 가슴을 열고 모든 경륜과 예지를 쏟아부으며 대안 마련에 헌신했다. 그들의 헌신과 열린 가슴에 경의를 표한다. 아울러 짧은 기간에 복잡한 원고와 그림을 아름다운 책으로 엮어주신 중앙북스의 관계자 여러분께 감사드린다. 특별히 이 책이 완성되기까지 필요한 재원을 아낌없이 지원해주신 이규성(전 재무부, 재정경제부 장관) 소이문화원 이사장께 깊은 감사의 마음을 남긴다.

2021년 11월

차례

1부

미중 세력전이기, 다시 그리는 외교안보전략지도

2부

동맹, 연합, 공존의 주변국 외교 전략

이 책의 집필에 참여하신 분

정덕구 / NEAR재단 이사장(Chair)

고문
이홍구 / 서울국제포럼 이사장, 전 국무총리
송민순 / 전 외교통상부 장관
윤영관 / 전 외교통상부 장관
윤병세 / 전 외교부 장관

집필진
신범철 / 경제사회연구원 외교안보센터장(총론 및 북한)
박원곤 / 이화여자대학교 교수(미국)
이원덕 / 국민대학교 교수(일본)
주재우 / 경희대학교 교수(중국)
최은미 / 아산정책연구원 연구위원(일본)
홍완석 / 한국외국어대학교 교수(러시아)
전경주 / 한국국방연구원 연구위원(북한)

토론 및 자문
신각수 / 전 주일대사, 전 외교부 차관
김성한 / 고려대학교 교수, 전 외교부 차관
김병연 / 서울대학교 교수
이상현 / 세종연구소 소장
김흥규 / 아주대학교 교수
한석희 / 연세대학교 교수

· 이홍구 ·

서울국제포럼 이사장/전 국무총리

　미국과 소련이 주도한 동서 냉전의 막이 내려가며, 세계화와 민주화의 물결이 지구촌을 휩쓸던 20세기 말~21세기 초의 대전환기에 한국 외교와 경제 위기 극복에 크게 공헌한 정덕구 장관이 정부를 떠난 후 서울과 베이징 사이를 빈번히 왕래하더니, 2007년 'NEAR재단'을 출범시켰을 때 21세기 태평양 시대의 국제관계, 특히 미북관계와 한국의 위치 및 진로에 대한 중요한 연구 결과를 머지않아 우리에게 보여줄 것으로 기대하면서 기다려왔습니다.

　지난 몇 해 미중 대결이 미소 대결의 1차 냉전 시대를 넘어서 미중 대결의 새로운 2차 냉전 시대로 지구촌 변화의 진로를 좌우하게 될 것 같은 지정학적 틀의 변경이 예상되었습니다. 코로나19로 전 지구적 재앙을 겪은 시련 속에서 우리 한국의 위치와 국익을 지켜온 자세와 준비가 대단히 부실하다는 국민적 관심과 우려가 깊어지고 있었습니다.

　바로 이처럼 불안정한 상황에서 정덕구 장관과 NEAR재단의 연구진이 얼마 전 출간한 『극중지계(한국의 거대 중국 극복하기)』란 두 권의 책은 참으로 적시에 국민에게 내놓은 귀중한 선물이며 소중한 작품이라고 높이 평가함이 마땅합니다.

　한편, 이번에 NEAR재단이 준비한 또 한 권의 책으로 『외교의 부활 – 미중 충돌 속 흔들리는 체스판, 한국은 어떤 수를 둘 것인가』란 상황 분석 및 전략·정책 제안은 많은 생각과 분석 및 노력을 바탕으로 마련된 것으로 현시점에서 당면한 한국 외교의 과제와 방향 모색 뿐 아니라 향후 5년 내지 10년 우리나라의 나아갈 길을 전략적 견지에서 정리한 뛰어난 구상이며, 제안이라 하겠습니다.

　'미국이냐 중국이냐'가 아닌, '미국과 중국'이다 라고 미중관계를 분석하는 한국적 시각을 정리한 것은 중요한 전략적 시발점입니다.

　지난 몇 해 한국 정치와 정부가 미중 대결이란 새 국제 정치의 역학 구도, 특히 그 가운데서 중국이 보여줬던 초강대국의 자세, 북한이 고집하는 자기 식의 핵무장 정당화 입장 등에 대처하는 확고한 전략적 판단과 이에 입각한 정책 수립과 추진이 우려할 정도로 부실하고, 혼란스럽다는 평가를 면하기 어려운 시점에서 꼭 필요한 우리의 입장과 자세를 간명하게 제시하려는 귀중한 노력으로 평가됩니다.

　이렇듯 NEAR재단의 입장을 높이 평가하고 지금 당면한 국제 정치와 한국 정치의 대전환기에 한국 정부의 입장을 새롭게 정리하는 데 크게 기여할 것으로 기대하면서도, 우리의 올바른 입장을 성공적으로 구축하려면 우리 스스로가 지닌 정통성에 대한 확신을 새삼 강화해야 되겠습니다. 그러기 위해서는 역사의 흐름에 대한 자신 있는 우리의 큰 관점을 새삼 강조해야 되겠습니다.

1919년 3·1 독립선언서에서 우리는 약자가 아닌 역사의 대세를 바로 보는 강자의, 선각자의 자세를 고집하였습니다. 일본의 무력 침략에 주권을 강탈당한 최악의 상황에서도 '동양 평화'라는 큰 목표를 강조하며 일본의 잘못을 탓하기보다는 반성과 각성을 촉구하는 여유를 보였습니다.

수천 년 강대국이었던 이웃 나라 중국이 서양 제국주의 세력의 팽창의 물결에 떠내려가는 딱한 모습을 보이고 있는 데, 반성을 촉구하여 손문 선생이 앞장서 새 중국의 가능성 '천하위공'이란 새 규범으로 동양 평화를 이룩하는 공동의 행진을 촉구하였습니다. 여순 감옥에서 사형을 기다리며 "동양 평화론"을 집필하신 안중근 선생의 자세를 잊을 수 없습니다.

지금은 19세기 제국주의 시대가 아닙니다. 한중일 3국이 '천하위공'의 정신으로 아시아·태평양 시대를 이끌어가며 지구촌의 역사를 새롭게 출발시키는 데 과감히 도전해야 될 순간입니다.

이러한 자신감이 우리 국민 모두의 가슴에서 작동할 때 대한민국은 평화로운 지구촌 건설에 앞장서게 될 것입니다. 미국도, 중국도, 일본도, 인도도 그리고 지구촌 모든 이웃과 함께 나아가는 큰 꿈을 언제나 앞세워야 할 것입니다.

그러기 위해서는 지나간 역사를 정확히, 적절히 인식하는 노력이 모든 당사국, 특히 미국과 중국, 그리고 북한에 필요하다는 것을 강조하게 됩니다. 특히 6·25 전쟁이 어떻게 시작되었는가에 대해서는 솔직하고 정확한 기록과 기억을 지켜가는 것이 새로운 평화관계를 구축하는 가장 중요한 전제조건임을 잊지 말아야 합니다.

1950년 6월 25일에 시작된 한국전쟁은 한마디로 김일성 북한, 스탈린 소련, 마오쩌둥 중국 지도자 3인이 미국이란 세계 최강국의 성격, 특히 트루먼 미국 대통령의 입장을 이해하지 못한 '오해와 무지'의 결과가 낳은 불필요한 전쟁이었습니다.

북한군이 남북 분단 경계선인 북위 38도선을 넘어 남한으로 침공한 것은 1950년 6월 25일 새벽이었습니다. 2차 대전을 히로시마와 나가사키에 투하된 미국의 원자탄으로 일본의 항복을 이끌어 낸 지 5년 만에 일어난 전쟁이었습니다. 자타가 공인하는 세계 최대 군사 대국이며, 유일 핵무기 보유국인 미국과의 전쟁을 김일성, 스탈린, 마오쩌둥, 세 지도자가 계획했을 정도로 무식하였다고 가정한다면 참으로 딱한 이야기입니다.

그러나 오늘날 그들의 후계자들, 특히 북한과 중국은 미국이 갑자기 침략전쟁을 야기하였다고 주장하고 있습니다. 역사에 기록된 사실을 인위적으로 무시하고 왜곡하는 것은 정치에서 있을 수 있습니다. 그러나 그러한 역사 왜곡이나, 과거의 실수에 대한 변명은 현 지도 체제나 지도자의 성격을 알려줄 뿐, 국민의 성격이나 도덕성을 평가할 기준이 되는 것은 아닙니다.

미중 대결을 비롯한 국제 정치 세력의 재편 과정에서 우리의 각국

지도자나 실력자의 입장이나 자질을 평가하면서도 그것을 각국 국민의 전통이나 의사로 속단하여서는 안 될 것입니다.

아베 총리 시대의 일본이 곧 일본이다, 시진핑 주석 시대의 중국이 곧 중국이다, 트럼프 대통령 시대의 미국이 곧 미국이다 라고 속단할 필요는 없습니다.

100년 전의 안중근 의사나 오늘의 한국인들이 우리와 함께 동양 평화, 지구촌 공동 번영을 함께 만들어가자는 바람을 확실히 선언할 때가 지금인 것 같습니다. 못마땅한 과거는 잊을 수도 있습니다. 새로운 거짓을 만들어가면 안 됩니다. 국내 정치든, 지구촌 국제 정치든 평화와 번영은 정직한 반성과 따듯한 희망을 통하여만 이루어질 것입니다. 이러한 출발의 동력을 보태준 정덕구 이사장과 NEAR재단 여러분의 작품에 경의를 표합니다.

2021년 11월

• 송민순 •

전 외교통상부 장관

한국의 외교 지형은 어떤 방정식으로도 풀 수 없을 만큼 난해하다. 종합 국력 기준으로 세계 1~4위 대국들의 직접적 이해관계가 얽혀 있는 환경만으로도 충분이 복잡한 데다 남과 북이 서로 한반도의 주인이라며 대립한다. 정상적 국가의 외교 목표가 현상의 '유지와 발전'이라면, 한국은 현상의 '유지와 변경'이라는 모순적 과제를 안고 있다. 그래서 풀어야 할 함수관계가 기하급수적으로 복잡해진다.

엇비슷한 사정을 겪은 독일은 통일 후 30년이 지난 지금에 와서야 정상적인 외교 궤도에 들어서는 것 같다고 스스로 평가한다. 그런데 우리는 75년 이상 분단 상태에서 살면서도 비정상을 정상으로 여기는 징후가 널려 있다. 정치·경제적으로 선진국 대열에 합류하고 문화적으로 선도국가의 반열에 도전하면서 이런 현상이 확산되고 있다. 그럼에도 늘 마음 한 모퉁이에는 불안이 도사리고 있다. 무엇보다 분단과 주변국 관계에 얽힌 험난한 대내외 환경 때문이다.

이 '불안한 행복' 신드롬에서 벗어나는 길을 제시해 보고자 NEAR 재단과 뜻있는 학자들이 손을 모았다. 학문적 식견과 현실적 감각으로 볼 때, 남북 문제와 국제관계의 각 분야에서 한국을 대표할 수 있는 권위자들이다. 모든 문제에 해답을 내놓을 수는 없지만 최선의 방향을 제시해 보겠다고 나선 것이다.

한국은 분단과 전쟁, 그리고 미중 대립으로 인해 외교가 극도로 이념화되어 있다. 국내 정치가 대외관계를 지배하는 현상이 위험 수위에 달한다. 변화를 거부하면서 극도의 보수적 자세로 기존 체제에 집착하는 북한 정권에 대해 온건하면 진보이고 강경하면 보수로 분류된다. 이런 역설적 상황에서 균형 잡힌 외교의 방향과 해법을 제시하기란 불가능에 가까운 일이다.

그런데 책의 필진은 이런 역설을 마주하면서 난제에 도전했다. 소설가 오노레 발작은 『미지의 걸작』에서 데생, 감정, 색채라는 3요소를 완벽하게 캔버스에 담으려는 화가를 향해 "너무 많은 지식은 무지와 마찬가지로 결국 자기 부정否定에 이르게 된다"고 경고 했다. 필진은 그 경고를 잘 소화했다. 모든 요소를 반영하여 명료한 해법을 담고자 하는, 그러나 현실적으로는 불가능한 걸작이 아니라, 해법을 향해 가는 지혜를 폭넓게 담은 역작, '새로운 한국 외교의 전략지도'를 만들었다.

지도의 전 구간에 걸쳐 진영이나 이념의 속박으로부터 자유로운 학자적 관점이 관통하고 있다. 무엇보다 '감성과 편견'을 걸러내고 국제정치의 정글을 헤쳐 가는데 최우선의 덕목인 '냉정과 합리'를 앞세웠다. 단적인 사례는 책의 구성에서 나온다. 미국, 중국, 일본, 러시아와의 관계 설정과 현안 문제의 접근 방향을 먼저 제시한 후, 남북관계로 진입하는 경로를 택했다. 한반도 분단이 민족 내부의 구심력 부족 탓도 있지만 동북아 지정학에 내재하는 한반도 원심력이 더 작용하는 현실을 직시한 것이다. 만약 한국 외교에서 비정상적 궤도의 중추를 이루는 남북관계부터 진입했다면 입구 톨게이트에서 막힌 차량 행렬이 되었을 것이다.

당연히 이런 시도에는 상황 판단과 논리 구조, 그리고 미래 전망에 있어 상충되는 요소가 등장할 수밖에 없다. 그럼에도 필진은 흔히 볼 수 있는 '미국 시각의 중국관'이나 '중국 시각의 미국관'이라는 함정을 넘는 독립적 관점들을 병렬시켜 균형을 이루게 했다. 이는 변화하는 국제 정세에 맞는 결정을 내릴 수 있도록 판단의 기초를 풍요롭게 만드는 공정이다. 외교의 지도는 단순한 선택지의 열거가 아니라 선택지의 융합을 통해서 목적지로 향해 갈 에너지를 생산할 수 있어야 하기 때문이다.

이 지도의 강점은 한국이 안고 있는 대외 문제들을 동서남북은 물론 위에서 아래에서 동시에 조망하는 입체적 접근의 결과물이라는 것이다. 이런 작업은 단편적 관심을 갖는 일반인은 물론 특정 분야의 연구에 몰두하는 국제 정치학자들조차 놓치기가 일상인 일이다. 무엇보다 현장의 외교관이나 국제관계 업무 종사자들이 부딪히기를 기피하거나 엄두를 내지 못하는 지점까지 파고들어간 흔적이 지도의 도처에 표시되어 있다.

이를테면, 통일이건 공존이건 그 어느 경우에도 핵 국가로서 생존하겠다는 북한을 보는 냉정한 눈, 동북아의 안보지형과 세계정세의 흐름에 비추어 한반도 통일은 먼 지평선 밖의 일이라는 전망, 지정학으로나 역사적으로 미국보다는 중국이 더 밀접하고 더 장기적으로 한반도에 관여할 것이라는 예측, 그러나 중국에 경사해서는 한반도의 미래가 행복하기는 어렵다는 가치 판단, 한국을 질시와 경계의 대상으로 보기 시작하는 일본과 기회를 엿보는 데 능한 러시아에 대한 관찰 등이다.

이 모든 요소를 결합해 보면, 한국 스스로가 강해지는 것만이 미래 생존의 길이라는 결론에 도달하게 된다. 그 힘을 어떻게 모을 것인가는 이 책에서 지혜를 찾는 사람들의 집단적 역량에 달려 있다 할 것이다. 한국 외교는 88 올림픽 후 '정상 궤도'에 진입하기 위해 수많은 도전을 해왔지만 결국 북한 핵 문제로 좌절되었다. 그 어떤 장애보다 넘기 어려운 이 벽을 넘을 해법도 이 책이 제공하는 지적 베이스캠프에 진을 치고 도전해야 할 과제다.

2021년 11월

미중 대결 시대
한국의 대외 전략 방향

• **윤영관** 전 외교통상부 장관 •

가용 자원과 전략

전략Strategy이란 '가용자원을 가지고 원하는 목표를 달성하기 위한 체계적 행동계획'이라고 말할 수 있다. 현명한 전략이 필요한 이유는 한 국가가 보유하고 있는 군사력, 경제력, 인구, 영토, 소프트 파워 등 가용자원Usable Capabilities은 항상 제한되어 있기 때문이다. 경계해야 할 적대국이 있는데 그 국가를 상대할 가용자원이 부족할 때는 국가들은 동맹을 통해 타국의 가용자원을 빌려오기도 한다. 또한 가용자원이 풍부해도 전략이 제대로 되어 있지 않으면 목표를 달성하지 못하고 실패한다. 베트남전에서 미국이 패배한 사례가 여기에 해당한다. 반면 가용자원이 빈약해도 탁월한 전략으로 목표를 달성한 사례들도 있다. 체구도 작고 힘이 약한 다윗은 거대한 장사 골리앗과 싸울 때 골리앗이 원하는 근접전을 거부하고 원거리 공격 전략으로 나가 성공했다. 몰타는 1972년 영국이라는 대국을 상대로 탁월한 협상 전략을 구사해 해군기지 사용료를 세 배 이상으로 올려 받았다. 이처럼 전략은 중요하다. 특히 가용자원이 작은 소국의 경우는 훌륭한 전략을 짜내기 위해 더욱 고민해야 한다.

한국은 가용자원, 즉 국력의 측면에서 볼 때 엄청난 성장을 했다. 2020년 기준 국내총생산은 세계 10위, 수출 규모는 9위, 반도체 대국이며, 군사력은 병력 규모로 8위, 국방비 규모로 10위다. 문화나 이미지가 발휘하는 힘, 이른바 소프트 파워 면에서는 세계 2위(Monocle 지, 2020년)로 알려져 있다. 문제는 이와 같은 가용자원의 성장에 비해 전략적 마인드나 외교 문제를 바라보는 시각은 아직도 크게 낙후되어 있다는 점이다. 아직도 외교를 바라보는 시각이 19세기 우리가 아주 약해서 식민지로 전락하던 시대의 저항적 민족주의 의식에 크게 영향받고 있다. 다른 한편으로는 국제 정치 상황이 크게 변한 지금도 냉전 시대 우리의 안보를 도맡아주던 패권국 미국에 무조건 의존하던 사고를 벗어나지 못하고 있는 모습도 보인다. 가용자원의 성장과 국제 정치 상황의 변화에 상응하는 현명한 독자적 대외 전략이 없다 보니 한국 외교는 대국들의 권력 경쟁 속에서 이리저리 표류하고 있는 형국이다.

한반도를 둘러싼 외교 환경이 비교적 우호적이었을 때는 전략 없이 그때그때 임기응변식 대응을 해왔어도 피해는 크지 않았다. 그러나 지금처럼 미중 경쟁이 치열해지고 북핵 문제로 북한발 불안요인이 심화되고 있는 어려운 외교 환경 속에서는 무전략이 가져다주는 폐해가 심각할 것이다. 이를 막기 위해 한반도 주변, 동아시아 및 전세계 국제 정치의 흐름을 정확히 파악하고 우리의 국가이익을 실현해내기 위해 외교 전략의 큰 그림을 그려내는 것은 대단히 중요한 일이다. 이 프로젝트는 그러한 문제의식에 출발한 것이고 그래서 중요한 의미가 있다고 생각한다.

대외 전략 수립과 이행에서 가장 먼저 고려할 사항

국가이익을 최우선으로 도모해야

이제 이와 관련하여 한국의 외교안보 분야 최고 정책 결정자들이 최우선적으로 고려해야 할 사항 몇 가지를 지적해보고자 한다. 무엇보다도 국가이익National Interest을 최우선순위에 놓아야 한다. 아주 당연한 이야기지만 실제로 돌아가는 일들을 상세히 살펴보면 그렇지 않았던 경우가 많았기에 하는 말이다. 앞에서 지적한 대로 외교의 세계에서 국가 지도자들은 최소의 비용으로 최대의 효과를 거두기 위해 노력하는 합리적 행위자Rational Actor가 되어야 한다. 왜냐면 이뤄내야 할 목표는 중대하고 많은데 가지고 있는 가용자원은 한정되어 있기 때문이다. 그렇다면 국가 지도자들이나 국민들은 무엇이 우리나라에 이익이 되는지에 대한 계산에 대단히 밝아야 한다. 그런데 실제로는 그렇지 못한 것이 문제다.

예를 들어 아직도 친미/반미, 친중/반중, 친일/반일이라는 형용사가 유통되고 있다. 한국의 정계와 여론 주도층의 일반적 인식이 보수는 친미요 진보는 친중, 보수는 친일이요 진보는 반일이라는 통념에 지배받고 있다. 우리에게 이득이 되느냐 아니냐를 따지는 것은 뒷전으로 밀리고, 정서적·감정적으로 친하냐, 머냐가 앞서는 것이다. 외교의 문제를 계산적으로 따지기보다 감성적으로 접근하는 것처럼 무모한 일은 없다. 이것은 우리의 안보 파트너이자 동맹인 미국과 경제의존도가 깊은 중국이 서로 강하게 경쟁하고 부딪치는 상황에서는 더욱 그렇다. 한국의 외교정책 결정자들은 마치 외줄타기를 하는 것처럼 신중하고 현명해야만 하는 상황이 도래하고 있다.

그렇다면 현시점에서 한국의 국가이익은 구체적으로 어떤 것을 의미하는가? 국가이익은 프랑스어로 국가 이성Raison D'état인데 이는 국가의 존재 이유를 말한다. 국가가 존재하는 이유는 첫째가 국가와 국민의 생존, 둘째가 번영, 셋째가 위신이라고 말할 수 있다(K. J. Holsti). 한국의 상황에서는 어떻게 안보를 지키며 평화를 유지하느냐, 어떻게 경제적으로 잘살게 만드느냐, 국가의 체면과 자존심을 어떻게 지킬 것인가의 문제라고 볼 수 있다. 국가의 안보가 위협을 받으면 번영이나 국가의 위신은 지켜낼 수가 없기에 가장 우선순위에 오는 것이 안보라고 보아야 할 것이다. 이러한 세 가지 목표를 지켜내는 것을 가장 중요하게 생각한다면, 감성적으로는 싫은 국가와도 때로는 협력해야 하고, 감성적으로 좋은 국가에 대해서도 냉정해야될 때가 있다.

예를 들어 미국은 우리의 동맹국이고 많은 정치인들과 국민들이 우호적인 감정을 가지고 있는 국가다. 그러나 동맹국인 미국이 우리의 안보와 번영이 걸린 북한 핵 문제나 한반도 현안을 처리하는 방법론과 관련해서는 때때로 생각이 다를 수가 있다. 그 경우, 미국을 무조건 따라가는 것이 아니라 동맹이라고 하는 큰 틀 안에서 설득하여 바꾸도록 노력하는 것이 외교정책 결정자와 외교관들이 해야 할 일이다. 그 과정에서 서로 부딪친다고 해서 과연 무엇이 우리 국익의 관점에서 옳은 방법인지 냉철히 따져보지도 않고 무조건 반미라고 몰아붙일 일이 아니다. 일본 문제를 다루는 시각과 관련해서도 마찬가지다. 국민 여론은 일본에 대해 우호적이 아니다. 그러나 국가 이익, 즉 한국의 안보와 경제적 이득을 위해 필요하다면 과거사 문제를 다루는 방식은 감성적이 아니라 충분히 계산적이고 냉철해야 한다. 우리가 역사 현안을 안보경제 협력과 분리해서 투 트랙으로 접근하자는 제언들이 그래서 나온다. 중국과의 관계를 다룸에 있어서도 우리 국익의 입장에서 그들이 넘어서는 안 될 선을 분명히 그어두고, 때로는 단호하게 대응해야만 하는 이유도 거기에 있다. 문제는 정치 지도자들이 국익에 대한 정확한 판단에 기초해서 필요할 때 국민들을 설득하는 지도력을 발휘할 것이냐 아니냐가 대단히 중요한 문제다. 그것을 잘한 지도자는 탁월한 정치가Statesman로 역사에 남는다.

한반도의 지정학적 특수성을 분명히 인식해야

국가 지도자와 정책 결정자들은 한반도의 지정학적 요인과 그것이 우리에게 부과하는 제약을 분명하게 인식하고 전략을 짜나가야 할 것이다. 한국은 세계에서 여러 가지 국력 지표들로 볼 때 1, 2, 3, 4위하는 강대국들로만 둘러싸여 있다. 그러한 나라는 세계에서 한국 빼고는 없다. 그리고 그들 주변 4국 간에는 치열한 권력 경쟁과 영향력 싸움이 계속 진행되어 왔다. 그리고 그 같은 대국들의 권력 경쟁이 우리가 외교를 펼쳐나가는 데 있어서 대단히 중요한 제약 요인과 변수로 작동하고 있다. 특히 우리는 반도 국가로서 역사적으로 대륙세력과 해양세력 간 경쟁의 희생양이 되어 왔다. 청일전쟁, 러일전쟁, 식민지화, 분단, 6·25 전쟁 등이 모두 그러한 사례들이다. 이러한 모든 국제 정치적 대사건들을 겪으면서 우리가 희생을 당해온 데에는 일관된 공통점이 있었다. 정치 지도자들은 바깥의 국제 정세를 정확히 읽지 못했거나 국내 정파 싸움 맥락에서 아전인수 격으로 해석했다. 그래서 전략도 없었고, 제대로 된 대응을 할 국내적 역량도 결집해내지 못했다는 점이다. 한반도 분단의 고통은 선조들의 그러한 잘못의 후과이고, 그것을 우리는 지금도 겪고 있다. 지금 우리 세대가 이 같은 고통스러운 역사 유산을 해결해내는 것이 아니라 거기에 더해 실책을 저지르면 후손들의 고통은 배가될 것이다.

한국은 동맹국 미국과 경제관계가 깊은 중국 사이에서 국가 안보, 번영, 위신이라는 국가이익을 달성해나가야 한다. 그런데 국가 안보와 관련해서는 동맹인 미국과 함께 가야 하고 경제관계를 고려하면 중국과 계속 협력해 나가야 하는 딜레마가 존재한다. 이러한 상황에서 만일 앞에서 말한 대로 친미네 친중이네 하는 감성적 접근을 해버리면 국론은 쪼개지고 안보나 경제라는 국가이익의 가장 중요한 두 축을 동시에 추구하는 것이 힘들어질 것이다. 합리적 행위자의 관점에서 국가이익의 극대화 방안을 철저히 계산하고 그에 따라 현명하게 행동할 때 가장 최대의 국익 추구가 가능해질 것이다.

미중 대결 구도의 성격을 정확히 파악해야

미중관계는 1970년대 초 닉슨－키신저 시대로부터 트럼프 대통령 집권 이전까지는 포용과 협력을 기조로 했다. 닉슨 대통령 때부터 대중국 포용정책을 추진하던 미국 정책 결정자들의 생각 속에는 중국을 포용하여 다방면에서 교류와 협력을 지속하면 중국 정치경제의 체제와 관행과 이념들이 서구 민주주의 시장경제로 수렴해갈 것이라는 기대가 자리 잡고 있었다. 그러나 트럼프 행정부 동안 그러한 기대가 완전히 틀어졌다는 지도층의 인식의 대전환이 있었다. 결국 트럼프 대통령이 중국에 대해 무역전쟁을 시작하면서 대중정책이 압박과 대결 정책으로 크게 선회하였다. 미국은 중국이 미국의 선의를 악용하면서 국제 정치경제의 룰을 훼손하고 권위주의 모델을 세계적으로 확산하면서 스스로의 독자적 세력권을 형성하고 있다고 믿고 있다. 이는 민주당, 공화당을 포괄하는 초당적 합의 수준의 믿음이다.

미국과 중국은 현재 이념, 외교, 군사, 경제, 기술 등 다양한 분야에서 대결을 벌이고 있다. 바이든 행정부는 트럼프의 대중 강경정책을 이어받되 방법론 차원에서는 차별화되는 정책을 추구하고 있다. 트럼프와 달리 동맹국, 민주주의 국가들, 다자주의 메커니즘을 적극 활용하여 중국을 포위·압박해 나간다는 전략이다. 여기에는 미국 혼자만의 힘으로는 중국이나 러시아를 대응하기 힘들다는 인식이 깔려 있다.

　이념적으로는 민주주의를 모토로 내걸고 중국, 러시아 등 권위주의 국가들을 압박해 나가겠다는 것이고 민주주의 국가들, 동맹, 다자주의 기구들을 적극 활용하겠다는 것이다. 군사적으로도 최근 미국-호주-영국 간의 AUKUS협약에서 보았듯이 인도·태평양 해역에서 중국의 군사력 확장을 막아내겠다는 강한 의지를 보이고 있다. 경제적으로는 필수 물자들의 생산을 중국에 의존하는 것은 위험하다는 인식 때문에 공급망을 미국 중심으로 다시 짜는 디커플링 전략을 추진하고 있다. 특히 핵심 기술 분야에서 미국의 우위를 유지·확보하여 중국의 기술굴기에 대응하기 위해 국제적 기술 연대의 네트워크를 짜나가고 있다. 그러나 팬데믹, 기후변화, 테러리즘 등 중국의 협조가 필요한 글로벌 이슈 분야에서는 중국과 협력을 추진해가겠다는 방침이다. 문제는 다양한 분야에서의 경쟁과 대결의 부정적 파장이 글로벌 분야에까지 미치는 것을 과연 어떻게 막고 협력을 해나갈 수 있을지에 대한 구체적 방안이 아직도 분명하지가 않다는 점이다.

　이 같은 미중 대결의 상황에서 일본의 최대 전략적 관심사는 어떻게 상승하는 중국의 영향력을 견제하고 공세 외교를 차단할 것이냐에 있다. 이를 위해서 일본은 미국과의 동맹을 적극 강화하면서 호주, 인도, 미국과의 쿼드Quad 네트워크에서의 다자 협력을 통해 중국에 적극적으로 대처한다는 것이 핵심 전략이다. 한편 러시아는 중국과 손을 잡고 미국에 맞서는 전략을 추진해 왔다. 오래전부터 시베리아 개발이나 아시아·태평양 진출을 원하고 있지만, 아직도 여력이 안 돼 유럽에 집중하고 있고, 동아시아 지역의 문제에 대해서는 중국과 보조를 맞추는 모습을 보여 왔다.

양자관계들 간의 상호 연결고리의 큰 그림을 염두에 두어야

그동안 역대 정부들의 외교를 살펴보면 한 가지 특징이 드러난다. 그것은 주변 국가들과의 양자적 관계가 서로서로 연계되어 있다는 점을 무시한 채 정책을 추진하고 현안을 다루어왔다는 점이다. 그러다 보니 예상치 않은 부작용과 파급효과가 발생하여 그것을 수습하느라 동분서주하는 모습들이 종종 관찰되었다.

예를 들어 2000년대 초반에 유행했던 '동맹이냐 민족이냐'라는 잘못된 허구적 이분법이 아직도 많은 사람들의 생각에 영향을 미치고 있다. 민족 문제를 풀기 위해 동맹은 필수적인 도구임을 간과하기 때문이다. 과거에 남북관계가 최고로 좋았을 때, 그래서 한반도에서 전쟁 걱정이 아마도 가장 낮아졌을 때는 한미 간에 협력이 잘되었던 김대중 – 클린턴 대통령(1998~2000) 시기였다. 클린턴 대통령이 적극적으로 김대중 대통령의 대북 포용정책을 지지해주었기 때문에 그것이 가능했다. 이처럼 한미관계를 잘 가져가서 미국이 우리가 원하는 방향으로 움직여 주어야 북미관계가 개선되고 현안인 핵 문제도 풀리며, 결과적으로 남북관계도 개선될 가능성이 높아지는 것이다. 한일 간의 문제도 한미 간의 문제와 연결되어 있다. 6·25 전쟁 이후 미국의 관점에서는 안보전략 차원에서 한국은 북한 위협을 막아내는 전방기지이고 일본은 후방기지인 셈이었다. 그러한 연결고리를 무시하고 일본과의 역사 분쟁에서 지소미아를 협상 도구로 들고 나온 것은 무리였다. 미국은 그것을 동맹을 약화시키고 중국 쪽으로 기울려는 것으로 해석 가능했기 때문이다.

1970년대 초 독일의 빌리 브란트 총리가 동방정책을 시작할 때 미국은 회의적인 반응을 보였다. 키신저 안보보좌관은 감상적이고 무책임한 정책이라고 비판했다. 클린턴 대통령과 같은 예외적인 사례를 제외하고 미국의 역대 공화당 정부들의 경우 한국의 대북 포용정책에 대해 내심 회의적이고 비판적 시각을 견지한 것과 비슷했다. 그러나 서독 정부는 꾸준한 신뢰감을 미국 정부에 심어주어 결국 미국 정부는 동방정책을 적극 지지하게 되었다. 우리가 '동맹이냐, 민족이냐' 하는 19세기 식의 감성적이고 양분 논리에 젖어 있는 한, 미국에게 신뢰를 심어주기 힘들고 결국 우리가 원하는 방향으로 미국을 움직여 한반도 평화를 정착하는 것도 힘들어질 것이다. 그 때문에 한국의 정책 결정자들은 시야를 넓게 보고 그러한 양자관계의 연계고리들을 정확히 짚으면서 큰 그림 속에서 우리의 전략을 집행해 나가야 할 것이다.

전문가를 활용해야

한국과 같은 나라가 아무리 가용자원이 과거보다 훨씬 커졌다고 해도, 상대적 대국들인 국가들을 상대로 외교를 펼쳐나가면서 우리의 국가이익을 확보하고 목표를 달성하는 것은 결코 쉬운 일이 아니다. 주변 대국들은 우리 내부 돌아가는 것을 빤히 들여다보고 있고 각자 제국 경영의 경험들을 가지고 능란한 심리전과 외교술을 우리를 향해 구사하고 있다. 그렇다면 상대적으로 소국인 우리는 그들보다도 훨씬 더 그들 내부 사정을 훤히 꿰뚫고 외교 경험을 가진 전문가들을 총동원해도 모자랄 판이다. 그러나 언제부터인가 우리는 전문가를 무시하는 풍조가 자리 잡았다. 그 결과 수많은 실책들이 연출되고 그것을 뒷수습하느라 바쁜 경우들을 목도해왔다.

전문가들의 두뇌를 총동원하지 않으면 결국 주변 4국들에게 계속 당하기만 할 것이다. 그들의 손에 끌려가면서 일관성 있는 전략 외교를 펼치기는커녕 일 터지면 수습하느라고 바쁜 외교가 되어버릴 것이다. 특히 미중 간의 경쟁이 치열해지고, 그로 인해 한국에 부과되고 있는 과제와 부담이 갈수록 과중해지는 상황에서 비전문가들의 위험성은 더욱 높아질 것이다.

미중 대결 시대 한국의 외교 전략 방향

한미동맹을 지속 강화해야

수천 년 전부터 내려온 지정학적 전략의 기본은 먼 나라를 끌어와 주변국을 견제하는 것遠交近攻이다. 주변국 4국 중 미국은 유일하게 한국에 영토적 야심을 갖고 있지 않았던 국가였다. 일본은 한국을 식민지화했고 지금도 독도를 자기 땅이라고 우긴다. 중국은 역사적으로 수많은 침략을 했고 한국전 참전으로 통일을 막았던 국가다. 소련의 스탈린은 한반도를 무력으로 통일하겠다고 나선 김일성에게 한국전쟁 수행을 허락한 장본인이다.

그러나 미국은 지리적 위치 등으로 인해 한국에 대한 영토적 야심이 없다. 다만 과거 역사상 우리가 아쉬워할 때 등을 돌려 우리를 힘들게 한 적은 있다. 구한말 조선이 풍전등화 상황에 처해 있을 때 고종은 미국의 협력을 간청했으나 거절당했고, 1950년 1월 12일 애치슨 국무장관이 한국을 미국의 방위선에서 제외하여 6·25 전쟁에 대해 스탈린이나 김일성이 오판하게 만들었다는 설이 있다. 그러나 한국전에는 즉시 참전하여 도왔고, 그 후 동맹을 맺어 한국의 경제와 민주주의 발전의 안보 기반을 제공해왔다. 지금도 북한은 현존하는 군사적 위협으로 존재한다. 주변 3국, 특히 중국이나 러시아에 대한 견제, 그리고 북한의 안보 위협에 대한 현실적인 대응책으로서 한미동맹은 한국의 국익에 긴요하다. 그래서 동맹은 지속되고 협력은 강화되어야 한다.

그러나 중요한 것은 미중 대결로 인해 훨씬 복잡해진 상황에서 어떤 방식으로 한미 간의 협력을 지속하느냐다. 미중이 협력이 아니라 경쟁관계이기 때문에 미국에 협력하는 구체적인 방식과 내용이 중요하고 그것에 따라 중국과의 관계에서 우리의 국가이익을 확보하느냐의 여부가 결정될 것이기 때문이다. 이는 한미 간에 협력하되 어느 영역에서 어떤 방식으로 협력하고, 또 다른 어떤 영역에서는 우리가 미국을 설득해 협력하기 어려움을 양해하도록 만드느냐가 우리 외교의 관건이 되었다는 의미다.

첫째로 한미동맹에 대한 확신을 미국의 정책 결정자들에게 심어

주기 위해 노력하는 것이 중요하다. 바이든 행정부가 강조하는 민주주의와 동맹 측면에서 한국은 적극 협조할 필요가 있다. 한국은 헌법에서 규정하는 민주주의 국가이고 여기에 온 국민이 동의하기 때문이다. 그리고 앞에서 언급한 것처럼 북한의 현존하는 위협이 존재하기에 미국이 강조하는 동맹의 중요성에 부응할 필요가 있다. 그러한 맥락에서 바이든 행정부가 강조하는 민주주의 가치 외교에 적극 협조하는 것이 바람직하다.

둘째, 양국 정부 간에 동맹의 미래를 놓고 시급하게 논의를 시작해야 할 것이다. 크게 변화한 국제 정치 상황 속에서 한반도에 어떻게 항구적 평화를 구축하고 어떠한 동맹의 미래를 추구할 것인지를 논의해야 한다. 이를 통해 동맹의 최종 목표에 대한 양측 간의 합의가 전제되어야 양국 간 구체적 외교안보 현안들을 방향성을 가지고 풀어나갈 수 있을 것이다. 그동안은 이것이 되지 않아 마치 마차가 말을 끄는 형국이 조성되곤 했다. 특히 북핵 문제는 북한에 대한 안전 보장 장치를 어떤 형태로든 제공하지 않으면 해결이 힘들다. 따라서 새로운 국제 정치 환경 속에서 한미동맹을 튼튼하게 유지하면서도 어떻게 이것을 제공할 수 있을 것인가에 대한 구체적인 해법을 찾아내기 위해 한미 당국자들이 함께 머리를 짜내는 것이 중요하다.

셋째, 경제 및 기술 그리고 글로벌 이슈 분야에서 양자 협력을 강화해나갈 필요가 있다. 한미 간에는 이미 한미 자유무역협정으로 양국 경제 협력이 촉진되어왔고 반도체 등 중요 핵심 기술과 관련하여 최근 양국 협력이 강화되고 있다. 이를 통해 한국 기업들의 기술 역량을 강화하고 이들이 새로 짜여지는 국제 공급망^{Supply Chain}에서 누락되지 않도록 해야 할 것이다. 또한 팬데믹, 환경, 핵심 기술, 개발 협력 등 글로벌 이슈 분야에서도 적극 미국과 협력하여 양국 간 신뢰를 강화해야 할 것이다. 특히 바이든 행정부는 트럼프 때와 달리 쿼드를 군사협력체가 아니라 팬데믹, 기후 변화, 핵심 기술 등 글로벌 이슈 분야에서 인도·태평양 지역에 공공재를 제공하는 기구로 전환시켰다. 이는 한국이 쿼드와의 협력을 강화하는 것을 훨씬 용이하게 만들어 주었고 명분을 제공했다.

넷째, 한미 간의 군사적 협력의 타깃을 북한에 한정시키는 노력을 지속해야 할 것이다. 이를 통해 한국 영토 안에서 중국을 군사적으로 적대하는 시도는 최대한 막아내는 것이 필요하다. 이에 대해서는 역사적으로 한반도에서 대륙세력과 해양세력이 군사적으로 부딪쳤을 때마다 대격변이 일어났었고 이 때문에 우리가 엄청난 고통을 겪어왔음을 미국 정책 결정자들에게 이해시켜야 한다. 10여 년 전 어느 한미 간 전문가 회의 석상에서 미국의 전직 고위급 외교관리는 미국의 중요 정책 결정자들은 한반도 역사의 이런 특수성에 대한 이해가 아주 빈약하다고 언급한 적이 있다. 위와 같은 맥락에서 미국이 지정학적 여건이 전혀 다른 호주나 일본과 동일한 차원에서 한국에 대한 동맹정책을 추진하는 것이 아니라 동맹 국가들 각자의 특수성을 감안한 맞춤형 동맹전략을 추진하도록 요청할 필요가 있다.

다섯째, 위에서 언급한 민주주의 외교, 경제, 기술, 글로벌 이슈 분야에서 한국이 미국과 적극 협력하여 신뢰를 구축해가면서, 미국에게는 한반도의 비핵화 및 평화 정착 문제에 대해 보다 적극적인 자세로 협력해주기를 설득해야 한다. 미국의 정계 및 전문가 사회에서는 북한 핵 문제에 대해 비관적이고 냉소적인 분위기가 강하다. 그리고 최고 정책 결정자들은 산적한 국내외 다른 현안들 때문에 북한 문제에 관심을 쏟기 힘든 형편에 처해 있다. 그러나 현재와 같은 교착 상태가 지속되는 경우, 한반도 상황은 계속 불안정할 수밖에 없고 북한이 언제까지 핵실험이나 대륙간탄도미사일 발사를 자제할지도 의문이다. 이러한 상황이 지속되는 것은 거시적으로 볼 때 한반도 주변 지역에서 중국에 비해 미국의 영향력이 상대적으로 약화되는 것을 초래할 것이라는 점을 주지시킬 필요가 있다.

마지막으로 동맹의 미래에 대한 논의와 평화 정착 및 비핵화 방안을 놓고 한국의 국가이익을 최대로 반영하기 위해서는 대미 외교를 지금보다 훨씬 더 강화해야 할 것이다. 미중 갈등과 같은 여러 가지로 어려운 여건 속에서 한반도 평화 정착과 비핵화를 이끌어 내는 데 가장 핵심은 미국이다. 미국이 적극적으로 움직여 주어야 두 가지 모두 가능할 것이다. 이를 위해서는 미국 행정부만 상대하지 말고 의회, 언론, 학계, 주 정부, 로비 단체 등 모든 영역을 총동원해내는 전방위 총력전 외교를 펼쳐야 할 것이다.

중국과의 협력관계를 유지해 나가야

중국은 한국의 바로 이웃이다. 지정학적으로 한반도에 대단히 중요한 역할을 끼쳐왔고 앞으로도 그럴 것이다. 그런 만큼 중국과의 관계를 최대한 잘 관리하는 것이 국익에 도움이 된다. 중국은 2008년 세계 금융위기 즈음해서 기존의 도광양회韜光養晦 전략을 버리고 적극적인 공세 외교로 나서고 있다. 시진핑 주석의 취임 이후 그러한 공세 외교와 함께 국내적으로 권위주의적 경향이 강화되어 왔다. 세계의 개도국들을 대상으로 권위주의 발전 모델을 적극적으로 수출하고 일대일로를 통해 유라시아 대륙을 중국 중심의 정치경제적 영향권으로 묶어내려 하고 있다. 홍콩의 민주주의를 외치는 시위를 강제 진압하고, 남중국해의 영유권을 주장하며, 무력을 사용한 대만의 통일까지도 불사하겠다는 공세 외교를 펼치고 있다. 또한 트럼프 행정부 이후 미국의 압박에 내수를 강조하는 '쌍순환', 핵심 기술 굴기 정책으로 대응하며 장기전으로 임하고 있다.

중국의 한반도 정책은 두 가지 핵심으로 압축된다. 첫째는 북한을 전략적 완충지대Buffer State로 삼아 지속적으로 자국의 영향권 안에 묶어두는 것이다. 이는 한반도가 해양세력이 중국을 침략해오는 다리 역할을 했다는 인식에 기인하며, 구한말 이후 일관된 중국의 한반도 전략이라고 말할 수 있다. 중국 대륙에 공산당 정권을 수립한 지 1년도 채 안 된 어려운 시점에서 대국인 미국을 상대로 싸우겠다고 마오쩌둥이 한국전쟁에 개입한 이유, 그리고 미국 등 국제사회가 비핵화를 위해 북한에 강한 압력 행사를 요구해왔을 때 그것을 실질적으로 거부해온 이유도 여기에 있었다. 둘째는 아시아의 지역 패권으로서의 위치를 확고히 다지기 위해 미국의 영향력을 아시아에서 밀어내는 것이고, 그 일환으로 한미동맹을 약화시키는 것이다.

그러한 상황에서 한국은 중국과 깊은 경제적 의존관계를 형성하고 있다. 한중 무역액이 한미, 한일 간의 무역액을 합한 것보다 큰 것이 현실이다. 수많은 한국 기업들이 중국에 진출해 있고, 문화관광산업 분야에서도 중국은 중요한 한국의 시장이다. 그런데 중국은 이와 같은 경제적 상호 의존관계를 사드 배치에 대한 경제 제재에서 보았던 것처럼 정치외교적 목적을 위한 압박 수단으로 활용하고 있다. 이는 한국에게만 해당되는 것이 아니고 일본, 호주, 대만 등 다수 국가들을 향해서도 마찬가지였다. 그리고 이러한 패턴은 앞으로도 계속될 것이다.

이 같은 상황에서 대중국 외교의 골격은 무엇이 되어야 할 것인가? 첫째, 분명하게 원칙 있는 외교로 임해야 할 것이다. 특히 주권과 국가 정체성과 관련된 사항에 대해서는 더욱 그렇다. 중국 정치 지도자들의 기본 인식은 동아시아에 중국을 정점으로 하는 수직적이고 위계적인 국제 질서권을 형성하는 것이다. 바꿔 말하자면 과거 중국과 조선 간의 조공관계로의 회귀를 꿈꾸고 있다고 볼 수 있다. 시진핑 주석이 2017년 4월 마라라고^{Mar-a-Lago} 미중 정상회담에서 트럼프 대통령에게 '한국은 과거 중국의 일부'였다고 말한 점이나, 중국의 고위급 외교관리가 2010년 7월 아세안 외교장관 회의에서 "중국은 대국이고, 당신네 나라들은 소국이다. 이것이 현실이다"라는 발언도 그러한 인식 구조의 일단을 보여준다.

이러한 인식에 대해 우리는 주권 평등과 상호 호혜성의 원칙에 입각해 대응해야 할 것이다. 또한 민주주의라는 한국의 국가 정체성과 관련해서도 분명하게 입장을 표명할 필요가 있다. 한국의 헌법이 민주주의를 규정했고, 국민들이 그것을 원하고 있다는 점을 상기시키고 그러한 맥락에서 동맹국인 미국과 민주주의 차원에서 협력하는 것을 이해하도록 설득해야 할 것이다. 그러나 중국의 국내 문제가 걸린 현안 문제들에 대해서는 신중하게 접근할 필요가 있다. 특히 중국이 자국의 특수 이익이라고 규정한 사항에 대해서는 더욱 그렇다. 양자 차원에서 직접적으로 그런 문제들을 지적하기보다는 필요한 경우에 한해, 다자 차원에서 간접적으로 국제사회와 함께 입장을 표명하는 방식이 되어야 할 것이다.

1992년 수교 이후 역대 한국 정부들은 중국을 상대하는 데 있어서 문제가 생겨도 임기 동안 조용히 지나가고자 했다. 그것이 누적되다 보니 우리의 주권과 관련된 사항을 위반하고 중국 고위층 인사들은 외교관례를 무시하며 수시로 결례를 하는 경우가 빈번했는데도 명확한 입장 표명이나 항의가 없는 적이 많았다. 우리 국민들은 그러한 모습을 보고 오히려 반중 정서가 높아져 왔는데 그것은 미래 한중 양국관계 발전을 위해서도 바람직하지 않다. 상호주의와 호혜성의 원칙을 고수하고자 하는 노력을 진지하게 기울여야 할 것이다. 이와 관련하여 싱가포르와 호주 등의 사례를 주목할 필요가 있다.

둘째, 북한의 현존하는 위협을 고려할 때, 한미동맹이 한국에게 중요하다는 입장을 분명히 하고 이를 중국이 인식하도록 노력해야 할 것이다. 그리고 중국의 한미 간 거리 벌리기 노력에도 현명하게 원칙을 가지고 대처해야 할 것이다. 그러면서 한미가 협력하는 가운데서도 군사부문에서 동맹의 중요 타깃은 북한이지 중국이 아니라는 점을 알리고 우리가 그것을 위해 노력해왔음을 이해시켜야 할 것이다. 아마도 앞으로 한국 외교에서 이 문제가 가장 중요하고 민감한 이슈로 부각될 가능성이 높다. 그리고 북한 문제의 해결, 즉 비핵화 문제나 한반도 평화 정착을 위해 중국이 진정으로 협력해서 진전이 있는 경우, 한반도 및 주변에 있어서 미국의 군사력 증강 배치의 명분도 약화될 것임을 설득할 필요가 있을 것이다.

셋째, 중국은 앞서 언급한 대로 경제적 상호 의존관계를 정치안보 목적을 위한 지렛대로 활용해오고 있다. 그리고 그러한 추세는 앞으로도 반복될 것으로 예측된다. 이에 대처하는 근본적인 방법은 한국의 대외 경제관계를 점차 다변화하여 특정 국가에 대한 지나친 의존도를 점차적으로 낮추어 나가는 것이다. 이를 위해서는 아세안과 인도 등 제3지역에 대한 우리 기업들의 진출을 확대하고 교역을 확대하는 노력을 지속해야 할 것이다.

한일관계를 개선하고 한러 간의 민간 협력을 증진시켜야

새 정부가 들어서면 그동안 최악의 상황으로까지 악화되어온 한일관계를 개선하기 위한 획기적 조치들을 실행할 필요가 있다. 그것이 외교안보적 측면에서 그리고 경제적 차원에서 우리 국가에게 이익이 되기 때문이다. 한일관계가 악화되면 한미관계에도 큰 부담으로 걸리고 그렇게 되면 북한 문제 등을 놓고 미국과 협력하는 데 차질이 생길 수 있다. 다만 한 가지 앞에서 언급한 한반도의 지정학적 특수성, 그리고 북한 위협의 존재라는 요인들 때문에 일본이나 미국이 원하는 군사적 차원에서 중국을 타깃으로 하는 연합전선에 적극 동참할 수 없음은 지속적으로 설득해 나가는 수밖에 없을 것이다. 한일 간의 경제 협력 강화는 한국 기업들에게도 큰 도움이 될 것이다.

러시아는 시베리아 개발과 아시아·태평양 진출이라는 국가 목표 때문에 유일하게 남북한과 3자 경제 협력을 추진해온 국가다. 그런 맥락에서 길게 본다면 러시아와의 협력이 한국에게 가져올 장기적 이익이 존재한다. 그렇기에 그러한 잠재적 가능성을 염두에 두고 경제나 사회문화 협력을 유지해나가는 것이 바람직하다. 우크라이나 사태로 서방세계의 경제 제재를 받고 있는 점을 감안할 때 정치 분야에서까지 적극적인 협력을 추진하기는 힘든 측면이 있다. 따라서 민간 협력 분야에 초점을 맞추어 조용히 실질적인 협력 기반을 유지·강화해나가는 것이 바람직하다.

한국의 외교적 공간과 시야를 확대해야

앞에서 언급한 대로 한국의 가용자원, 바꿔 말하자면 국력이 그만큼 신장했다고 한다면 전략적인 차원에서 볼 때 외교의 시야도 대폭 확장해야 할 것이다. 그동안 한국은 북한, 미국, 중국, 일본이라는 주변국에 대해 외교적 에너지를 집중 투자해왔다. 그러나 이제는 세계 10위권 국가에 걸맞게 시야를 확장하고 외교 공간을 넓혀나가야 할 때다. 저자는 6년 전 미중러 그리고 북한에 집중된 우리 외교를 횡축 외교로 규정하고, 횡축 외교에 추가해서 러시아, 아세안, 인도를 연결하는 종축 외교와, 글로벌 이슈 영역에서 한국의 역량을 발휘하는 글로벌 외교의 축을 강화하고 확대해 나갈 것을 주장한 적이 있다. 그러한 주장은 미중 갈등이 심화되고 있는 지금 상황에서 더욱 유효하다고 본다.

종축 외교와 관련하여서는 아세안에 추가해 특히 인도와의 관계 심화에 심혈을 기울일 필요가 있다. 인도는 민주주의 국가이면서 14억 인구의 대국이다. 한국과는 CEPA협정을 맺어 경제 협력관계를 심화시키고 있지만 그 속도가 느리고, 인도의 잠재력을 전략적으로 활용하기 위한 외교적 노력도 지체되고 있다. 특히 인도와의 경제 협력 심화는 한국의 대외 경제관계를 다변화하여 특정 국가에 대한 의존도를 낮추는 데 크게 기여할 것이다. 그리고 유럽 국가들과의 관계도 강화하여 민주주의, 기술 협력, 경제 협력 차원에서 연대하는 것이 우리 국익에 도움이 될 것이다.

또한 글로벌 차원에서 팬데믹, 기후 변화, 핵심 기술, 반테러리즘, 개발 협력 분야 등에서도 한국이 역량과 지도력을 발휘할 분야가 상당히 많다. 그러한 분야에서 적극적인 외교력을 발휘하여 한국의 국제 정치 위상을 제고하는 것이 앞으로 우리가 풀어야 할 한반도 문제를 다뤄나가는 데 있어서도 큰 도움이 될 것이다. 바이든 행정부가 주도하는 쿼드나 G7, G20 등의 국제적 협력 연대의 네트워크에 적극적으로 가입하여 우리의 외교적 위상을 높이는 것도 긴요하다.

구심력을 강화하는 대북정책을 지속해야

냉전 종결 이후 지난 30년간의 대북정책과 남북관계의 변천을 지켜보아온 국민들은 대체적으로 한 가지 의견으로 수렴해왔다고 볼 수 있다. 그것은 무조건적인 대북 적대정책이나 무조건적인 포용정책은 둘 다 문제가 있다는 점이다. 바꾸어 말하자면 국민들은 '원칙 있는 포용정책Principled Engagement'을 원한다고 말할 수 있다. 포용을 주도하는 한국이 원칙을 가지고 하지 않으면 한국이라는 국가의 자기 정체성을 잃게 되거나 혼란을 야기하여 국제사회에서 포용정책의 정당성이 약화되는 결과를 초래한다.

여기에서 대북정책의 원칙이란 국제사회에서 일반적으로 통용되는 가치들, 예를 들어 평화, 비핵화, 시장경제, 주민들의 인간적인 삶, 상호성 등에 기반하는 것을 의미한다. 이러한 가치에 기반하여 북한의 외교적 고립을 해소하고, 비핵화와 군축을 달성하며, 북한의 경제개발을 지원하고, 이를 통해 북한의 정상국가화를 시도하는 것을 의미한다. 물론 이러한 가치에 기반한 원칙 있는 포용은 현실적인 장애요인이 많고 단기간에 달성될 수 있는 것은 아니다. 그러나 그와 같은 장기적 방향성을 잃어버리면 남북관계는 표류할 수밖에 없을 것이다. 지금의 남북관계 현실 속에서 어떻게 이와 같은 가치 지향의 원칙 있는 포용을 실현해 나갈 것인가가 지도자의 지혜가 크게 필요한 부분이다.

정치인들이 정파적인 이익의 관점에서 보지 않고 국가의 미래를 멀리 보고 생각하며 한반도 평화를 어떻게 달성할 것인가를 고민한다면 이러한 대북정책 방향은 충분히 보수와 진보 진영 간에 공감대를 이루고 합의할 수 있을 것으로 판단된다. 그렇게만 된다면 과거 정권이 바뀔 때마다 급격한 대북정책의 변화가 일어나 그것이 가져온 장기적 국익 관점에서의 폐해를 막을 수 있을 것이다. 그러한 전제하에 북한 주민들과 접촉의 면을 넓히고 경제뿐 아니라 다양한 분야에서 상호 협력을 추진하여 남북 간에 통합을 향한 에너지, 즉 구심력이 강화될 수 있다면 그것이 최선의 평화로의 길이 될 것이다. 정치 지도자는 이러한 여야 간, 보수·진보 진영 간 합의를 이루어내기 위해 부단한 노력을 기울이고 여야 간에 초당적인 대북정책을 만들어내기 위한 제도적 장치도 만들어 가야 할 것이다.

안보는 튼튼히 하면서도, 굴곡이 많고 장애요인도 많지만 꾸준히 대북 화해 협력의 노력을 적극적으로 지속해나가야 할 것이다. 그래야만 주변 국가들의 권력 경쟁의 종속변수로서의 운명이 아니라, 우리가 중심을 잡고 주도적으로 한반도의 미래를 개척해 나갈 수 있을 것이기 때문이다.

2021년 11월

격랑 속을 헤쳐 나아갈
새로운 나침반을 만들다

• 윤병세 전 외교부 장관 •

NEAR재단의 책자는 강한 흡인력이 있다. 거대 담론, 외교안보전략과 정책 같은 무거운 주제들을 정곡을 찌르는 명징한 언어와 논리로 풀어 나가면서 우리를 성찰하게 한다. 국제관계와 정책 결정과정의 이론과 실제를 오랫동안 다루었던 각계 권위자들의 경륜과 지혜가 농축되어 점이나 선이 아니라 면과 공간을, 나무뿐 아니라 숲과 생태계 전체를 보여 주기 때문이다.

전환기 한국 외교,
대전략과 고난도 방정식 해법 마련해야

이번 책자의 주제와 메시지는 매우 시의적절하고 엄중하다. 우리 시대 최대의 화두이자 앞으로 수십 년 이상 국제 질서의 향방을 좌우할 미중 전략 경쟁시대에서 한국 외교가 나아갈 길을 다양한 각도에서 조망하고 우리의 대전략^{Grand Strategy}과 정책 옵션을 입체적인 전략 지도로 제시하고 있다. 당사자인 미국과 중국은 두말할 나위 없고 동맹이나 우방인 유럽, 일본, 동남아, 인도, 대양주, 북미에 이르기까지 많은 이해관계국들이 해당 국가나 지역이 취해야 할 새로운 전략과 정책 마련에 골몰하고 있는 것과 궤를 같이한다.

금번 보고서는 국내외의 유사한 시도와 차별화되고 특별한 의미가 있다. 그 이유는 미중 전략 경쟁을 '동북아 파워 매트릭스'의 최대 변수로 부각시키고 우리에게 미칠 외교안보·경제적 함의와 정책 건의에 있어 고난도 복합방정식 해법을 제시한 본격적인 시도이기 때문이다.

탈냉전이 퇴조하면서 지난 10여 년간 동북아 및 아시아·태평양 국가 간 역학관계는 서서히 지각 변동을 해왔다. 지난 정부 4년여간 외교 수장으로서 필자도 그 변화를 온몸으로 느낀 바 있다. 이제 그 변동 폭과 속도가 5년 전이나 10년 전에는 상상할 수 없을 정도로 커지고 빨라지고 있다.

진원지도 북한 핵 문제나 역사·영토 문제를 포함한 익숙해진 역내 갈등을 넘어 훨씬 더 복잡다기해지고 있다. 동북아 파워 매트릭스를 구성하고 있는 행과 열이 과거보다 현저히 늘어나며 상호 작용하고 있는 것이다.

북한의 핵 위협, 일중 간 댜오위다오/센카쿠 열도 관련 갈등, 남중국해·동중국해 문제, 한일 갈등, 홍콩·신장 위구르·대만 문제, 인권 문제 같은 외교안보 문제로부터 경제·무역 문제를 넘어 첨단기술 문제까지 전 영역으로 확장되었다. 더 나아가 민주주의와 권위주의 체제 간 가치 경쟁, 체제 경쟁, 패권 경쟁으로 확산되고 있다. 경제·기술 문제가 국가 안보 문제화되면서 국내 문제와 대외 정책 간 경계선도 희미해지고 있다. 경제적 상호 의존과 정치·안보적 긴장이라는 Asia Paradox 현상의 버팀목이었던 경제 분야가 지각 변동의 핵이 되고 있다. 마치 판도라의 박스가 열린 것처럼 그간 수면 하에 있던 이슈들이 이제 모두 수면 위로 올라오고 있는 것이다.

주된 이유는 중국의 전례 없는 부상 속도와 공세적 성격이고 이에 따라 미중관계를 지탱해 왔던 윈-윈Win-Win의 공통 이해 영역이 줄어들고 제로섬적 충돌 요소가 확대되고 있기 때문이다. 중국의 후진타오 정부가 시진핑 정부로 바뀌면서 이러한 현상들이 강화되었지만 오바마 행정부 기간 동안은 예고편들에 불과했다. 당시 오바마 행정부는 '아시아 재균형Rebalancing to Asia', '아시아 회귀Pivot to Asia' 전략을 통해 중국을 견제하면서도 중국을 미국 주도의 국제사회에 책임 있는 일원으로 참여시켜 '규범에 기초한 국제 질서'에 묶어두려 했다. 즉, '관여와 견제의 투 트랙 전략'을 썼기 때문이다. '아시아 회귀 전략'을 주도했던 인사들도 오바마의 이 정책이 중국을 봉쇄하거나 갈등을 조장하기 위한 것이 아니라고 설명하고 있다. 남중국해 문제 등에도 불구하고 아시아·태평양 역내 국가 간 협력이 대립 요소보다 중시되었고 미중 간 핵심 이익의 충돌이 본격화되지 않았기 때문이다. 그러나 시진핑 2기를 거쳐 3기를 목전에 두고, 트럼프 행정부를 거쳐 바이든 행정부로 넘어오면서 양국 간 협력 분야는 대폭 줄어들고 경쟁 내지 대립 관계는 더욱 구조화되는 양상이다. 이제 전후 자유주의 국제 질서를 수호하고 태평양 시대를 주도하려는 미국과 이를 재편성하기 위해 도전하는 중국 간에 사활을 건 본 게임이 시작된 것이다.

반세기의 미중 전략 공존에서
세기적 전략 경쟁 시대로

길게는 약 50년 전 미중 상하이 공동성명으로부터 시작된 키신저식 미중 전략적 공존Symbiosis 내지 공진Co-Evolution 시대가, 짧게는 냉전 종료 후 오바마 2기까지 형식적으로나마 유지되었던 대중국 전략적 관여Engagement 시대가 종언을 고하고, 언제 끝날지 모를 미중 전략적 경쟁 시대로 접어든 것이다.

분명한 것은 양측 모두 이러한 관계가 장기화될 것임을 공언하고 있는 점이다. 시진핑 주석은 '장기 투쟁'을, 바이든 대통령은 이미 'long game'을 예고했다. 미 상원 외교위가 금년 4월 통과시켰던 281쪽의 '2021 전략경쟁법안'(현재는 6.8 상원을 통과한 '미국 혁신경쟁법안' 패키지의 세부 법안으로 포함)은 '향후 수십 년간'의 미중 전략 경쟁을 상정한 바 있다. 10년 전 류밍푸가 저서 『중국몽』에서 예견한 마라톤 콘테스트식 '세기의 결전Duel of the Century'의 막이 올라간 것이다. 그리고 그 본질은 리콴유 전 싱가포르 총리가 설파했듯이 앞으로 누가 세계 No.1이 되어 세계 질서를 주도할 것인가이다. 중국의 입장에서는 아편전쟁 후 100여 년간의 치욕의 역사를 청산하고 '중국몽', 즉 '중화 민족의 위대한 부흥'을 성취하는 것이다. 반면, 미국의 입장에서는 미국의 장래와 전후 미국 주도 국제 질서에 대한 최대의 도전Near-peer Challenge을 중국의 공세적 부상이라고 보고 동맹국 및 우방들과의 연대 하에 이를 막겠다는 것이다. 바이든 대통령이 취임 후 첫 번째 기자회견에서 중국이 미국을 제치고 세계 최강의 국가가 되는 일은 없을 것이라고 잘라 말한 것은 이러한 측면을 염두에 둔 것이다. 여기에 일본, 호주, 인도, 캐나다, EU 등이 양자 또는 다자 연대 차원에서 가담하고 있다.

1946년 초 윈스턴 처칠의 '철의 장막Iron Curtain' 연설과 조지 케넌의 'Long Telegram'은 2차 대전 후 40여 년간에 걸친 냉전의 시작을 예고하는 상징적 계기였다. 마찬가지로 2018년 말 펜스Pence 부통령의 허드슨 연구소 연설과 금년 초 Atlantic Council에 실린 익명 미국 저자의 'The Longer Telegram: Toward a new American China strategy'는 새로운 전략 경쟁 시대의 도래를 상징하는 계기로 평가될지 모른다.

실제로 트럼프 행정부에 이어 바이든 대통령의 취임 이후 최근 아프간 철군과 쿼드QUAD 정상회의까지 미국의 새로운 대중국 전략이 정권 변화에도 불구하고 정책적으로 대부분 계승되어 구체화되고 있다. 현상 변경을 추구하는 수정주의 세력과 싸우겠다는 점이 계속성의 핵심이다.

미소 냉전의 서막인 1947년 트루먼 독트린이 봉쇄를 중시했다면, 이제 형성 중인 바이든 독트린은 미중 전략 경쟁에서 동맹과 다자주의, 경제와 첨단기술, 가치를 중시하는 전략이다. 이러한 미 행정부의 입장을 의회도 초당적으로 협조하면서 다양한 법안으로 지원하고 있다. 대표적인 예가 당초 미 상원이 별개 법안으로 추진하던 전술한 2021 전략경쟁법이다.

중국이 왜 미국의 최대 위협인가

동 법안은 미국에게 있어 현상 변경 세력인 중국이 왜 최대의 위협인지, 인도·태평양 및 글로벌 정책의 일환으로서 대중국 전략 경쟁정책을 왜 채택해야 하는지에 대한 미국의 우려를 20여 개 사유를 들어 집대성하고 있다. 트럼프 행정부의 국가안보전략보고서, 국방전략보고서, 중국전략보고서 등과 바이든 행정부의 대중국 정책의 연장선상에 있다.

구체적으로 살펴보면 중국의 공격적·공세적 외교정책, 중상주의적 경제정책, 경제·군사적 강압정책, 과학기술 굴기 및 제조업 기술 강국 지향, 군사력 강화, 정책화된 중국 민족의 위대한 부흥 슬로건, 공산당 독주와 권위주의 통치 모델 확산, 인도·태평양 지역에서의 패권 추구와 미국의 핵심 이익 침해(항행의 자유, 남중국해 비군사화, 인권, 동맹국 안보 보장 등), 일대일로의 확산 및 글로벌 파워 지향, 규범 중심의 국제 질서 개편 시도, 대만 재통일 추구 및 무력 사용 불배제, 코로나19 기간을 활용한 홍콩보안법 실시, 인도와의 충돌 등이다. 요컨대 과거와 같이 중국과 특정 분야에서의 이해 충돌 차원이 아닌 외교, 군사, 경제, 기술, 이념, 가치 모든 분야에서 전면적 경쟁을 선포한 것을 알 수 있다.

불과 7년 전인 2014년 7월 베이징에서 열린 제6차 미중 전략경제 대화 개막식 연설에서 시진핑習近平 중국 국가주석은 "광활한 태평양 에는 중국과 미국 두 대국을 수용할 수 있는 공간이 충분하다"며 양 국 간 '신형 대국 관계'를 강조한 바 있다. 개막식에 참석한 존 케리 미국 국무장관도 연설에서 "미국은 중국을 봉쇄하려 하지 않는다"며 "미국은 평화롭고 안정적이며 번영하는 중국의 부상Emergence을 환 영한다"고 화답했다. 그런데 이제 미중 양국은 태평양을 넘어 인도· 태평양으로, 일대일로 해당 지역을 넘어 전 세계에 걸쳐 치열한 승부 를 하게 된 것이다.

미중관계 정상화 이래 오랫동안 중국을 관여시켜 미국 주도 국제 질서에 편입시키려고 한 미국의 의도와 노력이 실패한 데 대한 실망 과 좌절, 배신감, 세력전이에 따른 무력감이 반영된 것이라고도 할 수 있다. 마오쩌둥이나 덩샤오핑보다 더 강력한 시진핑 지도하에서 공산당 주도하에 공세적으로 변모하는 중국에 대해 미국도 트럼프 행정부 이래 빠르게 코스를 바꾸고 있는 것이다.

그렇다면 양국이 종국적으로 Allison 교수가 경고하는 투키디데 스 함정에 빠질 것인가? 이에 대해 시진핑 주석은 2015년 9월 시애 틀 방문 시 "그런 일은 없겠지만, 전략적 오판을 하는 세력이 있다면 그들 스스로 그러한 함정을 만들게 될 것"이라고 했다. 미국도 작년 7월에 발표된 『민주당 정강정책 2020』과 금년 9월 바이든 대통령의 유엔 총회 연설에서 중국과 '신냉전'을 추구하지는 않을 것임을 밝힌 바 있다. 양국 간 군사력 차이나 경제 의존도에 비추어 트루먼식 봉쇄정책이나 냉전 시 미국과 소련 간에 있었던 군사 대결을 논하기는 아직 이르다. 그럼에도 양측 모두 서슴없이 변곡점Inflection Point에 대해 얘기한다. 미국이 주도해온 국제 질서 속에서 누가 1등국이 되느냐의 차원을 넘어 중국이 기존 국제 질서의 재편을 시도하거나 새로운 질서를 만들려고 하는 데서 오는 패권 경쟁이 본질이기 때문이다.

미중 전략 경쟁, 한국 외교의 블랙홀이 되나

이처럼 미중 전략 경쟁이 특정 분야를 넘어 지정학·지경학 그리고 이념적 차원에서 전방위로 확산되고 장기화가 예상되면서 이들 두 나라와 동맹과 동반자 등 다양한 형태로 긴밀한 관계를 맺고 있는 많은 나라들에게 정책적 딜레마를 제기하고 있다. 특히 미국과는 동맹관계, 중국과는 전략적 협력 동반자 관계를 대체로 조화롭게 발전시켜온 한국의 경우 그 부담은 더 클 수밖에 없다. 아시아 더 나아가 인도·태평양이 세계 성장의 중심이 되는 상황에서 한반도와 동북아가 미중 간 격전의 주요 전선이 되고 있는 것이다. 이미 우리는 전략적 유연성, AIIB, 북핵 억제 및 해법 문제, 사드 배치 및 3불 입장, 지소미아와 한미일 협력, 쿼드 참여 문제 등에서 맛보기 차원의 경험을 해 봤다.

미중 갈등이 본격화되기 전에는 상대적으로 분리 접근이 가능했던 여러 역내 내지 국제 이슈들도 미중 갈등의 함의에서 더 이상 자유롭지 못하다. 한일 과거사 갈등 해소에 미국 민주당 정부들이 적극적인 것은 특히 한미일 협력 강화가 필요해서이고 그 대상은 그간 주로 북한이었지만 점차 중국 등을 염두에 두게 될 것이다. 북핵 문제처럼 이미 이슈 간 상호 연계성과 여러 국가 간 이해관계가 교차하는 경우는 더욱 그러하다. 이제 미중 전략 경쟁은 여타 모든 변수를 압도하고 흡수해 버리는 블랙홀Black Hole 내지 준거 기준이 되어 가고 있는 것이다.

이러한 변화를 우리는 지난 수개월간 쿼드, NATO와 G7 정상회의 공동성명, 한일과 한미 정상회담 공동성명, 미국·영국·호주 안보협력체AUKUS 결성, 파이브 아이즈Five Eyes에 한국·일본 추가 제안 등에서 보아 왔다. 중국을 염두에 둔 다자적 편짜기 내지 짝짓기 즉 공동 전선이 강화되고 있는 것이다. 한국의 입장에서 볼 때 지난 10여 년간 최우선순위였던 북한 핵 위협을 포함하여 여타 많은 문제는 차순위로 격하되고 미중 전략 경쟁의 맥락에서 접근되고 있다.

따라서 외교안보 정책이나 경제정책 입안자들이 과거처럼 동북아 관련 이슈를 그 사안 자체Merit에만 입각해서 분리해 다루는 것은 점점 힘들어졌다. 이제 관련된 이슈를 모두 판Plate 위에 올려놓고 총체적으로, 특히 미중 경쟁관계와 다자적 맥락에서 보지 않으면 콘텍스트를 이해하기도 어렵고 대책 마련도 어려운 상황이 전개되고 있다. 한반도 주변과 세계 질서가 동시에 요동침에 따라 외생 변수의 비중이 대폭 커진 것이다.

한국은 대륙세력과 해양세력 사이에 위치한 지정학적·지경학적 특수성 때문에 태평양 지각판과 유라시아 지각판이 충돌할 때마다 역사적으로 많은 고난을 겪었고 결국 식민과 분단, 뜨거운 전쟁과 차가운 전쟁을 거쳐 왔다. 이제 탈냉전이 한반도에서 지속 가능한 평화와 번영, 새로운 아시아 평화 협력 구조로 정착되기도 전에 다시 한번 세기적 도전에 직면하게 되었다.

2차 대전 이후 반세기에 걸친 미소 냉전은 공산주의 체제의 붕괴, 독일의 통일, 소련의 붕괴로 종식되었고 국제 질서의 근본적인 전환을 초래하였는데, 탈냉전 30년 만에 다시 미중 전략 경쟁 시대라는 또 하나의 커다란 역사적 전환기가 도래한 것이다.

동북아 신파워 매트릭스와 동태적 외교전략지도

금번 NEAR 보고서는 이러한 지정학적·지경학적 전환기에 예상되는 미중 간 그리고 동북아 지역 국가들 간 다양한 이해 충돌이 우리 국익에 미칠 근본적 질문과 화두로 시작해서, 정책적 함의를 거시적으로 분석하고 우리가 나갈 방향과 생존 전략, 그리고 구체적인 정책 옵션까지 제시하고 있다. 입체적·동태적으로 외교전략지도를 새롭게 그린다는 의도이며, 그간 우리가 접하지 못한 신선한 시도다.

총론에서는 미중 전략 경쟁과 관련하여 우리가 처한 생태계, 즉 숲을 전략지도 형식으로 조망한 후 나무가 되는 쟁점 예상 리스트 중 복합적인 고민이 필요한 10대 주요 과제를 식별하여 대안을 제시하고 있다. 외교 환경, 외교 목표와 도전 요인, 외교 전략 기조를 검토한 후 대표적인 복합 과제를 다룬 것이다. 각론은 이러한 틀과 기조 하에, 주요 국가별로 한국과의 양자관계를 보는 관점을 제시한 후 해당국과의 주요 전략적 쟁점을 다루고 사안별 추진 방향과 정책 제언을 하고 있다. 해당 국가에만 적용되는 쟁점이 많지만 10대 과제에 포함 안 된 미중 전략 경쟁과 연관되는 사안도 있다.

총론에서는 주로 거시적 측면을, 각론에서는 주로 미시적 측면을 총정리하듯이exhaustive 연계하여 다루고 있다. 미중관계의 맥락은 물론이고 한국과 북한, 그리고 일본과 러시아의 관계가 서로 밀접하게 연동되어 상호 작용을 하는 고난도 복합방정식을 다루려는 것이다.

특히 총론에서 제기하고 있는 근본적 화두들은 정부 내 외교안보 부서들과 전문가 집단들뿐 아니라 한국의 외교 전략과 정책에 관심이 있는 분들이 다 같이 고뇌해야 하는 것들이다. 무엇보다도 미중 전략 경쟁의 맥락에서 한국의 외교 전략은 한미동맹에 확고히 기반한 한중관계 발전이라는 공존형 전략 속에 자강 노력을 일관되게 추진해야 한다는 핵심 메시지는 많은 것을 함축하고 있다. 일각에서 얘기하는 편승, 헤징, 등거리나 중립 의미의 균형이 아니고 우리의 기본 축과 기조를 유지하는 구도 하에서 미중 양국이 동시에 관련된 중요한 외교안보 사안이 발생할 경우 국익은 극대화하고 부정적 파급효과는 최소화할 수 있는 최적의 대안을 선택하자는 것이다. 물론 현실에서는 이것이 불가능한 진실의 순간도 분명히 올 것이고 이에 대비도 해야 한다.

우리는 이미 그러한 노력을 나름대로 해 왔으며 성공한 경우도 많고 그렇지 못한 경우도 있다. 문제는 앞으로 더 큰 난제들이 기다리고 있다는 점이다. 금번 책자 본론에서 다룬 구체적 사례들은 대부분 잘 알려지거나 예상되는 것을 대상으로 하지만 실제 정책 결정 과정을 반영하는 데는 한계가 있을 것이다. 이런 측면에서 우리가 실제 겪었던 복합방정식 차원의 아래 고난도 외교 사례를 향후 외교안보 전략 수립 및 정책 결정 과정에 참고할 수 있을 것이다.

과거의 교훈과 격랑 속 한국 외교의 자세

2015년 9월 천안문 행사 참석은 외견상optics 어색함을 감수하면서도 복합적인 외교 목표들을 풀기 위해 심사숙고한 후 전략적 차원에서 내린 결정이고 미 정부 고위층과도 긴밀히 조율한 것이다. 그 결과 북한 비핵화 중국 협조, 한중관계 관리, 3년간 공전하던 한중일 정상회담에 중국 참석 확보와 한일 정상회담 개최(11월), 한미 정상회담 북핵 성명(10월), 한일 과거사 현안 및 지소미아 타결(2016), 한미일 3국 협력 복원 등 연이은 중요한 성과를 거두었다. 행사 참석 하나를 본 게 아니라 이것이 촉발할 수 있는 여러 가지 양자적, 다자적 이득을 염두에 두고 동태적으로 추진한 것이다.

2013년 11월 중국이 갑작스럽게 동중국해에 방공식별구역을 설정했을 때 한중일 간 그리고 미국까지 참여하는 치열한 외교전이 전개되었다. 남중국해 분쟁에 이어 동북아 안보 질서에 큰 파장을 일으킬 수 있는 현상 변경 조치였다. 우리 정부는 미국, 일본 등과의 조율 하에 기존의 우리 측 방공식별구역을 오히려 62년 만에 확장 발표해 위기를 기회로 전환했다. 사안의 성격상 강 대 강 외교로 대응한 것이다. 당시 바이든 부통령의 방한을 결정적 계기로 활용하여 한미가 먼저 공조하고 일본이 동의토록 하고 결국 중국도 수용하는 식으로 마무리되었다.

2014년 5월 아시아 교류 신뢰구축 회의^{CICA} 정상회의에서 중국이 미국의 아시아 재균형 전략을 겨냥하여 "아시아의 안보는 아시아인들이 수호해야 한다"면서 동맹 체제에 반대하는 아시아 신안보관을 정상 선언에 넣으려 하였다. 우리 정부는 이것이 한미동맹을 저해하는 것으로 독자적으로 판단하여 적극 반대하였고 결국 동맹 반대 문안은 우리 때문에 포함되지 못했다. 이는 우리가 중국과의 전략적 협력 동반자임에도 한미동맹의 기조에 해당하는 문제라서 원칙대로 한 것이다. 미 측은 여타 우방들이 애매모호한 입장을 취했음에도 우리가 분명한 입장을 취해준 데 대해 높이 평가하였다.

반면, 미중 간 이해관계가 상충한 중국 주도 아시아 인프라 투자은행^{AIIB} 가입 문제는 호주 등 유사 입장의 우방들과 공조하고 미국과는 동맹으로서의 신뢰를 지키면서 끝까지 조율하여 2015년 3월 원만히 가입했다. 사안의 성격상 동맹과 동반자 사이에서 유연하게 행동하여 명분과 실리를 조화시켰다.

과거사 문제로부터 확산된 한일 갈등은 그간 국내 일각에서 양자 문제로만 보려는 경향이 있지만 위에서 본 바와 같이 한미동맹과 한미일 협력, 미국의 대북한 및 중국 전략과도 연결되는 복합적 문제다. 바이든 행정부 들어 가장 역점을 둔 분야 중 하나가 한미일 3국 협력이라는 점이 이를 증명한다. 이러한 연계 매트릭스를 이해하지 못하면 아무리 많은 외교 노력을 해도 무위로 돌아가게 된다. 여기에 국내 정치와 포퓰리즘까지 가세하면 국익에 큰 손상이 온다. 한미동맹과 한미일 협력은 상대적으로 약화되는 반면, 북중 연대 및 북중러 협력은 강화된다. 동북아 전략 지형이 바뀌는 것이다.

현재의 동북아 역학관계와 북한 핵 문제로 인해 남북관계가 국제관계를 견인하기는 어렵게 되어 있다. 거꾸로 국제관계에서 진전이 있으면 남북관계까지 풀릴 수 있다. 그 국제관계의 핵심이 한미동맹과 한중 동반자 관계의 충돌이 아닌 조화로운 발전이다. 이는 미중 전략 경쟁 시대에 한국이 당면한 최대의 지정학적 난제가 될 것이다. 이러한 국제 질서의 재편과정에서 우리가 헤쳐 나가야 할 항로는 험난하다. 사드보다 더 거센 파도가 올 수 있다. 이미 동중국해, 남중국해 등 인도·태평양까지 파고가 높아지고 있다.

우리가 격랑을 헤치고 목적지에 순항할지는 우리 자신이 이러한 변화를 얼마나 잘 읽고 준비하는지에 달려 있다. 격랑 속에서도 분명한 방향 감각을 갖고 중심을 잡아 나가야 한다. 새로운 외교안보전략은 바로 이러한 역사 인식과 좌표 인식, 지정학적 변화에 대한 냉정한 문제의식과 우리의 정체성에서 출발해야 한다. 금번 NEAR 보고서는 우리가 당면한 외교안보 과제들을 자강의 자세로 능동적으로 풀고 중장기적 외교안보전략으로 나아갈 수 있는 나침반과 전략지도를 제시하려고 한다. 국제 질서 전환기의 한국 외교를 위한 필독 전략 지침서가 되기를 바란다.

2021년 11월

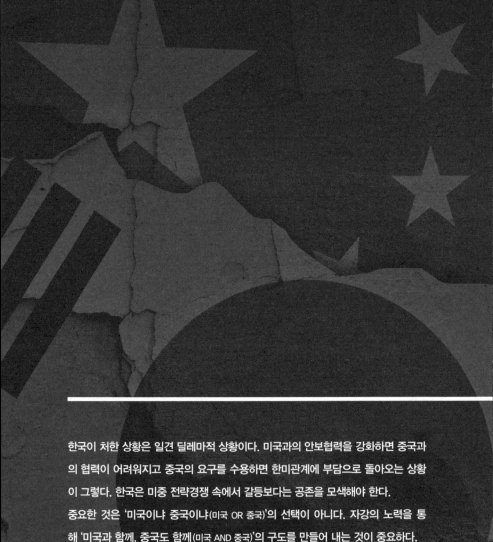

한국이 처한 상황은 일견 딜레마적 상황이다. 미국과의 안보협력을 강화하면 중국과의 협력이 어려워지고 중국의 요구를 수용하면 한미관계에 부담으로 돌아오는 상황이 그렇다. 한국은 미중 전략경쟁 속에서 갈등보다는 공존을 모색해야 한다.
중요한 것은 '미국이냐 중국이냐(미국 OR 중국)'의 선택이 아니다. 자강의 노력을 통해 '미국과 함께, 중국도 함께(미국 AND 중국)'의 구도를 만들어 내는 것이 중요하다.

미중 세력전이기,
다시 그리는 외교안보전략지도

동북아 전략 상황과 한국의 외교안보전략지도

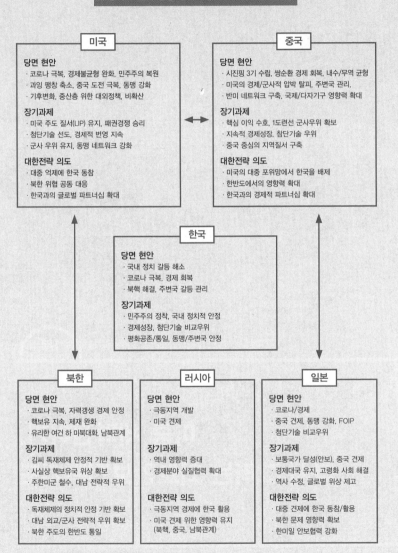

미국

당면 현안
· 코로나 극복, 경제불균형 완화, 민주주의 복원
· 과잉 팽창 축소, 중국 도전 극복, 동맹 강화
· 기후변화, 중산층 위한 대외정책, 비확산

장기과제
· 미국 주도 질서(LIP) 유지, 패권경쟁 승리
· 첨단기술 선도, 경제적 번영 지속
· 군사 우위 유지, 동맹 네트워크 강화

대한전략 의도
· 대중 억제에 한국 동참
· 북한 위협 공동 대응
· 한국과의 글로벌 파트너십 확대

중국

당면 현안
· 시진핑 3기 수립, 쌍순환 경제 회복, 내수/무역 균형
· 미국의 경제/군사적 압박 탈피, 주변국 관리,
· 반미 네트워크 구축, 국제/다자기구 영향력 확대

장기과제
· 핵심 이익 수호, 1도련선 군사우위 확보
· 지속적 경제성장, 첨단기술 우위
· 중국 중심의 지역질서 구축

대한전략 의도
· 미국의 대중 포위망에서 한국을 배제
· 한반도에서의 영향력 확대
· 한국과의 경제적 파트너십 확대

한국

당면 현안
· 국내 정치 갈등 해소
· 코로나 극복, 경제 회복
· 북핵 해결, 주변국 갈등 관리

장기과제
· 민주주의 정착, 국내 정치적 안정
· 경제성장, 첨단기술 비교우위
· 평화공존/통일, 동맹/주변국 안정

북한

당면 현안
· 코로나 극복, 자력갱생 경제 안정
· 핵보유 지속, 제재 완화
· 유리한 여건 하 미북대화, 남북관계

장기과제
· 김씨 독재체제 안정적 기반 확보
· 사실상 핵보유국 위상 확보
· 주한미군 철수, 대남 전략적 우위

대한전략 의도
· 독재체제의 정치적 안정 기반 확보
· 대남 외교/군사 전략적 우위 확보
· 북한 주도의 한반도 통일

러시아

당면 현안
· 극동지역 개발
· 미국 견제

장기과제
· 역내 영향력 증대
· 경제분야 실질협력 확대

대한전략 의도
· 극동지역 경제에 한국 활용
· 미국 견제 위한 영향력 유지
  (북핵, 중국, 남북관계)

일본

당면 현안
· 코로나/경제
· 중국 견제, 동맹 강화, FOIP
· 첨단기술 비교우위

장기과제
· 보통국가 달성(안보), 중국 견제
· 경제대국 유지, 고령화 사회 해결
· 역사 수정, 글로벌 위상 제고

대한전략 의도
· 대중 견제에 한국 동참/활용
· 북한 문제 영향력 확보
· 한미일 안보협력 강화

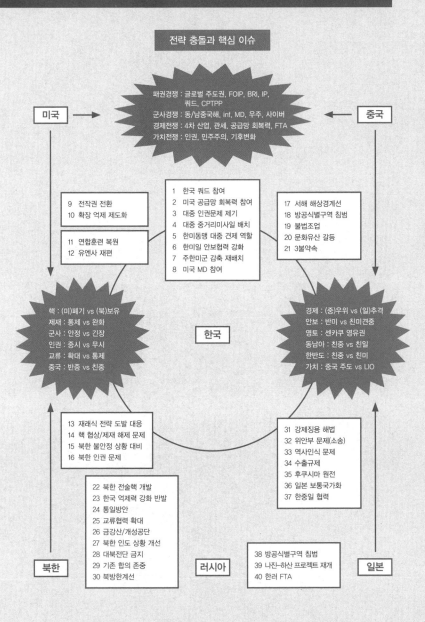

전략 충돌과 핵심 이슈

패권경쟁 : 글로벌 주도권, FOIP, BRI, IP, 쿼드, CPTPP
군사경쟁 : 동/남중국해, inf, MD, 우주, 사이버
경제전쟁 : 4차 산업, 관세, 공급망 회복력, FTA
가치전쟁 : 인권, 민주주의, 기후변화

미국

중국

9 전작권 전환
10 확장 억제 제도화

11 연합훈련 복원
12 유엔사 재편

1 한국 쿼드 참여
2 미국 공급망 회복력 참여
3 대중 인권문제 제기
4 대중 중거리미사일 배치
5 한미동맹 대중 견제 역할
6 한미일 안보협력 강화
7 주한미군 감축 재배치
8 미국 MD 참여

17 서해 해상경계선
18 방공식별구역 침범
19 불법조업
20 문화유산 갈등
21 3불약속

핵 : (미)폐기 vs (북)보유
제재 : 통제 vs 완화
군사 : 안정 vs 긴장
인권 : 중시 vs 무시
교류 : 확대 vs 통제
중국 : 반중 vs 친중

한국

경제 : (중)우위 vs (일)추격
안보 : 반미 vs 친미견중
영토 : 센카쿠 영유권
동남아 : 친중 vs 친일
한반도 : 친중 vs 친미
가치 : 중국 주도 vs LIO

13 재래식 전략 도발 대응
14 핵 협상/제재 해제 문제
15 북한 불안정 상황 대비
16 북한 인권 문제

31 강제징용 해법
32 위안부 문제(소송)
33 역사인식 문제
34 수출규제
35 후쿠시마 원전
36 일본 보통국가화
37 한중일 협력

22 북한 전술핵 개발
23 한국 억제력 강화 반발
24 통일방안
25 교류협력 확대
26 금강산/개성공단
27 북한 인도 상황 개선
28 대북전단 금지
29 기존 합의 존중
30 북방한계선

38 방공식별구역 침범
39 나진-하산 프로젝트 재개
40 한러 FTA

북한

러시아

일본

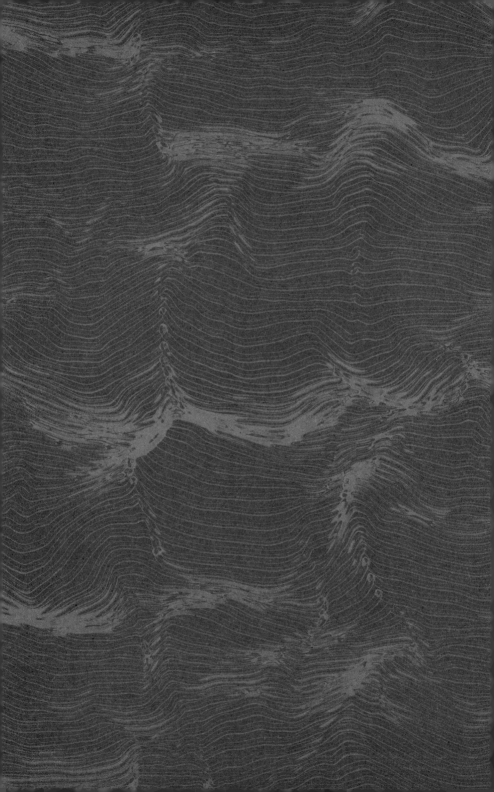

1장 문제는 미중관계다

중국이 쏘아 올린 딜레마

지난 70여 년 동안 한국 외교의 상수는 미국이었다. 신생 대한민국은 세계 지도상에서 나라 이름이 사라질 뻔했던 전쟁의 위기를 미국의 힘을 빌려 극복했다. 전쟁을 계기로 맺어진 한미동맹을 통해 튼튼히 다져진 안보는 냉전기를 거치며 고속 성장을 이뤄내는 발판이 되었다. 탈냉전기 북한 핵개발의 위협 속에서도 한미동맹을 축으로 하는 대외전략을 유지하며 눈부신 발전을 거듭한 결과 오늘날 국제사회가 인정하는 선진국의 반열에 들어섰다.

21세기에 들어서며 한국은 중국의 공세적 부상이라는 전례 없는 도전에 직면했다. 미중 전략경쟁이 날로 치열해지고 두 강대국이 한국을 자기 진영으로 끌어당기려는 강한 자기장磁氣場이 형성되면서 종종 한국 외교는 이러지도 저러지도 못하는 상황에 부딪히고 있다. 미국과 중국 사이에서 대한민국이 서야 할 자리는 과연 어디쯤일까. 지금 한국이 서 있는 자리는 과연 올바른 선택을 한 결과일까.

지금까지 한국이 취한 접근법은 대체로 안미경중安美經中의 틀을 벗어나지 않았다. 중국이 경제발전에 주력하는 동안에는 이런 접근법이 그럭저럭 효용을 발휘했다. 하지만 중국의 부상이 글로벌 질서를 뒤흔들고 미중 전략경쟁이 본격적으로 펼쳐지는 상황에서 이러한 접근법은 더 이상 유용하지 않다. 코로나19 팬데믹과 첨단기술 경쟁은 전례 없는 외교환경의 변화를 예고하고 있다. 한미동맹이 굳건하다고 하지만, 다음 세대에서도 미국이 영원히 한국의 후원자 역할을 한다는 보장은 없다. 한미동맹을 불신해서가 아니다. 미국의 지역 전략이 변화하면 한미동맹도 질적으로 변할 수 있기 때문이다. 한중 경제협력 관계는 이미 질적 변화를 겪고 있다. 한중 간 경제협력 구조는 갈수록 경쟁 관계로 변모하고 있다. 한중 간 교역량은 한미 간에 비해 여전히 월등하게 많긴 하지만, 경제교류에서 생산되는 부가가치는 점점 더 줄어들고 있다.

한중 국교 정상화 이후 30여 년의 세월이 흘렀다. 여전히 한국은 중국의 실체를 정확하게 알고 있다고 말하기 어렵다. 중국과 어떻게 관계를 맺고 어떻게 다루어야 할지에 대한 해답 역시 찾지 못하고 있다. 박근혜 대통령은 서방 국가 정상으로 유일하게 중국의 전승절 열병식에 참석하고 천안문 망루에 올라섰다. 문재인 정부는 대중 경사란 국내외의 곱지 않은 시선 속에서도 소위 '균형 외교'의 자세를 꿋꿋이 유지하고 있다. 그럼에도 불구하고 한국에 돌아오는 것은 날로 더 강해지는 중국의 공세와 압박이다. 한국 정부의 노력에도 불구하고 중국과의 경제적 유대와 협력구조는 점점 약해지고 있다. 한중 간 국력 차가 커지면서 한국을 한 수 아래로 보는 시각이 중국 지도자들의 인식으로 굳어지며 한중관계는 점차 경쟁이냐, 예속이냐의 문제로 변화하고 있다. 동시에 중국은 한중관계를 대미 전략의 일부로 바라보고 있다. 이러한 중국의 변화를 따라잡지 못한다면 한국의 외교적 고민은 지속될 수밖에 없다.

한중 수교 이래 줄곧 한국과의 관계 발전에 공을 들여왔던 중국의 태도와 행동이 21세기에 접어들면서 왜 이렇게 급변하고 있는 것일까? 한국은 이런 중국을 어떻게 대해야 하는가. 중국은 한국의 현실적 위협인가 아니면 잠재적 위험인가? 대중 경제 의존은 피할 수 있는가 아니면 불가피한 것인가? 이와 같은 질문들에 답을 구하지 못하면 미중 전략경쟁 시대에 한국의 외교전략은 표류할 수밖에 없다.

지정학적으로 중국을 이웃으로 둔 한국은 중국과의 보완적 생존 관계를 잘 유지해야 한다. 중국과의 충돌을 피하고 경제적 협력을 확대해 나가야 한다. 머지않아 세계 1위의 경제대국으로 성장할 것으로 예상되는 이웃이 잠재적 위험을 넘어 현실적 위협이 되는 것을 막아야 한다. 이는 경제적 의존을 넘어서는 문제다. 한중관계가 상호보완의 관계가 아닌 일방적 종속 관계로 변질되어선 안 된다. 이를 위해서는 미중 전략경쟁 시대에 한미동맹과 한중관계를 동시에 발전시켜 나갈 수 있는 새로운 공존의 틀을 만들어야 한다. 한미동맹의 틀을 기반으로 하되 중국과의 관계도 잃지 않는 외교전략의 기본 골격을 다시 짜야 한다.

향후 한국 외교의 최대 고민은 미중 사이에서 어떠한 외교적 행보를 취함으로써 충돌과 갈등을 줄여나갈 수 있는지가 될 것이다. 한국의 모든 외교적 결정은 미중 사이의 선택비용이나 기회비용으로 나타날 것이다. 관건은 그 비용을 얼마만큼 줄이고 효용을 극대화할 수 있는가에 있다. 미국에 편승만 하면 별다른 문제가 없었던 과거 70년과는 다른 새로운 외교의 장이 펼쳐지고 있다. 조변석개로 변화하는 외교환경에 어떻게 적응할 것인가에 더 큰 관심이 필요한 시점이다.

'미국 or 중국'은 틀렸다

눈부신 경제 성장에 힘입어 한국의 국제적 위상은 비약적으로 높아졌다. 하지만 외교전략은 탈냉전 이후 굳어진 안미경중의 틀에서 벗어나지 못하고 있다. 지금 한국이 처한 상황은 일견 딜레마적 상황이다. 미국과의 안보협력을 강화하면 중국과의 협력이 어려워지고 중국의 요구를 수용하면 한미관계에 부담으로 돌아오는 상황이 그렇다. 한국은 한반도와 인도·태평양, 나아가 글로벌 차원의 외교적 결정을 내릴 때마다 직면하는 복합적 문제는 마치 준비가 덜 된 수험생이 받아든 고차방정식 문제와 같다. 한국의 외교전략 구상은 점점 더 난해해지고 있다.

그러나 한국은 미중 전략경쟁 속에서 갈등보다는 공존을 모색해야 한다. 그 이유는 각각의 선택으로 인해 치러야 할 비용과 위험부담이 우리가 감당할 수 있는 예상치를 크게 넘어설 수 있기 때문이다. 물론 한국은 미국과 동맹을 맺고 있다. 위기가 발생하면 한국은 미국과 함께 피를 흘려야 한다. 가장 중요한 경제적 협력 파트너이긴 하지만 안보 분야에서는 잠재적 위협으로 볼 수 있는 중국과는 차원이 다르다. 하지만 위기가 항상 발생하는 것은 아니다. 국가나 국민의 일상생활에까지 영향을 미치는 수준의 심각한 위기는 수년 또는 수십 년에 한 번 찾아온다. 반면 중국과의 경제협력은 일상생활의 경제적 번영을 위해 포기하기 어려운 불가결한 요소다. 다시 말해 한국은 한미 전략동맹과 한중 전략적 협력 동반자 관계의 어느 일방에 편승해서는 안 된다. 경우에 따라서는 편승에 따른 이익이 기회비용에 압도될 수 있다.

이러한 선택의 딜레마는 역설적으로 미중 전략경쟁 시대에 한국이 중심이 되어 미래를 열어가야 하는 당위성과 시급성을 각인시켜준다. 강대국에 흔들리다 보면 한국과 같은 중견국가도 주변화될 수 있다. 미중 전략경쟁이 패권경쟁으로 확대되면 이러한 현상은 더욱 극적인 양상으로 나타날 수 있다. 따라서 그 시기가 도래하기 전에 충분한 힘을 갖추어야만 한국의 국익에 기초해서 판단하고 행동할 수 있다. 그게 아니면 한국은 미중 패권경쟁의 거대한 파고에 휩쓸리는 조각배 신세로 전락하고 말 것이다. 외교의 영역에서 자강自強이 필요한 이유다.

즉 미중 패권경쟁이 전개된다 해도 스스로 중심을 잡고 양자관계를 동시에 발전시켜 나갈 수 있어야 한다. 마치 냉전기에 프랑스가 북대서양조약기구NATO에서 탈퇴하고서도 미국과의 관계를 발전시켜 나간 것은 좋은 시사점이 된다. 상황과 역량은 다를지언정, 고유의 가치를 높이고 국익에 바탕을 둔 독자적 선택을 할 수 있는 힘과 전략을 갖추어야 한다는 점에서는 21세기의 한국이나 냉전기의 프랑스나 다를 것이 없다.

중요한 것은 '미국이냐 중국이냐 (미국 OR 중국)'의 선택이 아니다. 자강의 노력을 통해 '미국과 함께, 중국도 함께 (미국 AND 중국)'의 구도를 만들어 내는 것이 중요하다.

시계추처럼 흔들리는 한국

하지만 한국은 독자적인 힘을 아직 갖지 못하고 있다. 한반도를 향해 밀려오는 도전의 파고는 날로 높아만 가는데, 한국은 방향타를 잃고 조난당한 배처럼 위기 모면에만 급급한 모습이다. 지난 수년간 한국의 대외정책은 전략적 사고와 균형감각의 측면에서 표류해 왔다. 박근혜 정부의 한미동맹 강화 정책은 북한의 핵능력 제고와 맞물리며 대북 압박정책으로 전개됐다. 그러나 문재인 정부가 대북 유화정책을 펼침에 따라 박근혜 정부 때 강화된 한미동맹 메커니즘은 공회전하게 되었다. 한미 간 합의 사항인 확장억제정책협의회는 2018년 남북 정상회담 이후 한 차례도 개최되지 않고 있다. 거듭되는 북한의 제재 이탈 행위에 대해서도 문재인 정부는 강력한 대항 조치를 취하지 않고 있다.

이런 양상은 대중정책에서도 마찬가지다. 사드THAAD(고고도 미사일 방어 체계) 배치 당시 중국의 경제보복으로 인한 아픈 경험 때문인지,

문재인 정부는 2017년 12월 방중에 앞서 ▲사드 추가배치 반대 ▲미국의 미사일방어체제^{MD} 가입 반대 ▲한미일 안보동맹으로의 발전 반대의 3불$^\mp$을 언명했다. 미국은 이에 대해 한국이 주권적 사안을 중국에게 포기했다고 비난했다. 중국과 관련된 사안에서 문재인 정부의 태도가 문제가 된 것은 그뿐만이 아니었다. 문재인 정부는 미국 트럼프 행정부가 본격적으로 추진한 인도·태평양 전략에 소극적인 태도를 보였다. 쿼드^{Quad} 가입이나 미국의 첨단기술 네트워크 구상, 중국 화웨이 통신장비 문제 등과 관련해서도 미국과는 결이 다른 접근을 보였다.

미중 전략경쟁을 둘러싼 외교 사안을 놓고 한국이 표류하는 사이 중국의 대한국 정책은 더욱 공세적으로 변모했다. 중국은 북한과 더욱 밀착하면서 한국 정부에 다양한 압박을 가하고 있다. 약속했던 시진핑 주석의 방한은 계속해서 미뤄지고 있다. 동경 124도선을 둘러싼 한중 해상경계선에서도 위험을 내포한 중국 선박의 고의적인 침범이 이루어지고 있다. 한국의 방공식별구역에 대한 침범은 더욱 빈번해졌다. 나아가 김치나 한복까지 중국의 것으로 삼으려는 움직임이 일어나면서 문화적인 갈등도 불거졌다. 중국은 화평발전과 조화세계를 주창해 왔지만 작금의 중국 외교에서는 대륙적인 오만함이 엿보인다. 주변국과 조화롭게 지내려는 모습보다 힘을 통한 질서를 추구하는 모습이 점점 더 강화되고 있다.

중국의 공세적 외교에 대응하기 위해 경제적 내구력을 기르고 위험을 분산하기 위한 한국의 노력은 그간 제대로 이뤄지지 못했다. 대중 경제 의존도는 여전히 과도한 상황이다. 중국의 수직적 한중관계 만들기에 대응하기 위한 한국의 수평적 한중관계 만들기 전략은 잘 보이지 않는 실정이다. 한미동맹을 강화하자는 주장과 균형외교를 주장하는 단편적 논쟁만이 반복되고 있다. 이처럼 좌고우면하는 사이 미중 전략경쟁을 돌파하기 위한 한국의 자강 노력은 때와 기회를 놓치고 말 것이란 우려가 제기된다.

더욱 우려스러운 것은 준비되지 않은 외교가 낳은 급격한 쏠림현상이다. 문재인 정부는 바이든 행정부 출범 이후에도 중국을 의식한 행보를 이어왔다. 2021년 3월 개최된 한미 2+2 회의와 4월에 열린 한미일 안보실장 회의 등에서 한미동맹 강화를 위해 노력한다는 내용이 공동성명에 담기긴 했지만 그것은 형식적, 의례적 수준을 넘지 않았다. 중국과 북한 문제에 대한 한미 간 시각차, 한미일 안보협력에 대한 한국의 소극적 입장 등으로 인해 한미동맹 약화에 대한 우려는 전혀 수그러들지 않았다.

그러던 중 2021년 5월 워싱턴에서 개최된 한미 정상회담에서 문재인 정부는 갑작스러운 방향 전환을 보였다. 정상회담 공동성명에는 그간 문재인 정부가 언급하지 않던 북한 인권이나 쿼드 문제는 물론이고, 사실상 금기시해왔던 대만해협 문제까지 포함됐다. 중국의 불만을 사고도 남을 내용이었다. 북한 문제에 대한 미국의 양보를 얻기 위해 그랬을 수는 있지만, 미중 전략경쟁의 영역에 있는 복합적 외교 사안에서 미국이 원하는 바를 정상회담 합의문에 대폭 담은 것이다. 그 결과 중국 쪽으로 나아갔던 한국의 외교가 시계추처럼 원점을 지나 미국 쪽으로 돌아온 것이란 세간의 해석을 낳기도 했다. 이와 같이 극적인 반전 외교는 한국 외교의 안정성을 해치고 신뢰를 잃게 만드는 원인이 될 수 있다.

한국 외교안보, 어디로 가야 하나

외교안보의 영역에서 국가이익을 실현하기 위해서는 미래를 내다보는 통찰력과 전략적 사고, 균형감각을 함께 갖추어야 한다. 전략적 사고는 현재의 도전을 극복하고 목표를 이루기 위해 다양한 변수들을 고려하면서 해법을 찾는 고민을 의미한다. 균형감각은 이념이나 정치 성향에 얽매이지 않고, 정책 목표 간의 긴장과 갈등이 있을 때 열린 자세로 국익을 고려하는 합리성을 뜻한다.

한국과 미중 관계가 서로 연계된 복합적 외교 사안의 경우 단편적 합리성만으로는 답을 구할 수 없다. 사드 배치 결정과 같은 북한 위협 대응책이 한국 경제에 대한 악영향으로 연결되고 그 결과 국내 정치적 갈등으로 확산된 사례에서도 익히 경험한 바 있다. 각각의 과정에서 발생하는 관련국의 상호작용, 예상되는 결과가 가져올 파급효과에 대한 통찰력과 전략적 사고, 그리고 균형감각을 갖춘 전방위적 고찰이 두루 필요하다. 이를 통해 한국에 미칠 부정적 영향을 최소화해야 한다. 또한, 사전 조치로서의 예방외교와 안정적인 사후 관리의 중요성도 크다는 것을 자각해야 한다.

지금 당장은 힘이 부족할지 모르지만, 중장기적으로 한국은 자강에 입각한 발전모델을 외교안보전략의 기본틀로 삼아야 한다. 한국의 국력과 외교력이 중심이 되고, 이를 기반으로 한미동맹 및 국제사회와의 협력을 강화하며, 중국과는 비적대적 공존관계를 만들어야 한다. 이를 위해 한중 간 국력의 차이를 어떻게 극복할 것인지를 먼저 고민해야 한다. 미래지향적 관점에서 국력 신장을 위한 노력을 지속해 나가야 함은 두말할 나위 없다.

예를 들어 첨단기술 분야에서는 중국과 초격차를 유지함으로써 중국이 한국을 아래로 보지 못하게 만드는 노력이 필요하다. 이처럼 자강이 기초가 되어 중국과의 국력차를 좁혀나간 후, 한국이 독자적으로 해결하기 어려운 영역에서 한미동맹을 통해 공백을 메워나가야 한다. 한미동맹에만 의존하는 것이 아니라 우리가 풀지 못하는 문제에 한미동맹을 활용하자는 것이다. 이러한 발상의 전환이 없으면 한국은 영원히 미중의 눈치만 보는 나라로 전락할 것이다.

그렇다면 미중 전략경쟁으로 인한 도전을 전체적으로 바라보며 전략적이고 균형을 갖춘 대응을 하기 위해서는 무엇이 필요할까? 한국이 직면한 외교안보환경을 평가하고 우리의 국익에 기반한 외교안보목표와 도전 요인, 그리고 우리의 국익을 고려한 외교안보전략 기조를 고민해야 한다. 이 책은 이러한 문제의식을 바탕으로 한국의 새로운 외교안보전략을 구상하기 위해 쓰였다. 이를 위해 외교안보전략지도를 그리고 쟁점 리스트를 정리하였다. 또한, 미중 전략경쟁 속에서 한국이 당면한 10대 복합과제를 살펴보고 그 대안을 제시하고자 한다.

2장 미중 전략경쟁은 한국 외교안보환경에 어떤 그림자를 드리우고 있는가

한미관계와 한중관계, 제로섬인가

오늘날의 국제관계는 세계화와 자유주의적 국제질서Liberal International Order에 바탕을 두고 있다. 세계 각국은 세계화와 자유주의에 힘입어 경제적 풍요를 누려왔다. 그러나 21세기에 접어들면서 세계화와 자유주의적 질서가 곳곳에서 도전에 직면하고 있다. 세계 각국은 이기주의적 행보를 강화하고 있다. 탈냉전 이후 한동안 이어져 왔던 미국 중심의 일극주의 질서는 중국의 공세적 부상과 더불어 양극화 또는 다극화로 변모하고 있다. 특히 트럼프 행정부가 '미국 우선주의'를 표방함에 따라 자유진영의 국제적 연대는 더욱 느슨해졌다. 바이든 행정부가 들어선 뒤 미국은 동맹 및 우방국 네트워크를 강화하고 있지만, 아직 그 성과는 예측하기 이르다.

다른 한편으로 전통적인 군사적 경쟁의 시대가 저물고 경제적 경쟁이 외교에서 더욱 중요한 역할을 하는 시대가 되었다. 이에 따라 첨단기술과 전략물자의 확보가 더욱 중요해지고 기후변화와 팬데믹에 대한 대응이 국제사회의 중요한 관심사가 되었다.

미중 전략경쟁의 영역은 첨단기술이나 전략물자와 같은 분야로 확대되었다. 미국은 탈냉전 이후 자유무역을 강화해 왔다. 중국의 부상이 본격화한 이후로는 이를 견제하기 위한 경제적 차원의 노력을 펼쳐 왔다. 미국은 중국의 국가보조금 문제와 지적재산권 침해 문제를 끊임없이 제기하였다. 트럼프 행정부는 관세를 무기로 중국을 압박하려 했으나 별다른 성과를 거두지는 못했다. 바이든 행정부는 첨단기술 분야에서 중국과 격차를 유지함으로써 중국의 부상을 억제하는 전략을 채택하였으며, 이를 위해 국제사회와 연대를 시도하고 있다. 그 결과 핵심 물자의 공급망Supply Chain 문제가 글로벌 경제의 새로운 화두로 떠올랐다.

공급망 회복력을 강화하기 위한 미국의 노력은 반도체, 배터리, 필수 광물과 의약품 분야에서 본격적으로 추진되고 있다. 반도체는 미국의 국가 경쟁력은 물론이고 일상생활에도 큰 영향을 미칠 뿐 아니라 에너지, 농업, 제조업 등 대부분의 분야에 필수적이다. 미국은 반도체 공급망 강화책의 일환으로 그동안 아웃소싱에 의존해 왔던 반도체 생산시설을 미국 본토로 다시 가져오려고 노력 중이다. 또 ▲연구개발R&D에 대한 적극 투자 ▲혁신 기업 육성을 위한 생태계 구축 ▲반도체 산업으로의 노동자 유입 환경 조성 등을 추진하며 동맹국의 참여를 확대하고자 노력하고 있다.

미국은 첨단 배터리 생산에 필요한 원자재의 해외 의존도가 매우 높다. 이에 따라 배터리 관련 비용 상승 등의 공급망 리스크에 취약하다고 판단하고 있다. 2030년에 이르면 세계 리튬 배터리 시장은 지금의 5~10배로 확대될 전망이다. 미국은 양질의 일자리를 창출할 수 있는 배터리 산업에 대한 투자를 즉시 확대할 필요가 있다고 보고 미국 역내에서의 배터리 제조업을 육성하려고 노력 중이다.

미국은 중국이 정부 주도로 펼치는 필수 광물 자원 확보 노력을 예의주시하고 있다. 중국은 특히 광물자원 정제 능력Refining Capacity에서 세계적인 수준에 있다. 필수 광물 중에서는 반도체나 전자기기 제작 등에 필요한 희토류 확보가 핵심이다. 미국은 향후에도 많은 국가들이 중국에 희토류를 의존하게 될 가능성을 우려하고 있다. 미국은 안정적이고 지속적인 필수 광물 공급망 확보를 위한 동맹국과의 협력을 모색 중이다.

의약품은 미국이 가장 앞서 있는 분야이자 코로나19 이후 더욱 중요해진 분야다. 미국은 팬데믹 대응과 필수 의약품 확보에 관심을 기울이는 한편, 민간과 정부기관의 협업을 통해 의료용품 공급망의 신속한 회복을 추구하고 있다. 다만 미국에도 우려는 있다. 일부 의약품의 수입 의존도가 매우 높다는 점과 의약품 제조 시설의 약 87%가 해외에 있어 필수 의약품에 대한 공급망이 취약하다는 점이다. 이에 대한 해법 역시 동맹국과의 협력을 강화하는 것이다.

시진핑 정부가 이러한 미국의 움직임을 방관할 리 없다. 중국이 추진하고 있는 일대일로BRI는 결국 중국을 대륙세력에서 해양세력으로 변모시키며 자신들의 지역권을 형성하겠다는 전략이다. 그 결과 남중국해와 인도양에서 미중은 서로 충돌할 수밖에 없는 운명적 상황에 처하게 되었다. 실력을 기르며 칼 빛을 숨긴다는 의미의 도광양회韜光養晦는 더 이상 중국의 대외전략이 아니다. 한 치의 물러섬 없이 미국과 맞서겠다는 중국의 의지는 2021년 3월 알래스카 미중 전략대화 당시 양제츠 국무위원이 한 대미 강경 발언에서 잘 드러났다.

중국의 공세적 행보는 지난 20년간 비약적으로 발전해온 경제력과 이를 바탕으로 꾸준히 키워온 군사력에 대한 자신감에서 비롯된다. 구매력 기준 국내총생산GDP은 이미 미국을 추월했고 단순 GDP도 2030년경에는 미국을 추월할 것으로 보인다. 남중국해에 인공 섬을 짓고 군사력을 배치하고 있으며, 그 서쪽으로 미얀마, 스리랑카, 지부티 등을 연결하는 진주목걸이 전략을 차근차근 실현해 나가고 있다. 이러한 자신감이야말로 미국과 맞서 물러서지 않는 원동력이다.

하지만 미국은 만만한 상대가 아니다. 이미 세계 패권국으로 올라선 지 70년 이상이 되었고, 일극 초강대국 지위만도 20년 이상 누려온 경험이 있다. 미국은 중국의 도전에 대해 다양한 방법으로 대응책을 마련하고 있다. 미국 혼자의 힘에 의존했던 트럼프 행정부와 달리 바이든 행정부는 그 해답을 동맹 네트워크 강화에서 찾는다. 미국 혼자 힘으로는 중국을 다루기 어려울 수 있지만, 중국과 이해관계가 상충하는 동맹국 및 우호국들의 힘을 모으면 중국을 제압할 수 있다는 계산이다.

요컨대 미중 양국 모두 자국 중심의 새로운 외교 블록을 형성하려는 노력을 아끼지 않고 있다. 이에 따라 전통적으로 미국과 동맹관계를 유지하며 중국과의 협력을 확대해 온 한국은 더욱 어려운 상황에 빠져들고 있다. 미중관계가 제로섬 관계가 될수록 한미관계와 한중관계도 상호 제로섬 게임으로 빠져들 가능성이 농후해지고 있기 때문이다.

동북아 국가들의 합종연횡

미중 전략경쟁은 인도·태평양 지역 국가들의 행보에 영향을 미치고 있다. 미국은 인도와 싱가포르, 베트남에 각별한 공을 들이고 있다. 중국은 인도양으로 진출하기 위한 거점을 미얀마, 파키스탄, 스리랑카에 구축하고 있다. 하지만 인도와 다수의 아세안 국가들은 특정 국가의 영향력에 들어가지 않고 균형을 지키는 접근을 시도하고 있다. 경제적으로는 중국과 밀접한 관계를 지니면서도 국제정치적으로는 중국의 공세적 외교의 직격탄을 피하며 일정 부분 거리를 두는 경향이 강해지고 있다.

동북아로 범위를 좁혀볼 때에도 마찬가지다. 미중 전략경쟁은 동북아 국가들의 행보에 영향을 미치고 있다. 역내 국가 중 가장 분명한 행동을 보이는 나라는 일본과 러시아다. 일본은 미국과의 동맹을 강화하는 데에 중점을 둔다. 미국, 호주, 인도와 함께 적극적으로 쿼드를 추진하였고, 미일동맹을 강화하며 중국의 공세적 행보에 대응하고 있다. 일본은 전통적으로 중국에 대한 경쟁의식을 갖고 있다. 또한 센카쿠(댜오위다오) 열도 분쟁도 뿌리 깊은 갈등의 씨앗이다. 일본이 대중 압박 행동에 적극 동참하는 것은 어찌 보면 당연한 일일 수 있다.

러시아는 정반대의 측면에서 일본과 유사한 행보를 보이고 있다. 전통적으로 미국과 경쟁 구도를 형성해 온 러시아의 선택은 중국과의 전략적 협력을 강화하는 것이다. 이에 따라 유럽에서는 중국이 러시아의 입장을 지지하고 동아시아에서는 러시아가 중국의 입장을 지지하는 협력 패턴이 두드러지게 나타나고 있다. 미국이라는 공동의 목표가 있기에 가능한 일이다. 다만 동북아에서 러시아의 영향력은 유럽에서의 영향력에 비해 매우 제한적인 수준에 머무르고 있다.

한국은 미국과의 동맹을 강화함으로써 안보를 튼튼히 하고 경제적 성장을 일궈냈다. 한강의 기적은 미국이라는 동맹국의 안보 지원 속에서 미국이라는 시장에 대한 수출을 기반으로 이루어졌다. 하지만 한국의 경제 규모가 커지고 중국 시장이 비약적으로 커지면서 제1의 교역 대상국은 미국에서 중국으로 바뀌었다. 그 이후 한국은 중국과의 전략적 협력 동반자 관계를 의식하지 않을 수 없는 상황에 놓이게 됐다. 미중이 동시에 관련된 사안에서 한국은 때때로 전략적 모호성을 지켰다. 오바마 행정부가 추진한 환태평양경제동반자협정^{TPP}이나 최근 미국이 주도하는 쿼드에 한국은 아직 가입하지 않았다. 반면 중국이 주도한 아시아인프라투자은행^{AIIB}에는 영국, 호주 등 서방국들과 함께 가입했다. 중국이 적극적인 모습을 보이고 있는 역내포괄적동반자협정^{RCEP}에도 일본, 아세안과 함께 참여했다. 미국의 동맹국이라 할지라도 경제협력 사안의 성격이나 국내 산업의 이해관계에 따라 얼마든지 미국과 다른 선택을 할 수 있음을 보여준 사례들이다. 한국 역시 예외가 아님을 보여주었다.

북한은 2018년 대화 재개를 지렛대로 삼아 핵 능력을 포기하지 않고도 중국 및 러시아와의 관계를 복원해 내는 기민함을 보였다. 핵무기 개발로 인해 악화된 관계를 실질적 비핵화 조치 없이도 복원하는 데 성공한 것이다. 이후 북한은 철저한 친중 행보를 보였다. 2021년 들어서도 시진핑 주석의 친서를 여러 차례 공개하며 북중 우호관계를 과시했다. 러시아도 중국만큼은 아니지만, 역내 영향력 유지의 차원에서 북한과 우호적인 관계를 이어가고 있다. 물론 중국이나 러시아가 북한이 원하는 만큼의 경제적 지원을 해주지는 않을 것이다. 북한 경제가 회복되면 역설적으로 북한이 중국과 러시아의 말을 잘 듣지 않게 될 가능성이 크기 때문이다. 하지만 중러 양국은 북한 체제가 붕괴되는 사태만큼은 반드시 막으려 할 것임에 틀림없다. 따라서 북한에 대한 최소한의 지원을 계속해 나갈 것이다. 북한으로서는 최악의 경제위기를 막을 수 있는 보험에 가입한 셈이다.

미중 간의 전략경쟁이 치열해짐과 동시에 동북아에서는 북중러 연대가 강화되는 양상이 뚜렷하다. 과거 냉전기에 목격했던 모습이다. 그런데 최근 한국이 전략적 모호성을 유지함에 따라 한미일 연대는 삐걱거리는 모습이다. 한국은 중국 눈치를 보며 쿼드 가입을 주저하고 있다. 한일관계는 강제징용 판결의 해법 부재로 그 어느 때보다 악화된 상황이다. 1965년 한일 청구권협정에 포함된 사안을 국내법적 시각에서 접근한 결과 외교무대에서 이러지도 저러지도 못하는 상황을 초래했다. 그 결과 한미일 안보협력의 정치적 기반은 탈냉전 이후 최악의 수준으로 약화됐다. 미국은 이러한 상황을 반전시키기 위해 2021년 4월 메릴랜드주에 소재한 해군사관학교에서 한미일 안보실장 회의를 개최하는 등 3국 간 장관급 회의를 연이어 소집했다. 하지만 긴밀한 협력의 길은 여전히 멀기만 해 보인다.

더 강해진 미중의 한반도 영향력

미중 전략경쟁은 북핵 문제에 악영향을 미치고 있다. 미국의 포위망 형성 전략으로 인해 국제사회에서 고립될 것을 두려워하는 중국으로 하여금 전통적 우방이었던 북한의 가치를 재평가하게 만들었기 때문이다. 그 결과 중국의 대북지원이 더 강화되었고, 북한은 든든한 후원자를 확보한 상태에서 비핵화 협상에 임할 수 있게 되었다. 국제사회의 압박을 통해 북한에게 핵이냐 경제냐를 선택하도록 만들어야 하는데, 중국의 지원을 확보한 북한은 비핵화 협상에 진정성을 갖고 나올 이유가 사라졌다.

북한은 조선반도 비핵화를 주장하면서도 그 선결 조건으로 군사위협이 해소되고 체제안전이 보장되어야 한다고 주장해 왔다. 이는 곧 핵우산 제거 및 한미동맹 해체와 주한미군 철수를 의미한다. 북한의 핵협상에 관한 정책 기조는 2018년 수차례의 남북, 북미 정상회담이 이뤄졌음에도 불구하고 바뀌지 않았다. 대화가 진행되는 동안 북한은 핵능력을 강화했다. 한편으로는 시진핑 체제 출범 이후 냉각기에 처해 있던 북중관계를 회복시켰다.

북중관계 복원은 전통적 우호협력 관계를 복원한 측면도 있지만, 미중 전략경쟁이 영향을 미친 측면도 무시할 수 없다. 중국의 입장에서 볼 때 북한은 전략적 자산이 되기도 하고, 전략적 부채가 되기도 한다. 미국의 대중 압박을 전방에서 막아주는 초병의 역할도 하지만, 북핵 문제 때문에 발생하는 불안정으로 인한 부담도 적지 않기 때문이다. 미중 전략경쟁의 격화는 중국에게 북한의 전략적 중요성을 더욱더 각인시킨 것으로 보인다.

북한 역시 미중 전략경쟁의 과정에서 스스로의 몸값을 높이는 데 매우 발 빠른 모습을 보였다. 돌이켜보면 2018년 북한은 남북 정상회담 개최나 북미 정상회담 개최를 전후하여 중국을 방문했다. 중국이 북한을 지원해 주지 않는다면 한국이나 미국의 편에 설 수도 있음을 암시하며 중국으로부터 외교적·경제적 지원을 받아낸 것이다. 그 덕분에 북한은 2016~2017년의 연속 핵실험과 장거리미사일 실험 이후 전례 없이 강화된 유엔의 대북 제재 압박을 어느 정도 피해 갈 수 있었다. 북중관계 복원 이후 중국의 대북제재 이행이 전반적으로 느슨해졌기 때문이다. 미중 전략경쟁은 이런 식으로 북한 핵문제 해결에 악영향을 미친다.

문재인 정부는 이러한 거시적 변화에 둔감한 모습을 보이고 있다. 북한이 미중 전략경쟁을 활용하며 전략적 입지를 강화해 온 반면, 한국은 남북관계에만 집중하는 모습을 보임으로써 결과적으로 대외관계 악화를 방치했다. 문재인 정부 출범 이전 북한의 김정은 위원장은 시진핑 주석과 푸틴 대통령을 만나지 못하고 고립돼 있었다. 중국과 러시아는 북한과 한미일의 대결구도를 관망하는 것처럼 보였다. 그러나 몇 차례의 정상회담을 거친 현시점에서 동북아 전략지형을 되돌아보면 북중러 연대는 이전에 비해 훨씬 강화된 반면 한미일 협력은 정체된 모습을 보인다. 북핵 문제를 풀어감에 있어 미중관계의 맥락을 살피지 못한 채 남북관계에만 의존한 결과다.

3장 한국의 국가적 이익을 위한 전략적 고민은 무엇인가

미중 전략경쟁의 파급효과

미중 전략경쟁은 우리의 외교정책 결정 과정을 복잡하게 만든다. 실제로 개별 외교 사안에서 한국이 취해야 할 최적의 대안이 무엇인지를 고민하는 상황이 더욱 빈번해지고 있다. 외교정책의 기준점은 국가이익이 될 수밖에 없다. 과연 미중 전략경쟁에서 우리의 국가이익은 어떻게 규정되는지 살펴볼 필요가 있다.

국제정치학에서 국가이익은 여러 가지 형태로 논의되어 왔다. 홀스티K. J. Holsti의 국가이익 분류에 의하면 국가이익은 생존, 번영, 그리고 국가 위신의 형태로 존재한다. 홀스티 교수는 이들 세 가지 국가이익 사이에는 중요도에서 차등이 있다고 규정한다. 즉, 국가안보가 국가경제보다 중요하며, 국가경제가 국가의 위신보다 중요하다고 말하고 있다. 홀스티의 이론은 미국 국가이익위원회의 분류에도 영향

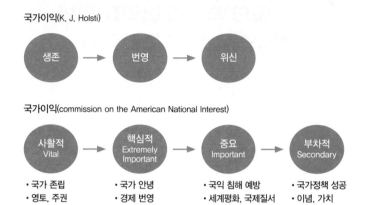

국가이익(K. J. Holsti)

생존 → 번영 → 위신

국가이익(commission on the American National Interest)

사활적 Vital → 핵심적 Extremely Important → 중요 Important → 부차적 Secondary

• 국가 존립
• 영토, 주권

• 국가 안녕
• 경제 번영

• 국익 침해 예방
• 세계평화, 국제질서

• 국가정책 성공
• 이념, 가치

을 미쳤다. 이 위원회가 국가이익을 보다 더 상세히 분류한 바에 따르면, 국가에는 사활적 국가이익과 핵심적 국가이익, 그리고 중요 국가이익과 부차적 국가이익이 존재한다. 이는 홀스티 교수의 3단계 국가이익을 4단계로 발전시킨 것으로 볼 수 있다.

이 가운데 '사활적 국가이익'이란 국가의 존립에 관한 것으로 영토 및 주권에 관한 사안을 말한다. '핵심적 국가이익'은 국가의 안녕과 관련된 문제로서 경제적 번영에 관한 사안이다. '중요 국가이익'은 국가에 악영향을 미칠 수 있는 도전들을 예방하는 이익으로서 국제 평화와 관련된 문제 등을 의미한다. 끝으로 '부차적 이익'이란 국가 정책의 성공을 의미하는데 한 나라의 이념이나 가치의 확산이 그 대상이 된다.

이상의 기준을 고려할 때 국가이익은 국가의 존립과 영토 및 주권의 유지, 경제적 번영, 국제질서 유지와 세계평화, 자유민주주의나 인권과 같은 가치의 유지 등을 들 수 있다. 이를 한국의 상황에 적용해 보자. 북한의 군사적 위협을 막고 국내 문제에 관한 주변국의 간섭을 억제하는 일은 국가 존립과 영토 및 주권의 유지에 해당하는 것이라 할 수 있다. 북한 핵과 첨단 재래식 위협으로부터 국가를 지키는 일은 생존의 문제로서 국가이익 중에서도 가장 중요한 문제다. 또한 우리 영토 및 영해에 대한 주변국의 부당한 간섭과 국내 정치 사안에 대한 개입 등도 국가 존립 및 영토, 주권에 관련된 문제다. 경제적 번영은 국력 신장의 핵심 요소로서 지속가능한 성장을 통해 국민의 행복을 보장하고 국방력과 외교력을 강화해주는 근간이 된다. 국제질서 유지나 세계평화 역시 한반도에 미칠 부정적 영향을 차단하는 데 중요한 의미를 가진다. 자유민주주의나 인권과 같이 한국이 지향하는 가치가 국제사회의 보편적 가치로 자리 잡는 것도 보다 안정적인 국제환경을 조성하는 일이므로 한국의 국가이익과 관련된다.

미중 전략경쟁의 맥락에서도 이러한 국가이익들은 외교정책을 정하고 수행할 때 가장 기본적인 판단기준이 되어야 한다. 미국과 중국이 원하는 요구사항들은 앞으로 반복적으로 충돌할 것이고 그 충돌 범위도 점차 넓어질 것이다. 그때마다 시계추처럼 미중 사이에서 흔들린다면 양국 모두 한국에 대한 신뢰를 접을 것이다. 그리고 언제든지 압박을 통해 한국을 자기 뜻대로 움직일 수 있다는 잘못된 신호를 줄 수 있다. 반면 한국이 국익에 기초한 자기 기준을 갖고 당장의 압력에 상관없이 일관된 행보를 보일 때 한국을 바라보는 미중 양국의 시각은 달라질 것이다. 이 과정에서 단기적인 국익 손실은 있을 수 있지만 중장기적으로는 국익의 증진이 이루어질 것이다.

국익을 고려할 때에는 단편만을 봐서는 안 된다. 미중 전략경쟁은 안보이익과 경제이익, 가치에 대한 도전과 세계질서에 대한 기여 등 다양한 차원에서 한국에 고민을 안길 것이다. 이 과정에서 한국은 상호 충돌하는 이익들을 끊임없이 비교형량하여야 한다. 가령, 안보이익 확대를 위해 미국과의 동맹을 강화하면 중국과의 관계에서 얻는 경제적 이익이 축소될 수 있다. 북한과의 비핵화 협상이 한미동맹에 영향을 미치는 것처럼 서로 다른 외교 사안이 상호 영향을 미칠 수도 있다.

따라서 국가이익은 점이나 선으로만 구성되지 않고 면과 공간으로 구성된다는 점에 주의해야 한다. 국가이익의 어느 일면만을 보고 외교정책을 전개해서는 안 되는 근본 이유다. 동시에 각각의 이익을 비교형량함으로써 국익의 극대화를 이루어 낼 수 있는 균형감각이 필요한 이유이기도 하다. 따라서 한국 외교에서 가장 중요한 것은 단순히 미중 사이에서 어떻게 행동할 것인가의 문제가 아니라 다양한 국가이익이 충돌할 때 이를 어떻게 조화시켜 내느냐의 균형감각이라 할 수 있다.

한국의 국가 역량과 한계

자강 외교를 하기 위해서는 국가 역량을 증대시켜야 한다. 힘이 있는 나라는 외교적 선택의 폭이 넓어지기 때문이다. 힘 있는 나라라면 사소한 실수 정도는 얼마든지 감내해 낼 수 있다. 그 반대의 경우 사소한 실수조차 감내할 수 없다. 2021년 8월 말 붕괴된 아프가니스탄 정부가 살아 있는 교훈이다. 아프가니스탄 정부가 그토록 쉽게 붕괴할 줄 알았다면 어떻게 해서든 미국을 붙들었어야 했다. 하지만 아프가니스탄 정부는 자신들의 내구력을 정확히 알지 못했고 예상보다 훨씬 빠른 10여 일 만에 붕괴하고 말았다. 한마디로 힘이 없었기 때문이다.

오늘날 한국은 세계 10위권의 국가 역량을 보유하고 있다. 강화된 한국의 국가 역량은 미중 전략경쟁을 포함한 외교적 도전을 극복함에 있어 커다란 자산이다. 한국의 국력은 외형적으로 드러나는 하드 파워, 겉으로는 드러나지 않지만 역량으로 인정받는 소프트 파워, 그리고 국제사회와의 관계망을 의미하는 네트워크 파워로 구분해 살펴볼 수 있다.

하드 파워로는 경제력, 군사력, 인적 자원, 기술력과 외교망 등을 들 수 있다. 한국은 세계 10위권의 경제 강국으로 국내총생산 10위, 외환보유고 8위, 수출 규모 10위권을 유지하고 있다. 군사력 측면에서도 국방비 지출 세계 10위, 병력 규모 세계 8위를 달린다. 인적 자원과 기술력을 보자. 한국의 인구 규모는 세계 28위, 인적개발지수는 23위권이다. 양질의 인력이 산업에 투입된 결과 11개 품목에서 수출 1위를 기록하고 있다.

소프트 파워의 영역에서 한국의 위상은 하드 파워보다 더 강력하다. 한국은 국제사회에서 좋은 이미지를 가지고 있다. K-Pop 등 대

분류	역량	주요 내용
하드파워 (세계 10위권)	경제력	• 국내총생산 10위(1조 6,305억 달러, 2020년 기준, 세계은행) • 1인당 국민총소득 26위(32,860달러, 2020년 기준, 비주권국가 및 분쟁지역 제외, 세계은행) • 외환보유고 8위(4,565억 달러, 2020년 5월 말 기준, 한국은행) • 수출 규모 9위(6,839억 달러, 2020년 기준, CIA) • 외국인직접투자(FDI) OECD 국가 중 13위(92억 달러, 2020년 기준, OECD) • 세계시장 점유율 1위 품목수 11위(69개, 2019년 기준, 한국무역협회) • 공적개발원조(ODA) 규모 16위(22.5억 달러, 2020년 잠정, 국무조정실 개발협력본부)
	군사력	• 국방비 10위(404억 달러, 2020년 기준, IISS) • 평시 병력 8위(59.9만 명, 2020년 기준, IISS)
	인적 자원	• 총인구 28위(5,175만 명, 2020년 기준, CIA) • 인간개발지수(HDI) 23위(2020년 기준, UNDP) • 국제기구에 고용된 한국인의 수(79개 기구 917명, 2020년 기준, 외교부)
	기술력	• 단위노동투입당 노동생산성 증가율 11위(2.9%, 2020년 기준, OECD) • 전자정부발전지수 2위, 온라인참여지수 1위(2020년 기준, UN) • 수출 1위 품목 개수 11위(69개, 2019년 기준, 한국무역협회)
	외교망	• 수교국 191개, 재외공관 166개(2021년 6월 말 기준, 외교부)
소프트파워 (세계 2위) *소프트파워 세계 2위 (Monocle 2020년)	이미지	• 국가경쟁력지수 13위(2019년 기준, WEF) • '친절'(아시아의 對韓 이미지), '단결'(서구의 對韓 이미지) • 산업화와 민주화 모두 달성
	문화	• K-Pop, 영화, 드라마 등 대중문화 • 세계 10위권의 스포츠 강국
	의제 설정	• 녹색성장 • 경제발전 및 개발(부산원조총회), G20 개최국·의장국(2010년) • 핵안보·사이버 안보·민주주의 확산
	위기 관리	• 전쟁과 가난 극복, 경제위기 대응 경험 • 안보·외교문제 관리태세
네트워크 파워	제도적 네트워크	• 미국과의 전략동맹 관계 구축, 다수의 전략적 동반자 관계 체결 • APEC, ASEAN+3, EAS, 6자회담 등 지역 협력체에 적극적 참여 • UN 산하·전문·독립기구(26개) 및 정부간기구(95개)에 가입, 유엔 정규예산 분담률(11위, 7,300만 달러, 2020년 기준, 외교부) 수임 • G20, 핵안보정상회의 등 국제회의 개최 건수 세계 2위(1,113개, 2019년 기준, 문화체육관광부)
	인적 네트워크	• 재외동포 749만 명(2019년 기준, 외교부), 재외동포 단체수 3,148개(2014년 기준, 외교부), 외국 유학생 3위(49,809명, 2020년 기준, statista)
	네트워크 인프라	• 초고속인터넷 가입자 수 6위(2020년 기준, OECD), 스마트폰 보급률 5위(76.5%, 2020년 기준, statista)

중문화에서는 세계를 선도하고 있다. 과거 녹색성장과 핵안보 등의 분야에서 국제사회의 어젠다를 선도한 바 있으며, 이러한 기여를 바탕으로 세계 2위권의 소프트 파워를 보유한 것으로 평가받고 있다.

또한 한국은 네트워크 파워 측면에서도 상당한 수준에 이르고 있다. 미국과 전략동맹을 맺고 있고, 다수의 국가와는 전략적 동반자 협정을 체결하고 있다. APEC, 아세안, EAS 등 지역기구와의 협력을 확대하고 있다. G20은 물론, G7 정상회의에도 옵서버로 참여하며 향후 D10 시대를 열어가는 주역으로 발돋움 중이다. 749만 명에 이르는 재외동포는 한국의 외교자산이다. 이에 더해 초고속 인터넷 가입자 수 6위, 스마트폰 보급률 5위의 네트워크 인프라 역시 한국의 미래를 밝게 하는 자산이다.

가장 큰 고민은 우리의 국가 역량이 미중 전략경쟁의 파고를 이겨나가는 데 얼마만큼 도움을 줄 수 있으며, 그 한계는 무엇이냐는 점이다. 세계 10위권의 국력은 미중 모두로부터 구애를 받게 하는 가장 큰 원동력이다. 동시에 미중 모두에게 한국이 상대 진영으로 가면 안 된다는 인식을 갖도록 만들고 있다. 따라서 한국의 국력이 대외환경을 바꾸는 데 어느 정도 영향력을 갖는지가 중요한 변수로 대두된다.

지난 수십 년간의 국력 상승에도 불구하고 여전히 미국과의 전략적 협력과 중국과의 경제협력을 추진해야만 하는 한국의 입장에서는 다음과 같은 질문에 대한 고민을 피할 수 없다. 그것은 '한국은 주어진 환경을 바꿀 수 있는 힘을 갖고 있나?'라는 질문이다. 만일 그런 힘이 있다면 한국의 전략은 능동적으로 외부 환경을 바꾸어 나가는 것으로 삼으면 된다. 만일 그렇지 못하다면 한국은 주어진 환경을 바꿔 나가는 대신 그 안에서 최적의 외교전략을 구사함으로써 국가이익을 극대화하는 전략을 선택해야 한다.

만일 한국이 스스로 대외환경을 바꿀 힘이 있다면 미중 어느 일방에 편승하거나 어느 한쪽을 선택하면 된다. 이로 인한 불이익을 한국 스스로 감당할 수 있기 때문이다. 반대로 한국이 스스로 대외환경을 바꿀 힘이 없다면, 한국의 외교전략은 편승도 선택도 아닌, 한미동맹에 기초를 두면서도 한중관계 발전을 동시에 추구하는 공존형 전략이어야 한다. 미중 가운데 어느 하나도 포기해서는 안 되기 때문이다. 안타깝게도 한국은 아직 대외환경을 주도적으로 바꿀 수 있는 힘을 갖고 있지 않다. 따라서 한국의 역량이 결코 작지 않음에도 불구하고 한국은 편승과 선택이 아닌 공존형 외교전략을 구사해야 한다. 그 과정에서 자강 노력을 통해 더 힘을 기르는 한편, 강대국 간 경쟁으로 인해 제기될 수 있는 위험 요인들을 제거해 나가는 지혜를 갖춰야 한다.

한국의 딜레마는 미중 택일이 아니다

한국이 미중 전략경쟁을 돌파할 수 있는 힘이 없다면, 당분간 한국은 위치 선정에 대한 고민이 필요하다. 그 방향은 미중 전략경쟁의 파급효과를 최소화하는 외교적 지혜를 발휘하면서 국가적 차원의 자강 노력을 통해 힘을 키워나가는 것이어야 한다. 다만 당면한 문제는 한국의 외교 행보에 따라 미중 양측으로부터 제기될 수 있는 현실적 압박이 어느 정도가 될 것인지를 가늠하는 것이다. 그래야 한국이 선택한 외교적 행보에 수반되는 국가이익상의 득실을 따져볼 수 있기 때문이다.

안타깝게도 이러한 분야에서의 노력은 그동안 제대로 이루어지지 못했다. 한국은 1953년 한미상호방위조약 체결에 따라 미국을 동맹으로 선택한 상태이기 때문이다. 그 결과 미국과의 관계를 기본 상수로 놓고 다른 문제들이 일으키는 파급효과를 계산하는 일은 소홀히 해왔다. 가령, 2016년 사드 배치 이후 중국이 예상치를 웃도는 강도의 압박을 가해오자 정부는 당혹감을 감추지 못했다. 사전에 사드 배치의 파급효과를 제대로 계산하지 못했기 때문이다.

미중 전략경쟁에서 한국이 처한 선택의 딜레마는 미중 사이에서 누구를 택할 것인가의 문제가 아니다. 한미동맹과 한중관계의 발전을 동시에 추구하는 기존 구도에는 변함이 있을 수 없다. 그 구도 속에서 미중 양국이 관련된 중요한 외교적 사안이 새롭게 발생할 경우, 부정적 파급효과를 억제할 수 있는 최적의 대안을 선택하는 문제야말로 오늘날 한국이 당면한 고민이다. 이러한 선택의 딜레마를 헤쳐나가기 위해서는 우리 국익의 우선순위를 고려해야 한다. 그리고 미국 또는 중국과 입장을 달리할 경우 닥쳐올 수 있는 외교적·경제적 압박의 범위를 계산해 낼 줄 알아야 한다.

현재 미국과 중국은 모두 한국에 대한 외교적, 경제적 지렛대를 확보하고 있다. 그 지렛대는 자국의 막강한 경제력과 국방력에 기반을 둔 것이다. 양국은 외교 네트워크, 국제기구에서의 영향력, 그리고 언론 및 전문가층을 통한 심리전 수행 능력에서도 한국을 압도하고 있다. 그 결과 한국이 이들 국가의 정책과 충돌되는 방향의 외교적 결정을 하는 데에는 상당한 어려움이 따른다. 이러한 어려움이 한국의 자율적 선택 공간을 제한하고 있다. 그렇다면 미국과 중국이 한국에 대해 행사할 수 있는 영향력과 그 한계는 어느 정도일까. 이 질문에 대한 답을 구해야만 복합적 외교사안에 대한 한국의 대안을 만들어 낼 수 있다.

중국의 압박카드

중국의 대한국 압박카드는 매우 다양하다. 중국은 국내 문제로 간주하는 사안에 대한 외부의 문제 제기에 매우 적극적으로 대응하고 있다. 한국이 이러한 중국의 대외정책에 반하는 의사결정을 내릴 경우, 중국은 민족주의에 근거한 감정적이고 공세적인 보복조치를 취할 가능성이 크다. 특히 바이든 행정부가 추진하고 있는 반反중국 동맹에 한국이 참여할 경우, 과거 사드 분쟁 시기보다 훨씬 더 격렬한 반응을 보일 것이다.

중국 외교의 특징 중 하나는 자국에 대한 은원恩怨관계를 분명히 한다는 점이다. 다른 나라의 외교정책이 불만스러울 경우 보복조치를 꺼내든다. 당장은 아니더라도 언젠가는 자국의 우세한 힘을 바탕으로 반드시 보복할 것이라고 경고하기도 한다. 이는 관련국 정부를 압박함으로써 중국에 유리한 여론을 조성하려는 것이다. 과거 한국에 대한 사드 보복조치나 대만에 대한 파인애플 수입 제한, 호주에 대한 철광석, 석탄, 와인, 소고기 수입 보복조치 등이 대표적인 사례다.

중국이 한국에 대해 취할 수 있는 압박카드를 분야별로 따져 보자. 가장 먼저 들 수 있는 것은 경제적 압박이다. 다만 중국은 자국 경제에 피해를 주지 않는 산업과 품목을 정해 단계적으로 한국을 압박할 것이다. 중국은 경제제재가 일으킬 수 있는 부메랑 효과에 대한 우려 때문에 제재 대상의 선정에는 신중을 기하려 할 것이다. 실제로 호주산 철광석·석탄에 대한 수입규제는 원자재 물가상승으로 이어져 중국 경제에도 타격을 주었다. 중국이 미국산 대두와 돼지고기 수입을 규제했을 때에도 물가상승이라는 부메랑 효과를 가져왔다. 한국에 대한 사드 보복의 주요 제재 대상은 여행업, 면세점, 소비재, 한류 엔터테인먼트 산업 등 중국 경제에 대한 영향이 제한된 영역이었다. 중국이 선택할 수 있는 압박카드 중 하나는 희토류 자원의 무기화다. 중국은 2010년 일본에 대해 희토류 카드를 사용한 적이 있다. 현재 한국은 희토류 수입량의 50%를 중국에서 들여오고 있다. 2021년 3월부터 희토류 수입 다변화 대책을 실행하고 있지만 당분간은 중국의 압박에 취약한 상황이 이어질 수밖에 없다.

경제적 압박에 국한해서 보면 중국의 압박은 사드 보복 때보다 약화될 가능성이 높아 보인다. 첫째, 사드 보복조치가 지속되면서 중국이 손쉽게 한국을 압박할 수 있는 카드가 이미 소진되었기 때문이다. 중국인 단체관광객도 이미 줄어든 상태이고, 코로나19로 인해 관광객을 받아들이기도 쉽지 않다. 둘째, 현재 한국의 대중국 수출품목은 반도체로 대표되는 첨단 IT 산업이 주축을 이룬다. 중국이 한국을 제재할 경우 자국의 첨단기술 발전에 지장을 초래하게 된다. 특히 미국의 기술봉쇄로 중국이 추진하는 반도체 굴기에 어려움을 겪고 있는 상황을 감안하면 반도체 및 기술 관련 제품에 대한 수입 제한은 선택하기 어려운 조치다.

중국은 외교적 카드로 한국을 압박할 수도 있다. 한국 정부를 국내 정치적으로 흔들 수 있는 문제들을 제기하고 한국 정부의 위상을 약화시키는 사안들을 우선적으로 활용할 수 있다. 첫째, 문재인 정부에 대한 외교적 비토를 통해 망신주기를 시도할 가능성이 있다. 가령, 문재인 정부가 원하는 시진핑 방한을 무기한 연기하며 한국을 압박할 수 있다. 정상회담뿐만 아니라 장·차관급 회담을 순연하고 국장급 이상의 고위급 대화를 중단하는 카드도 있다. 그 밖에 동북공정이나 김치 종주국 논쟁 등과 같은 문화 이슈를 의도적으로 야기하며 한국을 괴롭힐 가능성도 있다. 한국 정부가 이런 문제들에 대해 적절하게 대응하지 못하면 한국 국민의 정부 지지율은 내려갈 것이다. 중국은 한국 정부의 지지율 하락을 통해 간접적인 압박 효과를 노릴 수 있다.

둘째, 주중 한국인에 대한 불이익 조치를 감행할 가능성이 있다. 비자 발급 지연 등 합법적 방식으로 중국 내 한국 교민과 유학생들의 불편을 가중시키는 것이다. 이는 외교적 마찰로 이어지고 한중관계 악화로 비화할 수 있다. 하지만 중국이 자국 법령을 적용하는 행위로서 주권 사항에 속한다는 이유를 내세우면 한국 정부가 적극적으로 대응하기가 쉽지 않다.

셋째, 중국 유학생 숫자를 줄여 한국 정부에 타격을 가할 수 있다. 현재 한국 내 외국 유학생 가운데 중국인 유학생이 거의 절반 정도를 차지하고 있다. 인구절벽으로 어려움을 겪고 있는 국내 대학들은 중국인 유학생의 등록금과 수업료로 재정의 상당 부분을 충당하고 있는 실정이다. 만일 중국인 유학생의 한국행이 제한되거나 중단될 경우 재정 상황이 열악한 사립대학들은 큰 타격을 입을 수밖에 없다. 결과적으로 이러한 피해는 고스란히 한국 정부의 잘못된 외교 때문이라는 비난으로 이어질 것이다.

끝으로 해상경계를 둘러싼 의도적 마찰도 중국이 활용할 수 있는 카드다. 한중 간에는 서해 해상경계선 획정 문제가 미해결 현안으로 남아 있다. 중국 어선의 불법조업 역시 오랜 현안이다. 중국은 의도적으로 불법조업 등 외교적 마찰로 이어질 수 있는 사안을 꺼내들고 한국 정부를 괴롭힐 수 있다. 최근 들어 활발해지고 있는 한국 방공식별구역KADIZ 침범 역시 언제든지 중국이 활용할 수 있는 카드다.

미국의 압박카드

미국 행정부의 주요 외교 과제 중 하나는 동맹국 관리다. 동맹국인 한국이 쿼드 가입 등을 미루며 미국의 동맹 네트워크 강화 정책에 호응하지 않더라도, 미국은 중국과 같은 수준의 노골적인 압박을 가하지는 않을 것이다. 세계 10위권의 경제력을 가진 한국과의 관계가 악화되는 것은 미국 행정부의 외교 실패로 평가될 것이기 때문이다. 미국은 신중한 행보를 보이며 겉으로 드러나지 않게 한국을 압박할 것이다.

경제적 차원에서 미국은 다양한 대한국 압박수단을 가지고 있다. 여전히 한국은 미국에서 큰 규모의 무역 흑자를 기록하고 있다. 만일 한국이 미국 주도의 네트워크에 참여하는 것을 거부할 경우, 미국은 무역 이슈를 제기하며 한국을 압박할 수 있다.

미국은 '바이 아메리카' 정책이 기존의 국제협정과 충돌할 경우 재협상까지 고려하고 있다. 한국에 대해서도 한미 자유무역협정FTA 및 세계무역기구WTO 정부조달협정GPA 재협상을 경제적 압박의 수단으로 활용할 수 있다. 바이든 대통령은 대선 당시 연방정부 조달을 통한 미국 제조업의 재건, 환경 보호 등에 관한 내용을 포함하는 '바이 아메리칸 플랜Buy American Plan'을 공약했다. 대통령 취임 후인 2021년 1월에는 미국산 물품 구매 의무를 강화하는 내용의 행정명령(Executive order 14005 on Ensuring the Future Is Made in All of America by All of America's Workers, 약칭 'Made in America')에 서명했다. 트럼프 행정부와 비교하면 표현이 완곡하고 추진 방식도 점진적이어서 표면적으로는 잘 드러나지 않았지만, 실은 바이든의 행정명령이야말로 역대 '바이 아메리카' 조치 중 가장 강력한 것으로 평가된다. 이러한 자국 중심의 경제정책 전개는 필연적으로 다른 나라와 충돌하게 된다. 그럴 경우 가장 우려되는 것은 WTO GPA 재협상과 탄소국경세 도입 카드다.

미국은 2020년 11월과 2021년 2월 두 차례에 걸쳐 300개의 필수 의약품을 미국의 정부조달협정 양허리스트에서 제외해줄 것을 요청하는 신청서를 제출하였다. 이에 대해 한국을 포함한 다수의 WTO GPA 회원국들이 반대의견을 표명함에 따라 중재 절차^{Arbitration Procedures}가 가동될 예정이다. 한국이 이에 반대할 경우 경제제재 카드로 압박해올 가능성이 크다.

한편 바이든 행정부는 2021년 1월 기후변화 대응책의 일환으로 탄소국경세 도입을 고려할 것이라고 밝혔다. 미국이 2023년 탄소국경세를 도입할 경우 한국은 철강, 석유, 전지, 자동차 등 주요 업종에서 1,100억 원의 추가 부담을 떠안게 될 것으로 예상된다. 트럼프 행정부 당시 도입된 철강 수출 쿼터제로 인해 한국 철강업계의 수익성이 크게 악화된 전례가 있다. 반면 바이든 행정부는 철강·알루미늄에 대한 고율 관세 및 수출 쿼터제를 폐지할 예정이다. 바이든 행정부는 탄소국경세를 도입하거나 철강·알루미늄에 대한 고율 관세를 조정하는 과정에서 한국을 배려할 수도 있고 반대로 한국을 압박할 수도 있다.

그간 한국은 미국의 동맹국으로서 적지 않은 경제적 혜택을 누려왔다. 하지만 미국의 동맹 네트워크 강화에 불참할 경우, 지금까지 누려온 혜택이 하나둘씩 줄어들 것이다. 궁극적으로는 한국에 대한 강력한 경제적 불이익 조치가 취해질 가능성도 존재한다.

미국이 동맹 네트워크를 확대하는 과정에서 동맹 재편을 추진할 가능성이 있다. 만일 한미관계가 상대적으로 덜 중요하다는 판단을 내릴 경우 여러 종류의 압박 카드가 생겨난다. 양자동맹 차원에서 한미동맹이 갖는 의미는 대단히 크다. 하지만 다자 네트워크에 참여하지 않는 국가를 2류 동맹국으로 분류할 경우 한미동맹의 위상은 약화될 수 있다. 특히 미국의 첨단기술이나 외교적 특혜를 다자 네트워크에 참여하는 국가에 우선 배분할 경우 한국에는 큰 타격이 예상된다. 신중한 선택이 필요하다.

미국이 한국을 압박하려 한다면 1차적으로 동맹국들에게 제공하는 혜택을 줄이는 방식을 선택할 것이다. 예를 들면, 최근 현안이 되고 있는 미국의 첨단 과학 기술 이전 순위에서 한국이 뒤로 밀린다거나, 한미 정상회담 개최 시간과 의전 등에서 순위가 낮아질 가능성이 있다. 또한 중국의 한국방공식별구역KADIZ 침범과 같은 행위에 대해 미국이 별다른 조치를 취하지 않는 소극적 대응을 할 가능성도 존재한다.

더 나아가 한국의 대중 경사가 심각한 상황이라고 판단할 경우, 미국은 개별 외교 사안에서 한국 정부와의 협조를 제한하는 방식으로 불만을 표현할 수 있다. 먼저 북한·북핵 문제에 대한 비협조를 상정해 볼 수 있다. 북한이 대화를 희망하는 대상은 미국이다. 바이든 행정부가 움직여야 한국 정부에도 북한과의 대화의 창이 크게 열린다. 만일 바이든 행정부가 협조하지 않고 시간을 끌면 북한은 대륙간탄도미사일ICBM이나 잠수함발사미사일SLBM 등을 발사하는 전략 도발에 나설 수 있다. 이 경우 한반도 정세가 더욱 악화되고 북한의 대화 복귀가 지연될 것이다.

끝으로 미국은 국제기구에서 한국의 위상 제고를 돕지 않을 가능성이 있다. 미국은 각종 국제기구에서 중국보다 훨씬 큰 영향력을 갖고 있다. 실제로 중국은 국제무대에서 한국보다는 아프리카 등 제3세계 국가들에 대한 지원을 통해 영향력을 확대해 왔다. 반면 미국은 한국의 위상 제고에 실질적으로 기여해 왔다. 현재도 미국은 국제통화기금^{IMF}, 세계은행^{WB} 등 주요 금융기구에서 한국의 위상을 좌우할 수 있는 힘을 갖고 있다. 주요 7개국^{G7} 정상회의에 한국을 초청한 것과 같이 한국 외교에 특별한 위상을 부여하는 행위를 중단할 수도 있다. 이 경우 미국으로부터 가해져 오는 외교적 압박의 규모는 중국의 그것에 비해 더 클 수 있다. 다만, 미국은 동맹국인 한국의 입장을 고려하여 이러한 압박을 행사하지 않고 있을 뿐이다. 2021년 5월 한미 정상회담에서 발표된 공동성명을 한국이 성실하게 이행하는지 여부가 미국의 중요한 판단기준 중 하나가 될 것이다.

그렇다면 대안은 무엇인가?

미중 전략경쟁 속에서 한국의 국가이익을 극대화하기 위해서는 능동적으로 환경 변화를 주도할 수 있는 외교전략이 필요하다. 미중 전략경쟁에서 선택의 딜레마에 처하기 이전에 한국 스스로 원칙을 정하고, 선제적인 대미·대중 협력을 통해 국익을 극대화해야 한다. 이를 위해서는 소극적이고 수동적인 외교 관행을 버리고 적극적이고 능동적인 외교의 관행을 만들어야 한다. 특히 한국 스스로 외교 역량을 강화해 나가면서 동맹과 연합이라는 외교술을 활용하며, 미중 전략경쟁에서 공존할 수 있는 원칙을 만들어가야 한다.

한국은 미국의 동맹국이다. 동맹이 흔들리면 한국의 외교는 고립으로 치달을 수도 있다. 미국과의 동맹이 존재하기에 중국이나 북한도 한국을 함부로 하지 못한다. 따라서 한미동맹을 기반으로 한 외교전략을 전개해야 한다. 한미동맹은 한국과 미국 양측의 요구를 수용하면서 진화시켜 나가야 한다. 이러한 진화를 거부할 경우 동맹의 기반이 약화된다. 현재 한미동맹 진화에 있어 최대의 도전은 중국 문제다. 그렇기에 한미 간에는 중국 문제와 관련한 보다 진솔한 협의의 기회를 만들어야 한다. 이러한 협의의 과정에서 중국 문제와 관련한 한국의 지정학적 특수성을 인정받고, 동시에 미국의 대중전략에 대한 한국의 기여 방안을 제시해야 한다. 서로의 차이를 인정하며 공존의 공간을 만들어야 한다.

한국의 외교 대상은 미국만 존재하는 것이 아니다. 한국은 일본, 러시아와 같은 주변국과 유럽, 아프리카, 중동, 중앙아시아, 서남아, 동남아, 오세아니아, 북중미, 남미의 많은 국가들과 협력하고 있다. 그리고 한국과 가치를 함께하고 경제적 협력을 확대하는 수많은 나라들이 한국의 파트너 국가로서 존재한다. 이들과 외교적으로 연합함으로써 한국은 더 큰 외교력을 발휘할 수 있다. 가장 중요한 주변국과의 협력을 확대하고, 지역적, 글로벌 차원에서 국제기구 내 역할 강화와 다양한 소다자협력을 진행하며 한국의 외교력을 키워나가야 한다. 그래야 미중 양국의 부당한 압박을 탈피하며 구애Love Call를 받을 수 있는 기회를 만들 수 있다.

한미동맹과 다양한 우호국의 확보를 바탕으로 중국과 공존의 길을 찾아야 한다. 중국은 지정학적으로 한국과 분리할 수 없는 국가다. 강대국으로서 부담이 되는 것은 사실이지만, 이를 극복하며 공존을 추구해야 하는 운명적 관계이기도 하다. 당장 중국의 공세적 행보로 어려움이 더 큰 것은 사실이지만, 한국은 중국의 미래가 될 수 있다. 그렇기에 한국 고유의 경성국력과 연성국력을 활용하며 중국과의 수평적 관계 설정을 추구해 나가야 한다. 강대국의 입김에 흔들리지 않는 일관성을 보여줄 수 있다면 한중 간의 공존의 시기는 더욱 일찍 찾아올 수 있다.

즉, 한국 고유의 힘을 키우는 자강을 추구하며 미국과의 동맹, 우호국과의 연합, 중국과의 공존을 찾아가는 길이 미중 전략경쟁 시대에 한국이 지향해야 할 전략적 고민의 방향이 되어야 한다. 마치 모르는 길을 찾아가기 위해 지도를 살펴보는 것처럼, 각각의 장애물과 고빗길을 넘어가기 위한 다양한 문제들에 대비하는 철저한 외교전략의 수립이 필요하다.

4장

21세기형 자강외교를 위한 외교안보전략지도

전통적 외교안보목표와 전략

한 나라의 외교안보목표는 특정한 시기를 초월한다. 그것은 주변의 국제정세가 충돌과 경쟁, 냉전으로 진행되어 긴장이 고조되고 불확실성이 증대될 때 위해 세력으로부터 주권과 생존권, 그리고 정체성을 지키는 일이다. 한국의 외교안보목표는 ▲한반도와 동북아의 평화정착과 통일기반 조성 ▲경제외교를 통한 국가 번영의 기반 제공 ▲인류 공영에 기여하는 국제적 기여 ▲국민의 권익을 증진하는 것 등이 핵심적 내용을 이룰 것이다.

한국의 외교안보목표를 하나씩 살펴보자. 첫째, 한반도와 동북아의 평화정착과 통일기반 조성이다. 한반도에 평화를 구축하기 위해서는 북한의 도발을 예방하고 북핵문제 해결에 유리한 대외환경을 조성해야 한다. 무엇보다도 북한 비핵화를 지속적으로 추진하며 한반도의 실질적인 평화정착을 위해 노력해야 한다. 미중 전략경쟁을 고려한 조화로운 대외정책의 추진도 필요하다. 한미동맹에 기반하여 한중 전략적 협력 동반자 관계를 내실화해야 한다. 그 밖의 주변국들과도 전략적 협력관계를 구축하여 우리의 의도대로 문제를 풀어갈 수 있는 외교적 기반을 조성해야 한다. 동북아 평화정착을 위해 역내 국가 간의 갈등과 대립을 예방·완화하고 역내 평화 협력의 제도화에 기여할 수 있어야 한다. 통일기반 조성을 위해서는 국제사회와의 긴밀한 협력을 통해 북한의 변화를 유도하고, 남북관계 개선과 통일을 위한 실질적 성과를 거두어야 한다.

둘째, 경제외교를 통한 국가 번영의 기반 제공이다. 외교의 중심이 전통적인 안보외교에서 경제외교로 바뀌고 있다. 외교는 이제 단순한 대외교섭 주체로서의 역할에서 벗어나 경제적 이익을 실현하고 선도하는 역할을 강화해야 한다. 경제적 번영을 위해서는 외교정책과 국내 정책의 융합이 중요하다. 국내적으로는 개개인과 기업의 창의적 아이디어가 성장엔진이 될 수 있도록 정보, 기술, 산업, 문화의 융합이 이루어져야 한다. 외교는 이러한 국내적 성과가 이루어질 수 있도록 국제적 차원의 관여를 통해 지원하는 역할을 수행해야 한다. 글로벌 공급망을 확보하고 새로운 시장을 개척하는 데 외교가 실질적인 기여를 해야 한다. 재외공관을 경제외교의 거점으로 활용하고, 신성장 동력 발굴 및 기업의 해외 진출 지원 역할을 활성화해야 한다. 동시에 국제적 차원의 무역·금융·에너지·환경 거버넌스의 변화를 예측하고 적극 참여하며 국가경제의 경쟁력 강화를 견인해야 한다.

셋째, 인류 공영에 기여하는 국제적 기여다. 우리의 가치를 국제적 차원에서 보전하고 국제사회의 상생에 기여하는 것이다. 국제사회에서 자유민주주의와 인권의 확산이 이루어질 수 있도록 적극 노력하며, 국제평화를 위한 기여와 개발협력 노력을 확대해 나가야 할 것이다. 이를 통해 인류의 보편적 가치와 규범 확산이 이루어지면 그것이 곧 우리의 이익으로 귀결될 것이다. 동시에 국제기구의 운영과 관련하여 한국의 참여와 역할을 확대해 나가야 한다.

넷째, 국민의 권익 증진이다. 외교는 국가 대 국가의 업무가 주를 이루지만, 최근 들어 영사업무 등 국민 생활과 직결된 분야가 관심을 모으고 있다. 우리 국민의 해외 진출을 적극 지원하고, 재외국민 안전과 권익 보호를 확대하여 국민적 공감과 지지를 확보하는 노력이 필요하다. 해외에 진출한 우리 국민들을 상호 연결시킴으로써 한국인으로서의 정체성과 국익 강화에 기여할 수 있다. 동시에 공공외교를 강화하여 선진화된 한국의 이미지를 세계로 확산시켜 나가야 한다.

외교전략도 마찬가지다. 전통적으로 한국의 외교전략은 평화와 번영 그리고 국격 제고와 국민 보호에 치중해 왔다. 북한의 현실적 군사위협으로부터 안보를 튼튼히 하고, 주변 강국의 영향력으로부터 자유로움을 추구하는 것이 외교전략의 중심에 있었다. 한편으로는 경제환경 변화에 능동적으로 대응하며 생존과 번영이라는 국익을 추구해 왔다. 이를 위해 한국은 미국과의 동맹을 강화해 왔고 중국과의 협력을 확대해 왔다. 이제 세계 10위권의 경제 강국으로 올라선 한국은 한반도와 동북아를 넘어서는 외교적 과제를 안게 됐다. 그것은 글

외교안보 환경 변화

한국의 외교안보전략

미중 전략경쟁

북핵 고도화

동북아 역내 갈등 심화

중동정세 불안정

아세안·인도 등 신흥시장

펜데믹 위협

기후변화 중요성

국제경제 블록화

첨단기술 경쟁

광역 FTA

핵확산, 테러, 우주, 사이버

인권문제 악화

글로벌 거버넌스 한계

한반도/동북아 지역 전략

〈한반도〉
- 대응: 북핵 능력 고도화, 북한 재래식 전력 증강
- 관찰: 김정은 체제 내구력, 북한 경제, 북한 인권
- 협력: 교류, 이산가족(납북/억류), 개성공단/금강산
- 동맹: 전시작전통제권, 연합군사훈련, 방위비 분담

〈동북아〉
- 동맹: 쿼드, 한미일 협력, 미 공급망 참여, THAAD, MD, INF, 우주, 사이버
- 협력: 광역 FTA, 주변국 경협, 한중일 협력, 러 극동 개발
- 관찰: 남중국해, 대만해협, 센카쿠/조어도
- 대응: 서해 해상경계, 한일/한중 역사문제

사활적 생존의 문제 → 세부 고찰

경제외교 전략
- 코로나 펜데믹 경제 대응, 첨단기술 블록화 대응
- 다자 FTA(CPTPP, RECP) 참여, 통상 거버넌스 주도
- 신흥 시장 개척, 수출 경쟁력 확대

비전통 협력 전략
- 기후변화 대응, 방역 시스템 구축
- 국제 비확산체제 강화, 마약 통제체제 구축
- 우주 협력 참여, 사이버 역량 강화 및 국제 협력 구축

글로벌 거버넌스 전략
- UN, UN 산하기구, G7+3, G20, D10 참여 및 역할 확보
- 국제 개발협력, 녹색성장 등 한국 리더십 확보
- 국가브랜드 제고 위한 공공외교 강화

〈표 2〉 한국 외교의 도전과 정책 과제

외교 환경		도전 요인(worst scenarios)	정책 과제
북핵 고도화	북핵 / 북한 문제 심화	• 북핵 능력 고도화 • 김정은 체제, 대외교류 차단 • 북한 인권 상황 악화	• 압박과 설득을 통한 북핵 진전 확보 • 북한 도발 억제를 위한 예방외교 • 남북교류의 확대와 북한 인권 상황 개선
미중 경쟁 & 동북아 역내 갈등	美 인도·태평양 vs. 中 일대일로 경쟁	• 중국의 군사적 부상과 공세적 대외정책 전개 • 미국의 동맹 네트워크 강화 & 한미일 협력 가속화 요구	• 미중 충돌사안 대응·조정능력 제고(한국 외교의 최대 도전 과제) • 쿼드, 첨단기술 네트워크 등 고차원적 문제 해결
	한미 전략동맹 정체	• 미 동맹국 역할 분담 증대 요구 – 미중관계 요인, 한미일 협력 • 전작권 재연기, 연합군사훈련 등 입장차 부각	• 포괄적 한미동맹으로서의 협력 방안 모색 • 원만한 동맹 현안 타결 및 종합적 여론 관리
	영토/영해 갈등 민족주의 부상	• 역사문제 등 한일관계 악화 • 중일 간 센카쿠(댜오위다오) 영유권 갈등 고조 • 남중국해 갈등 동북아 영향 파급	• 한일 관계 개선 및 안정화 • 한미일·한중일 등 소다자 협력 활성화 • 동아시아 차원 역내 갈등관리 기제 창출 – 역내 다자안보협력 강화 필요성
	러 극동개발 한계	• 러 극동개발(에너지, 물류사업 등) 한국 참여 요구 • 러시아의 동북아 역내 존재감 부각을 위한 개입	• 유라시아 협력 사업 내실화 • 러시아의 역내 건설적 역할 확보
글로벌 거버넌스 이완	강대국의 지도력 쇠퇴와 다극구조 심화	• 강대국 국익 추구 강화 속 글로벌 리더십 부재 • G20 등 회의체 문제해결력 약화 • 국제주의 쇠퇴	• G20, MIKTA 등 중견국 외교 강화 • UN 등 국제기구 현안 논의에 주도적 참여 • 국제경제·개발 협력 거버넌스 구축 참여 • 국가브랜드 제고를 위한 공공외교 강화
	글로벌 경제 불확실성 지속	• 코로나 펜데믹으로 인한 국제경제의 전반적 쇠퇴 • 첨단기술 등을 둘러싼 블록화 • 지역별 다자경제 블록화(RCEP, CPTPP 등) 심화 • 시장경쟁 심화로 수출 경쟁력 악화	• 세계 경제위기 부정적 영향 차단 • 역내 경제 통합에 주도적 참여 • 성장 잠재지역과의 협력 확대 및 경제협력 외교 강화
	기후변화·펜데믹 핵확산·테러· 인권 등 지구적 문제 잠재	• 질병·WMD·테러·마약 등 비전통 안보위협 부각 • 기후변화 심각성에 대한 공감대 • 이란 핵협상, 중동정세 불안정 • 지구촌 인권 상황 개선의 정체	• 기후변화, 펜데믹, 핵확산, 사이버 등 국제사회와 포괄적 협력 강화 • 인권 문제 해결 노력 동참

로벌 차원에서 중견국으로서의 역할을 수행하며 국가의 번영을 확대하고 위상을 제고시키는 일이다.

글로벌 차원에서는 경제 환경과 규범의 변화를 따라잡고 다양한 비전통적 위협에 대응해야 하는 과제를 안고 있다. 특히 최근에는 코로나19로 인한 세계 경제의 위축에 대응하는 것이 과제로 떠올랐다. 모든 국가들이 마이너스 경제 성장에 직면했고 회복의 속도는 아직 불투명한 상황이다. 기후변화는 환경의 문제를 넘어 경제의 문제, 외교의 문제로 확대되고 있다. 테러, 재난·재해와 같은 비전통적 안보 위협 역시 국제사회의 안정을 해치고 있다. 이러한 환경에서 한국은 중견국으로서의 위상을 확보하고, 고유의 협력 네트워크를 만들어가야 하는 과제를 안고 있다. 한국 외교의 전통적인 도전과 전략과제는 앞의 〈그림 2〉와 〈표 2〉에서 살펴볼 수 있다.

미중 전략경쟁 시대의 외교안보전략

한국은 글로벌, 동북아, 그리고 한반도 차원에서 외교안보전략을 수립하고 당면한 도전들을 풀어왔다. 범위를 좁혀 미중 전략경쟁의 맥락에서 외교전략을 살펴보는 것은 대단히 중요한 일이다. 미중 경쟁의 맥락에서 주변국 외교를 보는 것이 중요한 이유는 주변국과의 지리적 밀접성으로 말미암아 생존과 주권, 경제적 번영 등의 사활적 이익이 상호 충돌하는 경우가 많기 때문이다. 따라서 우리의 사활적 이익이 걸린 역내 국가들과의 문제를 다각적으로 분석함으로써 활로를 찾기 위해 노력해야 한다. 주변국 외교를 단순한 양자관계로만 보아서는 안 된다. 오늘날 동북아는 미국과 중국을 중심으로 다수의 주체가 상호 영향력을 주고받고 있는 지역이다.

미중 전략경쟁의 맥락에서 한국의 국가이익과 국가 역량을 종합적으로 고려한다면, 한국의 외교안보전략은 편승도 선택도 아닌, 한미동맹에 기반한 한중관계 발전이라는 공존형 전략을 취해야 한다. 그 속에서 일관되게 자강의 노력을 해 나가야 한다.

단순한 셈법으로는 한미 전략동맹의 위상이 한중 전략적 협력 동반자 관계를 압도한다. 미국은 북한의 핵위협으로부터 한국을 지켜주는 사활적 이익을 제공하고 있다. 이러한 안전보장 역할은 다른 나라로 대체할 수 없다. 중국은 북한과의 관계를 유지하려 하기 때문에 미국을 대신하여 북한의 위협을 억제하기 어렵다. 그 밖의 나라들은 기본적인 국가 역량이 부족하다. 따라서 미국은 한국의 사활적 이익을 추구하는 데 절대적인 파트너다.

하지만 미국의 안보 공약이 얼마나 한국의 요구에 부합하는 형태로 이루어질 수 있을지에 대해서는 지속적인 관찰이 필요하다. 한때 미국은 약 70만에 가까운 전시 증원을 약속한 것으로 전해진다. 하지만 현재 시점에서 그러한 전시 증원이 가능할지는 의문이다. 북핵 위협에 대응할 수 있는 각종 첨단 전력을 미국이 한국에 제공하고 있지만, 핵 능력이나 핵 공유를 제공하겠다는 의지는 현시점에서 찾아보기 어렵다. 북한의 핵전략을 단순화하면 "워싱턴과 서울을 맞바꿀 수 있느냐"라는 질문 내지는 협박으로 축약할 수 있다. 이 질문에 대해 미국은 확실한 답을 보여주고 있다기보다는 선언적 차원에서의 핵우산과 부분적인 확장억제 전력을 제공하는 수준에 머물고 있다. 이러한 점을 감안할 때 한미동맹에는 지속적인 보완과 개선이 필요하다. 한미동맹의 강화와 함께 중국의 협조를 구하고 북한의 변화를 촉진하는 한편, 한국의 자주적인 국방력 강화를 함께 추구해야 한다.

중국은 경제적 번영의 측면에서 한국의 핵심적 이익에 기여하는 바가 크다. 적어도 현재의 교역량에 있어서만큼은 미국이 중국을 따라잡을 수 없다. 물론 미국도 한국의 경제에 적지 않은 기여를 하고 있다. 다만 교역량과 흑자의 규모에서 중국이 상대적 우위에 있음은 부인하기 어렵다. 물론 이는 현시점에서 바라볼 때 그렇다는 것이고, 향후 첨단기술의 블록화나 대중 압박의 실현, 한중 경제협력 구조의 변화 등을 고려할 때는 영원한 것이 아닐 수 있다.

국제질서나 이념과 같은 중요 이익이나 부차적 이익에 있어서도 한국은 미국 주도의 질서를 필요로 하는 상황이다. 자유주의적 국제질서와 인권을 존중하는 가치의 실현이란 면에서 중국은 한국의 국익과 적지 않은 차이를 보인다. 더구나 중국이 자국 중심의 국제관을 실현하려는 의지를 숨기지 않고 있는 지금과 같은 상황에서 중국을 견제해야 할 필요성은 더욱더 높아진다.

한국의 외교안보전략이 양자택일의 문제라면 당연히 미국을 선택해야 한다. 하지만 중국과 맞물려 있는 이익이 적지 않은 상황에서 양자택일적 선택은 바람직하지 않다. 어느 일방을 포기함으로 인해 발생할 수 있는 외교적·경제적 손실을 줄이면서 새로운 기회를 만드는 것이 더욱 바람직한 선택이기 때문이다. 따라서 냉전기에 그랬던 것처럼 무조건적으로 미국의 편에 서서 동맹을 강화하는 쪽으로 방향을 정하는 것은 변화된 국제정세 아래에서는 바람직하지 않다. 그렇다고 중국의 공세적 행보에 휘둘려 동맹의 균열을 야기하는 것은 더더욱 피해야 할 일이다. 한미동맹을 강화하면서도 한중관계를 발전시킬 수 있는 전략적이고 균형감 있는 선택이 필요하다. 각각의 외교 사안이 발생할 때마다 미중관계의 맥락을 고려한 신중한 선택을 추구해야 한다. 이를 통해 한미동맹을 공고히 하면서도 중국과의 협력을 조화롭게 추진하는 윈-윈의 중장기적 외교전략이 만들어질 수 있을 것이다.

새롭게 그리는 외교안보전략지도

최근 들어 동북아의 역학 구도는 냉전기의 '한미일 대 북중러' 구도보다 훨씬 더 복잡한 모습으로 변해가고 있다. 역내 국가 간의 관계 변화와 경쟁 영역의 성격 변화 때문이다. 먼저 동북아 역내 국가 간의 관계는 한국과 중국의 경제적 성장으로 큰 변화를 겪었다. 그 결과 한미일 협력은 냉전기의 수직적 관계에서 조금 더 수평적인 관계로 변화하고 있고, 북중러 협력 역시 조금 더 수평적 관계로 바뀌고 있다.

특히 한일관계의 성격과 양상이 냉전기에 비해 크게 변화했다. 냉전기 일본에 비해 국력이 현저히 약했던 한국은 이제 일본과 어느 정도 대등한 위상으로 올라섰다. 이로 인해 갈등 영역에서 일본의 양보를 얻기 어려운 역설적 상황이 조성되고 있다. 역사문제에서 이렇다할 진전을 못 보고 있고, 경제 영역에서도 불협화음이 나오고 있는 것은 이러한 상황 변화와 무관하지 않다. 한일 간의 갈등이 지속되는 상황은 한미일 안보협력을 강화하려는 미국의 의도에 차질을 빚고 있다. 미국은 중국과의 경쟁에 적극 협력하는 일본과의 관계를 중시하면서도 한일관계 개선을 촉구하고 있다. 하지만 미국의 영향력은 예전만 못하다. 한미일 협력의 결속력은 과거에 비해 저하되어 있다. 그 결과 한미일 협력을 추진하는 미국과 일본은 물론이고 한국에도 안보 손실이 발생하고 있다.

한국의 외교안보전략은 미중관계의 영향으로부터 자유로울 수 없다. 한국의 주요 외교안보 영역에서 미국과 중국, 북한과 일본이라는 변수가 복합적으로 작용하고 있음을 고려해야 한다. 복합적 사안에 대응하기 위해서는 점이나 선이 아닌 면과 공간의 외교가 필요하다. 이를 위해 미국과 중국의 입장은 물론이고 주변국에 대한 파급효과를 염두에 두고 문제를 풀어야 한다. 복합적 외교안보 사안을 풀기 위해서는 이러한 역학 관계를 종합적으로 고찰해야 한다. 이를 제대로 파악하지 못하면 한국의 외교는 단편적인 점이나 선에 머무르게 된다. 점과 선의 외교는 변화무쌍한 외교안보환경에 적응하지 못하고 한계를 드러낼 수밖에 없다. 특정 사안의 이면에는 국가간 경쟁이 복합적으로 얽혀 있음을 한눈에 볼 수 있어야 한다. 그렇다면 현재 미중 전략경쟁으로 한국이 직면하게 될 구체적 과제는 무엇인가. 이를 살펴보기 위해서는 각국의 변화된 입장과 함께 한국과 관련하여 발생하는 새로운 외교안보 사안들을 살펴보아야 한다.

바이든 미 행정부는 궁극적으로 미국 주도의 자유주의적 국제질서를 유지하기 위해 노력하고 있다. 경쟁자로 부상한 중국을 견제하기 위해 다양한 군사적, 외교적 노력을 기울이고 있다. 또한, 첨단기술 공급망을 중심으로 동맹 네트워크 강화를 도모하고 있다. 한국에 대해서도 대중국 견제 네트워크에 참여할 것을 요구하고 있다. 북한 위협을 억제하고 비핵화를 추진하는 데에도 앞장서고 있다. 동시에 세계 10위권인 한국과 기후변화 등 다양한 영역에서 파트너십을 확대하고 있다.

중국은 자국의 핵심 이익을 수호하는 데에 1차적인 목표를 두고 있다. 이는 중국이 아직 미국에 필적하는 외교력을 갖추지 못한 상황과 관련이 있다. 중국은 영토와 주권에 관한 사항을 핵심 이익으로 규정하고, 홍콩과 신장 위구르 지역의 일체성 및 인권 상황에 대한 외부의 문제 제기를 거부하고 있다. 중국은 미국의 압박을 탈피하기 위해 일대일로를 중심으로 한 자국 세력권을 만들려 한다. 한국에 대해서는 미국의 대중 포위망에서 한국을 배제하기 위해 노력 중이다. 또 한반도 전역에서 영향력을 확대하여 중국의 의사에 반하는 일이 일어나지 않도록 노력하고 있다. 한편으로는 한국과의 경제적 파트너십을 확대하고자 한다. 특히 반도체와 같은 첨단기술 분야에서 한국과의 협력은 대단히 중요하다. 그 결과 한중 간 경제적 상호 의존성이 여전히 작용하고 있다.

북한은 김정은 체제를 유지하는 것이 지상과제다. 모든 대외정책의 기준도 체제 유지에 있다. 핵보유에 유리한 환경을 구축하기 위해

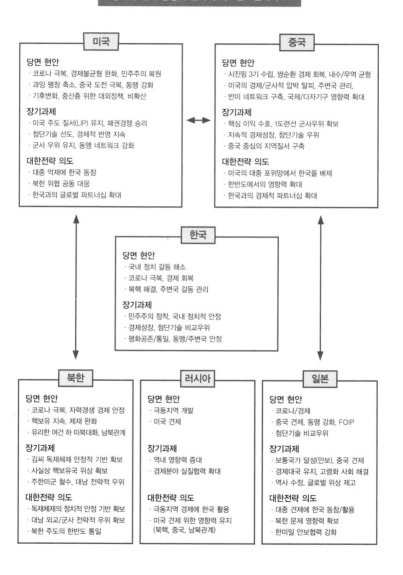

〈그림 3-1〉 미중 전략경쟁과 새로운 외교안보전략지도

동북아 전략 상황과 한국의 외교안보전략지도

미국

당면 현안
· 코로나 극복, 경제불균형 완화, 민주주의 복원
· 과잉 팽창 축소, 중국 도전 극복, 동맹 강화
· 기후변화, 중산층 위한 대외정책, 비확산

장기과제
· 미국 주도 질서(LIP) 유지, 패권경쟁 승리
· 첨단기술 선도, 경제적 번영 지속
· 군사 우위 유지, 동맹 네트워크 강화

대한전략 의도
· 대중 억제에 한국 동참
· 북한 위협 공동 대응
· 한국과의 글로벌 파트너십 확대

중국

당면 현안
· 시진핑 3기 수립, 쌍순환 경제 회복, 내수/무역 균형
· 미국의 경제/군사적 압박 탈피, 주변국 관리,
· 반미 네트워크 구축, 국제/다자기구 영향력 확대

장기과제
· 핵심 이익 수호, 1도련선 군사우위 확보
· 지속적 경제성장, 첨단기술 우위
· 중국 중심의 지역질서 구축

대한전략 의도
· 미국의 대중 포위망에서 한국을 배제
· 한반도에서의 영향력 확대
· 한국과의 경제적 파트너십 확대

한국

당면 현안
· 국내 정치 갈등 해소
· 코로나 극복, 경제 회복
· 북핵 해결, 주변국 갈등 관리

장기과제
· 민주주의 정착, 국내 정치적 안정
· 경제성장, 첨단기술 비교우위
· 평화공존/통일, 동맹/주변국 안정

북한

당면 현안
· 코로나 극복, 자력갱생 경제 안정
· 핵보유 지속, 제재 완화
· 유리한 여건 하 미북대화, 남북관계

장기과제
· 김씨 독재체제 안정적 기반 확보
· 사실상 핵보유국 위상 확보
· 주한미군 철수, 대남 전략적 우위

대한전략 의도
· 독재체제의 정치적 안정 기반 확보
· 대남 외교/군사 전략적 우위 확보
· 북한 주도의 한반도 통일

러시아

당면 현안
· 극동지역 개발
· 미국 견제

장기과제
· 역내 영향력 증대
· 경제분야 실질협력 확대

대한전략 의도
· 극동지역 경제에 한국 활용
· 미국 견제 위한 영향력 유지
  (북핵, 중국, 남북관계)

일본

당면 현안
· 코로나/경제
· 중국 견제, 동맹 강화, FOIP
· 첨단기술 비교우위

장기과제
· 보통국가 달성(안보), 중국 견제
· 경제대국 유지, 고령화 사회 해결
· 역사 수정, 글로벌 위상 제고

대한전략 의도
· 대중 견제에 한국 동참/활용
· 북한 문제 영향력 확보
· 한미일 안보협력 강화

노력하는 한편, 부분적 핵포기로 제재 완화를 이뤄내고 사실상의 핵 보유국으로 인정받으려는 의도를 갖고 있다. 이를 위해 중국과의 전략적 협력을 강화하면서 미국과의 타협을 시도하고 있다. 또한 한국이 북한의 의사에 반하는 행동을 하지 못하도록 묶어두려 한다. 북한은 현재 열세에 놓인 상황을 핵보유로 역전시켜 궁극적으로는 북한 주도의 한반도 통일을 이루는 것을 꿈꾸고 있다. 그러나 북한의 열악한 경제상황과 코로나19로 인한 국경 봉쇄는 북한의 고립을 더욱 가속화시키고 있다.

일본은 중국을 견제하고 글로벌 경제 강국으로서의 위상을 공고히 하는 한편 전범국가의 굴레를 벗어던지고 보통국가로 변모하고자 하는 목표를 추구하고 있다. 이를 위해 일본은 첨단기술의 비교우위를 지속적으로 유지하고, 미국과의 동맹 네트워크를 강화하며 인도·태평양 지역에서 핵심 파트너로서 위상을 굳히려 하고 있다. 한국과의 관계에서는 중국을 견제하기 위한 네트워크에 한국을 동참시키려는 입장과, 만일 한국이 이에 동참하지 않을 경우 한국의 위상 추락을 지켜보겠다는 입장을 모두 갖고 있는 듯하다. 또한, 일본인 납치자 문제를 매개로 북한 문제에 대한 영향력을 확보하고자 한다. 경제적으로는 한국과의 협력관계를 유지하고자 하는 모습을 보이고 있다. 일본과의 경제적 상호 의존성은 계속 작동하고 있다.

러시아는 동아시아에서의 영향력을 유지하기 위해 군사적 역량을 과시하고 중국과의 협력을 강화하고 있다. 미국과 동맹을 유지하고 있는 한국에 대해서는 군사적 경계를 풀지 않고 있다. 그럼에도 불구

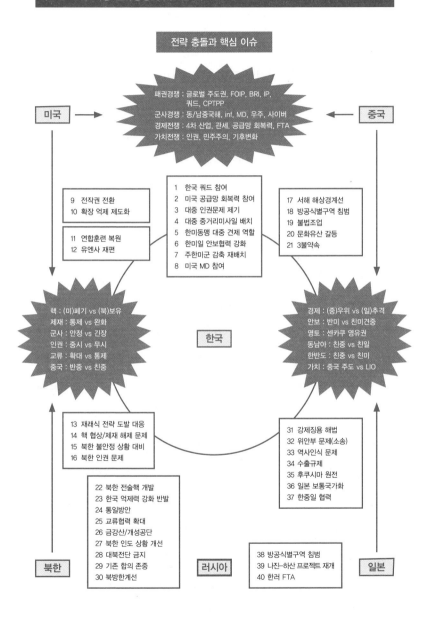

전략 충돌과 핵심 이슈

미국 →

패권경쟁 : 글로벌 주도권, FOIP, BRI, IP,
　　　　　 쿼드, CPTPP
군사경쟁 : 동/남중국해, inf, MD, 우주, 사이버
경제전쟁 : 4차 산업, 관세, 공급망 회복력, FTA
가치전쟁 : 인권, 민주주의, 기후변화

← 중국

9　전작권 전환
10　확장 억제 제도화

11　연합훈련 복원
12　유엔사 재편

1　한국 쿼드 참여
2　미국 공급망 회복력 참여
3　대중 인권문제 제기
4　대중 중거리미사일 배치
5　한미동맹 대중 견제 역할
6　한미일 안보협력 강화
7　주한미군 감축 재배치
8　미국 MD 참여

17　서해 해상경계선
18　방공식별구역 침범
19　불법조업
20　문화유산 갈등
21　3불약속

핵 : (미)폐기 vs (북)보유
제재 : 통제 vs 완화
군사 : 안정 vs 긴장
인권 : 중시 vs 무시
교류 : 확대 vs 통제
중국 : 반중 vs 친중

한국

경제 : (중)우위 vs (일)추격
안보 : 반미 vs 친미견중
영토 : 센카쿠 영유권
동남아 : 친중 vs 친일
한반도 : 친중 vs 친미
가치 : 중국 주도 vs LIO

13　재래식 전략 도발 대응
14　핵 협상/제재 해제 문제
15　북한 불안정 상황 대비
16　북한 인권 문제

31　강제징용 해법
32　위안부 문제(소송)
33　역사인식 문제
34　수출규제
35　후쿠시마 원전
36　일본 보통국가화
37　한중일 협력

22　북한 전술핵 개발
23　한국 억제력 강화 반발
24　통일방안
25　교류협력 확대
26　금강산/개성공단
27　북한 인도 상황 개선
28　대북전단 금지
29　기존 합의 존중
30　북방한계선

북한

러시아

38　방공식별구역 침범
39　나진-하산 프로젝트 재개
40　한러 FTA

일본

하고 극동 지역 경제 활성화에 한국을 활용하려는 입장을 견지하고 있다. 다만 유럽 지역에서의 영향력에 비해 한반도에서 러시아가 수행하는 역할은 제한적이다.

동북아 지역에서는 이러한 주변 각국의 입장이 맞물려 다양한 쟁점들이 발생하고 있다. 미중관계는 물론이고, 한국과 북한, 그리고 일본과 러시아의 관계가 서로 밀접하게 연계되어 상호작용을 하고 있다. 새롭게 대두되는 외교전략 과제들은 〈그림 3-1〉과 〈그림 3-2〉에서 보는 바와 같다.

21세기형 자강외교의 모색

외교안보전략지도에서 살펴본 바와 같이 미중 전략경쟁으로 인해 동북아를 둘러싼 정세가 급변하는 가운데 한국이 직면한 외교적 도전이 더욱 거세지고 있다. 한국 외교의 상수가 된 것과도 같이, 미중 전략경쟁은 주변국 외교와 관련하여 다양한 과제를 파생시키고 있다. 동시에 동맹 중심적 사고에 기초한 접근만으로는 풀기 어려운 복잡한 난이도의 과제들이 점증하고 있다. 탈냉전기에 추진해왔던 한국 외교의 패러다임을 바꿔야 하는 상황에 직면한 것이다.

과거 한국은 세기적 세력전이 과정에서 스스로를 지키지 못했다. 중국의 명청 교체기나 청나라 말기 국권을 잃은 과정이 그랬다. 국력을 키우지 못했고 국제정세의 변화에 대응하지 못했다. 이로 인해 외세의 침략을 받았고, 외세에 의해 나라가 반으로 나뉘게 되었다. 다른 누구의 책임이라기보다 우리 스스로가 약했기 때문이다. 이후 미국과 동맹을 맺고 성장의 기틀을 다지며 경제강국으로 발전해 왔지만, 여전히 높은 대미 의존도를 벗어나지 못했다.

미국에 의존하기만 하면 되었던 냉전기나 탈냉전기 초반의 접근은 미중 전략경쟁이 치열해진 오늘날 그 한계를 드러내고 있다. 미중 모두와 잘 지낼 수 있다는 2010년대까지의 접근법 역시 한계를 드러내고 있는 것은 마찬가지다. 냉전기의 경쟁은 군사력 중심이었지만 지금은 경제력, 첨단기술, 가치 등 복합적 경쟁의 시대를 맞고 있다. 경쟁의 영역이 국가전략의 거의 모든 부문에 걸쳐 있다는 점에서 냉전冷戰이라기보다 는 열전熱戰의 시기를 맞고 있다는 표현이 더 정확한 것일 수 있다. 물론 중국은 미국의 국력에 아직 많이 뒤처진 상황이다. 하지만 중국은 뒤처진 국력을 보완해 나가며 힘의 격차를 점점 줄여나가고 있다. 미국은 여전히 세계 1위의 초강대국이지만 중국과 국력차를 더 벌이는 일은 쉽지 않은 상황이다.

미중관계와 관련한 한국의 단편적인 인식이나 단순한 접근은 동맹의 방기나 중국의 공세적 압박이라는 위험요인을 관리하기 어렵다. 복합적 외교 과제가 동시다발적으로 제기되는 외교환경의 변화에 적응하기 위한 대응태세를 구비해야 하며, 강대국과의 관계에서 우리 국익이 상쇄되지 않고 유지될 수 있도록 힘을 갖춰야 한다. 특히 시진핑 체제의 중국은 향후 10년간 한국에게 매우 고통스러운 기간이 될 수 있음을 유의해야 한다.

미중 전략경쟁이 더욱 충돌의 양상으로 치달을 경우 그 사이에서 한국은 더욱더 어려운 선택의 기로에 설 가능성이 크다. 한국의 주권과 생존권, 그리고 자유민주주의와 시장경제라는 가치를 고려할 때 한국은 미국과의 동맹을 불가결한 요소로 여겨야 한다. 하지만 국력과 국격이 높아질수록 한국은 보다 자율적인 선택을 할 수 있다. 다시 말해 한국의 경제력과 군사력, 외교력을 키워 미중 전략경쟁에서 한국이 취할 수 있는 선택의 폭을 확대해야 한다는 것이다. 자강력이 없는 국가는 마치 씨름판에서 샅바를 놓친 씨름꾼과 같다. 상대방에 끌려가는 씨름꾼처럼 나라의 운명을 강대국이 정한 규칙과 요구에 내맡기게 된다. 미중 전략경쟁에 능동적이고 복합적인 대응을 구사하며 공존의 공간을 만들어 나가면서 스스로의 힘을 키우는 노력을 게을리해서는 안 되는 이유다.

그렇다면 우리 외교에 필요한 힘은 무엇인가? 첫째, 열린 민족주의와 확장지향의 외교관觀이 필요하다. 한국은 세계를 향하여 뻗어나갈 때에 비로소 북한의 위협이나 동북아 강대국들의 영향으로부터 자유로울 수 있다. 이를 위해서는 국제주의적 사고를 해야 한다. 북한만을 생각하는 닫힌 민족주의로는 세계의 문을 열어갈 수 없다. 미국은 열린 세계를 지향하며 뻗어나간 결과 오늘의 초강대국이 되었다. 한반도와 동북아에 매인 축소지향적 외교가 아니라 세계를 향해 뻗어나가는 확장지향의 외교가 필요하다. 이러한 인식에 바탕을 두고 미중 전략경쟁의 범주를 넘어서는 적극적이고 개방적인 외교를 전개해야 한다.

최근 한국 외교의 문제점은 과도하게 북한에 매몰되어 있다는 점이다. 민족적 관점에만 입각한 대북정책은 실패하기 마련이다. 북한이 취하고 있는 생존 전략을 중심으로 우리의 대응전략을 모색해야 한다. 특히, 북한의 위협과 통일전선전술의 위험성을 깨달아야 한다. 열린 민족주의의 바탕 위에 자유민주적 기본질서에 입각한 통일기반 조성에 힘써야 한다. 평화통일은 먼 미래의 일이다. 적어도 북한이 중국형 체제는 되어야 가능하다. 평화나 통일만을 목표로 과정과 기본 전제를 무시한 맹목적인 정책은 한반도의 현실을 반영하지 못한다.

동북아에서 민족주의가 팽창하고 있는 근본적인 이유는 국내 정치가 어렵기 때문이다. 동북아 각국이 처한 현실을 냉정하게 분석해야 한다. 존재하는 위협을 무시해도 안 되지만, 존재하지 않는 위협을 위협으로 만들어서도 안 된다. 가상의 적을 대비해야 하지만 실제로 적을 만들면 안 된다.

둘째, 위협에 대한 현장 대응력을 갖추어야 한다. 외교는 경제력과 국방력으로부터 힘을 얻는다. 한국이 외교적 차원의 위협을 극복하기 위해서는 최소한 특정국의 일방적 경제제재를 버틸 수 있는 힘이 있어야 한다. 어느 한 나라에 대한 경제적 의존도가 과도하게 높을 경우 해당국의 압박으로부터 자유로울 수 없다. 그렇기에 경제협력 대상을 다변화하고, 첨단기술 분야에서 한국의 비교우위를 갖춰나가야 한다. 상호 의존성이 점점 더 커지는 오늘날의 국제관계에서 한국을 함부로 보지 못하도록 만들어야 한다.

국방력 차원에서는 국지적 충돌이 발생할 경우 상대를 제어할 수 있는 힘이 필요하다. 대규모 전쟁으로 확전되어서도 안 된다. 미국이나 중국과 같은 강대국을 상대로 이기기는 어렵다. 하지만 군사분계선이나 한반도 주변 근해에서 한국의 주권이나 영토에 대한 침범이 있을 때나 돌발적인 군사적 충돌이 발생할 경우 반드시 승리할 수 있는 국방력을 갖추어야 한다. 그래야 외교적으로 한국을 함부로 대하지 못하도록 할 수 있다.

궁극적으로 한국 스스로의 힘으로 모든 위협을 억제할 수 있으면 최선이다. 하지만 한국의 지정학적 위치로 볼 때 독자적인 역량만으로 이를 달성하는 것은 불가능에 가깝다. 따라서 이미 잘 구축되어 있는 한미동맹의 틀을 벗어나서는 안 된다. 미국 입장에서 한미동맹의 정책 우선순위가 변화될 수도 있다는 전망이 있지만, 한국의 입장에서는 국가의 외교안보체제의 기초 자산이 된다. 이것이 흔들리면 우리의 외교안보체제는 흔들릴 수밖에 없다.

셋째, 미중 이외의 다차원적 협력체제를 구축해야 한다. 미중 전략경쟁이 치열해질수록 미국과 중국 이외의 국가들과 다양한 외교 네트워크를 구축해야 한다. 이를 위해서는 동남아, 유럽, 중동, 아프리카, 중남미 국가들과의 협력을 강화해야 하고, 유엔이나 각종 국제기구와의 관계 유지에도 관심을 기울여야 한다. 한국 고유의 네트워크 파워를 구축함으로써 주변국 관계에서 한국의 가치를 높여나가야 한다.

미중 전략경쟁은 역내 질서를 양극화할 수 있다. 이를 완화하려면 다양한 다자협력을 추진해야 한다. 동북아 평화체제 논의는 물론이고, 한미일 안보협력과 한중일 기능협력을 조화시킴으로써 한미동맹을 강화하는 동시에 한중관계를 보완해야 한다. 한일관계 악화는 우리에게 필요한 한미일 공조와 한중일 협력 모두에 부담이 될 것이기에, 역사문제와 별개로 협력의 폭을 확대해야 한다.

다양한 지역의 국가들 및 국제기구와의 다차원적인 협력을 강화하면, 한미동맹에 일방적으로 의존하지 않고도 적지 않은 외교적 공간을 만들어 낼 수 있다. 미국은 신뢰가능한 최후 수단Lenderable Last Resort의 역할을 하도록 한미관계를 구축해 나가야 한다. 하지만 한국 외교의 대미 의존도가 높을수록 부정적인 결과를 낳게 된다. 한국의 독자성은 약화되고 한미 간 국익이 충돌하게 될 경우 대미 협상력이 약해질 수밖에 없다. 쿼드나 파이브 아이즈 등 미국이 희망하는 주요 협력에 참여하면서도 미국에 일방적으로 의존하는 외교 행태는 버려야 한다. 그래야 한국 외교의 자율성을 확보할 수 있고, 미국이 한국 외교의 전략자산이 될 수 있다. 반도체 틈새시장을 확보하고 원천기술을 갖추며 디지털 경쟁에서 가치를 높여야 함은 물론이다.

넷째, 외교적 레드라인Red-Line에 유의해야 한다. 미중 전략경쟁과 관련하여 양국이 생각하는 국익 판단의 기준점을 침해해서는 안 된다. 미국의 레드라인은 동맹국들이 미국의 가치를 부인하거나 미국과의 동맹 필요성을 폄훼하는 것이다. 미국은 자유민주주의와 인권, 시장경제를 부인하는 국가와 동맹을 유지하지 않는다. 미군 주둔을 비난하고 철수를 요구하는 국가에 미군을 주둔시키지 않는다. 한미 관계에서 주의해야 할 레드라인이다.

중국과의 관계에서는 신장 위구르나 홍콩 문제, 대만 문제 등과 같은 민감한 주제들이 레드라인이 될 수 있다. 특히 대만 문제와 같은 영토적 영속성 문제와 관련하여 한국이 적극적으로 문제제기를 할 경우 중국 정부는 이를 레드라인을 넘는 문제로 간주할 것이다. 따라서 한국이 생각하는 바를 다 드러내기보다는 외교적 수사를 동원하여 모호하게 표현하는 외교적 지혜가 필요하다. 반면, 중국은 한국의 핵심 이익인 영토주권과 해양경계, 수역 등 생존권에 관한 문제, 그리고 우리의 가치와 정체성의 본질을 훼손하는 행위를 해서는 안된다.

다섯째, 외교 인프라 강화가 필요하다. 미중 전략경쟁 시대에 대응할 수 있는 인적·물적 인프라 확대가 필요하다. 현재 외교부의 구성은 미중 갈등과 같은 지경학적 경쟁에 통합적으로 대응하는데 부적합한 칸막이식의 구조로 구축되어 있다. 가령, 북핵 문제는 미중 갈등의 하위변수로 변화하고 있음에도 불구하고 북핵 문제 대응과 미중 갈등 대응은 사실상 별개로 진행되고 있다. 미국, 중국, 일본 등 각국局으로 나눠진 분절적 대응 체제를 유지하는 것은 부처 내부에 이중, 삼중의 칸막이를 친 것과 같다. 따라서 정무, 경제, 다자 영역을 아우르는 보다 통합된 접근 노력이 필요한 상황이다.

청와대 국가안보실NSC의 역할도 변화해야 한다. 현재 국가안보실은 현안 대응과 관련하여 회의를 소집하고 종합적 대응을 하는 역할은 잘 수행하고 있다. 하지만 외교 현안에 지나치게 주도권을 행사하며, 외교부의 기능을 위축시키고 있다. 5년 단임제 대통령제에서는 중장기적인 전략을 구상하기 어렵다. 외교부의 역량은 현안 대응에도 벅찬 수준이다. 이러한 상황에서 일관성을 가지고 외교정책을 안정적으로 지속 추진하기 위해서는 청와대 국가안보실의 전략 기능을 보완하고, 현안 대응은 외교부에 과감히 위임함으로써 역할을 분담해야 한다. 국가안보실의 기능은 주요 전략과 정책을 통제, 조정하는 컨트롤타워 역할이 되어야 한다.

외교 인력을 확충하되, 통합적 사고 능력과 전문성을 강화해야 한다. 현재 외교부의 인력은 30년 전과 큰 차이가 없는 2,000여 명 수준이다. 외무성 인력이 5,000명이 넘는 일본이나 국무부 본부에만 5,000명 넘게 근무하는 미국과는 커다란 차이가 있다. 양자, 다자, 경제, 안보 등 각 분야의 전문 인력을 양성하면서도 외교부 본부에는 전략 수립 및 집행에 필요한 조직과 인력을 대폭 강화해야 한다. 이를 위해서는 순수한 외교관뿐만 아니라 각계의 전문가나 국제 NGO 출신을 포용할 수 있는 개방형 직위를 확대해야 하며, 전략적으로 중요한 직위에 대해서는 1~2년의 단기적 순환근무가 아닌 4~5년 이상을 한 보직에 근무할 수 있게 함으로써 전문성을 키울 수 있게 해야 한다.

여섯째, 미래 불확실한 상황에 대한 '플랜 B'의 구상이 필요하다. 외교정책 추진 과정에서 우리의 의도대로 되지 않는 상황에 대한 준비도 일상화해야 한다. 한국이 세계 10위권의 강국이지만 미국이나 중국, 그리고 북한에는 우리의 전략이 통하지 않는 경우가 많다. 이러한 상황에 대한 대비를 미리 해놓지 않으면 외교적 수단이 한계에 봉착했을 때 당황하거나 또는 국익 손실을 방치하게 된다. 따라서 '플랜 B' 준비를 상시화해야 한다. 가장 대표적인 분야가 북핵 문제와 중국 문제다.

북핵 문제와 관련해서는 북한 비핵화 노력이 무위로 돌아가고 북한의 핵보유가 현실화됐을 때를 준비해야 한다. 북한의 핵위협에 무방비로 노출되는 상황에서는 한국의 생존이 위협받는다. 그렇기 때문에 비핵화가 실패로 끝난 상황에서 우리가 무엇을 할 수 있을지 원점에서의 계획이 필요하다. 상황에 따른 핵공유, 전술핵 재배치, 핵무장의 옵션이 늘 고려 대상에 존재해야 한다.

중국 문제와 관련해서는 서해를 내해화하려는 중국의 의도가 현실화될 경우를 준비해야 한다. 중국 함정이 동경 124도를 넘어 진입해 오는 공세적 행동이 빈번해질 경우 이를 어떻게 관리할 것인가에 대해 정치, 외교, 경제, 군사를 고려한 복합적인 대응책이 마련되어야 한다. 정치적 차원에서는 여야 모두가 일치된 행동을 준비해야 하며, 외교적 차원에서는 동맹과의 연합을 통한 공동 대응 방안이 구상되어야 한다. 경제적 차원에서는 중국의 압력에 대한 대응력을 키워야 하며, 필요 시 중국에 대한 보복조치를 준비해야 한다. 그리고 군사적으로는 적어도 해상에서 국지적 충돌에 대해 승리할 수 있는 대비태세를 갖추어야 한다. 그래야 중국의 서해 내해화 의도를 예방할 수 있다.

일곱째, 국민의식의 파편화 현상을 방지할 지식사회의 각성이 필요하다. 강대국의 공세적 외교에 흔들림 없이 우리의 원칙을 견지하는 외교를 구사하기 위해서는 외교에 임하는 자세의 변화가 필요하다. 무사히 임기를 마치고 다음 보직으로 떠나면 된다는 소극적 자세는 버려야 한다. 국가 안위가 걸린 주요 보직을 수행하기 위해서는 훈련을 통해 역량을 강화하고 맡은 임무에 책임을 다하는 적극적인 자세가 필요하다. 상부의 지시에 순응해야 하지만 그 속에서 다양한 문제 제기를 통해 올바른 외교정책이 만들어질 수 있게 노력해야 한다.

지식사회의 각성은 더욱 중요한 문제다. 특정국에서 유학을 했거나 특정국과 업무상 연계성을 지니고 있다고 해서 그 국가의 관점에서 한국 외교를 보아서는 안 된다. 한국의 국익을 중심에 놓는 일관된 자세를 견지해야 세력전이 시기에 국론 분열을 최소화할 수 있다. 정치권 역시 포퓰리즘이 아니라 국민 생각이 파편화되지 않도록 외교 분야에서는 정파가 아닌 국가이익을 우선시해야 한다. 그래야 강대국의 벼랑끝 외교에 끌려다니지 않는다.

미국의 경우 태평양 건너편에 위치하는 지정학적 이유와 가치적 동질성으로 인해 국내 정치·경제적으로 예속될 가능성은 상대적으로 높지 않다. 반면 중국의 경우 지정학적 밀접성과 경제적 불균형의 요인에 더하여 가치와 정체성의 격차가 커짐에 따라 예속의 문제를 심각히 고민해야 할 대상이다. 따라서 이들의 영향력 행사에 유의해야 하며, 자칫 분열되기 쉬운 국론 결집을 위해 모두가 노력해야 할 것이다.

여덟째, 외교정책의 일관성 유지를 위한 국가 리더십이 확립되어야 한다. 일관된 외교정책은 국제관계에서 예측가능성을 높이고 신뢰를 조성하는 힘을 가져다준다. 어느 국가의 외교정책이 몇 년 주기로 바뀐다면 상대방 국가로부터 신뢰를 얻기 어렵다. 같은 외교정책이라도 그 일관성 여부에 따라 상대국이 받아들이는 무게감은 달라질 것이다. 따라서 어떤 리더십이 들어선다 해도 외교정책의 방향은 급변하지 않는다는 신뢰를 심어 주는 것이 필요하다.

국가 리더십 확립을 위해서는 국내 정치의 안정이 필요하다. 국내 정치의 안정이 이루어지지 못하면 외교정책도 일관성 있게 추진하기 어렵다. 국내 정치의 불안정은 외교 영역에서도 인기영합주의와 민족주의로 연결되기 쉽다. 한국과 같이 5년 단임 정치의 폐해가 만연되어 있고 외교가 국내 정치의 하위 개념화되는 경향이 있는 상황에서는 대외 관계에 큰 부작용이 발생할 수 있다. 특히 코로나19로 인해 글로벌 경제가 악화된 상황에서, 전 세계적으로 국내 정치 상황을 국제관계에 대입하는 경우가 늘어나는 추세다. 따라서 외교문제에 국내 정치를 활용하지 않는 국가 리더십의 확립은 그 어느 때보다 중요한 의미를 지닌다.

외교문제를 국내 정치에 이용하지 않도록 하기 위해서는 국론 통합이 중요하다. 외교문제에 국론이 갈라지면 이를 정치적으로 활용하려는 움직임이 뒤따라 일어난다. 특히, 현재와 같은 세기적 세력 전이기에서 한국과 같은 나라는 쉽게 국론이 분열될 수 있다. 따라서 중요한 외교정책 추진 과정에서는 반드시 여야 간 공감대 형성 과정을 거쳐야 한다. 어느 정파의 일방적 의제가 공감대 형성 과정 없이 추진될 경우 국내 정치적 지형이 바뀌면 반작용이 따르기 때문이다. 동시에 외교정책만큼은 정파가 아닌 국가이익에 기반해야 한다는 국민적 인식이 높아져야 한다. 그래야 정치권에서 함부로 외교 사안을 가지고 편가르기를 하지 않을 것이다.

선택을 기다리고 있는 10대 복합과제와 해법

한미동맹과 한중협력이 조화를 이루는 외교전략을 추진하기 위해서는 당면한 외교안보 과제들을 현명하게 풀어내야 한다. 그렇지 못하면 윈-윈의 중장기적 외교안보전략이 성과를 내기도 전에 좌초될 가능성이 크다. 복합적 고민이 생략된 정책을 선택하면 어느 일방의 압력에 직면하게 될 것이고, 그에 따라 한국 외교의 안정성이 무너질 가능성이 존재하기 때문이다. 따라서 미중 전략경쟁의 와중에 한국이 직면할 외교안보 현안들을 잘 풀어내는 것은 성공적인 중장기적 외교전략의 선결과제라 할 수 있다.

미중 전략경쟁과 연계된 외교과제를 해결해 나가는 데 중요한 것은 한국을 중심에 놓고 미중의 입장과 주변국의 입장을 함께 고찰하는 것이다. 현재 신냉전의 길목에 있다는 말이 심심찮게 나온다. 실제로 '한미일 대 북중러' 구조가 형성되는 모습이 발견되고 있다. 이러한 구도를 깨고 한국에게 우호적인 국제환경을 조성하기 위해서는 미중이 직접 충돌하는 영역에서 반 걸음 물러나 있을 필요가 있다. 동시에 한중일 협력과 같은 새로운 영역에서 역할을 발휘함으로써 동북아 지역에서의 갈등을 완화시키려는 노력을 해야 한다.

보다 구체적으로 현재 한국이 직면한 현안들에 대한 답을 구해야 한다. 이를 위해서는 핵심 과제를 살펴볼 필요가 있다. 각 과제별로 전략적 고려사항과 정책 방향을 살펴보자. 각각의 복합과제들의 정책 방향을 제시함에 앞서 이러한 문제들이 발생하는 원인과 관련 국가들의 입장을 살펴보며 문제의 성격을 파악해 본다. 그다음으로 각각의 사안이 주변국과 어떤 맥락에서 연결되어 있는지, 각국의 입장은 우리와 어떤 관련성이 있는지 살펴보면서 전략적 고려사항들을 짚어보기로 한다. 그런 연후에 각각의 현안들을 풀어갈 해법을 제시할 것이다. 이러한 접근은 유사한 성격의 외교과제에 대해서도 한국이 현명한 선택을 하는 데 필요한 외교적 균형감을 가져다 줄 것이다.

북핵 문제

문제의 성격

북한 핵문제는 한국 안보의 최대 위협으로 반드시 해결해야만 하는 과제다. 그간 한국은 미국과의 공조를 통해 비핵화 협상을 추진해왔으나 2019년 하노이 정상회담 결렬 이후 교착상태에 빠졌다. 북한은 지속적으로 핵능력을 강화하고 있다. 김정은 국무위원장은 2021

년 신년사에서 다탄두 대륙간탄도미사일 및 잠수함발사 탄도미사일과 함께 한국을 겨냥한 전술핵 능력을 강화할 것임을 천명했다. 또한, 미국이 제재 완화나 연합훈련 중단과 같은 선행조치를 취하지 않을 경우 비핵화 협상에 복귀하지 않겠다는 입장을 견지하며 협상 자체를 거부하고 있다. 북한의 전략 목표는 사실상의 핵보유국 지위를 확보하는 것이다.

바이든 행정부는 외교적 관여를 중시하고 있다. 2021년 4월 말 제시된 대북정책 검토 결과는 비핵화 목표를 진전시키기 위해 동맹은 물론 중국을 포함한 다른 나라들과의 조율된 노력을 강조했다. 협상 방식으로는 트럼프 행정부에서 추진된 '탑 – 다운Top-Down' 방식 대신 실무협상을 먼저 진행하고 핵 능력 축소에 동의하는 조건으로 정상회담을 갖는 '바텀 – 업Bottom-Up' 방식을 추진하고 있다.

한국의 문재인 정부는 미국과의 공조를 강화하면서 북한을 비핵화 협상으로 끌어들이기 위한 대화의 중요성을 강조하고 있다. 이를 위해 남북관계에서 많은 것을 양보하면서 북한과의 만남을 갖고자 노력하고 있다. 다만 북한이 원하는 제재 완화나 연합훈련 중단은 미국의 반대로 추진이 제한되고 있다.

중국은 쌍중단과 쌍궤병행을 강조하고 있다. 쌍중단이란 한미는 연합훈련을 중단하고 북한은 핵실험과 미사일 실험을 중단하라는 요구이며, 쌍궤병행은 비핵화 협상과 평화체제 협상의 동시 진행을 강조하는 것이다. 이러한 중국의 제안에는 한미동맹을 약화시키고자 하는 셈법이 자리 잡고 있다. 미국이 대북제재를 완화해주어야 한다는 주장을 펴고 있는 것도 같은 맥락에서다.

전략적 고려 사항

북한의 최근 행보는 '핵보유 의지'를 노골적으로 드러내고 있다. 북한이 비핵화를 원하지 않는 상황에서 단기간에 비핵화를 달성하겠다는 욕심은 버려야 한다. 북한과의 대화를 이어가기 위해 북한의 억지 주장을 수용해서도 안 된다. 북한 비핵화가 단기적으로 달성되기 어렵다는 현실을 감안하여 비핵화 협상의 장기화에 대비하며 철저한 준비를 해나가야 한다.

먼저 북한의 핵능력 고도화가 더 이상의 진척을 이루지 못하도록 하는 데 집중해야 한다. 북한은 여전히 불법적 루트를 통해 핵개발 관련 물자들을 확보하고 있다. 동시에 제재를 우회해가며 불법적인 자금을 확보하고 핵개발에 투자하고 있다. 따라서 제재를 우회하기 위한 북한의 불법 활동은 물론 제재를 우회하거나 위반하는 다른 국가들의 행동을 함께 차단해야 한다.

다음으로 북한을 비핵화 협상으로 복귀시키기 위해 노력해야 한다. 이를 위해서는 무엇보다 중요한 것은 철저한 제재 이행이다. 북한이 제재를 위반하며 경제를 성장시켜 나갈 경우, 북한은 비핵화 협상에 복귀할 필요성을 느끼지 못할 것이다. 경제냐 비핵화냐를 선택하도록 만드는 것이 비핵화 협상 재개의 관건이다. 따라서 미국은 물론 유엔 및 국제사회와의 공조를 통해 제재가 확고하게 이행되도록 노력해야 한다. 동시에 대북제재의 목적은 북한을 비핵화 협상으로

〈미국〉
- 목표 : 북한의 완전하고 검증가능한 비핵화
- 전략 의도
  - 북한 핵보유 불인정 및 북핵 위협 해소
  - 비확산에 대한 미국 의지와 능력의 관철
  - 핵확산 추구 국가에 대한 메시지 전달
- 대한국 압박수단
  - 대북 억제력 관련 비협조
  - 가급적 한국 입장 경청, 갈등 요인 제한
- 파급효과
  - 한미동맹 신뢰 강화
  - 미국의 역내 위상 강화

한미 공조

압박 회유

〈북한〉
- 목표 : 사실상의 핵보유국
- 전략 의도
  - 제재 완화로 핵보유 여건 보장
  - 한미동맹 약화
- 대한국 압박수단
  - 남북관계 차단
  - 군사적 도발 지속으로 전쟁 불안감 조성
- 파급효과
  - 남북관계 및 북미관계 경색 지속

〈북핵 문제〉
- 목표 : 북한의 완전하고 검증가능한 비핵화
- 전략 의도
  - 북한의 핵보유 불인정
  - 북핵 및 기타 도발 위협 해소
- 기대효과
  - 핵 비확산 체제 유지
  - 북한에게 핵과 경제 중 택일 상황을 부과
  - 북한의 전략적 레버리지 약화
- 부정적 영향 차단 방향
  - 한미 공조 강화, 디커플링 예방
  - 북한의 강압전략 (회유성 도발) 방지를 위한 확장억제 강화
  - 북중 밀착 견제, 중국의 우호적 역할 견인

공조

공조

〈일본〉
- 목표 : 북한의 완전하고 검증가능한 비핵화, 납치자 문제의 해결
- 전략 의도
  - 미국과의 연대를 통한 대북 위협 억제
  - 납치자 문제 해결
- 대한국 압박수단
  - 별무
- 파급효과
  - 북핵 협상 지연 우려

〈중국〉
- 목표 : 한반도 비핵화
- 전략 의도
  - 역내 중국 입지 및 영향력 강화
  - 한미동맹 약화 (연합연습 중단)
- 대한국 압박수단
  - 대북제재 완화 요구
  - 북한에 대한 무역 및 지원 증대
- 한국 추진 시 파급효과
  - 북중 관계 밀착

복귀시키는 것이지 북한을 붕괴시키는 일이 아니라는 점에 유의해야 한다. 따라서 인도적 지원과 관련해서는 유연한 입장을 견지해야 한다. 일본은 비핵화 협상과 일본인 납북자 문제를 연계하려는 경향을 보인다. 이는 북한 비핵화 협상의 장애 요인이 될 수 있다는 점에서

양자를 분리해 접근하는 것이 바람직하다.

마지막으로 중요한 것은 중국의 입장 변화를 견인하는 일이다. 현재 중국은 북한 문제나 북핵 문제를 미국과의 경쟁이란 관점에서 바라보고 있다. 이에 따라 중국은 제재 완화와 연합훈련 중단을 요구하는 북한 편에 서고 있다. 이러한 중국의 입장이 지속되는 한 북한을 비핵화 협상으로 견인할 수 없다. 따라서 북한 비핵화와 관련해서는 미중이 협력할 수 있도록 유도할 필요가 있다. 물론 단기적으로 미중 관계가 개선될 가능성은 낮다. 따라서 중장기적인 맥락에서 미중관계 변화를 주시하며 북한 비핵화 여건을 조성하는 노력이 필요하다.

한편, 비핵화 협상이 재개될 경우 북한을 대화의 틀에 묶어둘 수 있는 방책이 준비되어야 한다. 북한과의 일괄타결이 이루어지기는 쉽지 않은 상황이기 때문에 다양한 변수들을 고려해야 한다. 단계적 비핵화 협상이 전개될 경우에는 '포괄적 합의'와 '스냅백Snap-Back 조항'을 통해 보완할 수 있을 것이다. 포괄적 합의는 단계적 비핵화를 추진하더라도 북한이 최종 상태에서 핵을 완전히 포기한다는 것을 확인하고 이를 위한 전반적인 로드맵을 그리는 것이다. 스냅백은 북한이 비핵화 조치를 단계적으로 이행할 때마다 대북제재도 단계적으로 완화해 주되, 만일 북한이 추가적인 비핵화 조치를 거부할 경우 다시 제재를 복원하는 것을 의미한다. 이 두 가지 방식을 통해 북한이 비핵화 협상의 틀을 깨지 못하도록 준비해야 한다.

유의할 점은 북한과의 단계적 비핵화 협상을 진행하는 과정에서 한미 간 이견이 발생할 수 있는 지점에 대한 사전공조가 필요하다는 점이다. 가령, 북한은 미국을 겨냥한 핵미사일을 포기하는 대신 한국을 대상으로 하는 일부 핵미사일을 남겨놓으려 할 가능성이 크다. 이때 미국이 북한의 협상전술에 호응하게 되면 한미 간 갈등이 일어날 수 있다. 따라서 다양한 시나리오에 대한 한미 간 사전공조가 중요하다. 북한과 중국이 주한미군 철수나 한미동맹의 형해화를 추진할 수 있다는 점에도 유의해야 한다. 따라서 북한 비핵화의 최종 상태가 주한미군 철수와 바로 연결되지 않도록 협상의 각 단계마다 철저한 준비를 해야 할 것이다.

한국의 선택 방향

북한 비핵화 원칙을 일관되게 견지해야 한다. 어떠한 경우에도 북한의 핵보유를 인정해서는 안 된다. 외교적 노력을 통해 완전한 비핵화를 추구해야 한다. 현실적으로 단계적 비핵화 협상이 전개된다면 비핵화의 최종 상태가 포함된 해법을 강구해야 한다. 북한의 실질적 비핵화 조치에 상응하는 제재 완화와 경제 지원이 이루어져야 한다. 비핵화 협상이 핵군축 협상으로 변질되는 것을 예방해야 한다. 중장기적으로 미국과 중국의 협력 공간을 만들어 냄으로써 북한 비핵화를 실현해야 한다. 만일 북한이 대화로 복귀하지 않을 경우에는 북핵 위협에 상응한 한미동맹의 확장억제와 핵 보장 장치가 양자적·지역적 차원에서 대폭 강화되어야 한다.

쿼드

문제의 성격

쿼드는 중국을 견제하기 위한 미국, 일본, 호주, 인도의 4개국 협력체다. 장기적으로 쿼드를 아시아의 NATO로 만들려는 미국의 의도도 엿보인다. 쿼드 출범 초기에는 안보협력을 중심으로 운용하려 했다. 최근에는 기후변화, 팬데믹, 첨단기술 협력과 같은 기능별 협력을 다루는 실무위원회Working Group를 두며 협력의 영역을 확대하려 하고 있지만 미국의 대중국 견제 네트워크라는 기본 성격에는 변화가 없다. 쿼드에 대한 중국의 부정적 인식은 '특정 국가를 배제하려는 움직임에 반대한다'는 입장으로 표현되고 있다.

쿼드 협력은 향후 더욱 긴밀해지고 다른 국가들로 확대될 가능성이 존재한다. 현재 쿼드는 초기 단계의 협력을 진행하는 데 머무르고 있다. 하지만 대중국 견제의 필요성에 공감하는 참여국들의 결속력은 점점 더 강해지는 추세다. 동시에 미국은 회원국을 확대하거나 참관국 형식으로 다른 나라들을 쿼드에 참여시키려는 의사를 갖고 있는 것으로 전해진다. 특히 첨단기술 등의 영역에서 적극적인 협력을 희망하는 국가들이 나타날 수 있다는 점에서 쿼드 플러스로 확대될 가능성이 크다.

다만 쿼드의 한계도 분명히 존재한다. 회원국들마다 중국에 대한 인식에 차이가 있다. 안보적·군사적 차원의 협력에 관해 인도와 나머지 국가들 사이에 입장 차이가 존재한다. 이는 쿼드의 체계적 발전에 제약 요인으로 작용하고 있다.

전략적 고려 사항

한미동맹이 존재하지 않는다면 한국의 쿼드 가입은 외교안보정책의 우선순위가 될 수 없고 그럴 필요성도 없다. 하지만 동맹국인 미국이 중국을 견제하며 자유주의적 국제질서를 유지하기 위한 수단으로 쿼드를 추진 중인 상황에서 한국의 참여를 희망하고 있다. 따라서 동맹 강화 차원에서 쿼드 가입을 고민하지 않을 수 없다. 미국은 한국이 적어도 쿼드의 기능별 협력에는 참여해 주기를 원하는 것으로 보인다. 2021년 5월 한미 정상회담에서 합의된 바와 같이 한국 정부도 긍정적인 메시지를 보내고 있다. 쿼드에 가입함으로써 미국 주도의 인도·태평양 전략과 관련한 한국의 발언권과 위상을 강화할 수 있는 장점이 있다.

반면 중국은 한국의 쿼드 가입을 반대하는 입장이다. 쿼드는 중국을 포위하기 위한 미국 주도의 협력체로 인식하는 중국은 한국이 쿼드에 참여하는 것을 반중국 노선에 동참하는 것으로 간주하고 보복조치를 강구할 것이다. 보복은 외교적 조치와 경제적 조치가 함께 감행될 가능성이 크다. 다만 변수가 있다. 전면적 쿼드 참여가 아니라 기후변화나 팬데믹, 첨단기술 협력과 같은 기능별 협력에 참여하는 경우는 안보·군사협력에 참여하는 것과 차별화될 수 있다는 점이다. 비非군사적 분야에서의 기능적 협력을 이유로 한국을 압박하는 것은 중국에도 부담이 될 수 있다. 기능별 협력에 한정된 참여에 대한 일

〈미국〉
- 목표 : 미중 경쟁에서 전략적 우위 확보
- 전략 의도
  - 자유주의 네트워크를 통한 대중 견제
  - 동맹국과의 책임과 역할 분담
  - (장기)아시아판 NATO 구축
- 대한국 압박/설득수단 (다수 보유)
  - 주한미군 역할 조정/현행 유지
  - 미국 주도 동맹네트워크 배제/동참
  - 북한문제 불이익/한국 입장 반영
  - 한일관계 일본 편향 정책/한국 입장 고려
  - 중국의 대한국 압박 방치/적극 억제
- 한국 가입 시 파급효과
  - 쿼드 플러스로의 발전 초석

→ 참여 요구

〈한국 쿼드 참여〉
- 목표 : 동맹 강화를 통한 국익 실현
- 전략 의도
  - 미국의 요구에 호응
  - 자유주의 질서 추구
- 기대효과
  - 한미동맹/공조 강화
  - 인태지역 질서 발언권 확보
  - 중국으로부터의 압박 심화
- 부정적 영향 차단 방향
  - 쿼드 활동 중 중국에 대한 군사 조치는 미참여
  - 중국에 한국의 입장 지속 설득
  - 중국의 경제제재 시 쿼드의 공동대응 사전 준비

← 참여 반대

〈중국〉
- 목표 : 미중 경쟁에서 전략적 우위 확보
- 전략 의도
  - 미국의 대중 압박 차단
  - 미중 사이의 한국 중립국화
- 한국 가입에 대한 입장 : 반대
- 대한국 압박수단
  - 경제제재 부과
  - 외교적 불이익 (시진핑 방한 연기 등)
- 단, 안보·군사 영역이 아닌 기능별 협력에 덜 민감한 대응이 예상

〈일본〉
- 목표 : 중국 견제
- 전략 의도
  - 미국과의 연대를 통한 대중 견제
  - 일본의 역내 영향력 확대
- 대한국 압박/설득 수단(별로 없음)
  - 한국 대중경사 우려
  - 큰 영향력 없음
- 한국 가입에 관한 입장
  - 쿼드 플러스 정도로 차별화 시도

관된 메시지를 외교적으로 꾸준히 전달하며 중국의 불신을 해소하는 노력을 병행함으로써 중국의 압력을 분산시킬 수 있을 것이다.

일본은 한국을 일본과 동등한 정규 회원국으로 인정하기를 꺼리는 분위기가 감지된다. 한국과 대등한 파트너가 되기보다 우월적 존재이기를 원하는 일본의 입장은 한국의 전면적 쿼드 가입을 바라는 미국의 요구를 희석시킬 수 있는 명분이 될 수 있다. 따라서 일본의 입장을 잘 활용하며 기능별 협력에만 제한적으로 참여할 경우, 예상되는 중국의 압박 강도도 낮아질 수 있어 이를 기회 요인으로 활용할 수 있을 것이다.

한국의 선택 방향

한국은 중기적으로 쿼드에 참여해야 한다. 인도·태평양 지역의 평화와 번영의 핵심축인 한미동맹을 지속 발전시키고 기후변화, 팬데믹, 첨단기술 협력의 변화에 뒤처지지 않기 위해 쿼드 참여가 필요하다. 다만, 중국의 입장과 일본 등 기존 회원국들의 태도를 감안하여 당장 회원국으로 직접 참여하기보다는 쿼드가 추진하는 실무위원회에 참여하면서 협력의 범위를 점진적으로 확대해 나가야 한다. 동시에 쿼드가 특정국을 배제하지 않는 개방된 협의체로 발전할 수 있도록 노력하고 가급적 여타 관심국과 공동으로 참여하는 것이 바람직하다. 그렇게 함으로써 중국의 압박 명분을 차단함과 동시에 보복조치를 분산시켜야 한다. 현재의 쿼드가 비공식 협의체인 점을 고려할 때, 지속적으로 쿼드의 발전상황을 관찰해가며 늦어도 한국 신정부 출범 후 의사결정을 하면 될 것이다.

글로벌 첨단기술 공급망

문제의 성격

미국의 바이든 행정부는 첨단기술 분야에서 중국과의 격차를 유지하기 위해 동맹국 및 파트너 국가들과 핵심기술 및 물자의 글로벌 공급망 회복력Supply Chain Resilience 협력을 강화하고 있다. 트럼프 행정부 당시 고율 관세를 통해 중국의 경제적 부상을 제어하려 했으나 오히려 중국의 대미 수출은 지속적으로 증가했다. 이를 목격한 미국은 첨단기술 분야에서의 경쟁력 우위를 통해 중국을 견제해 나가겠다는 계산을 하게 된 것이다.

미국은 반도체, 배터리, 희토류, 제약 부문에서 안정적인 공급망을 확보하고 중국의 첨단 분야 진입을 견제하기 위해 동맹국들과의 협력을 추진하고 있다. 한국과도 2021년 5월 한미 정상회담을 통해 이들 분야를 포함한 공급망 회복력 협력에 합의한 바 있다. 또한 미국 주도로 첨단기술 분야에서 표준을 구축하고 중국이 이를 따라오도록 만들고자 하는 의도를 갖고 있다.

공급망 회복력 협력에 대해 중국은 쿼드 못지않게 불편한 반응을 보이고 있다. 중국 경제를 압박하기 위한 조치로 인식하고 있기 때문이다. 하지만 중국은 쿼드와 달리 공급망 협력에 대해서는 강경한 대응을 하기 어려운 입장이다. 미국이 관련국과의 양자 협력을 통해 공급망 회복력 협력을 추진하고 있기 때문이다. 중국을 배제하자는 것이 아니라 양자 간 공급망 협력을 하자는 것이기 때문에 중국이 무턱

대고 비난하기가 어려운 측면이 존재하는 것이 사실이다. 이런 측면이 실질적으로는 중국을 더욱 아프게 하고 있다.

전략적 고려 사항

미국은 한국과 공급망 회복력 협력을 강화하고자 하며 일부 성과를 내고 있다. 삼성과 SK는 미국에 반도체 및 배터리 공장을 설립하는 데 합의했다. 또 한국 기업들이 미국에 총 44조 원에 달하는 대규모 투자를 하겠다는 약속도 정상회담 합의 사항에 포함됐다. 물론 미국에 대한 투자가 한국의 무조건적인 손실을 의미하는 것은 아니다. 공급망 회복력 협력을 하는 국가나 기업들에게 미국은 자국의 첨단기술을 공유하겠다는 의지를 피력하고 있기 때문이다. 4차 산업혁명과 관련, 미국의 첨단기술을 확보하는 것은 한국의 수출 경쟁력을 높이는 데 큰 도움이 된다. 따라서 미국과의 공급망 회복력 협력은 한국에도 필요불가결한 협력이다.

중국은 첨단기술 분야에서 미국에 뒤처진 것을 극복하기 위해 '반도체 굴기'를 추진하고 있다. 하지만 미국의 효과적인 견제와 기술적 한계로 인해 상당한 어려움을 겪고 있다. 당분간 한국이나 대만으로부터 반도체를 수입해야 하는 것이 불가피한 상황이기 때문에 미국과의 공급망 회복력 협력에 대해 경제적 보복을 행사하기 어렵다. 중국이 절대적으로 우위를 보여온 희토류마저 미국이 안정적 공급망 확보에 나서고 있어 중국의 보복조치는 더욱 제한적일 것으로 전망된다.

향후 첨단기술 분야에서 중국이 기술적 우위를 확보해야 경제보복이 가능한데, 그 시기까지 관련국을 압박하기는 어려운 상황이다.

다만 한국의 공급망이 중국을 배제하는 방향으로 설정되는 것은 지양해야 한다. 미국과의 공급망 협력을 강화해 나가야 하지만, 중국을 배제하는 것이 노골화될 경우 한중 간의 외교적 갈등 사안이 될 수 있다. 이 경우 중국의 북한 경사는 더욱 심화될 가능성이 있다. 비록 파급효과는 사드 보복에 미치지 못할 수 있지만 중국의 경제적 보복 가능성은 배제할 수 없다. 따라서 한국은 지속적으로 개방성을 강조함으로써 중국의 불필요한 보복을 예방해 나가야 한다.

〈그림 6〉 **공급망 협력 참여**

참여 요구 참여 반대

〈한국 공급망 협력 참여〉
• 목표 : 첨단기술 분야 경쟁력 유지
• 전략 의도
 – 한미 경제파트너십 강화
 – IT/5G/6G 산업경쟁력 강화
 – 중국과의 첨단기술 우위 유지
• 기대효과
 – IT/5G/6G, 로봇/인공지능 등 첨단 산업 대미 협력 강화
 – 안정된 디지털 표준 도입
 – 세계적 선도 기업들과 글로벌 연계 강화
• 부정적 영향 차단 방향
 – 중국의 경제제재 시, 미국 및 참여국과 공동대응
 – 반도체 등 국내 관련 기업들의 새로운 공급처 및 시장 발굴 지원 강화

〈미국〉
• 목표 : 미중 경쟁 우위 확보
• 전략 의도
 – 반중 경제전선 구축 및 포위망 강화
 – 자유민주주의 네트워크/동맹국 간 연대를 통한 대중 견제 파트너십 강화
 – 첨단기술 대중 우위 확보 지속
 – 안정적인 공급망 유지
• 대한국 압박수단
 – 불참 시 첨단기술 공유 제한
• 한국 가입 시 파급효과
 – 공급망 회복력 네트워크 확대
 – 유럽–일본–호주–한국의 협력망 구축

〈중국〉
• 목표 : 미중 경쟁 우위 확보
• 전략 의도
 – 미국의 대중 압박 차단
 – 중국의 반도체 굴기 실현
 – 한국의 중립적 입장 유도
• 한국의 참여에 대한 입장 : 반대
• 대한국 압박수단
 – 첨단기술 협력 제한으로 인한 경제적 보복이 제한
 – 외교적 불이익(시진핑 방한 연기 등)
• 중국으로서는 대응이 곤란한 상황

한국의 선택 방향

한국은 미국이 주도하는 공급망 재편에 적극적으로 참여해야 한다. 5G, 6G 기술 선도를 위한 미국의 입장은 확고하다. 더불어 반도체, 배터리, 희토류, 의약품 등에 대한 공급망 조정 방안을 발표하면서 한국을 비롯한 동맹국의 참여를 독려하고 있다. 이러한 바이든 행정부의 정책 방향은 중장기적인 것이며 행정부가 교체되어도 지속될 것이다. 민주주의에 기초한 기술 표준을 만드는 것은 한국의 국가 정체성에 부합한다. 더불어 한국의 산업 경쟁력 제고를 위해서도 참여해야 한다. 다만, 중국의 반발을 고려하여 한국은 공급망 논의의 '개방성'을 강조해야 한다.

북한의 도발 대응

문제의 성격

북한은 핵보유를 추구하는 과정에서의 기술적 필요에 의하거나, 혹은 한국이나 미국에 대한 불만을 표출하는 차원에서 재래식 도발이나 전략 도발을 감행하고 있다. 재래식 도발은 단거리 미사일 이하의 도발을 의미하며, 전략 도발은 전술핵 이상의 도발을 의미한다. 한미 양국은 북한의 도발에 대한 억제력을 강화하는 한편, 필요할 때마다 제재를 부과해 왔다. 이러한 접근은 유엔의 대북제재 강화와 맞물려 북한 경제를 압박하는 효과를 가져왔다. 반면 북한은 강력한 도발을 통해 한국 사회에 전쟁의 공포를 불러일으킬 수 있다는 점을 인식하고 있다. 따라서 압박 일변도의 대응은 국내 정치적 불안정을 유발할 가능성도 있다.

한미 양국은 북한의 도발에 대해 차별적 대응을 해왔다. 재래식 도발에 대해서는 그것이 한국에 대한 직접적인 무력 공격이 아닌 한 별다른 대응을 하지 않고 있다. 반면 대륙간탄도미사일의 발사나 핵실험과 같은 고강도의 전략 도발을 감행할 때마다 새로운 대북제재를 부과함으로써 북한의 나쁜 행동에 대한 징벌적 처분을 강화해 왔다. 이러한 문제점을 인식한 북한은 2017년 이후 전략 도발을 자제하며 한편으로는 핵능력 고도화에 집중하고 있다.

중국은 한반도 안정을 강조하는 기본 입장에 따라 북한의 전략 도발에 대한 반대 입장을 분명히 하고 있다. 이는 북한이 고강도 전략 도발을 감행할 때마다 중국이 대북제재 강화에 동의한 사실에서 입증된다. 다만 2018년 이후 북한과의 관계가 강화된 사실을 감안하면 향후 북한이 전략 도발을 재개할 때 유엔에서 새로운 대북제재를 부과하는 데 중국이 동의할지 여부는 불투명하다.

한편 북한의 도발은 한국군 및 한미동맹의 억제력 강화에 대한 논의와 대책 마련으로 이어진다. 한미 양국은 북한의 전략 도발에 대해 확장억제를 강화해 왔다. 하지만 2018년 이후 확장억제와 관련한 가시적 협력은 축소된 상황이다. 따라서 향후 북한의 고강도 전략 도발이 재개될 경우 어떻게 확장억제를 강화할 것인지 고민할 필요가 있다. NATO의 핵공유 체제를 한국에도 도입할 것인지에 대한 진지한 고민의 시기가 다가왔다.

전략적 고려 사항

한국과 미국은 북한의 도발에 대해 한미동맹 차원의 대응을 강화해 왔다. 특히 북한의 고강도 전략 도발에 대해서는 확장억제를 강화하는 것으로 대응해 왔다. 북한의 추가적 군사위협을 거부하는 것은 비단 한미동맹뿐 아니라 미국이 다른 지역에서 추구하는 확장억제에 대한 신뢰성 확보에도 기여할 수 있다. 또한, 북한의 도발을 효과적으로 억제할 경우 한미 양국은 한반도의 안정을 확보하고, 북한에 대한 군사적 우위를 바탕으로 보다 유리한 비핵화 여건을 조성할 수 있다. 이러한 점에서 북한의 재래식 도발과 전략 도발에 대한 한미 간의 이해는 일치하고 있다.

다만, 재래식 도발의 경우 미국은 한국의 과잉대응을 우려해왔다. 자칫 남북 간의 군사적 충돌이 확산되는 것을 막기 위해 한국군의 대응을 제한해 온 것이다. 과거 천안함 폭침이나 연평도 포격 도발 당시 한국은 강경한 대응을 검토했으나, 미국은 부정적인 입장을 피력했다. 따라서 북한의 재래식 도발의 경우 한미 간 공동의 대응책 마련에 보다 많은 노력을 기울여야 할 것이다.

북한은 한반도에서 유리한 전략적 상황을 조성하기 위해, 그리고 한미동맹을 시험대에 올리고 약화시키기 위해 도발을 감행해 왔다. 이러한 북한의 입장이 변화하지 않는 한 도발의 가능성은 상존한다. 다만 당분간 재래식 도발은 잦아들 가능성이 있다. 천안함·연평도 도발 이후 한국군의 대비태세가 강화되어 재래식 도발로는 별다른 성과를 거두기 어렵다는 인식을 북한이 갖고 있을 가능성이 높기 때

〈그림 7〉 북한 도발 대응

〈미국〉

- 목표 : 한반도 안정 및 대북 억제력 강화
- 전략 의도
  - 북한의 군사 위협 억제
  - 미국 안보공약 및 확장억제 신뢰성 확보
  - 북한 비핵화 여건 조성
- 대한국 압박수단
  - 이해가 같아 압박 수단 불요
  - 다만, 확산 방지를 위한 미국의 입장과 한국의 대응 간 갈등 요인 상존
- 파급효과
  - 굳건한 한미동맹 과시
  - 대북 억제력 증대

 한미 공조 / 도발

〈북한 도발 대응〉

- 목표 : 한반도 안정 유지 및 대북 억제력 강화
- 전략 의도
  - 국민의 안전 보장
  - 한미동맹 및 확장억제 강화
  - 북한 비핵화 여건 조성
- 기대효과
  - 북한에 대한 전략적 우위 유지
  - 북핵 협상에서의 주도권 확보
  - 북한의 확전/추가 도발 억제
- 부정적 영향 차단 방향
  - 우발적 확전 차단 조치 강구
  - 중국의 긍정적 역할 요구

〈북한〉

- 목표 : 군사력 과시 및 협상 능력 제고
- 전략 의도
  - 북핵 협상에서의 주도권 확보
  - 한미동맹의 디커플링(decoupling)
  - 한반도 상황 주도
- 대한국 압박수단
  - 추가 도발 경고
  - 남북관계 파국 경고
  - 핵능력 강화
- 파급효과
  - 재도발 및 확전 우려
  - 전쟁 발발에 대한 공포 확대

 공조

〈중국〉

- 목표 : 미국 견제 및 역내 안정 희구
- 전략 의도
  - 북한의 한미동맹 견제 역할 지시
  - 도발 행동에는 거리두기
  - 불필요한 확전 가능성 차단
  - 한미 확장억제 강화 반대
- 대한국 압박수단
  - 강경 대응 자제 촉구
  - 확장억제 강화 시 경제적/외교적 보복
- 파급효과
  - 북중 간 유대 강화
  - 확전 방지 효과

문이다. 하지만 핵 능력을 지속적으로 고도화하고 개량함으로써 사실상의 핵보유국 지위를 인정받으려는 목적 아래 전략 도발을 감행할 가능성은 여전히 크다.

김정은 국무위원장은 다양한 이유나 동기에 의해 전략무기 실험 카드를 활용할 수 있다. 자신의 권력기반이 약화되었다고 판단할 때 전략무기 도발을 반전의 기회로 삼을 수도 있고, 한미 연합훈련에 대한 대항으로 도발을 감행할 수도 있다. 또는 북한의 정치적 기념일 등을 맞아 주기적으로 긴장을 조성하는 수단으로 활용할 수도 있다. 특히 북한이 제8차 당대회에서 개발 중이라고 밝힌 핵잠수함과 열병식에서 선보인 잠수함발사탄도미사일SLBM '북극성-5형ㅅ'을 결합하는 문제와 관련한 실험이 있을 수 있다.

한편 중국은 북한 도발에 대한 한미 공조, 특히 확장억제 강화를 불편한 시선으로 바라보고 있다. 북한이 한미동맹을 견제하는 역할을 하는 것은 지지할 수 있으나, 고강도 전략 도발로 인해 한미 간 확장억제가 강화되는 것은 중국이 원하는 바가 아니다. 강화된 확장억제가 결국 대중국 억제력으로 작동될 수 있음을 우려하는 것이다. 따라서 확장억제가 강화될 경우 중국은 한국에 대한 경제적·외교적 압박을 강화할 가능성이 있다.

중국은 북한의 재래식 도발에 대해 한미가 강경하게 대응할 경우 자칫 북한 내 불안정이 야기될 것을 우려한다. 나아가 북한의 불안정이 중국에까지 악영향을 미칠 것을 우려한다. 이러한 이유로 중국은 한반도 안정을 강조해 왔고 북한의 도발적 행동에 대해서는 거리를 두어왔다. 북한 도발과 관련한 중국과의 협력 공간이 존재하는 이유다. 따라서 북한의 도발적 행동이 예상되는 경우에는 중국을 통한 도발 억제를 추진할 필요가 있다.

문재인 정부는 북한의 도발에 대해 유화적인 태도를 보이고 있다. 강경 대응을 하는 것이 한반도 평화프로세스의 추진에 도움이 되지 않는다는 인식에서 비롯된 것으로 보인다. 하지만 한국이 북한의 도발에 대해 전혀 대응을 하지 않는 것은 북한과 국제사회에 잘못된 메시지를 줄 수 있다. 먼저 북한에 대해서는 더욱 자극적인 도발을 감행하게 하는 동기를 부여한다. 북한의 도발에 흔들리는 모습을 보여도 안 되지만, 지나치게 수용적인 태도로 일관해서도 안 된다. 북한이 우리를 무시하는 결과로 이어질 수 있기 때문이다. 국제사회 역시 한국이 북한의 도발이나 위협에 둔감한 것으로 인식할 수 있다. 이는 북한의 도발에 대해 국제사회가 별다른 문제의식을 갖지 못하게 만들 수 있다. 따라서 북한의 도발에는 엄중한 대응을 하되 과잉대응을 하지 않도록 조정 능력을 갖춰나가야 한다.

한국의 선택 방향

북한의 도발에는 상응하는 대응을 해야 한다. 대륙간탄도미사일이나 잠수함발사탄도미사일과 같은 전략 도발을 감행할 경우에는 유엔 안전보장이사회 결의를 통해 새로운 제재를 부과해야 한다. 단거리 탄도미사일과 같은 도발의 경우 안보리 결의 위반에 따른 적절한 대응 여부를 검토하되 주변국과의 공조를 통해 북한의 자제를 촉구하고 억제력을 시현해야 한다. 다만 한반도에서 군사적 긴장이 조성되지 않도록 섬세하게 관리해야 한다.

미국의 MD 체제와 한미 상호 운용성

문제의 성격

미국은 미사일 방어체제^{MD}를 본토 및 동맹국에 대한 핵 위협에 대비하는 핵심 기제로 발전시키고 있다. 기술적인 한계에도 불구하고 '상호확증파괴'의 불안정성을 보완하는 차원에서 MD를 지속적으로 확대하고 있다. 주한미군의 경우도 마찬가지다, 사드 추가 배치 및 업그레이드를 추진하고 있으며, 한국 미사일 방어망과의 상호 운용성 강화를 추진 중이다. 이 과정에서 한국의 미국 MD 편입 문제가 제기되고 있다.

사실 미국 MD 체제 편입이란 말 자체가 갖는 의미는 매우 부정적이다. 미국의 MD에 한국이 종속적으로 참여한다는 의미를 내포하고 있기 때문이다. 따라서 그대로 사용하기에는 부적절한 용어다. 실질적으로는 한미 미사일 방어 시스템 간의 상호 운용성을 강화하는 것이다. 한국의 미사일 방어 시스템에 미국의 관련 정보가 활용되고, 미국의 미사일 방어 시스템에 한국의 관련 정보가 활용되는 것을 의미하기 때문이다.

문제는 이러한 미사일 방어 상호 운용성 강화를 중국이 색안경을 쓰고 바라보고 있다는 점에 있다. 한미 간 미사일 방어 협력은 1차적으로는 북한의 위협을 대상으로 한다. 중국이 비난하는 주한미군의 사드 역시 북한 미사일 방어를 1차적 목표로 하고 있다. 물론 레이더나 무기체계에는 범용성이 존재한다. 중국과의 긴장이 고조될 경우 사드는 중국의 미사일을 감시하는 데 활용될 수 있다. 이러한 이유에서 중국은 한미 간 미사일 방어 상호 운용성 강화에 민감하게 반응하고 있다. 중국 역시 한반도를 들여다보고 투사할 수 있는 레이더와 무기체계를 증강하면서도 말이다.

전략적 고려 사항

문재인 정부는 집권 초기 중국과의 사드 문제 협의 과정에서 천명한 '3불 입장'을 통해 미국의 미사일 방어 체제, 즉 MD에 참여하지 않겠다고 발표한 바 있다. 다시 말해 한국과 미국 간 미사일 방어의 상호 운용성을 제고하되 둘이 일체감을 지닐 수 있을 정도의 협력은 하지 않겠다고 발표한 것이다. 하지만 이러한 입장 발표에 대해 주권 포기 행위를 한 것이란 비판이 나왔고 한미 간의 갈등 요인으로도 작용했다.

만일 미국이 미사일 방어 협력 강화를 요구해 올 경우 한국은 이에 참여하되 미국의 MD에 편입 또는 참여한다는 용어를 사용하기보다는 상호 운용 강화라는 표현을 강조해야 할 것이다. 미사일 방어 상호 운용성 강화는 기술 발달에 따라 거부할 수 없는 협력 방향이다. 북한의 핵 위협은 대구경 장사정포로부터 단거리 미사일 그리고 중거리 미사일 고각발사 등 다양한 형태로 나타날 수 있다. 미국이 보유한 사드나 패트리어트 미사일과 한국이 개발을 완료한 M-SAM 미사일, 또는 개발 중에 있는 L-SAM 미사일이 서로 따로 작동하면 북한의 핵공격에 효율적으로 대응하는 것은 불가능에 가깝다.

〈그림 8〉 미국 MD 상호 운용성 강화

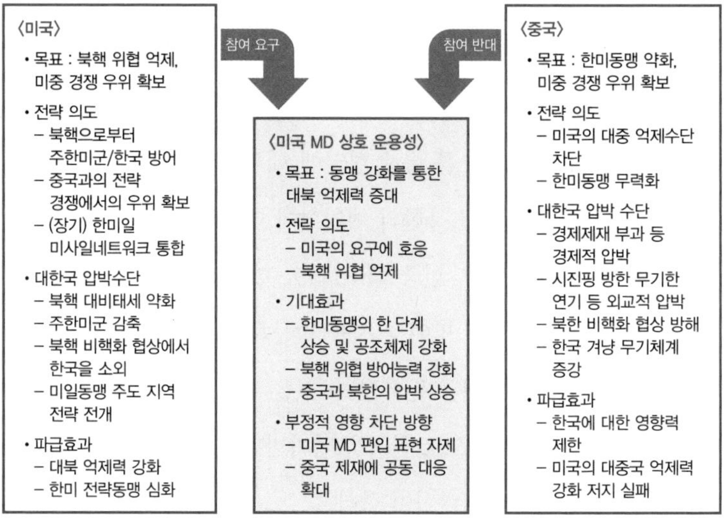

〈미국〉
- 목표 : 북핵 위협 억제, 미중 경쟁 우위 확보
- 전략 의도
  - 북핵으로부터 주한미군/한국 방어
  - 중국과의 전략 경쟁에서의 우위 확보
  - (장기) 한미일 미사일네트워크 통합
- 대한국 압박수단
  - 북핵 대비태세 약화
  - 주한미군 감축
  - 북핵 비핵화 협상에서 한국을 소외
  - 미일동맹 주도 지역 전략 전개
- 파급효과
  - 대북 억제력 강화
  - 한미 전략동맹 심화

참여 요구

참여 반대

〈미국 MD 상호 운용성〉
- 목표 : 동맹 강화를 통한 대북 억제력 증대
- 전략 의도
  - 미국의 요구에 호응
  - 북핵 위협 억제
- 기대효과
  - 한미동맹의 한 단계 상승 및 공조체제 강화
  - 북핵 위협 방어능력 강화
  - 중국과 북한의 압박 상승
- 부정적 영향 차단 방향
  - 미국 MD 편입 표현 자제
  - 중국 제재에 공동 대응 확대

〈중국〉
- 목표 : 한미동맹 약화, 미중 경쟁 우위 확보
- 전략 의도
  - 미국의 대중 억제수단 차단
  - 한미동맹 무력화
- 대한국 압박 수단
  - 경제제재 부과 등 경제적 압박
  - 시진핑 방한 무기한 연기 등 외교적 압박
  - 북한 비핵화 협상 방해
  - 한국 겨냥 무기체계 증강
- 파급효과
  - 한국에 대한 영향력 제한
  - 미국의 대중국 억제력 강화 저지 실패

한미 양국이 보유한 모든 미사일 추적 레이더와 요격체계가 실시간대로 작동해야 하는 상황에서 미국과의 상호 운용성 강화를 거부할 수는 없다. 따라서 이러한 상호 운용성 강화의 과정에서 중국의 압력을 회피하는 방법을 고려해야 한다. 이미 중국은 산둥山東 반도에 러시아판 사드라 할 수 있는 S400 미사일 방어체계를 실전배치했다. 중국과 갈등을 회피하기 위해서는 미국의 MD에 편입한다는 표현을 사용하지 않고 상호 운용성 강화를 조용히 추진해야 할 것이다.

사드 3불의 경우도 입장을 표명한 것일 뿐이라는 정부의 설명 방식을 토대로, 중국과 어떠한 합의도 한 바 없음을 강조해야 한다. 중국은 사드 3불을 한중 간의 합의로 몰고 가려는 경향이 있다. 이러한 접근은 처음부터 한미 간 미사일 방어 협력을 제약하려는 의도를 드러낸 것이다. 따라서 향후 사드 포대 추가 반입이나 한미 간 미사일 레이더의 상호 운용성 강화 등 조치가 실행된다 하더라도 최대한 조용하게 처리해야 한다.

동시에 한미 간의 공조를 통해 한국에 배치된 사드나 기타 미사일 방어 협력은 중국이 아닌 북한의 핵위협에 대응하기 위한 것임을 지속적으로 강조해야 한다. 한중 간 그리고 미중 간 군사적 신뢰구축 차원에서 서로의 미사일 방어 기지를 방문하며 투명성을 제고해 나가면 중국의 대한국 압박은 완화될 수 있을 것이다. 이러한 노력에도 불구하고 중국이 지속적으로 한국을 압박한다면 전략적 인내를 지속하며 우리의 주권을 지켜나가야 한다.

한국의 선택 방향

미국의 MD 참여라는 용어 자체를 한미 간 미사일 협력 강화와 상호 운용성 강화의 문제로 전환해야 한다. 발전하는 미사일 방어 역량을 고려하여 한미 간 미사일 방어 협력을 강화해야 한다. 북핵 위협이 상존하는 상황에서 방어적 노력을 거부해서는 안 된다. 미국 MD에 대한 부정적 인식을 전환하는 대신, 한미 간 미사일 방어 협력의 투명성을 증진해야 한다. 이를 통해 중국의 불신을 해소해 나가야 한다.

한미동맹의 대중국 견제 역할

문제의 성격

한국과 미국은 동맹의 역할 확대를 꾸준히 모색해 왔다. 특히 미국은 한미동맹의 성격을 종전의 북한 위협에 대한 대비에서 더 나아가 지역 및 세계 차원의 것으로 확장하기를 원한다. 한미동맹의 역할 확대와 관련된 기본 방향은 1990년대부터 한미 양국이 이미 공유한 바 있다. 한미동맹을 한반도에만 국한하지 않고 안보환경 변화와 연동하여 지역 및 세계 차원으로 공간 확대를 모색하는 것이다. 동시에 한미동맹을 안보동맹에서 이익, 가치, 경제 동맹으로 영역을 확장한다. 이러한 공간과 영역의 확장은 지난 정부 시절 한미 공동 이익 증진 차원에서 '포괄적 전략 동맹'으로 명명하고 미국과 합의한 바 있다.

바이든 행정부 역시 한미동맹의 역할을 확대하고자 한다. 특히 한미동맹을 통해 중국을 견제하려 한다. 그간의 한미동맹은 북한의 위협을 억제함으로써 한반도 평화를 보장하는 데 최우선 목적을 두었다. 그러나 미국은 탈냉전 이후 동맹의 역할 조정을 모색하고 있다. 특히 조지 W 부시 행정부 때 '전 세계 대비태세 검토Global Posture Review: GPR'를 통해 냉전형 붙박이 주둔에서 벗어나 신속 이동이 가능한 형태로 해외 주둔 미군의 재편을 시도한 바 있다. 이후에도 이러한 변화는 지속되고 있다. 중국의 공세적 부상이 본격화되면서 미국은 동북아 및 아태지역과 인도·태평양 지역에서 한국, 일본, 호주 등 핵심 동맹국과의 적극적이고 긴밀한 협력을 통해 중국을 견제하려

한다.

한미동맹의 차원에서 미국이 중국 견제에 활용하고자 하는 것은 주한미군 기지다. 평택의 캠프 험프리스는 동북아 최대 규모의 기지로 위치상 중국을 견제하기에 최적이다. 중국은 평택 기지를 '중국의 턱을 노리는 비수'로 인식하고 있다. 평택 기지를 남중국해나 대만 등의 분쟁에 직접 활용하는 것은 위치상 적절치 않지만, 거점기지 Staging Base로는 활용할 수 있다. 이 경우 주한미군을 재편하여 신속기동군화하고 한반도 이외 지역에 투사하는 임무 전환이 병행될 것이다. 또 미중 간에 심각한 군사 충돌이 일어날 경우에는 중국 본토에 대한 타격에 이용할 수도 있다.

이처럼 한미동맹이 대중국 견제 역할을 강화할 경우 중국은 한국에 대한 압박을 통해 상황을 타개하려 할 수 있다. 특히 주한미군이 대만 분쟁에 활용되거나 더 나아가 대만 분쟁에 한국군이 개입하게 되는 것을 막기 위해 경계를 강화할 것이다. 따라서 한미동맹의 대중국 역할 문제는 신중한 접근이 필요하다.

전략적 고려 사항

바이든 행정부는 미중 갈등이 심화되고 있는 상황에서 보다 적극적으로 한미동맹을 활용하여 중국 견제에 나설 수 있다. 바이든 대통령은 새로운 '전 세계 대비태세 검토'를 통해 주한미군의 역할을 조정해 나갈 수 있다. 그 결과 주한미군의 역할은 붙박이형 배치와 단일 임무에서 벗어나 전략적 유연성을 최대화하여 결국 중국을 견제하는 것으로 귀결될 가능성이 있다.

　미국은 한국의 북핵 위협 억제에 도움을 주는 한편으로 한국에 대해 동맹의 일원으로서 중국 문제에 관한 역할을 강화해 줄 것을 요구해 올 가능성이 있다. 이때 한국이 참여를 거부할 경우 주한미군 감축 등 주한미군의 전략적 가치가 조정될 가능성이 있다. 이는 북핵문제 등에서 한미 공조를 느슨하게 만들고 한국의 입장을 어렵게 할 수도 있다. 과거 사드 보복 당시처럼 중국의 대한국 보복조치에 미국이 침묵을 유지할 가능성도 존재한다. 미국은 중국 견제와 관련, 일본과 보다 긴밀하게 협력하는 방안을 검토할 것이다.

　중국의 입장은 정반대다. 어떻게 해서든 한미동맹과 주한미군을 한반도에 묶어두려 한다. 이를 위해 중국은 약한 고리인 한국에 대한 압박을 선택할 수 있다. 자칫하면 한국이 중국 견제를 위한 미국의 전초기지가 될 수 있다는 판단을 할 수 있다. 만일 대만 문제에 한국이 끼어든다면 한국을 적국으로 선언하는 초강수를 둘 수도 있다. 그 결과 외교적·경제적 압박수단을 총 가동하는 상황이 초래될 수 있다.

　이러한 상황에서 일본과 북한은 각각 미국과 중국의 편을 드는 행동을 할 가능성이 있다. 일본은 미국과의 전략적 연대를 통해 중국을 견제하겠다는 입장을 부각시킬 것이다. 북한은 중국과 함께 미국의 영향력을 약화시킴으로써 한반도에서 주도권을 행사하려 들 것이다. 다만 일본은 한국에 대한 직접적 압박수단이 제한적인 데 반해, 북한은 대화를 거부하고 도발로 나올 수 있다는 점에서 유의할 필요가 있

〈그림 9〉 한미동맹 대중 견제 역할 강화

〈미국〉
- 목표 : 미중 경쟁에서 전략적 우위 확보
- 전략 의도
  - 자유주의 네트워크를 통한 대중 견제
- 대한국 압박수단
  - 주한미군 감축 등 전략적 가치 조정
  - 북한문제 불이익 부과
  - 한일관계에서 일본 편향적 의사 결정
  - 중국의 대한국 압박 방치
- 파급효과
  - 미국의 대중 전략적 우위 확보

〈중국〉
- 목표 : 미중 경쟁에서 전략적 우위 확보
- 전략 의도
  - 미국의 대중 압박 차단
  - 한국의 미군 전초기지화 저지
- 대한국 압박/설득 수단
  - 새로운 경제보복 부과
  - 한국을 '잠재적 적국'으로 규정
  - 시진핑 방한 무기한 연기 등 외교 보복
- 파급효과
  - 한국의 미국 전초기지화 차단 실패
  - 한국의 '적국화' 기정사실화

 참여 요구

 참여 반대

〈한미동맹의 대중 견제 역할〉
- 목표 : 동맹 본질과 기능 전환과 동맹의 역내 가치와 위상 변화
- 전략 의도
  - 미국의 전략적 수요 충족
  - 자유주의 질서 수호 주도
  - 인태전략과 쿼드 견인하는 핵심역량으로 부상
  - 중국 문제 조율에서 위상 상승
  - 대중국 외교 레버리지 강화
- 기대효과
  - 미국의 한반도 방어 공약 강화
  - 한미동맹의 협력 지평 확대
  - 안보 영역 외에서 외교 역량 확대
- 부정적 영향 차단 방향
  - 전략적 모호성 유지
  - 중국의 부당한 압박에 대한 한미 공동대응 강화

 공조

공조

〈일본〉
- 목표 : 중국 견제
- 전략 의도
  - 미국과의 연대를 통한 대중 견제
  - 일본의 역내 군사 역할 확장
  - 일본의 한반도 영향력 확대
- 대한국 압박수단
  - 직접적 관계 없음
- 파급효과
  - 한미일 군사관계의 격상

〈북한〉
- 목표 : 한미의 대중 견제 빌미로 북중관계 강화 도모
- 전략 의도
  - 미국의 대중 우위 저지
  - 역내 한미동맹 우위 저지
- 대한국 압박수단
  - 한미 동맹 비난, 미북 대화 거부
  - 남북관계 단절 및 군사 도발
- 파급효과
  - 북중 유대 강화

다. 이상과 같은 점들을 고려할 때 한미동맹 강화를 지속적으로 추진해 나가야 하지만 중국 견제 역할과 관련해서는 신중한 행보가 필요하다.

한국의 선택 방향

한국은 주한미군이 한반도 방어에 집중해 줄 것을 지속적으로 요구해야 하며 대외적으로도 이 점을 강조해야 한다. 다만 주한미군 감축이 이루어지지 않도록 유의하며, 이를 위해 미국의 지역전략에 어느 정도 호응할 필요성이 있다. 한미동맹과 주한미군 역할의 발전 방안을 보다 구체화할 필요가 있다. 다양한 시나리오를 바탕으로 주한미군이 대중국 견제에 임하는 수준과 범위 등을 고민할 필요가 있다. 이 과정에서 한국은 큰 틀에서 미중 간 군사적 갈등, 특히 대만 해협 분쟁에 '연루'될 가능성을 억제해야 한다. 주한미군의 대만 분쟁 파견 가능성에 대해서는 전략적 모호성을 유지해야 하며, 한국군의 경우에도 대만 문제와 관련하여 구체적인 언급은 피하는 것이 바람직하다. 그리고 중국 문제와 관련한 한미동맹의 역할은 방어적이고 평화지향적인 것임을 원칙으로 삼아야 한다.

한미 연합훈련의 복원

문제의 성격

한미 양국은 2018년 6월 싱가포르 북미 정상회담 이후 연합훈련을 지속적으로 축소, 유예, 중단하였다. 2021년 여름에는 김여정 북한 노동당 부부장의 연합훈련 중단 요구로 인해 문재인 정부가 이왕 축소된 연합훈련을 다시 한번 더 축소하는 비정상적 상황을 연출했다. 그럼에도 불구하고 김여정 부부장은 주한미군 철수를 주장하며 연합훈련에 대한 비난의 수위를 높였다.

북한이 핵능력을 지속적으로 고도화하고 있는 상황에서 한미 연합훈련을 복원해야 할 필요성은 날로 높아지고 있다. 매년 3월과 8월에 개최되던 대규모 연합훈련은 현재 그 이름이 사라졌다. 이름이 사라진 것과 함께 한미 연합훈련은 야외 기동훈련이 사라지고 컴퓨터 시뮬레이션 훈련으로만 진행되고 있다. 물론 연대급 훈련은 한미가 각각 단독으로 시행하고 있고 대대급 이하 및 해외 파견 훈련은 연중 시행하고 있다. 하지만 전구급 훈련이 축소됨에 따라 전면전 대비가 약화되는 것은 불가피한 상황이다. 이런 상황 속에서 북한이 비핵화 협상에 복귀하지 않을 경우 연합훈련을 2018년 이전으로 복원해야 한다는 주장이 제기되고 있다. 반면 범정부 인사들을 중심으로 연합훈련 자체를 중단해야 한다는 목소리도 여전하다. 여권 국회의원 70여 명은 김여정 부부장의 연합훈련 중단 요청 이후 이를 지지하는 성명에 참여하기도 했다.

연합훈련 복원이나 중단 문제는 더 이상 남북관계나 북미관계 차원만의 일이 아니다. 중국도 이 문제에 깊은 관심을 보이고 있다. 중국은 왕이 외교부장 발언과 대변인 성명 등을 통해 한미 연합훈련 중단을 지속적으로 제기하고 있다. 지역 정세에 불안을 가져온다는 명분으로 한미동맹을 약화시켜보겠다는 셈법인 듯하다.

전략적 고려 사항

한미 연합훈련의 축소, 유예, 중단은 대북 대비태세에 영향을 준다. 연합훈련이 정상적으로 이뤄지던 동안에는 한미동맹의 굳건함과 억제력을 대내외에 과시할 수 있었다. 사령관을 포함한 각급 지휘관의 역량을 확충하고 한미 주요 지휘관들 간의 친분과 신뢰를 다지고 소통 능력을 강화하는 역할도 했다. 연합훈련 과정에서는 유엔사 회원국의 역할과 참여 수준 등에 관한 국제 공조도 이뤄지게 된다. 연합훈련 축소로 이런 역할과 기회들이 사라졌다. 따라서 북한의 전향적인 비핵화 조치가 없음에도 연합훈련을 축소한 것은 대북 억제력이 약화되는 결과를 낳았다고 평가할 수 있다.

당시 문재인 정부와 트럼프 행정부는 연합훈련 축소가 대비태세에 미치는 영향은 크지 않다고 평가했다. 이는 양국 정부 당국이 내린 의사결정의 정당성을 뒷받침하기 위한 것으로 보인다. 하지만 바이든 정부 출범 이후 변화의 기류가 보이고 있다. 김여정의 연합훈련 중단 요구에 대해 한미 당국은 서로 다른 모습을 보였다. 문재인 정부가 유연한 대응을 강조한 데 반해 바이든 정부는 예정대로 연합훈련을 실시해야 한다고 강조했다. 동맹을 중시하는 바이든 행정부의 입장이 반영된 것으로 평가된다.

한편, 전시작전통제권(전작권) 전환을 위한 군사적 준비의 측면에서도 연합훈련은 필요하다. 전작권 전환에 대비한 군사적 준비는 연합훈련과 연동되어 있다. 따라서 연합훈련 중단이나 축소는 전작권 전환에 부정적인 영향을 미친다. 현재 전작권 전환은 한국군의 군사역량 강화와 북핵 문제의 진전을 조건으로 하고 있다. 북핵 문제와는 별도로 철저한 전작권 전환 준비를 위하는 차원에서도 연합훈련을

〈미국〉
- 목표 : 동맹을 통한 군사적 대북 대비태세 확보
- 전략 의도
  - 점증하는 북한 핵위협 대응
  - 한미동맹의 기본적 상호 운용성
  - 연합대비태세 점검
- 대한국 압박수단 (행사 가능성 제한)
  - 주한 미군 감축 또는 조정
  - 군사협력 비협조
- 파급효과
  - 북한 및 중국의 반발 예상

 한미 공조 / 훈련 반대

〈연합훈련 복원〉
- 목표 : 대북 대비태세 강화
- 전략 의도
  - 점증하는 북한 핵위협 대응
  - 한미동맹 상호 운용성 강화 검증
  - 전작권 전환을 위한 조건 충족
- 기대효과
  - 한미동맹 안정성 확보
  - 전면전 대비태세 강화
- 부정적 영향 차단 방향
  - 북핵 협상 재개 시 유연한 접근

〈북한〉
- 목표 : 한미동맹 형해화
- 전략 의도
  - 한미동맹의 대북태세 약화
  - 한미동맹 이간책
  - 군사적 우위(비대칭 수단)
- 대한국 압박수단
  - 남북 합의 파기
  - 무력시위, 제한적 무력 도발
  - 중국과의 군사적 협력 강화
- 파급효과
  - 전략 도발 가능성 검증
  - 대화 복귀 지연

 공조

〈중국〉
- 목표 : 한미동맹 약화
- 전략 의도
  - 북한 입장 지지(쌍중단)
- 대한국 압박수단
  - 경제보복 제한
  - 북핵협상 비협조
- 파급효과
  - 한미동맹 강화 억제 실패

복원할 필요가 있다.

북한은 연합훈련을 중단시키기 위해 비난 수위를 높이고 있다. 2021년 8월 10일 김여정의 담화 내용은 북한의 의도를 잘 드러내 주었다. 연합훈련을 중단시키고 주한미군을 철수시키겠다는 것이다. 김여정은 억제력과 선제타격 능력을 강화하겠다고 주장했다. 이는 군사적 긴장을 활용하여 한국 내 여론을 돌려보겠다는 계산으로 보인다. 김여정의 말대로 북한이 전략 도발에 나설 가능성도 있다.

중국은 한반도에서 미국의 영향력을 약화시키기 위해 연합훈련을 반대하고 있다. 한미 연합훈련이 지역정세를 악화시킨다는 이유를 내세운다. 하지만 중국은 러시아와의 연합훈련을 더욱 강화하고 있다. 따라서 그들의 주장은 설득력이 없다. 중국은 북한의 핵실험 및 미사일 시험발사 중단과 한미 연합훈련 중단이라는 쌍중단을 주장하고 있다. 따라서 연합훈련이 복원될 경우 비핵화 협상에서 딴지를 걸 가능성이 존재한다. 다만 연합훈련 복원을 이유로 한국에 대해 경제 보복을 감행하는 등의 조치는 고려하지 않고 있는 것으로 보인다. 이는 실익이 없기 때문이다. 결국 한미 연합훈련에 대한 중국의 반대는 미국을 겨냥한 외교적 대응책의 수준인 것으로 평가할 수 있다.

한국의 선택 방향

북한의 핵능력이 대폭 강화되는 상황에서 한미 연합군사훈련은 가급적 조속히 복원되어야 한다. 다만 연합군사훈련의 규모에 관해서는 북핵 협상의 실질적 진전에 맞춰 유연한 대응을 검토할 수 있을 것이다. 코로나19로 인해 당분간 훈련 복원이 제한되고 있으나, 상황이 완화되면 한미 연합군사훈련은 북한의 위협에 대응할 수 있는 수준으로 복원되어야 할 것이다. 이후 연합훈련 축소 등의 문제는 북한의 실질적 비핵화 과정과 연계해서 검토해야 한다.

중국 인권 문제

문제의 성격

미국 바이든 행정부는 중국의 신장 위구르·홍콩의 인권 상황을 우려하며 두 가지 접근을 하고 있다. 그중 하나는, 인권은 인류 보편적 가치로서 중국 인권 상황을 개선해야 한다는 원칙적인 문제 제기다. 다른 하나는 중국을 압박하는 카드로서 인권 문제를 외교적으로 활용하는 것이다. 중국 당국이 국제사회에서 중국의 평판이 나빠지는 것을 두려워한다는 점을 역이용하는 것이다. 미국은 중국의 인권 문제를 제기함으로써 중국 당국에 의한 인권 침해를 최소화하는 효과를 노리는 동시에 미중 전략경쟁에서 중국은 미국의 상대가 되지 않음을 국제사회에 각인시키고 있다.

중국은 신장 위구르·홍콩의 인권 문제 제기를 자국의 핵심 이익을 침해하는 것으로 인식하고 있다. 특히 신장 위구르의 인권 문제는 자치구의 독립 움직임과 연계된 문제라는 인식 속에 가혹한 탄압을 지속하고 있다. 홍콩 또한 주민들의 민주화 요구를 묵살하며 홍콩보안법을 통과시킨 뒤 통제를 강화하고 있다.

전략적 고려 사항

인권 문제는 인류의 보편적 가치가 된 지 오래다. 타국의 인권 문제에 목소리를 내는 것은 국내 문제 불간섭의 원칙과 충돌하지 않는다. 국제사회는 중국 내 인권 문제에 대해 독자적인 목소리를 낼 수 있다. 미국은 이러한 국제법적 근거에 기반하여 각국의 인권 문제를 제기하고 있다. 그중 중국의 인권 상황에 대한 문제 제기는 중국을 압박하는 수단으로 활용되는 측면도 있다. 중국은 이러한 미국의 인권 문제 제기를 국내 문제에 대한 간섭으로 비난하고 있지만, 미국에 대해서만큼은 선제적이고 공세적인 대응을 자제하고 있다.

하지만 한국을 비롯한 많은 국가들에게 중국 인권 문제는 중국의 보복조치를 불러일으킬 수 있는 문제다. 중국은 외국 정부나 단체가 자국 인권 상황에 대해 문제 제기를 해 올 경우에는 보복조치를 취하고 있다. 미국만이 유일한 예외다. 2021년에도 신장 위구르 인권 탄압 논란과 관련, 해외 기업들에 대한 보복조치가 이어지고 있다. 보복 대상에는 유럽연합[EU] 및 영국의 기업과 개인들이 포함되어 있다. 중국은 반외국제재법을 제정하여 중국을 비판한 국가와 기업에 불이익을 줄 수 있는 제도적 기반을 마련했다. 많은 국가들은 중국 인권 문제에 대해 침묵을 지키고 있다. 2020년 홍콩보안법이 통과된 후 미국이 중심이 되어 작성한 비판 성명에 참여한 국가는 28개국에 지나지 않았다. 그만큼 중국의 경제적 압박을 두려워하고 있다는 의미다. 따라서 중국 인권에 대한 문제 제기는 인류 보편적 가치와 중국의 보복성 압박이라는 두 가지 기준을 적절히 고려하는 선택을 해야 한다.

그간의 사례들로 볼 때, 중국 인권 문제를 양자 차원에서 직접 제기할 경우 중국의 반발이 더욱 강했음을 알 수 있다. 반면 국제사회의 다자적 인권 논의에 대해서는 중국의 반발이 상대적으로 약했음을 볼 수 있다. 중국 인권 문제에 대한 국제적 연대가 이루어질 경우

〈그림 11〉 중국 인권 문제

참여 요구

참여 반대

〈한국과 중국 인권문제〉

- 목표 : 인권 존중과 한중관계 조화
- 전략 의도
  - 인권문제의 중요성 확인 통한 한국의 정체성 확립
  - 자유민주주의적 국제질서 지향
  - 한중관계의 안정적 관리
- 기대효과
  - 미국 등 자유민주주의 가치 공유국과 연대 강화
  - 북한 주민 인권 보호 노력 확대 계기
- 부정적 영향 차단 방향
  - 양자관계에서 중국 인권 문제 관련 발언 자제
  - UN 등 다자무대에서 인류 보편적 가치에 기반한 인권 존중 필요성 강조
  - 국제사회의 인권 강화 노력에 적극 기여

〈미국〉

- 목표 : 인류 보편적 가치 제고 미중 경쟁 우위 확보
- 전략 의도
  - 자유주의 질서 공고화
  - 자유민주주의 국가의 네트워크 강화로 대중 견제력 증강
  - 중국의 통치력 문제 제기를 통한 전략경쟁 우위 확보
- 대한국 압박수단
  - 한국의 침묵 시, 외교적 문제 제기 예상
  - 그 이외의 구체적 압박 수단을 활용하지는 않을 것으로 평가
- 한국 중국 인권 문제 제기 시 파급효과
  - 미국 동맹국으로서의 가치와 신뢰 상승
  - 자유민주주의 국가로서 협력 강화 효과

〈중국〉

- 목표 : 중국의 "핵심 이익" 수호
- 전략 의도
  - 중국의 영토 주권 수호
  - 미국의 대중 내정간섭 차단
  - 미국의 대중 견제전략의 정치 명분 잠식
- 대한국 압박수단
  - 한국에 대한 비공식 경제보복
  - 외교적 불이익 (시진핑 방한 연기 등)
- 다만, 한국의 문제 제기 방식에 따른 압박 강도의 변화가 예상
  - 양자관계 인권문제 제기 시 강한 반발
  - 다자관계 인권문제 제기 시 제한적 반발

중국도 대응이 어렵기 때문이다. 따라서 이러한 차이를 잘 활용하며 한국이 추구하는 외교적 가치와 한중관계의 현실을 접목시켜야 할 것이다.

한국의 선택 방향

한국이 독자적으로 중국의 인권 문제를 제기하는 것은 현실적으로 신중할 필요가 있다. 그러나 다자간 협의체나 국제 무대에서 중국

인권 문제를 함께 제기할 때는 원칙적으로 동참해야 한다. 이를 통해 한국 외교의 지향점을 공고히 하고 인류 보편적 가치 확산에 기여해야 한다. 추후 중국의 심각한 인권 침해 사안이 발생할 경우, 국제사회에서 여러 국가가 함께하는 성명 발표가 있다면 원칙적으로 참여하는 방안을 검토해야 한다.

미국 중거리 미사일 배치

문제의 성격

미국은 러시아의 조약 위반을 이유로 중거리핵미사일협정INF에서 탈퇴하였으나 실제 이유는 중국을 견제하기 위한 것으로 평가된다. 중국은 현재 1,250기 이상의 중거리 미사일을 지상에 배치하여 미국 군사력의 역내 접근을 차단하고자 하고 있다. 중국은 제1도련선(쿠릴 열도~일본~대만~필리핀~말라카 해협) 내 미군의 접근을 완전히 차단하기 위한 대함 미사일을 집중 배치하고 제2도련선(오가사와라~괌~파푸아뉴기니 근해)으로 확장하고 있다. 특히 대함탄도미사일ASBM인 DF-21D와 DF-26 등 미사일 첨단화를 통해 억제 능력을 배가하고 있다.

반면 미국은 중국을 견제하기 위한 역내 중거리 미사일이 전무한 실정이다. 이에 대한 문제점을 인식한 미국은 INF 조약을 탈퇴하고 중거리 미사일을 개발하고 있다. 미국이 역내에 중거리 미사일을 배치한다면 해·공군력을 대체하여 중국의 반접근·지역거부A2AD 전략을 상쇄할 수 있다. 해·공군력 운용을 위한 막대한 예산을 줄일 수 있고 이들 전력을 위한 거점기지도 축소할 수 있다. 2020년 8월 16일 마셜 빌링슬리 미 국무부 군축·국제안보담당 차관 지명자는 "중국의 핵전력이 초래하는 중대한 위협뿐만 아니라 동맹국을 지키는 능력에 대해 아시아 관계국과 협의해 나가고 싶다"면서 "미국이 아시아 각국과 중거리 미사일 배치를 협의 중"이라고 밝힌 바 있다.[1] 바이든 행정부도 유사한 접근을 할 가능성이 크다.

문제는 한국이나 일본, 대만 등에 중거리 미사일을 배치할 수 있는지 여부다. 미국의 중거리 미사일이 배치될 경우 재래식 탄두는 물론이고 전술핵탄두까지 장착 가능하다. 미국이 중거리 미사일을 역내에 배치할 경우 중국이 강력한 보복조치를 할 가능성이 존재한다. 따라서 향후 미국으로부터 중거리 미사일 배치 요구를 받게 될 경우에는 신중한 선택이 필요하다.

전략적 고려 사항

한국을 비롯한 동맹국에 중거리 미사일을 배치하는 문제에서 미국은 신중한 행보를 보일 것이다. 미국이 한반도에 중거리 미사일을 배치할 경우 북한과 중국의 강력한 반발로 북한 비핵화를 위한 대화가 완전히 중단될 가능성이 있다. 그러나 중장기적으로 미국은 중거리 미사일 배치를 요구해 올 가능성이 있다. 먼저 북한이 대화에 임하지 않고 대륙간탄도미사일이나 핵실험 등의 고강도 도발을 강행할 경우, 북한 위협에 대한 억제력 강화의 차원에서 접근할 수 있다. 하지만 그보다는 중국에 대해 전략적 우위를 점하고 직간접적으로 중국을 압박할 카드로 사용할 가능성이 크다. 한반도에 미국의 중거리 미사일이 존재할 경우 베이징을 비롯한 중국 주요 도시를 직접 타격할 수 있기 때문이다.

미국이 미중 전략경쟁의 일환으로 중거리 미사일을 한반도에 배치할 경우, 가장 큰 문제는 중국의 반응이다. 중국은 미국이 지상 발사형 중거리 미사일을 인근에 배치할 경우 강력하게 대응할 것임을 이미 천명한 바 있다. 미국이 중국의 문 앞에 미사일을 배치한다면 대응조치에 나설 수밖에 없다는 입장을 밝혔고, 한국·일본·호주 등 미국의 동맹국들을 향해 신중히 행동하라고 경고하고 있다. 2019년 8월 5일 중국 환구시보는 "한국과 일본이 미국의 총알받이가 되지 않기를 바란다. 중거리 미사일은 명백한 공격용 무기이기 때문에 한국의 사드 배치 때보다 더 큰 지정학적 파장을 불러올 가능성이 높다"며 강도 높은 경고를 이어갔다. 미국의 중거리 미사일이 한국에 배치될 경우 중국이 한국에 대한 경제적·외교적 보복조치를 취할 것으로 전망된다.

일본은 미국의 중거리 미사일 배치를 수용할 가능성이 높다. 미국과의 전략적 협력을 통해 중국을 견제하겠다는 의지가 강하기 때문이다. 다만 핵무기를 일본 본토에 반입하지 않으려 할 것이기 때문에 재래식 탄두만을 허용할 가능성이 크다. 문제는 한국이 중거리 미사일 배치를 반대하고, 일본이 이를 허용한다면 미국의 입장에서는 일본과의 협력을 우선시하는 경향이 생길 수 있다는 점이다. 따라서 한국은 다른 방식으로 한미동맹을 강화하는 노력이 필요하다.

〈미국〉
• 목표 : 미중 경쟁에서 전략적 우위 확보
• 전략 의도
  – 자유주의 네트워크를 통한 대중 견제
• 대한국 압박수단
  – 주한미군 감축 등 전략적 가치 조정
  – 북한문제 불이익 부과
  – 한일관계에서 일본 편향적 의사 결정
  – 중국의 대한국 압박 방치
• 파급효과
  – 미국의 대중 전략적 우위 확보

참여 요구

참여 반대

〈중국〉
• 목표 : 미중 경쟁에서 전략적 우위 확보
• 전략 의도
  – 미국의 대중 압박 차단
  – 한국의 미군 전초기지화 저지
• 대한국 압박/설득 수단
  – 새로운 경제보복 부과
  – 한국을 '잠재적 적국'으로 규정
  – 시진핑 방한 무기한 연기 등 외교 보복
• 파급효과
  – 한국의 미국 전초기지화 차단 실패
  – 한국의 '적국화' 기정사실화

〈중거리 미사일 배치〉
• 목표 : 동맹 강화를 통한 국익 실현, 부정적 영향 차단
• 전략 의도
  – 미국의 요구를 조정
  – 자유주의 질서 추구
  – 대중국 억제력 강화
• 기대효과
  – 한미동맹/공조 강화
  – 인태전략, 쿼드에 자연 편입 및 위상 증강
  – 중국의 압박 증대
• 부정적 영향 차단 방향
  – 중거리 미사일 배치 거부
  – 주한미군 미사일 성능 개량
  – 한국군의 중거리 미사일 개발 및 주한미군과의 상호 운용성 강화

 공조

〈일본〉
• 목표 : 중국 견제
• 전략 의도
  – 미국과의 연대를 통한 대중 견제
  – 일본의 역내 군사 역할 확장
  – 일본의 한반도 영향력 확대
• 대한국 압박수단
  – 직접적 관계 없음
• 파급효과
  – 한미일 군사관계의 격상

　　미국의 중거리 미사일 배치 요구에 대해 한국 나름의 해법을 제시할 수도 있다. 미국의 호응을 얻어내면서도 중국을 자극하지 않는 방식이다. 먼저 한국에 배치된 미국 미사일의 사거리를 늘리는 방식을 고려할 수 있다. 현재 한국에 배치된 에이테킴스의 사거리를 750km

로 늘리는 성능 개선 사업이 진행되고 있다. 새로운 미사일을 역내에 들여오는 것이 아니라 기존 미사일을 업그레이드하는 데 대해서는 중국도 불만을 제기하기 어려울 것이다. 한미미사일지침 폐기로 한국군이 중장거리 미사일을 개발하는 것도 가능해졌다. 한국군의 미사일 능력을 강화하고 이를 유사시 활용할 수 있도록 하는 방법도 고려할 수 있다. 중거리 미사일을 직접 한국 영토 내에 배치하지 않고도 이러한 방식의 협력을 통해 한미 공조를 강화해 나갈 수 있을 것이다.

한국의 선택 방향

미국 중거리 미사일의 한반도 배치는 아직 논의되지 않고 있지만, 미국의 요청이 있을 경우 한국은 어느 정도 거리를 두어야 한다. 1970년대 유럽이 이미 경험한 것처럼 미국의 중거리 미사일 배치는 국내 정치적 비용이 매우 크다. 사드 배치 때와 같이 정상적 배치가 장기간 표류하거나 불가능해질 수 있다. 또한, 이미 중국이 경고한 것처럼 사드 배치 당시와 비교가 안 될 수준의 강력한 반발과 보복에 직면할 수 있다. 한국은 한미미사일지침이 폐지된 상태에서 새로운 중거리 미사일을 개발하고 유사시 미국과 동맹 차원에서 상호 운용성을 강화하는 방식으로 문제를 풀어야 한다. 한국에 배치된 기존 미사일의 업그레이드도 함께 고려할 수 있는 대안이다.

유엔군사령부(유엔사)의 개편

문제의 성격

유엔사는 기본적으로 한반도 유사시 '전력 제공' 임무를 수행한다. 전력 제공 기능이란 한반도에서 전면전이 재발할 경우 한국을 지원하는 참전국 군대를 접수해서 연합사의 작전통제 하에 배속시키는 역할을 의미한다. 현재는 미군이 작전통제권을 행사하도록 되어있지만, 전작권 전환 이후에는 한국군이 작전통제권을 행사하게 되어 있다. 유사시 유엔사의 전력 제공 기능이 매우 중요하다. 다만, 미군은 유엔사의 역할이 제한적이라고 강조한다. 이는 일부에서 제기하는 것처럼 유엔사가 전투사령부가 아님을 밝히기 위한 것으로 보인다.

문제는 혹시라도 미국이 유엔사의 역할을 확대하여 유사시 전력 제공 역할 이외에 작전통제의 역할을 수행토록 할지 여부다. 미국 정부의 부인에도 불구하고 궁극적으로는 유엔사를 역내외 사태를 총괄하는 군사 기구로 발전시킬 것이라는 주장이 끊이지 않는다.[2]

한미가 합의한 한국 주도의 연합사 체제에서 주한미군의 현 전력만 한미연합사가 통제하고, 전시 증원 전력과 유엔사 소속 타국 전력은 유엔사가 지휘하는 대안을 미국이 모색하고 있다는 것이다. 물론 미국은 이러한 주장을 공식적으로는 부인하고 있다.

유엔사의 존립과 관련해서는 북한과 중국이 폐지 입장을 펴고 있다. 유엔사의 합법적 설립을 부인해온 북한은 유엔사는 철폐되어야 마땅한 구시대의 잔여물이라고 주장하고 있다. 중국 역시 같은 입장이다. 따라서 유엔사 개편 문제는 한미는 물론이고 북중이 관련된 복합적 외교 사안이 되고 있다.

전략적 고려 사항

미국은 유엔사를 최대한 존속시키고자 한다. 유엔사를 통해 미국은 한반도 유사시 유엔 결의 없이도 이전 참전국의 지원 및 개입을 확보할 수 있기 때문이다. 미국은 한반도 유사시 유엔사 후방기지를 통해 자유로운 전력 투사가 가능하다. 미국은 주한미군과 주일미군의 연계 고리를 확보하고 그 장점을 유지하고 싶어 할 것이다. 동시에 한반도 유사시 유엔사에 참전을 약속한 국가들과의 군사적 협력은 미국에게 동북아 다자군사협력의 기회를 제공할 수 있다. 이는 중장기적으로 중국을 견제하는 데에도 활용할 수 있을 것이다.

이러한 목적에서 미국은 전작권 전환 이후에 대비하여 유엔사의 전력 제공 기능을 강화하기 위한 노력을 쏟고 있다. 다수의 국가들과 사전 전력 제공 합의를 추진하고 있으며, 정전협정상 인정되는 유엔사의 정전관리 기능을 유지하려 노력하고 있다. 유엔사의 존속은 대북 억제력 차원에서 한국의 국익에 바람직한 측면이 있다.

북한과 중국은 유엔사를 폐지하려 들 것이다. 유엔사는 유엔 안전보장이사회 결의로 만들어졌다. 사실 유엔사라는 이름 자체는 미국이 자의적으로 부여한 것이지만, 북한의 침략을 격퇴하기 위한 연합군사령부를 만들라고 한 것은 유엔 안보리의 결정이다. 이로 인해 유엔사는 국제법상 합법성을 부여받은 군사조직이 되었고, 북한의 불법 남침을 재확인시켜주는 국제정치적 배경을 제공하고 있다. 북한이 유엔사 폐지를 주장하는 근본적인 이유다. 중국 역시 북한과 유사한 입장을 밝히고 있다. 중국은 유엔사의 고유 기능보다는 유엔사 전력 제공 국가들이 확대될 경우 중국에 대한 견제로 이어지지 않을지 관심을 갖고 지켜보고 있다. 다만 아직 그 협력 수준이 낮은 까닭에 한국에 대해 직접적인 압박을 가하지는 않고 있다.

한편, 한국의 입장에서는 유엔사의 역할을 명확히 할 필요가 있다. 문재인 정부는 유엔사에 한국군 파견 요원을 보내지 않고 있다. 유엔사는 한국 국방부에 유엔사령부 파견 요원을 요청했으나 "분명치 않은 이유"로 한국이 응하지 않고 있다는 보도가 나왔다.[3]

이는 유엔사의 기능이 확대되어 전작권 전환의 의미를 퇴색시키지 않을까 걱정하기 때문인 것으로 추정된다. 따라서 전작권 전환 시 미래 연합사, 미국 합참, 한국 합참, 유엔사와의 관계를 정확히 규정해야 한다. 이를 통해 전작권 전환 이후에도 미군이 작전통제에 관여할 가능성을 차단하는 것이 불필요한 국내 정치적 소모를 최소화하는 길이 될 것이다.

한국의 선택 방향

유엔사는 북한 위협의 변화와 평화체제 구축에 상응하는 변화를 지속해야 한다. 한반도 유사시 전시 증원이 원활히 진행될 수 있도록 발전해 나가야 한다. 이를 위해 전작권 전환 이후 유엔사, 미국 합참, 한국 합참, 인도·태평양사령부 간의 지휘협력 체계를 명확히 해야

〈미국〉
- 목표 : 북한 위협 및 역내 균형 유지
- 전략 의도
  - 유엔사의 존속, 전력 제공 기능 강화
  - 전작권 전환 이후 미국 역할 강화
  - 한미일 안보협력 발전을 위한 기제
- 대한국 압박수단
  - 유엔사는 한국의 동참 없이도 진화 가능
  - 전작권 전환 비협조
- 파급효과
  - 유엔사의 진화
  - 역내 다자 군사협력의 기반 마련

한미 공조

폐지

〈유엔사 재편〉
- 목표 : 북한 위협 억제, 한미 공조 강화
- 전략 의도
  - 북한 위협 대응
  - 미국의 전시 지원 기능 강화
  - 전작권 전환 목적 달성
- 기대효과
  - 북한 위협 대응 능력 향상
  - 미래 연합사와 공조 강화
  - 미국의 역내 관여 보장
- 부정적 영향 차단 방향
  - 한국의 유엔사 관여 확대

〈북한〉
- 목표 : 유엔사 폐지
- 전략 의도
  - 한미동맹 이간 및 대비태세 약화
  - 유엔사의 법적 지위 부정
- 대한국 압박수단
  - 남북관계 진전과 유엔사 폐지를 연계
  - 군사 무력 시위
- 파급효과
  - 커다란 영항력을 갖지 못할 전망

공조

〈중국〉
- 목표 : 역내 미국 주도력 견제
- 전략 의도
  - 유엔사를 통한 미국의 대중 견제 방지
  - 한미동맹 강화 방지
- 대한국 압박수단
  - 한국에 대한 외교적 압박
  - 유엔사 폐지 빌안
- 파급효과
  - 커다란 영항력을 갖지는 못할 전망

한다. 북핵 위협이 존재하는 상황에서는 억제력 강화를 위한 전력 제공 기능을 강화하며, 실질적 평화체제 구축 시기까지 제 역할을 충실히 수행할 수 있도록 해야 한다.

한국은 세계 최강국들에게 둘러싸인 분단된 반도국가로서 해양세력과 대륙세력의 접점에 위치해 있다. 그 결과 세력균형과 세력전이의 영향으로부터 자유로울 수 없다. 따라서 주변국의 한반도 정책 변화에 대한 면밀한 분석이 필요하다. 특히 주변국 외교는 사활적 이익인 생존권의 문제와 직간접적으로 연결되어 있기에 더욱 중요한 의미를 지닌다.

2부

동맹, 연합, 공존의
주변국 외교 전략

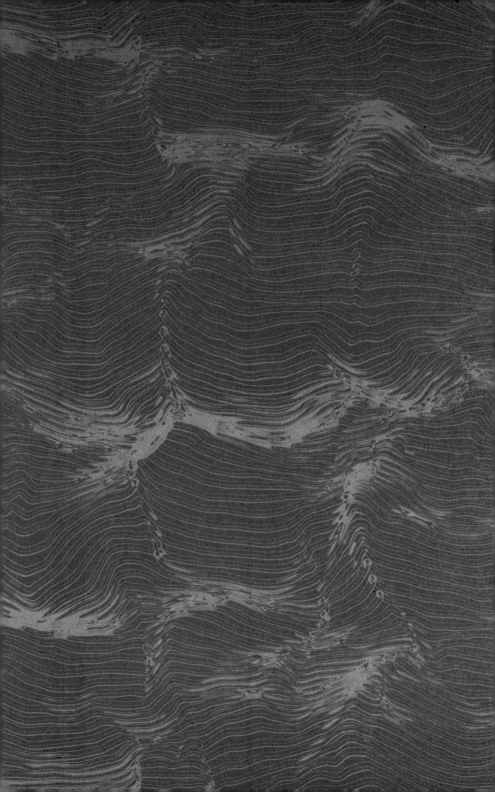

한국은 어떻게 주권, 생존권, 정체성을 스스로 지킬 것인가?

왜 주변국 외교가 중요한가?

동북아 정세 변화는 한국의 생존에 끊임없이 영향을 미쳐왔다. 삼국시대 고구려의 멸망은 중국 당나라의 등장, 고려의 멸망은 명나라의 등장, 조선의 멸망은 청나라의 쇠퇴 및 일본의 부상과 각각 연계성을 지니고 있다. 한국전쟁 역시 냉전의 태동과 밀접한 관계를 지니고 있다. 오늘날 한국 외교가 직면한 도전과제 역시 미중 전략경쟁과 주변국의 영향력 변화에서 비롯되고 있다.

한국은 세계 최강국들에게 둘러싸인 분단된 반도국가로서 해양세력과 대륙세력의 접점에 위치해 있다. 그 결과 세력균형과 세력전이의 영향으로부터 자유로울 수 없다. 따라서 주변국의 한반도 정책 변화에 대한 면밀한 분석이 필요하다. 특히 주변국 외교는 사활적 이익인 생존권의 문제와 직간접적으로 연결되어 있기에 더욱 중요한 의미를 지닌다.

그렇다면 우리의 주변국 외교의 대상은 누구이며 그간 어떠한 관계를 맺어왔나? 한국의 가장 중요한 주변국 외교의 대상은 미국이다. 미국은 북한의 남침으로부터 위기에 빠진 한국을 구했고, 한미동맹 체결 이후 튼튼한 안보와 경제적 번영의 기반을 제공했다. 미국은 자유민주주의, 인권, 시장경제를 확산시키고자 노력하고 있으며, 냉전기에서 오늘에 이르기까지 동북아나 인도·태평양 차원에서 한국, 일본과의 협력을 통해 영향력을 확대하고 있다.

중국은 오랜 기간 한국 문제에 관여하며 영향력을 유지해왔다. 청일전쟁이나 한국전쟁에 참전한 배경도 같은 이유였다. 탈냉전기에 접어들며 한중관계가 정상화되었고 한국 경제의 가장 큰 시장 역할을 수행해 왔지만, 21세기 들어 중국의 경제력이 지속적으로 부상하면서 역내 영향력을 키우며 미국과 본격적인 경쟁을 하고 있다. 특히 한반도를 중국의 영향권으로 편입시키려는 듯한 모습을 보이면서 한국 외교에 도전을 가져오고 있다. 그럼에도 여전히 중국 시장은 매력적이고 이웃 국가라는 지정학적 현실 또한 무시할 수 없기에 복합적인 대안이 필요하다.

일본은 역사문제로 인해 가깝고도 먼 나라가 되었다. 하지만 한국과 일본은 미국의 동맹 파트너로서, 그리고 안보는 미국에 의존하며 경제발전에 매진해왔던 대외전략 측면에서 유사한 점이 많다. 중국의 공세적 부상 이후 중국으로부터 경제적 압박을 받았던 점도 같다. 다만 중국에 대한 대응은 한일 간에 큰 차이를 보이는데, 일본은 공세적 외교와 동중국해 분쟁에 대응하기 위해 미일동맹을 강화하는 방향으로 노선을 분명히 함으로써, 여전히 미중 사이에서 고민하는 한국과는 확연한 차이를 보이고 있다. 역사문제로 인한 한일 간 분쟁이 여전한 시점에서 미국이라는 동맹 파트너를 공유하면서도 중국 문제에 대해서는 상반된 접근을 함으로써 빚어지는 한일관계의 불확실성을 해소해야 할 외교적 해법이 요구된다.

러시아는 유럽과 중국 사이에서 자국의 세력권을 만들고자 노력하고 있다. 동북아에서 패권을 추구하기보다는 중국과 협업하며 영향력 확대를 도모하고 있다. 한러관계는 경제협력의 장밋빛 구상이 반복되면서도 실질협력은 정체되는 문제점을 반복하고 있다. 러시아 극동지역 개발 협력의 파트너로서 한국의 가치는 존재하지만, 낮은 인구밀도나 열악한 기업 투자환경 등의 이유로 구체적 성과를 거두지 못하고 있다. 그 결과 한러관계는 새로운 관계 진전의 동력을 상실한 채 미중 전략경쟁과 중러 전략협력의 구도 속에서 독자적인 중요성을 인정받지 못할 위기에 처해 있다. 실용적 협력을 토대로 러시아를 한국의 편으로 만드는 지혜가 요구된다.

북한의 경우는 남북관계의 틀 속에서 논의해 왔으며, 주변국이라는 용어는 사용하지 않고 있다. 상호 교차승인이 이루어지지 않은 특수관계이기 때문이다. 한국의 외교적 노력은 북한 문제라는 블랙홀에서 여전히 빠져나오지 못하고 있다. 북한 김정은 국무위원장은 사실상의 핵보유국이 되기 위해 핵무력 강화와 대남 압박을 병행하고 있다. 국제사회의 일관된 비핵화 대화 요구에 응하지 않고 있으며 대화 재개 자체를 협상 수단으로 삼아 한국 정부의 침묵을 강요하고 있다. 북한의 핵 위협을 관리하며 대화를 통해 변화를 유도해야 하는 한국 정부의 과제는 미중 전략경쟁으로 인해 더욱 복잡한 환경을 맞이하고 있다. 그 결과 북한 문제에 관한 일관성 있는 대응과 현안에 대한 적절한 해법이 선순환을 할 수 있도록 남북관계와 주변국 외교를 조정하는 과제의 중요성이 날로 커지고 있다.

주변국 관계에서 모색해야 하는
동맹, 연합, 공존의 길은?

급변하는 동북아 정세 속에서 주변국 외교의 중요성은 날로 커지고 있다. 하지만 한국이 지향해야 할 방향은 분명하다. 미국과의 동맹을 강화하며, 주변국과 조화롭게 연합하고, 남북관계와 미중관계에서 공존의 길을 모색하는 것이어야 한다. 이를 위해서는 무엇보다 현실적인 상황 판단이 중요하며, 그 기반 위에서 주변국과의 양자외교에서 한국의 외교력을 발휘해야 할 것이다.

한미동맹은 한국 외교의 상수다. 한미동맹 강화가 필요하다는 점에는 아무도 이의를 제기하지 못할 것이다. 하지만 변화하는 국제정세와 미중 전략경쟁은 미국의 국익이 무엇인가를 정확히 살펴보면서 동맹을 발전시켜 나가야 한다는 새로운 과제를 안겨주고 있다. 특히 위기가 도래했을 때 미국이 한국을 충분히 보호해 줄 것인가에 대해 끊임없이 문제를 제기해야 한다.

탈냉전 이후 새로운 밀레니엄에 접어든 2000년, 미국이 세계 경제에서 차지하는 비중은 30%가량이었다. 하지만 중국의 경제적 부상과 인도 등 신흥경제권의 등장으로 현재 미국의 비중은 세계 경제의 20%가량으로 내려갔다. 지난 20년간 무려 10%포인트가 줄어든 것이다. 이러한 경제적 위상의 변화는 미국의 영향력 축소와 직결되었다. 이 추세가 지속된다면 미국은 점점 더 이기적인 강대국이 될 수밖에 없다.

과거 미국의 외교에는 4개의 기둥이 있었다. 먼저 청교도 정신이다. 기독교 정신을 바탕으로 미국은 전 세계를 포용하려 했다. 자유민주주의, 시장경제 그리고 인권의 가치를 널리 확산시키는 것이 대외정책의 목표였다. 하지만 포용의 정신은 점차 희석되어가고 있다. 지난 트럼프 행정부의 미국 제일주의America First에서 목격되듯 점점 더 미국의 국익을 고려하는 대외정책이 전개되고 있다. 동시에 중국과 같은 국가 주도 경제 체제로부터 도전을 받는 상황이다.

미국 의회정치도 약화되고 있다. 미국은 외교 문제에 있어서만큼은 민주, 공화 양당이 합의를 통해 분열되지 않는 의회를 유지했다. 하지만 미국 국내 정치의 양극화가 심화되며 외교의 영역 역시 화합보다는 갈등이 빈번해지고 있다. 그 결과 국내 정치적 상황에 이끌리게 되었고, 동맹국을 배려하기보다는 미국의 주장만을 강요하는 현상이 점점 더 빈번하게 목격되고 있다. 그 밖에 다민족 국가로서 내부의 인종 갈등이 심화되고 있고, 국내 정치적으로는 민주주의 리더십이 약화되고 있다. 이 모든 것이 미국의 쇠퇴를 시사하고 있다. 미국 행정부는 이러한 문제점을 극복하기 위해 다양한 노력을 기울이고 있지만, 전보다 다른 나라를 돕는 일에 소홀할 수밖에 없는 형국이다.

이러한 미국을 있는 그대로 보아야 한다. 오늘날 미국의 힘은 한국을 완전히 보호하는 데 충분하지 않다. 미국의 우월적 지위는 중국을 압도하지 못하고 있고, 국내 정치는 대외정책과 충돌하고 있다. 그 결과 미국의 외교정책에 있어서도 비용 대비 효과를 우선적으로 고려하는 관행이 만들어지고 있다.

오늘날 미국은 점점 더 이기적인 강대국이 되어가고 있다. 한미동맹도 이러한 현실을 인식하고 미래의 발전 방향을 찾아야 한다. 향후 미국은 동맹을 자국의 이익에 부합하도록 추진해 나갈 것이다. 과거 한국전쟁 시기와 같이 가치만으로 다른 나라를 보호해주는 시기는 지났다. 따라서 한미동맹을 발전시켜 나감에 있어 동맹의 한계를 인식해야 하고, 미국과 협력하기 위한 과제들을 잘 식별해야 한다.

우선 한국이 미국의 이익에 도움이 된다는 사실을 미국 측에 주지시켜야 한다. 그렇지 못할 경우 미국의 대외정책에서 한국의 중요성은 날로 약화되어 갈 것이다. 하지만 한국에게 있어 미국 이외의 대안이 존재하지 않는 것 역시 사실이다. 미국과의 동맹을 통해 안보를 튼튼히 할 수 있고, 글로벌 시장에서 경쟁력을 키울 수 있다. 따라서 미국의 인도·태평양 전략에 호응하면서, 경제분야에 있어서도 기후변화나 공급망 협력을 강화시켜 나가야 한다.

동시에 미국과의 동맹만으로 해결하기 어려운 문제들이 증가하는 추세를 고려하여, 이를 보완하기 위한 주변국 협력이 필요하다. 그 첫 번째 대상은 일본이다. 물론 일본과의 협력은 어렵다. 일본은 한국과의 관계 증진에 더 이상 관심을 보이지 않고 있다. 동시에 변화에 대응하는 힘도 정체되어 있다. 과거 일본은 한국의 미래였지만, 한국이 일본의 미래일 수도 있다. 일본이라는 거함은 가라앉고 있는지 모른다.

하지만 일본과의 협력은 미중 전략경쟁의 맥락에서 한국에게 불가결한 과제다. 한미일 안보협력과 한중일 기능별 협력의 파트너 국가이기 때문이다. 이 두 가지 협력에서 각각 미국과 중국은 변수지만, 한국과 일본은 상수가 되고 있다. 일본은 미국과의 안보협력을 더욱 강화하고 있다. 이런 일본에게 미국은 한미일 안보협력 강화를 요구하고 있다.

미국의 입장에서 한미일 안보협력에는 북한의 위협에 대비하는 것 외에도 중국을 견제하는 목적도 있다. 중국을 경쟁자로 인식하고 있는 일본 역시 그 필요성을 느끼고 있다. 그래서 한일관계의 악화에도 불구하고 한미일 안보협력에는 적극적인 모습을 보이고 있다. 한편, 한미일 협력이 중국을 견제하는 것이라면 한중일 협력은 중국을 포용하는 길이다. 한일 양국이 중국과 역내 다자협력을 촉진하는 것은 미중 간 갈등을 완충하는 역할을 수행한다.

한중일 협력에서 미국은 배제되어 있다. 하지만 한중일 협력은 중국이 계속 잘못된 길로 나가지 못하도록 협력의 기제를 제공한다. 중일관계는 미묘하다. 서로 상극과 같은 존재들이지만 일본은 중국의 과학기술 발전을 두려워하는 반면, 중국은 일본의 기술 수준과 잠재적 역량을 두려워한다.

외교관계에서 두려움은 협력을 낳는 기회가 될 수 있다. 한국은 한미일과 한중일 협력을 촉진하며 갈등과 협력을 조율해 나갈 수 있다. 한중일 협력이 발전해 나가면 러시아도 포함시킬 수 있을 것이다. 당장 러시아가 지역에서 기능별 협력에 기여할 바는 크지 않지만 한중일 협력이 활성화되면 그 틀에 러시아까지 포함할 수 있을 것이다. 이것이 한국이 주변국과의 연합을 강화해 나가는 길이다.

끝으로 중국과 공존의 길을 모색해야 한다. 동북아 지역에 대한 중국의 궁극적 목표는 역내 맹주가 되는 것으로 보인다. 주변국들이 중국의 핵심 이익을 존중하며, 중국의 국익과 반대되는 행동을 하지 못하도록 하는 것이다. 주변국 관계에서 일방적 우위를 추구하는 중국과 공존의 길을 찾는다는 것은 쉬운 일이 아니다. 특히 중국의 시진핑 주석은 집권 연장을 위해 과장된 행동을 하고 있다. 시 주석에게 있어 가장 큰 과제는 안정이다. 이를 기반으로 집권 3기를 열어가야 하기 때문이다. 그렇기 때문에 시진핑의 중국이 미국을 상대로 위험한 게임을 펼치지는 않을 것으로 보인다.

중국이 미국과 단기적인 속전속결로 승리를 만들어 내기엔 국내 상황이 발목을 잡고 있다. 중국의 경제적 상황은 겉으로 알려진 것보다 훨씬 많은 문제를 안고 있다고 전해진다. 이러한 중국의 잠재적 불안정 요인은 한중관계의 수평적 발전에 있어 기회 요인을 제공한다. 어려움이 없다면 한국을 무시할 가능성이 있지만, 중국 자신이 어려움을 맞는 상황에서는 한국과의 협력에 더욱 적극적으로 나설 것이기 때문이다. 미국에만 의존하는 정치적 부담을 줄여나가며 자강에 기초한 한국 외교의 독자적 공간을 만들기 위해서라도 중국과 공존을 모색하는 일은 포기해서는 안 되는 과제다.

한국은 미국을 어떻게 바라봐야 하는가?

1장

미국은 중국 위협의 해결사가 될 수 있을까

그간 한미동맹은 북한 문제를 중심으로 발전해 왔다. 한국은 물론이고 미국도 한반도에서 북한 위협을 관리해야 한다는 인식을 갖고 동맹을 강화시켜왔다. 하지만 오늘날의 한미동맹은 북한을 넘어선 지역적, 글로벌 차원의 문제들이 등장하고 있다. 특히 중국 문제에 관한 협력과 갈등의 폭이 커지고 있다. 중국의 공세적 부상은 한국 외교에 커다란 도전을 안겨주고 있다. 이러한 한국을 바라보는 동맹국 미국은 앞으로 어떤 태도를 보일 것인가? 동시에 한중 간 충돌이 발생할 경우 어떤 행동 양상과 의지를 갖고 한국을 지원할 것인가?

최근 중국과 호주 간의 관계에서 보인 미국의 태도와 행동은 향후 한중관계를 둘러싼 미국의 입장을 전망하는 데 시사하는 바가 크다. 호주가 중국의 인권 문제를 제기하자 중국은 호주산 석탄이나 철광석 수입을 제한했다. 과거 한국의 사드 배치 시 경제적 압박으로 성과를 거둔 것과 똑같은 방식으로 호주를 압박하려 든 것이다. 결과적으로 중국의 호주 압박은 성공을 거두지 못했다. 중국 내 석탄의 부족으로 인한 전력난과 철광석 가격의 상승을 야기했기 때문이다. 그 결과 중국은 다시 호주산 석탄 등을 수입하는 상황에 처하게 되었다.

문제는 중국이 부당하게 미국의 동맹국을 경제적으로 압박할 때 미국은 어떠한 대응을 했는가에 있다. 한국의 사드 사태와 마찬가지로 중국이 호주를 경제적으로 압박할 때 미국은 직접 개입하지 않았다. 중국의 행위를 비난하는 외교적 성명만을 냈을 뿐이다. 물론 미국은 사드 배치 후 한국에 대해서는 확장억제를 강화해주는 합의를 해주었고, 호주에 대해서도 핵잠수함 계약을 허용했다. 이런 측면에서 미국이 안보적 지원을 강화한 것은 사실이나, 한국과 호주가 어려움을 겪는 동안 미국은 별다른 경제적 조치를 취하지 않았다.

왜 미국은 호주 문제에 직접 개입하지 않고, 군사적으로 지원하는 수준에 머문 것일까. 한국과 같이 무역의존도가 높은 국가가 이러한 미국의 지원 방식에 만족할 수 있는가. 분쟁에는 직접 개입하지 않고 군사적 지원을 통해 영향력을 행사하며 중국을 견제하려는 미국의 입장은 앞으로 한반도에서도 반복될 가능성이 존재한다. 예를 들면 서해안 항행의 자유는 보장하지만, 한중 간 분쟁에는 미국이 직접 개입하지 않는 것이다. 이러한 미국의 조치는 충분한가. 미국이 중국의 위협에 해결사가 되어줄 수 있는가 하는 근본적인 질문이 제기되고 있다.

가치동맹과 이익동맹

중국의 경제력을 고려할 때 이제 미국은 중국을 홀로 다루기가 어려운 상황이 되었다. 트럼프 행정부의 방식은 한계에 봉착했고 이제 바이든 행정부는 동맹국들과 파트너 국가들의 협력을 끌어모으려 하고 있다. 유사시 미국의 안전보장을 위해 동맹국 및 파트너 국가들의 평시 협력을 요구하고 있다. 이런 미국이 우리의 안전망이 될 수 있는가. 미국이 자국 이익 중심의 행동을 전개할 경우 우리는 이런 미국을 어떻게 다루어야 할 것인가. 나아가 미국이 자국의 이익에 맞는 나라인지를 판단하는 기준은 무엇인가. 한미동맹을 강화해 나가는 과정에서 이러한 근본적인 질문에 수없이 봉착하게 될 전망이다.

한미동맹은 가치동맹에서 비롯되었다. 미국은 한국의 안보를 지켜주며 경제원조를 아끼지 않았고, 자국의 내수시장도 한국산 수출품에 개방해주었다. 그 결과 미국은 한국의 든든한 후원자 역할을 했고, 한강의 기적을 만드는 데 밑거름이 되어주었다. 미국에게 경제적 손실이 따랐지만 공산진영으로부터 자유진영을 지켜야 한다는 믿음으로 인해 한미동맹에 투자해 온 것이다. 하지만 한국이 세계 10위권의 경제강국으로 성장하고, 미중 전략경쟁이 치열해지면서 한미동맹을 바라보는 미국의 시각이 바뀌고 있다. 더 이상 가치동맹 하나만으로 한미동맹을 설명할 수 없게 된 것이다.

미국은 점점 더 한미동맹에 있어 한국의 역할 확대를 요구하고 있다. 외교적으로나 군사적으로는 한반도를 벗어난 기여의 확대, 경제적으로는 미국과의 균형무역을 강조하고 있다. 가치 못지않게 국가

이익을 중요하게 여기게 된 것이다. 이러한 미국의 동맹정책은 당분간 지속될 것으로 전망된다. 그 결과 향후 미국은 한국이 얼마나 자국의 국익에 맞는 나라가 될 것인가에 따라 한국과 맺은 동맹의 가치를 판단할 것이다.

문제는 한미동맹이 아무리 견고하다 할지라도 양국의 이익이 항상 일치하지는 않는다는 점이다. 동시에 미국이 한국을 자국의 국익에 기초해서 판단한다면, 한국 또한 '미국이 얼마나 우리의 국익에 맞는 나라인가'를 판단해야 한다. 이러한 평가를 기반으로 한미관계가 지니는 중요성을 인식하고 한미관계 변화의 동향을 식별하며, 발전방향을 모색해 나가야 한다. 그래야 양국 간 인식의 차가 벌어져서 동맹이 약해지는 위기를 예방할 수 있다.

향후 한미동맹은 기존의 자유민주주의와 시장경제라는 가치 외에도 양국 간 이익의 교환이나 균형을 고민해야 한다. 중국 문제와 관련해서는 한국이 처해 있는 지정학적 특수성을 미국에 잘 설득해야한다. 미중 전략경쟁에 있어 한국은 미국 편에 서지만, 지정학적 리스크를 고려할 때 한국은 중국과도 우호적 관계를 유지해야 한다는 것을 이해시켜야 한다. 대만이나 남·동중국해 문제들로 인해 한국이 떠안을 지정학적, 지경학적 리스크가 크다는 점도 납득시켜야 한다. 그래야 비로소 가치와 이익의 공감대 형성이 이루어지며 한미동맹은 가치동맹과 이익동맹으로 진화할 수 있을 것이다.

그래도 굳건한 한미동맹

가치동맹에서 이익동맹으로의 부분적 진화과정에서 한미동맹의 방향을 잡지 못하고 흔들리는 모습이 목격된다. 그러나 한미 양국 정부나 주류학계의 시각은 한미동맹의 유지에 공감한다. 우선 동맹에 관한 역사적 사례와 이론은 한국이 미국과의 동맹을 유지하는 것이 최선의 선택임을 보여준다.

동북아 국가들이 누적된 갈등을 청산하고 유럽과 같이 하나의 공동체로 나아갈 가능성은 미약하다. 여전히 전통적 세력균형에 따른 무력 분쟁 가능성이 있다는 의미다. 이미 역내 국가들은 자국의 이익을 보존하고 영향력을 제고하기 위한 경쟁에 돌입해 있고, 동아시아 세력균형상의 변화를 추구한다. 본격적인 물리적 충돌의 가능성은 크지 않지만, 무력을 기반으로 한 19세기 형태의 '함포외교'와 같은 수단이 보다 본격적으로 동원될 가능성도 배제할 수 없다.[4]

종합적인 국력 차원에서 세계 최상위권에 있는 중국, 일본, 러시아 등을 한국이 독자적으로 상대하기에는 무리가 있다. 한국 단독의 힘만으로는 동아시아 내 권력 서열의 하위에 위치하게 되거나, 한국 영토가 이들 국가의 세력 다툼의 장이 되는 것을 막지 못하게 되는 상황을 맞을 수 있다. 따라서 한국은 다양한 위협에 대해 치밀히 준비하되, 동아시아 세력 재편 과정에서 부정적 영향을 최소화하기 위해 신뢰할 만한 동반자가 필요하다.[5]

이런 측면에서 볼 때 국경을 맞대지 않고 영토적 야심이 없는 국가이자, 정치체제와 가치를 공유하고 있는 미국과의 동맹은 그 어떤 선택보다 유익하다. 한미동맹을 유지하고 주한미군이 지속 주둔함으로 인해 한국은 중국과 일본에 대한 균형자 역할을 수행할 수 있다.[6] 따라서 트럼프 대통령 시기에 경험한 바와 같이 미국 정부가 비용편익의 측면으로 접근하여 한미동맹의 근간을 흔들지만 않는다면, 한국은 한미동맹을 유지해야 한다.

물론 미국이 이전과 같이 세계 최강대국으로 국제사회에 안보와 경제의 공공재를 제공하던 시기는 지나갔다. 코로나 사태를 겪으면서도 미국의 한계가 노출되었다. 바이든 행정부도 이를 제대로 인지하고 대외정책에서 가치에 기반한 동맹정책을 강조한다. 미국이 자유민주주의 가치를 다시 내세우는 것은 국가의 정체성에서 비롯된 것이긴 하지만, 미국이 쇠퇴해 가는 상황에서 수정주의 세력인 중국과의 경쟁을 위해서 자유민주주의 국가가 대부분인 미국의 핵심 동맹국들을 모으는 방책이기도 하다.

미국의 쇠퇴와 함께 변화하는 국제질서 속에서 한국은 미국과 함께 지금보다 더 능동적으로 자유주의적 국제질서를 복원하는 길을 걸어야 한다. 자유민주주의 가치를 공유하는 국가와 협력하여 기존 질서를 유지하고 새로운 규칙을 마련해야 한다. 동시에 이익동맹의 측면에서 한국은 미국과 끊임없이 이익을 교환하고 기여를 확대해야 한다. 한국이 수동적인 위치에서 벗어나 필요한 외교적, 군사적 비용을 감당하면서 더 책임 있는 자세로 나아갈 때 한미동맹은 계속해서 진화할 수 있다.

미국에게 한국은 무엇인가?

대중국 포위망의 최전선인가?

미국에게 한국은 북한의 핵위협을 공동으로 억제하는 동맹국이자 자유주의적 국제질서의 한 축을 담당하는 좋은 파트너가 아닐 수 없다. 과거 미국이 일방적으로 원조를 해주던 시기를 지나 이제 한국은 국방비 지출 규모에서나 경제력 차원에서 세계 10위권의 국력을 자랑하는 동맹국으로 성장했다. 동시에 국제사회에서 한국의 위상이 높아져가는 현실을 고려할 때, 미국 역시 한국과의 협력을 중요시하고 있다. 다만 중국 문제와 관련해서는 한국에 비해 보다 강경한 입장을 견지하고 있다.

바이든 행정부의 대중국 인식은 매우 부정적이다. 중국이 경제, 안보, 인권 등 거의 전 영역에서 미국에 도전이 되고 있다고 평가한다. 구체적으로 중국이 경제 질서를 파괴하고, 남중국해를 비롯한 지역에서 안보 불안을 증대시키며, 홍콩보안법 등의 인권 유린을 행한다고 진단한다.[7] 로이드 오스틴 국방장관은 청문회에서 "중국의 목표는 세계의 패권적 지배자가 되는 것"이고 바이든 행정부는 "중국을 미국의 가장 심각한 경쟁자이자 군사적 위협"으로 보고 있다는 사실상의 주적 인식을 드러냈다.[8]

미국의 대중정책에는 다자주의, 자유민주주의, 동맹이 고스란히 반영되고 있다. 바이든 행정부는 세 가지 핵심 기조가 모두 담긴 '민주주의 정상회의'를 추진한다.[9] 자유민주주의 가치를 내세우면 무역, 기술, 안보, 정치체제, 인권 등 거의 전 영역에서 권위주의 국가인 중국을 상대로 배타적 전선을 구축할 수 있게 된다. 정상회의 모임 자체가 다자주의를 실현하는 것이며 자유민주주의 국가 대부분은 미국의 동맹국이다.

최근 들어서는 경제 분야에서 경쟁이 치열하다. 바이든 행정부는 수시로 미국과 동맹·우호국이 연합하면 세계 경제의 반을 차지하므로 환경, 노동, 무역, 기술, 투명성 등 모든 면에서 규칙을 만들고 이끌어 갈 수 있음을 강조한다.[10] 동시에 반도체 등과 같은 첨단기술 분야에서 중국과 격차를 벌려나가기 위해 공급망 안정성에 큰 관심을 두고 있다.

중국을 견제하려는 미국에게 한국은 대중국 포위망의 최전선으로서 가치가 존재한다. 한국의 경제력과 군사력은 미국에게 있어 커다란 자산이 아닐 수 없다. 한국의 첨단산업기술, 그리고 반도체 역량은 미국이 첨단산업 분야에서 중국과 격차를 유지하는 데 필수 불가결한 요소다. 한국이 최첨단 반도체를 중국에 공급하게 될 경우, 한국이 중국산 5G, 6G 네트워크를 활용하게 될 경우 미국은 중국과의 경쟁에서 큰 타격을 입게 된다. 한국의 국방력이 한반도를 넘어 인도·태평양 지역에서 활용될 경우, 미국은 중국을 견제하는 데 커다란 원군을 얻게 된다.

물론 한미동맹엔 북한 문제, 양자 경제문제, 글로벌 협력 문제 등 중국 문제를 넘어서는 여러 가지 협력의 영역이 존재한다. 따라서 미국이 중국 문제만을 한미동맹에 투영시키지는 않고 있다. 다만 중국 문제의 중요성이 커질수록 한미동맹과 관련해서도 중국 문제는 더욱 중요한 이슈가 될 전망이다.

한미 간 넓어지는 인식의 틈새

미국 행정부는 중국 문제와 관련하여 한국을 더 많이 활용하고자 한다. 하지만 한국은 한반도의 지정학적 특수성으로 인해 중국 문제에 조심스러운 모습을 보이고 있다. 그 결과 한미 간에 중국 문제로 인한 갈등은 점점 더 커지는 상황이다.

미국은 중국 문제와 관련하여 한국이 일본이나 호주와 같은 태도를 보여주길 희망하고 있을 것이다. 일본이나 호주는 중국을 견제하기 위한 쿼드에도 가입했고, 남중국해나 동중국해 등에서 미국의 대중국 견제 활동에 적극적으로 참여하고 있다. 가치적인 측면에서도 신장 위구르나 홍콩 문제와 같은 중국 인권 문제에 대해 목소리를 높이고 있다. 인도·태평양 지역에 있는 미국의 핵심 동맹국 중에서 오직 한국만이 중국 문제와 관련하여 조심스러운 태도를 보이고 있다.

한미동맹과 관련한 미국의 요구사항도 마찬가지다. 주한미군을 대만 문제에 활용할 수 있는 전략적 유연성, 남중국해나 동중국해 그리고 대만해협 안정에 대한 한국의 기여 확대, 유사시 한국군의 역할 증대 등을 희망하고 있다. 외교적 차원에서는 쿼드에 참여하며 중국을 견제하고, 경제적으로도 첨단산업 공급망 협력을 강화하고자 한다. 그러나 이 중에서 한국이 적극적으로 미국의 요구에 응하고 있는 것은 첨단산업 공급망 협력뿐이다.

미국 행정부와 마찬가지로 역대 한국 정부는 모두 한미동맹 발전을 주창해왔다. 하지만 최근 한국 정부는 동맹관계에서 '자주성'과 '북한 문제 우선'의 경향을 보여왔다. 먼저 동맹관계에서 자주성을 대표하는 정책은 전작권 전환이다. 전작권 전환은 이미 노무현 정부 시절 동맹으로부터 자주성을 확보하기 위해 시도한 바 있다. 현 문재인 정부도 이와 유사한 인식으로 대미 의존을 줄이고 대외정책에서의 독자성을 확보하기 위해 전작권 전환을 추진하고 있다. 북한 문제도 마찬가지다. 지난 4년간 문재인 정부는 한미동맹이나 북한 비핵화 문제보다 북미 관계 개선이나 남북관계 진전에 보다 많은 비중을 두었다.

북한 비핵화 협상이 진전되지 못하는 상황에서 남북대화를 이어가기 위해 대북제재 완화 필요성을 언급하는 한국 정부에 대한 미국의 신뢰는 높지 않아 보인다. 북한이 단거리 미사일 도발을 감행할 때마다 한미 간에 이견이 발견되고, 종전선언을 추진하는 한국 정부에 대한 미국의 반응도 차갑다.

중국 문제와 관련해서도 지난 5월의 한미 정상회담에서의 성과가 제대로 이행되고 있는지 의문이다. 당시 예상을 뛰어넘어 문재인 정부의 입장 전환으로 쿼드, 남중국해, 대만해협 문제에 합의가 이루어졌다. 하지만 그 이후 중국 문제와 관련한 한미 간의 협력은 별다른 진전을 보지 못하고 있다.

미중 전략경쟁의 길목에서 한국은 나름 고심하는 모습을 보이지만, 아직까지 방향을 찾지 못하고 표류하고 있다. 북한 문제를 중심으로 가치동맹과 이익동맹적 요소들을 꿰맞추는 데 급급한 채 미중 전략경쟁이라는 큰 그림을 보지 못하고 있다. 이러한 한미 간의 인식 차가 극복되지 못하고 장기간 방치된다면, 한미동맹의 굳건함이 조금이라도 약해지지나 않을지 우려가 제기된다.

만일 한국이 미국과 중국을 견인해서 새로운 관계를 창출할 수 있는 힘이 있다면, 중국을 둘러싼 한미 간의 이견은 점점 줄어들 것이다. 하지만 안타깝게도 한국은 '단일 행위자'로서 미국과 중국을 견인하지 못한다. 지정학의 귀환, 강대국 정치의 부활로 상징되는 현 세계정세에서 한국이 단독으로 미국과 중국의 갈등을 봉합하고 새로운 질서를 창출할 순 없다. 그렇기에 중국 문제로 인한 한미 간 인식 차를 단기간에 해결하기 어렵다.

틈새를 어떻게 좁혀나갈 것인가?

바이든 행정부 대외정책의 최우선순위는 대중정책이다. 중국에 대한 강경정책이 이어지고 특히 기술 패권을 둘러싼 경쟁이 첨예화할 것이다. 중국 견제를 위한 인도·태평양 전략 공간이 중시되면서 역내 주둔 미군의 재편도 예고되고 있다. 물론 미국은 한국을 좋은 파트너로 생각하며 한미동맹을 강화하려 하고 있다. 하지만 미국은 중국 문제와 관련하여 한국의 지정학적 고민을 충분히 이해하지 못하고 있다.

미국은 한국이 북한 문제를 풀기 위해 중국의 협력을 필요로 한다는 것을 이해하면서도 중국과의 협력을 강화하는 것은 불편해하고 있다. 한국이 경제협력의 필요성으로 인해 중국이 핵심 이익이라고 생각하는 대만 문제나 신장 위구르 등의 문제에 대해 조심스러운 입장을 전개하는 것을 이해하면서도 미국의 편에 서기를 원하고 있다. 하지만 미국이 지향하는 한미동맹의 발전 방향이 한국이 중국 문제에 있어 미국과 완전히 같은 입장을 취하는 것이라면, 한미 간 벌어진 인식의 틈새는 좁혀지지 않을 가능성이 있다.

한국 정부나 국민 모두 미국과의 한미동맹을 발전시키기를 원하는 입장이다. 하지만 한국은 중국과 이웃 나라로서 여러 가지 이익을 교환하고 있다. 당분간 중국 시장을 대체할 만한 새로운 시장을 찾기도 어렵다. 물론 한중 간 경제협력의 모습이 질적으로 또는 양적으로 변화할 가능성은 열려 있지만, 적어도 급격한 변화가 필요한 상황은 아니다. 동시에 한국은 정체성에 대한 적극적인 의사표명을 개진하는 데 익숙하지 않다. 자유민주주의와 시장경제, 인권은 한국의 정체성 자체다. 하지만 이러한 가치를 중국과의 외교에서 투영하지 못하는 외교 관행이 너무 오랜 기간 누적되어 왔다. 그 결과 한국은 한중 관계에 설정해 놓은 스스로의 한계를 벗어나지 못하고 있다.

한국은 한미동맹과 한중관계를 관리하는 과정에서 복합적인 우선순위를 조정해 낼 수 있어야 한다. 먼저 한국은 한미동맹의 근간이라 할 수 있는 가치동맹의 요소를 중시해야 한다. 자유민주주의 국가로서의 정체성을 훼손하는 한국의 대외정책은 지속되기 어렵다. 다음으로 이익동맹의 요소로서 북한 문제뿐만 아니라 중국 문제에 있어서도 미국과 적극적인 이익 교환이 필요하다. 이러한 과정을 반복하면서 미국과 신뢰를 쌓고 예측 가능성을 높여야 한다. 그러다 보면 중장기적으로 중국 문제에 관한 한미 간의 공감대가 형성될 수 있을 것이다.

그래도 오래된 친구가 좋은 친구

오래된 친구가 좋은 친구인 이유는 서로를 잘 알기 때문이다. 서로를 잘 안다는 것은 이해와 공감의 폭이 넓다는 것이고 그만큼 관계가 지속 가능할 수 있음을 의미한다. 한미동맹의 장점은 지난 70년간의 누적된 신뢰가 존재한다는 것이고, 이는 어느 한 행정부가 망칠 수 있는 성격이 아니다.

다행히도 미국 바이든 행정부는 전임 트럼프 행정부에 비해 협력이 용이할 것으로 보인다. 물론 바이든 행정부도 동맹국·우호국의 책임과 역할 증대를 원하고 있다. 미국이 쇠퇴하는 상황에서 산적한 국내 문제를 해결하고 대외적으로 중국을 견제하려면 동맹국의 책임과 비용 분담 증대를 요구할 수밖에 없다. 바이든 대통령은 트럼프 대통령의 비용만 따지는 동맹정책을 비판하면서도 오바마 행정부에서 NATO 분담금 인상을 이끌어낸 사실을 적시한 바 있다.[11]

그러나 바이든 행정부는 트럼프 행정부와 같이 관세 부과, 주둔 미군 철수와 같은 물리적 힘을 행사하기보다는 자유민주주의라는 가치를 내세워 자발적 기여를 유도할 것이다. 그러나 상황이 여의치 않을 경우에는 '같은 생각을 가진 국가'의 이해를 반영하는 방안이 강조될 수도 있다. 즉 가치의 공유에서 이익의 공유로 방향 전환을 할 수 있다는 것이다.

한국의 대외전략도 이러한 상황을 충분히 인지하고 마련되어야 할 것이다. 우선 한국의 대전략이 필요하다. 한국 역시 가치동맹과 이익동맹의 요소를 잘 고려하면서, 북한 문제를 벗어나 지역적 차원과 글로벌 차원으로 협력의 영역을 넓혀 나가야 한다. 자유민주주의, 열린 세계화, 규칙에 기반한 다자주의 등이 한국의 안보와 번영을 보장해 준 원칙임을 감안할 때 이에 기초한 대전략이 마련되어야 한다.

한국은 보다 능동적으로 움직여야 한다. 미중 사이에 전략적 모호성을 통한 이익 확보와 같은 수동적 자세는 더 이상 유효하지 않다. 미국의 대중국관이 아닌, 한국 고유의 대중국관을 유지하면서도 한국의 가치와 이익을 잘 반영해야 한다. 한국의 지정학적 고민을 미국에게 이해시키며 접점을 찾아야 한다. 변화하는 세계질서를 '같은 생각을 가진 국가'들과 함께 설계해 나간다는 적극적인 자세가 요구된다. 세계 10위권의 경제력과 6위권의 군사력을 갖춘 한국의 영향력을 충분히 활용해야 한다.

비용을 지불해야 한다. 이전과 같이 무비용으로 세계무대를 빌릴 수 있는 시대는 지나가고 있다. 전 세계 공공재의 혜택만을 누리는 것이 아니라 한국도 공급자로서 역할을 수행해야 한다. 더불어 원칙과 가치를 지키는 과정에서 발생할 수 있는 불이익도 감당할 준비가 되어 있어야 한다. 미국은 국내 정치적 어려움을 극복하기 위한 공간과 시간, 자원을 확보하기 위해서라도 보다 적극적인 동맹의 기여를 원한다. 따라서 바이든 행정부는 한미동맹의 중요 의제인 전시작전권 전환, 연합훈련, 방위비 분담 등도 동맹 기여 측면에서 판단할 것이다. 나아가 주한미군 조정을 포함한 한미동맹의 역할, 임무, 발전방안을 구체화해야 한다. 이를 통해 양국 사이의 현안을 관리하며 중장기적인 미래를 함께 그릴 수 있을 것이다.

3장

한미 간
쟁점과 해법

한미일 안보협력 강화

정책 방향

한국은 한미일 안보협력을 활용하여 역내 질서 변화에 한국의 입장을 반영해야 한다. 한미동맹만으로는 한국 입장을 반영하기가 여의치 않다. 3국 협력 과정에서 한국의 고려 사항과 한계 등을 반영시켜 나갈 수 있다. 한국은 큰 틀에서 3국 협력을 강화해야 한다. 특히 현존하는 북한 핵 위협 억제를 위해 지금 보다 높은 수준의 협력을 도출해야 한다. 다만, 대중국 견제와 관련해서는 신중한 접근이 필요하다.

문제 인식

트럼프 행정부의 자국 우선주의, 동맹을 거래비용적 측면으로 환원하는 단순성, 전략적 이해보다는 단기적 물질적 이익을 추구하는 경향 등으로 인하여 동맹 전반이 약화되었다. 트럼프 대통령의 정책이 트럼피즘의 형태로 고착화하면서 바이든 행정부가 들어섰음에도 불구하고 동맹국의 미국에 대한 신뢰는 완전히 회복되지 못하고 있다.

이러한 상황을 인지한 바이든은 후보 시절부터 동맹 복원을 강조한 바 있다. 실제로 트럼프 대통령은 전례 없는 액수의 방위비 인상을 주창한 반면 바이든은 후보 시절에 자신이 당선되면 한국을 '갈취'하지 않겠다고 공약한 바 있다. 바이든은 대통령에 당선된 후 동맹 복원에 나서고 있다. 대외정책의 3대 기조 중 하나로 동맹 중시를 선포하고, 공약대로 취임 직후 한국을 비롯한 핵심 동맹국 정상들과의 전화 통화를 통해 "미국이 돌아왔다. 안심하라"는 메시지를 전달하였다.

한미일 안보협력은 바이든 행정부가 추진하는 동맹 복원의 상징적인 의제로 다루어진다. 트럼프 대통령은 한국과 일본 간의 갈등을 중재할지 여부를 묻는 질문에 양국이 알아서 하라는 식의 입장을 보인 바 있다. 주무 관료인 인도·태평양 담당 차관보는 일부 역할을 하였으나 이전 행정부와 비교할 때 그 정도는 미미한 수준이었다. 바이든 행정부는 출범 후 공식성명과 정부 문건 등을 통해 한미일 협력을 강조했고 2021년 3월 한미일 안보보좌관 회의를 주최하는 등 실질적인 행보를 보였다.

바이든 대통령을 비롯하여 행정부 외교안보팀의 대다수 아시아 전문가들은 한국과 일본이 역사적 어려움을 극복하고 지구적 차원에서 협력을 도출해야 한다는 인식을 공유한다. 동맹 복원과 다자주의, 자유민주주의의 3대 화두란 측면에서도 한미일 안보협력 강화를 역내 안정을 위한 주춧돌로 여긴다. 한일 갈등의 와중에서 지난 2015년 위안부 합의에 이르게 된 계기가 되었던 박근혜 – 아베 – 오바마의 3자 회담 사례가 자주 소환된다. 2014년 3월 오바마 대통령은 헤이그 핵안보 정상회의장에서 갈등을 빚고 있던 한일 정상을 중재하여 한미일 3자 회동을 성사시키고 이를 통해 한일관계 정상화의 계기를 마련한 바 있다. 바이든 자신도 2013년 방한 시 "한일 간 원만한 관계 진전을 이뤄 달라"라고 공개 발언을 한 적도 있다.

정책 결정의 배경 및 근거

바이든 행정부가 한미일 안보협력을 강조하는 또 다른 이유는 중국 견제를 위해서다. 기존의 쿼드가 있으나, 지정학적 위치상 호주는 멀고, 인도의 참여는 한계가 있을 수밖에 없다. 군사·경제 양면에서 세계 상위권의 역량을 가진 국가이자 미군이 주둔하고 있는 한국, 일본과의 협력을 공고히 한다면 미국은 대중국 견제 효과를 극대화할 수 있다. 이미 일부에서는 주한미군과 주일미군을 연동하는 방안에 대한 논의도 제기된다. 미국의 최종적인 복안은 유엔사를 활용하여 한미동맹과 미일동맹을 연동하는 방안인 것으로 판단된다.

정책 추진과정에서의 유의점

2021년 3월 한국과 일본에서 개최된 2+2 회의와 4월 미일 정상회담 후 발표된 공동선언에서 한미일 안보협력의 중요성이 계속 강조되었다. 그러나 이처럼 한미일 안보협력이 계속 강조되는 것은 역설적으로 그만큼 협력이 잘되지 않고 있다는 뜻일 수 있다. 사실 한일 관계는 2018년 10월 한국 대법원의 강제징용자 배상 판결 이후 계속 갈등이 깊어지고 있다. 2020년 연말부터 한국 정부가 일부 전향적인 입장을 밝히며 일본과의 관계 개선을 시도했다. 하지만 일본은 징용자와 위안부 배상 판결 문제에 대한 한국 정부의 선제적 조치 없이는 정상급 대화에 응하지 않겠다는 입장을 견지하고 있다. 이에 따라 바이든 행정부는 한미일 3자 간 협의체를 통해 안보와 역사 문제를 분리하는 접근을 시도 중인 것으로 판단된다. 그러나 2021년 4월 미일 정상회담에서 표출되었듯이 바이든 행정부의 대중국 견제 정책에 철저하게 공조하는 일본과 달리 문재인 정부는 여전히 미중 간 '전략적 모호성' 또는 '초월적 외교' 방침을 지속한다. 이러한 추세가 지속되면 바이든 행정부의 한미일 협력을 위한 노력이 중지되거나 축소될 가능성도 배제할 수 없다. 미국의 정책에 전적으로 호응하는 일본과 함께 전 세계 및 인도·태평양 지역 질서의 새판 짜기에 나서고, 한국의 참여에 대한 기대는 낮출 수 있다는 것이다.

주한미군 감축/재배치

정책 방향

한반도의 평화와 안정을 위해 주한미군의 규모는 현 수준으로 유지하면서 대비태세를 유지하도록 최선을 다해야 한다. 주한미군의 기능과 역할, 규모 등은 현재와 같이 북한 위협에 우선적으로 대응하는 형태가 한국에 가장 유익하다. 그러나 미국이 주한미군을 비롯한 해외 주둔 미군 전반에 대한 조정을 시도하고 있으므로 여기에 대한 대비도 필요하다.

문제 인식

트럼프 행정부 출범 후 미 국방부는 전 세계 대비태세를 검토하고 이미 일부 조정을 시도하였다. 계기는 트럼프 대통령의 자국 우선주의다. 트럼프는 2016년 대선 때부터 미군의 해외 주둔을 부정적으로 인식하고 본토 귀환을 원하는 입장을 표명한 바 있다. 이와 더불어 미중 갈등 국면에서 중국을 압박하기 위한 자산을 집중하는 차원에서 해외 주둔 미군의 전반적인 대비태세를 조정할 필요성이 대두된 것도 미 국방부가 조정 정책을 추진하는 동력이 되고 있다. "미국은 더 이상 세계 경찰이 아니다"라고 공포해 온 트럼프는 미국의 이익에 직접 연계되지 않은 지역에서 철수하는 선택적 개입과 축소를 지향하였다.

트럼프 시기 미국의 국방태세 검토의 목표는 에스퍼 국방장관이

2020년 7월 21일 밝힌 것처럼 모든 통합 전투사령부를 재점검하고 맡은 지역의 임무를 수행하도록 최적화되어 있는지 확인하여 조정하는 것이다. 이를 위해 순환배치의 중요성을 강조하였다. 에스퍼 장관이 제시한 "역동적 전력 전개 Dynamic Force Employment: DFE"는 순환배치 전력을 늘려 전구에 투입할 수 있도록 함으로써 미국의 전략적 유연성을 확장하는 것이다. 이를 통해 전 세계에 상시 배치한 미군의 숫자를 줄이면서도 대비태세를 향상시키고 다양한 지역에 파병하기를 원한다.

에스퍼 장관이 육군장관 시절 용역을 준 미 육군대학원 산하 전략연구원SSI의 보고서 「육군의 변신: 인도·태평양사령부의 초경쟁과 미 육군 전역 설계」는 인도·태평양 지역의 최대 위협인 중국에 대항하는 차원에서 현재의 주한미군과 주일미군 체제는 효과적이지 못하다고 판단한다. 현재의 배치가 중국의 반접근/지역거부A2/AD에 취약하여 중국의 탄도 및 순항 미사일, 잠수함, 유인-무인 공중체계의 표적 내에 있다는 것이다. 종합적으로 볼 때 미국이 추진하는 국방태세 조정은 전진 배치된 미군의 조정을 통해 특정 기지에 붙박이 형태로 대규모 병력을 주둔시키는 냉전형 배치를 지양한다. 대신 신속한 투사가 가능한 전력을 확충하고 다양한 임무 수행이 가능하도록 유연성을 확보하는 것이다.

정책 결정의 배경 및 근거

앞에서 설명한 원칙은 주한미군에도 적용될 수 있다. 미국은 주한미군 전력을 북한 위협에만 대처하는 형태에서 벗어나 대중국 견제에 보다 초점을 맞추고자 할 것이다. 전작권 전환과 함께 한국군이 재래 전력의 지상 방어에 더욱 큰 책임을 갖고 임하도록 조정하면서 미군의 지상 기동 전력에 대한 수요를 줄이려 할 수 있다. 이와 같은 전력 재편은 향후 주한미군의 '수'가 아닌 '능력'이 강조되면서 변환을 모색할 것이다.

더불어 미중 갈등이 심화할수록 주한미군의 주된 기능과 역할도 중국 견제에 맞춰질 것이다. 지상 기동 병력보다는 '방어, 지속성, 정보, 지휘통제' 등을 위주로 재편될 여지도 배제할 수 없다. 미국의 유한한 자원과 중국과의 초경쟁 상황을 감안한다면 미국은 전략적 유연성 확보를 중시할 것이다. 이는 주한미군도 마찬가지다. 2020년 초 라이언 매카시 미 육군장관은 비록 주한미군은 제외된다고는 했으나 "인도·태평양 내 미 육군을 다양한 분쟁지역에 투입할 수 있는 신속대응군 성격으로 전환할 것"이라고 밝힌 바 있다.

정책 추진과정에서의 유의점

바이든 대통령은 취임 이후 직접 '전 세계 대비태세 검토Global Posture Review: GPR'를 실행하라고 지시한 바 있다. 조지 W 부시 행정부 때 사용되었던 것과 정확히 일치하는 개념을 담은 단어를 사용함으로써 당시 정책의 연장선상에서 검토가 이루어질 것임을 보여주었다. 바이든 대통령의 지시는 트럼프 행정부의 에스퍼 장관이 시도했던 재편과도 공명한다. 따라서 전진배치된 미군의 재편은 큰 틀에서 볼 때 이미 본격화하고 있다고 판단된다.

트럼프 행정부와의 차이는 비용 측면에서 해외 주둔 미군의 수를 줄이겠다는 식의 정치적 수사가 사라졌다는 점이다. 주독미군의 경우 GPR에 따른 조정이 이루어졌으나, 트럼프 대통령이 이를 정치적으로 활용함으로써 안보공약 약화를 가져왔다. 바이든 행정부는 이러한 측면을 고려하여 일단 주독미군의 감축을 중지한 바 있다.

주한미군 조정은 미국의 국방전략 측면에서 진행되고 있는 전진배치된 해외 미군 조정과 '다영역작전MDO'에 따라 진행될 가능성이 크다. 바이든 행정부에서는 GPR에 따라 전진배치된 미군의 수를 축소하고 미 본토에 귀환시킨 뒤 필요한 때 필요한 곳에 신속 투사하는 재편이 이루어질 가능성이 크다. 또한, 트럼프 행정부 때 시작된 역동적 전략 전개를 지속하여 특정 지역에 전략자산을 상시 배치하기보다는 수시 이동을 통해 적이 예측하지 못하도록 할 수 있다. '다영역작전'에 따라 전술과 부대구조를 재편하고 인공지능을 활용한 로봇전투체계도 지속적으로 발전시킬 것이다. 바이든 행정부는 이러한 재편을 더욱 촉진시킬 가능성이 있다. 비용을 줄이면서도 전략적으로 중국을 견제할 수 있는 능력을 확보할 수 있기 때문이다. 또한, 동맹국 네트워크를 활용한 대응을 중시하는 입장과도 부합한다. 기본적으로 숫자보다는 능력을 중시하기 때문에 주한미군의 조정도 이루어질 수 있다.

주한미군 재편이 이루어진다고 해서 곧바로 북한에 대한 억제력이 약화하는 것은 아니다. 오히려 미군의 신속 투사능력이 향상되고 주한미군 기지가 거점기지로 활용된다면 더욱 강력한 미국의 자산이 빠르게 투사될 수 있다. 그러나 한국에는 적지 않은 도전이 된다. 우선 미국의 대비태세 변환은 중국에 대한 압박을 강화하는 양상이 될 것이다. 여기에 한국이 미국과 적극 협력할 경우 중국의 반발이 예상된다. 그러나 한국이 중국을 염두에 두고 주한미군 기지 활용과 미군의 전략적 유연성을 제한한다면 미국은 최악의 경우 한국을 배제한 상태에서 재편을 추진할 가능성도 있다.

전략/재래식 도발 대응

정책 방향

한국은 미국과 함께 북한 도발에 대한 강력한 억제와 대응 의지를 천명해야 한다. 이전 트럼프 행정부 때처럼 북한의 단거리 탄도미사일 발사 실험을 방치해서는 안 된다. 이와 함께 한국은 북한의 재래식 도발에 대응하는 작전계획을 미국과 함께 재점검하여 현재의 상황을 반영해야 한다.

문제 인식

미국은 북한의 전략 도발 또는 재래식 도발 가능성을 배제하지 않는다. 한미동맹의 우선적 목표는 북한의 도발을 억제하는 것이다. 한미동맹은 북한이 행할 수 있는 다양한 도발 가능성에 대비하고 있지만 구체적인 대응 방안은 군사 비밀로 분류되어 외부에 공개되지 않는다. 북한의 최근 행보에 대한 대응도 강조되고 있다.

북한이 2021년 1월 8차 당대회에서 발신한 대미 메시지는 미국의 입장에서 볼 때 큰 도전이다. 북한은 당대회에서 핵포기 의지가 없음을 분명히 하고 최대한 핵능력을 고도화할 것임을 천명했다. 김정은 국무위원장은 "국가 핵무력 건설대업의 완성과 계속되는 발전"을 추진하고 "군사기술적 강세를 불가역적인 것으로 되게" 하겠다고 공언했다. 또 "군사력 강화에서 만족이란 있을 수 없다"면서 "우리의 국가방위력은 새로운 발전의 궤도를 따라 부단히 강화되어야 한다"고 주장했다. 핵무기 소형화와 전술무기화를 선포하면서 대륙간탄도미사일의 명중률 제고, 다탄두 미사일 및 초음속 미사일과 핵잠수함 개발, 수중 발사 핵전략 무기 보유 의지 등도 밝혔다.

특히 주목되는 것은 군사정찰위성을 확보하겠다고 밝힌 점과 작년에 시현한 KN-23을 비롯한 신형 무기체계를 '첨단 핵전술무기'로 지칭한 점이다. 전자는 위성 발사로 칭하면서 대륙간탄도미사일 시험을 감행하겠다는 예고로 볼 수 있다. 신형 미사일을 핵전술무기로 활용하겠다는 것은 재래전과 핵전쟁의 구분이 없는 전쟁을 수행하겠다는 의미다. 그렇게 되면 단순한 무력 충돌이 경우에 따라선 핵전쟁으로 확전될 수 있다.

북한이 핵무기를 중심으로 다양한 무기체계의 발전 계획을 상세히 밝힌 것은 북한을 핵보유국으로 인정하고 핵군축 협상을 하자는 메시지로 읽힌다. 당대회 이후 열병식에서는 잠수함발사탄도미사일 SLMB '북극성 5호'를 선보였다. 이는 당대회에서 밝힌 핵잠수함 추진

계획과 함께 북한이 핵투발 수단의 최종판인 핵추진 잠수함 발사 핵미사일을 보유하겠다는 의지를 분명히 한 것이다. 이 무기체계는 2차 공격능력의 핵심으로 미 본토를 타깃으로 한다. 대륙간탄도미사일보다 미 본토 공격 능력이 월등하다. 북한의 요구를 받아들이지 않을 경우 미국 본토가 위험해질 수 있음을 보여준 행보라 할 수 있다.

열병식에서 보여준 또 다른 신형 미사일 KN-23, 즉 북한판 이스칸데르 미사일의 개량형은 8차 당대회에서 밝힌 전술핵무기를 현시한 것이다. 이 미사일의 사거리는 600km에서 1,000km로 한국과 일본을 공격할 수 있다. 미국과 소련이 맺은 중거리핵전력INF협정의 주 대상이 되었던 무기체계다. INF는 우발적 국지 충돌이 핵전쟁으로 이어질 가능성을 방지하기 위해 미소가 체결했던 중단거리 미사일 폐기 협정이다. 바꿔 말하면, 북한은 KN-23을 전술핵 무기화함으로써 미국과 핵군축 협상을 하겠다는 의지를 보인 것이라 할 수 있다.

또 북한이 "국가 방위력 강화를 위한 신무기 개발과 무장력의 현대화"를 공언한 것은 관련 무기들의 시험 발사가 지속적으로 이뤄질 것임을 예고한 것이다. 북한은 2019년 5월 이후 2020년 3월까지 16차례 미사일 발사 시험을 재개하여 KN-23, 24, 25 시리즈 등 개발 중인 무기들의 실전배치를 모색하였다.

정책 결정의 배경 및 근거

북한은 8차 당대회를 통해 극도로 고도화된 핵능력을 지속 개발하겠다는 메시지를 미국에 분명히 전달했다. 단순히 핵보유 의지를 밝히는 데 그친 게 아니라 이를 훨씬 뛰어넘는 메시지를 던진 것이다. 김정은이 행한 당대회 총화보고에는 비핵화라는 단어가 한 차례도 등장하지 않았다. 그는 "핵보유국으로서의 우리 국가의 지위에 대한 보다 명확한 표상"이란 표현으로 북한의 정체성을 규정했다. 이는 미국이 북한을 사실상 핵보유국으로 인정하고 대북 적대시 정책을 철회할 경우, 비핵화 대화가 아닌 핵군축 협상에 나서겠다는 뜻으로 해석할 수 있다. 미국이 선제적 조치, 즉 한미 연합훈련의 중단이나 대북제재 일부 해제 등의 조치를 먼저 취하지 않는다면 어떠한 대화에도 응하지 않겠다는 기존 입장을 재확인한 것이다.

북한은 2021년 3월 중순부터 '담화 공세'를 재개했고 3월 25일 KN-23을 발사함으로써 8차 당대회에서 공표한 전술핵무기 개발을 본격화하고 있다. 이러한 북한의 도발에 대해 미국 내에서는 북한과의 타협을 주창하는 목소리가 커지고 있다. 수미 테리, 빅터 차와 같은 보수적 인사도 '동결'을 강조하는 현실적인 대북정책을 요구하고 있다. 싱가포르 회담을 인정하고 북한과 협상을 해야 한다는 주장(프랭크 엄 미국평화연구소 선임연구위원)도 나오고 있다.

정책 추진과정에서의 유의점

바이든 행정부가 북한의 도발에 유화적인 정책으로 화답할 가능성은 크지 않다. 임기 초반 북한에 대해 유약한 모습을 보이기를 원치 않을 것이기 때문이다. 바이든 행정부는 트럼프와 차별화되면서 미국의 쇠퇴를 상쇄할 수 있는 가치외교를 주창한다. 따라서 권위주의 국가와 타협할 가능성은 낮다. 이란 핵문제도 강경한 입장을 취하고 있고 대북정책에서도 양보할 가능성이 크지 않다. 그러나 '관리' 차원에서 일부 유화책을 제시할 동력도 동시에 존재한다. 만일 강경 대결 끝에 북한이 ICBM 시험을 감행할 경우 공화당으로부터 거센 비판을 받을 수밖에 없기 때문이다. 바이든 행정부를 지지한 진보층이 고립주의적 성향을 보인다는 점도 한 요인이다.

핵협상/제재 해제 문제

정책 방향

한국은 완전한 북한 비핵화를 최종 목표로 삼아야 한다. 북한과 협상을 위한 유인책에 제재 일부 해제와 면제 등이 포함되어서는 안 된다. 한국은 바이든 행정부가 동결에 초점을 맞춰 이후 과정을 소홀히 하지 않도록 긴밀히 협력해야 한다.

문제 인식

기본적으로 바이든 행정부의 대북정책은 자유민주주의에 기반을 둔 가치외교의 영향 하에 있다. 2012년 2·29 합의를 일방적으로 파기한 북한의 행태를 당시 부통령으로서 또렷이 기억하는 외교통 바이든이 쉽게 북한을 믿으려 하지는 않을 것이다. 바이든은 2000년대 초반 김대중 대통령의 대북 포용정책을 적극적으로 지지하였다. 조지 W 부시 행정부의 '선 핵포기, 후 보상' 방식을 비판하면서 외교적 방법으로 북핵 문제를 해결해야 한다고 주장하였다. 그러나 북한이 2012년 2·29 합의를 깨자 급격히 입장을 선회하였다. 바이든은 2013년 방한 때 "(미국은) 핵으로 무장한 북한을 받아들이지 않을 것"이라면서 "북한의 나쁜 행동에 대해 보상하는 행태로 돌아가서는 안 된다"고 천명한 바 있다. 북한에 대한 CVID(완전하고 검증 가능하며 불가역적인 비핵화 원칙)도 강조했다. 트럼프 행정부 들어서는 김정은에 대해 독재자, 폭군, 불량배 등의 단어를 사용하며 비판 수위를 높였다. 2019년 10월에는 트럼프 행정부가 대북인권특사를 임명하지 않는 것을 비판하였다. 2020년 대선을 앞두고 2차 토론회에서 김정은을 '폭력배'라 지칭하였다. 또 "어떠한 러브레터(정상끼리의 친서 교환)도 없을 것"이라며 "원칙에 입각한 외교로 비핵화된 북한과 통일된 한반도를 향해 나아갈 것"이라는 입장을 거듭 천명한 바 있다.

정책 결정의 배경 및 근거

바이든의 대북 인식이 북한과의 협상 가능성을 배제하는 것은 아니다. 대선을 앞둔 시점에서 이뤄진 미국외교협회CFR와의 문답에서 바이든은 "(대북) 외교는 중요하며 외교 실행을 위한 전략, 절차, 유능한 리더십이 필요하다"면서 "나는 대통령으로서 우리 협상단에 힘을 실어줄 것"이라고 밝힌 바 있다. 더불어 "비핵화된 북한이란 공동의 목표를 진전시키기 위해 동맹 및 중국을 포함한 다른 나라들과의 조율을 위한 노력에 시동을 걸 것"이라고 했다. 대선 TV토론에서 바이든은 김정은을 만나는 조건으로 '핵능력 축소에 동의할 것'을 제시했다. 바이든은 트럼프-김정은의 정상끼리 합의하는 '탑 – 다운Top-Down' 방식이 아니라 실무선에서 합의한 뒤 정상은 서명만 하는 '바텀 – 업Bottom-Up' 방식을 선호하는 언급을 한 바 있다.

정책 추진과정에서의 유의점

바이든 행정부의 북한 비핵화 접근 방식은 블링컨 국무장관이 2018년 6월 11일 뉴욕타임스에 게재한 "북한과의 핵협상에서 최선의 모델은 이란이다"라는 제목의 기고문을 통해 유추해 볼 수 있다. 블링컨 장관이 이 기고문에서 밝힌 해법은 기본적으로 단계적 접근 방식이다. 블링컨은 ▲북한의 핵프로그램 공개 ▲국제사찰단 감시하의 농축과 재처리 시설 동결 ▲핵탄두·미사일의 일부 폐기와 제한적 경제 제재 해제의 맞교환 등을 잠정적 합의 요소로 제시했다. 블링컨은 이런 합의가 "상세한 단계별 로드맵을 포함, 포괄적 합의안을 협상하는 데 시간을 벌어줄 것"이라고 주장하면서 "(우라늄) 광산, (정련) 공장, 원심분리기, 농축·재처리 시설 등의 핵 공급망 전체를 아우르는 모니터링 시스템"이 필요하다고 강조하였다.

이로 미뤄 볼 때 북한과의 협상에 임하게 되면 단계적 핵폐기와 그에 상응하는 단계적 보상을 하는 '행동 대 행동' 방식이나 '포괄적 패키지'의 절충 내지 변형된 형태의 해법이 협상 카드로 등장할 가능성이 있다. '선 핵폐기, 후 보상' 또는 '선 보상, 후 핵폐기'의 방안은 고려하지 않을 것이다. '포괄적 패키지'는 오바마 정부 출범 6개월 만인 2009년 7월 커트 캠벨 국무부 동아태차관보가 제시한 것이다.

북한을 협상에 임하게 하는 방안으로는 제재를 강조한다. 블링컨은 지난 2016년 북한의 4차 핵실험으로 위기가 고조되었을 때 대북제재를 주도한 바 있다. 2018년 9월 CBS와의 인터뷰에서 블링컨은 "북한을 쥐어짜 협상 테이블로 나올 수 있도록 진정한 경제 압박을 해야 한다"고 말했다. 2019년 9월 CBS에 출연해 김정은 북한 국무위원장을 지목하며 '세계 최악의 폭군'이라고 비난하기도 했다.

국가안보보좌관인 제이크 설리번도 비슷한 입장이다. 설리번은 2016년 뉴욕 아시아소사이어티 정책 연설에서 당시 민주당 경선 후보였던 힐러리 클린턴 전 국무장관이 집권하면 북핵 문제를 최우선 외교의제로 정하고 이란 모델을 적용할 계획이라고 밝혔다. 그는 "북한이 진지하게 핵협상에 나오게 하는 유일한 방법은 북한을 급격하게 압박하는 것"이라고 주장했다. 아울러 중국을 향해 "북한에 대한 압박을 증가시키는 전략에 동참해야 한다"고 밝히기도 했다.

북한 불안정 상황 대비

정책 방향

한국은 바이든 행정부와 함께 북한의 불안정 상황에 대한 평가와 대비방안을 최신 상황을 반영하여 비공개로 논의할 필요가 있다. 2020년에 퍼졌던 김정은의 건강 이상설, 삼중고로 인한 북한의 어려움, 미중 갈등의 격화 등을 고려할 때 중단 상태인 한미 간의 북한 불안정 상황에 관한 논의를 되살려 군사작전까지 포함한 대비방안을 만들 필요가 있다.

문제 인식

바이든 행정부는 민주주의의 확산이 안정을 가져온다는 윌슨주의의 전통에 충실하다. 가치외교를 강조하는 바이든 행정부는 원론적으로 북한 민주화의 필요성과 중요성에 공감한다. 실제로 오바마 행정부 시기에 이뤄진 2012년 2·29 합의를 북한이 일방적으로 폐기한 뒤에는 미국의 대북정책 초점이 북한의 정권 교체에 맞춰졌다.

정책 결정의 배경 및 근거

바이든 행정부의 여러 가지 어려운 대내외적 환경을 고려할 때, 북한 체제의 구조적 변화를 수반하는 문제를 본격적으로 다루지는 않을 것으로 예상된다. 더욱이 미중 갈등이 심화되는 상황에서 미중 양국의 협력 없이 한반도 안정을 담보하기 어렵다는 판단도 따를 것이다. 또한, 문재인 정부가 북한 불안정 상황에 대한 언급 자체를 '내정 간섭'으로 인식하고 협력하지 않을 가능성도 있다.

정책 추진과정에서의 유의점

북한 불안정 상황에 대비하기 위한 한미 공조는 문재인 정부 출범 이후 사실상 중단된 상태다. 가까운 시일 내에 재개될 가능성은 높지 않아 보인다.

북한 인권 문제

정책 방향

한국은 2015년 제정된 북한 인권법을 즉각 시행하고 미국과 보조를 맞춰 북한 인권 문제를 제기해야 한다. 다만 북한이 극도로 반발하는 상황을 감안하여 그 수준과 범위 등을 조절해야 한다. 지금과 같이 북한 인권에 무관심한 태도로 일관하는 것은 한미 공조를 훼손시켜 결과적으로 한반도 평화프로세스의 진전에 도움이 되지 않을 것이다. 그뿐만 아니라 국제사회로부터 자유민주주의 국가로서의 한국의 정체성을 의심받는 상황으로까지 이어질 수 있다.

문제 인식

트럼프 대통령은 2018년 1월 의회 연설에서 "북한보다 자국 시민을 더 잔인하게 억압하는 독재정권은 없다"고 신랄히 비판하였다. 하지만 2018년 싱가포르 정상회담이 성사되면서 돌변하여 2020년에는 "김정은과 사랑에 빠졌다"는 고백을 하기도 했다. 트럼프는 임기 도중 미국의 정체성인 자유민주주의 가치를 무시하고 정치적 이해만 맞으면 독재국가의 지도자와도 얼마든지 동행할 수 있음을 보여주었다.

정책 결정의 배경 및 근거

바이든은 취임사에서 "오늘은 민주주의의 날"이라고 선포하였다.

민주주의를 되살려 미국이 '힘의 본보기'가 아닌 '본보기의 힘'이 되도록 하겠다고 천명하였다. 바이든은 트럼프가 훼손한 세계질서를 민주주의, 다자주의, 동맹 복원을 통해 '회복'하려 한다. 미국 혼자가 아니라 동맹국과 함께 세계를 '관리'하면서 질서를 '설계'할 계획이다. 앞에서 서술한 바와 같이 바이든 행정부의 가치외교는 인권정책을 통해 구현되고 있다. 이러한 정책은 미국의 쇠락 국면에서 선택이 아닌 필수다. 바이든은 이미 행동에 나섰다. 시진핑 중국 국가주석과의 첫 통화에서 바이든은 중국이 "홍콩 인권활동가를 탄압하고 신장 위구르족 자치지구에서 인권을 유린한다"고 직격탄을 날렸다. 토니 블링컨 미 국무장관은 2021년 2월 미국의 유엔 인권이사회 재가입을 선언한 뒤 행한 연설에서 북한 인권결의안에 대한 국제사회의 지지를 촉구했다.

정책 추진과정에서의 유의점

바이든 행정부는 가급적 문재인 정부와 북한 인권 문제로 인해 직접적인 충돌을 빚는 상황은 피하려고 노력할 것이다. 하지만 집권 기간 내내 다양한 형태로 충돌이 가시화될 수 있다. 미 의회는 문재인 정부의 대북 인권정책 부재와 북한의 심각한 인권 침해에 대한 문제제기를 지속적으로 할 것이다. 2021년 4월 하원 산하의 톰 랜토스 위원회가 '대북전단금지법' 청문회를 개최한 것이 좋은 사례다.

전작권 전환 조건과 시기[12]

정책 방향

조건에 기초한 전작권 전환을 추진하되 철저한 평가를 통해 안보 공백이 없도록 유의해야 한다. 현재 코로나19로 인해 제대로 이행되지 않고 있는 완전운용능력 평가부터 새롭게 추진해야 하며, 원활한 검증이 이루어지도록 해야 한다.

문제 인식

오바마 행정부가 전작권 재연기에 동의한 것은 증강된 북한 위협에 효과적으로 대응하기 위한 것이 주된 이유였다. 이와 동시에 한국 군을 통제하고 한반도 문제를 관리하는 차원의 속셈도 있었던 것으로 판단된다. 오바마 행정부는 개입 축소 정책을 강력히 추진하였고 원치 않은 분쟁에 연루되는 것을 꺼렸다. 같은 맥락에서 오바마 행정부는 한국군에 의해 한반도의 국지적 충돌이 확전으로 이어지는 상황을 최대한 통제하고자 했다.

트럼프 행정부 역시 대외분쟁 개입에 매우 신중했던 것은 오바마 행정부와 마찬가지였다. 하지만 트럼프 행정부는 비용과 편익의 계산을 더 우선시했기 때문에 전작권 전환에는 긍정적이었다. 트럼프 행정부는 주한미군의 평택 기지 이전 완료와 함께 전작권이 전환되기를 원했다.[13] 이는 미국 국내에서 일어난 해외 개입 축소 여론을 반영한 것인 동시에 전략적 유연성을 확보하고 비용을 절감하는 차원에서의 정책적 선택이기도 했다.

전작권 전환은 양국 최상층의 공감대를 바탕으로 추진되었다. 그러던 중 코로나 사태로 인해 2020년 하반기 전작권 전환을 위한 FOC(완전운용능력)가 이행되지 못한 채 진행을 멈춘 상태다. 전작권 전환이 추진되는 동안 적지 않은 우려가 제기되었다. 우선 트럼프 행정부의 전작권 전환 추진이 비용을 한국에 전가하는 동기에서 이루어져서는 안 된다는 것이다. 트럼프 대통령은 방위비 협상에서 한국이 대폭적인 분담금 인상을 수용하지 않으면 전작권 전환을 서둘러 책임과 비용을 줄이려 하였다. 이런 내막을 고려하지 않고 문재인 정부가 전작권 조기 전환을 추진하는 것은 적절치 못하다는 주장이 제기되었다.

전작권 전환을 위한 조건을 갖추는 일들이 제대로 이행되지 않고 있다는 지적도 꾸준히 제기된다. 한국과 미국은 2014년 10월 한미연례안보협의회SCM에서 '조건에 기초한 전작권 전환'에 합의했다. 한미가 합의한 전환 조건은 ▲전작권 전환 이후 한국군이 연합방위를 주도할 수 있는 핵심 군사능력을 확보하고 ▲북한의 핵·미사일 위협에 대해 한국군은 초기 필수 대응능력을 구비하며 ▲미국은 확장억제 수단 및 전략자산을 제공·운용하여 안정적인 전작권 전환에 부합하는 한반도 및 지역 안보환경을 관리하는 것이다.[14]

문재인 정부는 대선 공약으로 임기 내 전작권 전환을 채택하였으나 정부 출범 후 '조속한 시일' 내로 수정하여 추진하고 있다. 그러나 조건에 기초한 전작권 전환이 제대로 이루어지지 못하고 있는 것으로 판단된다. 전작권 전환에 필수적인 IOC(기초운용능력) 확인을 위한 한미 연합훈련은 북한의 강력한 반발로 축소되었다. 2019년 후반기 훈련은 '동맹-19'라는 이름을 포기한 채 '지휘소 훈련'으로 진행되었다. 이 과정에서 연합사 및 유엔사 임무와 관련한 한미 간의 이견도 표출된 것으로 알려지고 있다. 2020년 예정되었던 FOC 검증은 코로나19로 인해 시행되지 못했다.

더욱 근본적인 문제는 조건에 명시된 '한반도 및 지역 안보환경 관리'가 제대로 이루어지지 않고 있다는 점이다. 비핵화 대화가 결렬된 상태에서 북한은 한국 또는 한미동맹이 보유한 자산으로 방어할 수 없거나 방어하기가 매우 어려운 신형 무기체계를 개발하고 실전배치를 서두르고 있다. 2019년 6월에는 러시아가 전후 최초로 한국 영공을 침범하였고 중국과 러시아의 한국방공식별구역KADIZ 진입도 빈번히 일어나는 등 전반적인 안보환경이 악화하고 있다. 이는 전작권 전환 조건의 충족에 역행하는 것이다. 트럼프 대통령은 수시로 연합훈련과 전략자산의 한반도 전개에 대한 부정적 견해를 밝혔다. 전략자산 전개가 제한되는 상황은 미국의 대한반도 확장억제 공약에 대한 도전이다. 문재인 정부는 조건에 기초한 전작권 전환을 제대로 추진하기 위한 객관적 평가를 시행해야 한다는 주장이 지속적으로 제기되고 있다.

정책 결정의 배경 및 근거

미국 내에서도 한국 정부의 전작권 조기 전환 추진에 대한 우려의 목소리가 커지고 있다. 한국은 아직 지휘, 통제, 통신, 컴퓨터, 정보, 감시 및 정찰C4ISR 자산이 부족하고 연합작전 수행 능력도 확실하게 검증되지 않았다는 것이다. 한국군이 전작권 전환에 필요한 능력을 확보했음을 증명해야 한다는 주장도 제기되었다.[15] 특히 우려하는 것은 한국군 간의 상호 운영과 합동작전에 필수적인 C4ISR 장비 등의 부족이다. 한국군은 병과 간 합동성 추구보다는 개별적 이익을 우선시하는 경향이 여전하다는 지적도 나온다.[16] 이와 더불어 한국군과 미군 사이에 C4ISR 능력의 간극이 더 크게 벌어지고 있는 것도 문제점으로 제시된다. 미국은 복합전 수행을 위해 군종 간 합동작전 능력에 주안점을 두고 발전을 거듭한 반면 한국은 작전 및 전술 차원에서 군종 간 연계성이 떨어지고 여전히 독자체제로 운영되고 있다는 것이다.[17] 전반적으로 한국은 전술 수준에서 합동작전을 편성하지 않고 있다. 한국군은 독자 능력으로 유엔사의 전력 제공국에게 임무를 부여할 수 있는 체계를 갖추지 못한 상태에서 전작권 전환을 맞게 된다는 우려도 있다.[18] 연합사가 평택의 캠프 험프리스로 이전하면 기존 통신 채널을 보강해야 한다.[19]

미국에서는 한국 정부가 정치적 목적으로 전작권 전환을 서두르고 있다는 지적도 나오고 있다. 전작권 전환 조건 중 하나인 북한 비핵화와 그에 따른 안보 상황 개선이 전혀 이루어지지 않고 있음에도 불구하고 문재인 정부가 정치적 요인에 따라 임기 내 전환을 추진하고 있다는 의미다.[20] 빅터 차 전략문제연구소 한국 석좌는 문재인 정부의 정치적 계산 때문에 전작권 전환의 중점이 능력 충족이 아닌 시한 중심으로 바뀌고 있다고 지적한다. 브루스 베넷 랜드연구소 선임 연구원은 조건이 충족되지 않은 상황에서도 한국이 전작권 전환을 요구할 가능성이 있고, 미국은 한국의 요구를 거부할 경우 한미관계 가 악화될 것을 우려한 나머지 조기 전환을 수용할 가능성이 있다는 시나리오를 그리고 있다.[21]

조건에 기초한 전작권 전환을 추진하기 위해서는 한국군이 지휘 역할을 맡는 대규모 군사훈련을 거쳐야 한다. 그러나 한미 양국은 2018년 6월 1차 북미 정상회담 이후 지속적으로 훈련을 축소하거나 취소했다. 이는 전작권 전환 이후에 대비한 검증이 아직 이행되지 않 았음을 의미한다. 전작권 전환은 한국군이 주도하는 연합사의 효율 성이 군사적으로 검증된 후에 이루어져야 한다.[22]

한미 군당국이 전작권 전환과 관련한 검증을 제대로 이행하지 않 고 있다는 주장에 대해서는 반론도 제기되고 있다. 전작권 전환을 추 진한 당사자 중 한 명인 빈센트 브룩스 전 한미연합사 사령관은 "한 미는 전작권 전환을 위해 어떤 요소가 충족돼야 하는지 매우 잘 알 고 있으며, 요건을 갖추기 위해 노력 중"이라면서 한미 간 이견이 없 음을 강조한다. 이는 2020년 후반기 연합훈련을 놓고 한미가 이견을 보이고 있다는 국내 언론 보도를 부인하는 발언이다.[23] 2020년 전반 기 훈련은 코로나 사태로 인해 취소되었다.

설령 연합훈련의 규모가 조정되더라도 FOC 평가를 비롯한 전작 권 전환에는 문제가 없다는 주장도 있다. 버나드 샴포 전 주한 미 8 군 사령관은 한미가 합의한 ▲한국군의 핵심 군사능력 확보 ▲북한 핵과 미사일 위협에 대한 한국군의 초기필수 대응능력 구비 ▲전작권 전환에 부합하는 한반도와 지역 안보환경 등 3대 조건을 증명할 수 있는 역량을 한국이 보여준다면 환경적 제약으로 인한 훈련 규모 조정은 문제 될 것이 없다고 주장한다.[24]

정책 추진과정에서의 유의점

충분한 검증 없이 전작권 전환을 추진할 경우 결국은 문제에 봉착할 것이라는 주장이 여러 갈래로 제기되고 있다는 사실에 유의할 필요가 있다. 미국은 전작권이 전환되더라도 한미상호방위조약에 따라 여전히 한국 방어에 대한 책임을 진다. 만일 군사적 측면에서 준비가 미흡한 상태로 전작권이 전환되는 것은 미국에 오히려 더 큰 부담이 될 수 있다. 충분한 검증이 이뤄지지 않았음에도 불구하고 한국이 전작권 전환을 추진하는 데 대한 미군 지휘관과 관료의 문제 제기는 점점 증가하고 있다.[25]

전작권 전환 자체를 반대하는 의견도 점차 커지고 있다. 한국군 장성이 사령관을 맡고 미군 장성이 부사령관을 맡는 형태로 연합사를 재편하고 전작권을 전환한다는 시도 자체가 잘못이라는 것이다. 군사적인 측면에서 볼 때 한국은 한미동맹에서 주도적 임무를 수행할 수 없는 구조다. 한국이 세계 6위권의 군사력을 보유하고 막대한 규모의 국방비를 지출하고 있다고 하지만 미국과는 비교 자체가 안된다. 미국은 유일하게 전 세계 투사능력을 갖추고 있는 군사 최강국이다. 미국은 한반도 외에도 중동, 유럽 등 전 세계를 아우르는 군사전략을 갖고 있다. 이런 미군을 상대로 한국군이 주도권을 행사하기는 어렵다. 구체적인 예를 들어보자. 한국군 장성이 연합사 사령관을 맡는다고 해도 인도·태평양 사령부와 유엔사를 책임지는 것은 미군 장성의 몫이다. 연합사 사령관과 유엔사 사령관을 한 사람이 겸직하는 것은 지휘 통제를 단순화하여 전시에 효과적 작전을 수행하기에 적합하다. 영국, 프랑스, 독일 등이 포함된 NATO 사령관을 미군이 맡는 것은 지휘 통제 측면에서 효율적이기 때문이다. 주요 군사작전을 미군이 주도하는 이른바 '퍼싱 법칙'도 미국이 거만해서가 아니라 미군의 능력이 다른 어떤 동맹국보다 월등하기 때문이다.

이런 주장에 반대하는 의견도 있다. 조건에 기초한 전작권 전환이 필요한 것이지 전작권 전환 자체를 회피해서는 안 된다는 것이다. "한미 양국은 전작권에 관련한 목표가 있어야 한다. 영원히 전작권 전환이 없을 것이라고 공식 표명하는 것은 한국 정부와의 관계를 악화시킬 뿐 아니라 동맹 자체를 의문시하는 한국 내 여론에 부정적 영향을 미칠 수 있다"는 지적이 있다.[26]

북한의 완전한 비핵화 달성까지 전환을 유예해야 한다는 주장은 끊임없이 제기되고 있다. 대표적으로 버웰 벨 전 한미연합사 사령관은 조건에 기초한 전작권 전환을 강조하면서 북한의 완전한 비핵화를 전작권 전환의 핵심 조건으로 제시한다.[27] 전작권이 전환되더라도 핵무기와 핵우산 제공을 통제하는 것은 미군 지휘부의 역할이다. 다시 말해 전작권이 전환된 이후에도 한국군이 지휘할 수 있는 것은 재래식 전쟁에 한정되고 핵무기 대응을 지휘하는 것은 미군의 몫이다.

벨 사령관은 이런 상황을 '지휘 통제의 분리'인 동시에 '역량의 분리'라고 규정한다. 위험과 불확실성을 높이는 잘못된 선택이라는 것이다. "한국이 모든 작전을 수행하다 핵전쟁 상황이 되면 미국이 마치 마술처럼 핵우산을 들여오는 시나리오는 군사적으로 타당하지 않다"면서 "북한은 이런 지휘통제체계를 허점으로 여길 것이고, 핵우산 반격 가능성을 떨어뜨린다고 믿을" 것이라고 지적한다. 벨 사령관은 "전면전 발발 시 미군 4성 장군이 한반도에서 핵무기 대응 결정을 비롯한 완전한 통제권을 갖고 미국과 한국의 대통령 모두에게 보고하는 체계가 훨씬 믿을 만한 억지력을 제공한다"고 주장한다.[28] 종합하면 대다수 전문가의 지적처럼 전작권은 당초 한미가 합의한 대로 '조건에 기초한' 전환이 이루어져야 하고, 조건의 충족 여부는 일체의 정치적 고려를 배제한 객관적 평가에 의해 검증되어야 한다.

바이든 행정부는 트럼프 대통령과 달리 전작권 전환에 신중할 수 있다. 트럼프 대통령은 전작권 전환을 자국 우선주의 기조에 따라 미국의 책임과 비용을 축소하는 것으로 인식한다. 반면 바이든 행정부는 전통 외교로 복귀하면서 현지 사령관의 견해를 존중한다. 2021년 5월 이임한 에이브럼스 주한미군 사령관은 전작권 전환에 대해 "아직 조건이 충족되지 않았다"며 이견을 표출했다. 이와 관련, 한미연합사 체제를 해체하고 병렬체제로 전환하자는 의견이 주한미군에 의해 제시되었다는 점에 주목할 필요가 있다. 주한미군사령관 대외협력 보좌관 명의의 2020년 10월 27일 자 언론 기고문은 "북한의 전면 남침이라는 '근본 가정'이 더 이상 유효하지 않다"면서 "한미 연합 방위체제를 고수할 필요가 없다"는 주장을 폈다. "한미가 자국군에 대한 작전통제권을 각자 행사"하는 병렬체제가 "한국군 4성 장군이 유사시 한미 연합군을 작전통제하는 것보다 현실적이고 군사적으로도 보다 효율적"이라는 이유에서다.[29] 산적한 국내 문제를 우선 해결해야 하는 바이든 행정부도 사실상 미국의 책임을 덜고 전략적 유연성을 극대화할 수 있으며 중국 견제에 비중을 실을 수 있는 연합사 해체 및 병렬체제로의 재편을 심각하게 고민할 수 있다.

위와 같은 주한미군사령부의 입장은 기존 연합사에서 사령관만 교체하는 형태로 전작권 전환을 추진하는 것에 대한 근본적 문제 제기다. 앞에서 살펴본 바와 같이 워싱턴에서는 핵억제 권한과 능력이 없는 한국군 장성이 사령관 역할을 수행하는 것은 '역량의 분리'라는 문제 제기가 이어지고 있다. 한미연합사를 병렬체제로 전환함으로써 전략적 유연성을 극대화하는 방안도 미중 갈등이 첨예한 상황에서의 선택지에 담고 있는 것으로 판단된다.

공개적으로 표출되지는 않지만 워싱턴의 전략가들 사이에는 문재인 정부를 완전히 신뢰할 수 없기 때문에 전작권을 그대로 미국이 보유해야 한다는 견해도 있다. 오바마 행정부가 전작권 전환 연기에 동의하면서도 미국의 주도권을 유지하려 했던 것과 유사한 입장이다. 바이든 행정부가 보다 근본적인 차원에서 전작권 전환 문제를 재검토할 가능성도 배제할 수 없다.

확장억제 제도화[30]

정책 방향

북한의 핵능력이 고도화되는 상황에서 확장억제를 지속적으로 강화해야 한다. 한미 간 확장억제 관련 협의체를 보강하고, 이를 기반으로 북핵 위협을 억제할 수 있는 다양한 시스템에 대한 논의를 발전시켜야 한다. 양자적 차원은 물론이고 다자적 차원의 핵 공유까지도 가능성을 열어두고 접근해야 한다. 비핵화 협상의 진전이 있을 경우 확장억제의 강도를 조절하며 북한을 대화로 유인하는 유연성도 함께 보유해야 한다.

문제 인식

북한이 사실상의 핵보유국이란 점은 이제 누구도 부인할 수 없다. 북한은 지금 이 순간에도 핵·미사일 능력을 지속적으로 향상시키고 있다. 하지만 한미 간의 확장억제 제도화 논의는 답보상태에 있다. 북한은 2013년 지상 연소시험을 시작으로 80톤급 대출력 액체 로켓엔진(백두산 엔진) 개발에 나선 것으로 추정된다. 2016년 9월 엔진 개발에 성공했고 2017년 3월 18일 이를 개량한 엔진과 4개의 보조 로켓을 장착한 로켓의 지상 연소시험을 성공적으로 수행했다. 이후 이를 활용한 각종 미사일 시험 발사를 잇달아 감행했다. 2017년 5월과 7월, 11월에는 화성-12를 연속 발사하였다. 화성-12는 50톤급 백두산 엔진을 활용한 이동형 1단 미사일로서 ICBM 개발을 위한 중간 단계다. 추정 최대 사거리는 3,700km~4,000km다. 북한이 2017년 7월 4일과 7월 28일 시험 발사한 화성-14는 50톤급 백두산 엔진과 2단 로켓으로 구성된 이동형 미사일이다. 추정 최대 사거리는 약 6,800~8,000km다. 그러나 성능에 한계가 있어 미 본토 타격 능력은 불확실하다. 2017년 11월 29일 시험 발사한 화성-15는 추정 최대 사거리가 약 1만 2,000~1만 5,000km인 ICBM이다. 80톤급 백두산 엔진과 2단 로켓으로 구성되고 이동 발사가 가능하다. 이 외에도 북한은 2019년 5월 이후 KN-23(북한판 이스칸데르), KN-24(북한판 ATACMS), 대구경조정방사포, KN-25(초대형 방사포), 북극성-3형 SLBM 등의 신형 무기체계를 선보였다. 북한은 이해 5월부터 총 13회에 걸쳐 신형 고체 추진체 시험을 했다. 이는 스커드, 노동 등 기존의 노화된 저성능 액체 추진체 미사일을 신형 고체 추진체로 대체하기 위한 것이었다. 2020년 10월 10일에는 최대 크기의 대륙간탄도미사일인 화성-16형, SLMB인 북극성 4형을 공개했다. 2021년 열병식에서는 KN-23 개량형과 SLBM인 북극성 5형을 공개했다.

북한의 이러한 행보는 비핵화 협상이 계속되는 중에도 미사일 능력을 고도화하고 있었음을 보여준다. 북한 핵능력의 고도화는 바꿔 말해 한미의 대응능력 약화를 의미한다. 북한의 최종 목표는 이동형 고체 추진 ICBM 개발이다. 북한은 풀업·비행 안정성 기술, 사출기술, 공중점화 등 확장력이 큰 핵심 기술을 확보하여 다양한 미사일에 접목하고 있다. 또한, SRMB·MRBM·ICBM·SLBM 등 다양한 사거리를 가진 다종화된 미사일 보유와 고체 추진체 신형 미사일의 대량생산을 추진 중이다. 저고도 비행(50km 이하로 비행할 경우 레이더에 의한 탐지 난항) 및 회피기동이 가능하고 핵탄두를 탑재할 수 있는 KN-23을 개발해 한국형 미사일 방어체제^{KAMD}를 사실상 무력화시키고 있다.[31] 북한의 미 본토 타격능력 확보 여부는 아직 불확실하나 KAMD를 무력화하는 대남 공격용 핵미사일 능력은 보유한 것으로 판단된다.

이런 상황에도 불구하고 확장억제의 신뢰성은 오히려 낮아지는 모습을 보인다. 트럼프 행정부 시기의 동맹 경시 경향으로 인해 핵우산을 포함한 확장억제의 신뢰성이 훼손되었다. 2019년 5월부터 재개된 북한의 미사일 발사에 대한 트럼프 대통령의 무대응은 미국의 확장억제 공약 자체에 대한 의심을 불러일으켰다. 한국과 일본 등 미국의 확장억제에 의존하는 국가들은 "미국이 서울(혹은 도쿄)을 위해 시애틀을 희생할 준비가 되어 있는가?"라는 근본적인 질문을 다시금 제기하게 되었다.

정책 결정의 배경 및 근거

미국은 비핵 국가인 동맹국 한국에 핵우산을 포함한 확장억제를 제공하고 있다. 한국 정부는 지속해서 확장억제의 실효성을 높이려 하고 있으나 크게 진전을 보지 못하고 있다. 2017년 6월 한미 정상회담에서 한국과 미국은 "동맹 현안과 관련된 공조를 강화하기 위해 외교·국방(2+2)장관회의 및 고위급 확장억제전략협의체^{EDSCG} 개최를 정례화하고, 이를 통해 모든 국가 역량을 활용하여 확장억제력을

강화할 것을 지시하였다"는 공동성명을 발표한 바 있다.[32]

그러나 미국의 확장억제는 아직도 구체화되지 않고 있다. 미국은 기본적으로 확장억제를 위한 협의체 구성에는 찬성하지만 이를 확장억제 합의체로 발전시켜 전략자산 배치나 핵우산 사용 등을 논의하는 것에는 부정적이다. 미국의 핵 사용 작전계획은 1992년 지역사령부에서 전략사령부로 통합되어 전 세계를 대상으로 운용 중이다. 전략자산의 한반도 상시 배치는 미국이 갖고 있는 전 세계 작전운용개념의 조정이 필요한 사안이다. 상당한 시간이 소요될 뿐 아니라 대통령의 결단이 있어야 한다. NATO가 운용 중인 '핵계획그룹NPG'은 이론상 미국의 핵 작전계획을 회원국이 함께 관장하고 조율하는 기능이 있다. 하지만 실제로는 미군 4성 장군인 유럽연합군 최고사령관이 실제 계획 수립과 운용을 담당하고 NPG는 이를 추인하는 형태로 운용된다. 미국의 핵무기 사용권은 법령에 따라 대통령만이 권한을 독점하게 되어 있다. 따라서 핵무기 사용 방식, 배치, 운용 등을 타국과 공유하기 힘든 구조다.[33]

바이든 행정부 들어 동맹 복원을 시도하고 있지만 핵억제에 대한 의구심은 여전히 남아 있다. '방기의 위험'을 줄이고 미국의 안보공약 약화에 대처하기 위해서는 다음과 같은 조치가 필요하다.

먼저 미국의 확장억제 신뢰성을 높이기 위해 동맹 간 소통 채널을 강화할 필요가 있다. 기존 확장억제전략협의체의 기능과 역할을 확대하거나, '핵위기 대비그룹Nuclear Crisis Planning Group'을 신설하는 방안 등을 검토해 볼 수 있다.[34]

다음으로 현 대비태세를 기반으로 전력 증강을 검토해야 한다. 미국 본토에 위치한 핵억제 전력을 활용하되 SLBM과 저강도탄도미사일Low-Yield Ballistic Missile: LYBM을 한반도에 전개하고, B-2B와 B-52를 괌에 배치하는 등 미국의 의지를 드러내 보일 필요가 있다. 일부에서는 미국이 보유한 전술핵무기Tactical Nuclear Weapons: TNW의 *한반도 전개 필요성을 주창한다. 이를 위해서는 B-61 핵탄두와 이를 운용할 전폭기 배치, 한미 간 운용통제체제 강화 등의 조치가 필요하다. 그러나 전술핵무기 배치는 북한과 중국을 자극하여 한반도의 긴장을 증폭시킬 수 있다는 부정적인 견해가 지배적이다.

이러한 전술핵 배치의 부작용을 고려할 때, 평시에는 전술핵을 미국에 배치하고 한국의 전투기 플랫폼에 장착하는 훈련만을 하다가 유사시 한국의 전투기에 전술핵을 배치하는 한국형 핵공유를 검토해 볼 필요가 있다. 만일 미국이 한국과의 핵공유를 거부할 경우 호주나 일본을 포함한 다자적 핵공유를 추진하고 한국에 대한 확장억제 제공을 강화하는 방안도 검토할 수 있다.

정책 추진과정에서의 유의점

확장억제 강화는 한반도에 긴장을 조성할 가능성이 크다. 따라서 북한의 도발에 상응하는 수준에서 단계적으로 증강할 필요가 있다. 확장억제의 강화가 북한의 도발을 불러일으키는 악순환에 빠지지 않도록 세심하게 관리해야 한다. 핵공유가 추진될 경우, 특히 다자적 핵공유가 추진될 경우에는 중국의 강도 높은 반발이 예상된다. 따라서 핵공유는 일단 가능성을 열어놓되 북한의 비핵화 협상 거부와 전략 도발 여하에 따라 이를 가시화하는 유연한 접근을 해야 한다.

전술핵 반입이나 독자적 핵무장은 신중하게 접근해야 한다. 핵협상이 진행되는 동안에는 북한 비핵화에 중점을 두고 전술핵 반입을 플랜B로 남겨두는 것이 바람직하다. 전술핵 배치를 현 단계에서 꺼내는 것은 북한의 핵보유 명분을 강화해주고, 핵군축 협상의 계기가 될 수 있기 때문이다. 그러나 북한 핵협상이 재개되기 어려운 상황이 조성되고, 북한의 핵무장이 공인되지 않더라도 국제사회에서 이를 수용하는 단계가 된다면 전술핵 배치나 독자적 핵무장을 검토해야할 것이다. 위기의 상황을 대비해 신중한 태도를 견지하면서도 최후의 협상 카드는 남겨두어야 한다. 따라서 당분간은 미국과의 확장 억제 협력 강화에 집중하는 것이 바람직하다.

중국

1장 | 한국은 중국을 어떻게 바라봐야 하는가?

한국은 아직도 중국의 환상과 공포에서 벗어나지 못하고 있는가?

우리 외교에서 중국의 중요성은 한중 수교 이전인 1980년대 말부터 추진한 '북방정책'에서부터 자리매김이 됐다. 한반도의 평화와 통일을 위한 기반을 닦기 위해 북방정책이 추진되었기 때문에 한반도 통일문제에서 중국 관계의 가치는 급상승하게 되었다. 특히 북중 간에 동맹관계가 유지되고 있었기 때문에 중국으로 하여금 이를 포기하고 한국 주도의 통일을 지지하는 입장으로 전환시키는 문제가 중국의 전략적 가치를 자연스럽게 상승시켰다.

이후 북한 핵문제가 1990년대 초 발생하자 중국의 외교적 중요성은 한 단계 더 상승했다. 중국은 북한과 동맹관계를 맺은 유일한 수교국이자 북한의 유일한 대외 창구였다. 북핵 문제 해결에 있어 중국의 전략적 가치는 자연스럽게 상승했다. 그리고 앞서 언급했듯 중국이 우리의 최대 시장으로 부상하면서 우리의 국익과 관련해서도 그 존재감이 자리를 잡기 시작했다.

1990년대 후반이 되면서부터는 중국과의 경제협력이 급증하며, 2000년대 들어 중국이 한국의 제1 무역국이 되었다. 인구 10억이 넘는 중국의 광활한 시장과 저렴한 노동력은 한국의 경제적 번영을 뒷받침하는 화수분과 같았다. 자연스럽게 중국의 중요성은 경제적 분야로 넘어오게 되었고, 안보는 미국, 경제는 중국이라는 안미경중安美經中의 인식이 한국 사회에 자리 잡게 되었다.

그러나 한중 수교 이후 30년이 지난 오늘날 중국의 외교적 가치는 과대포장되었다. 한반도 통일과 북핵 문제 해결 과정에서 우리의 경험을 통해 얻을 수 있는 교훈 중 하나는 중국이 우리의 뜻과 기대대로 움직이지 않는다는 점이다. 오히려 중국은 한국과 북한을 저울질하며 한반도에 영향력을 강화하려 하고 있다. 중국은 한반도 통일과 관련해서는 늘 피상적인 의미에서 자주평화통일을 지지한다고 말하고 있다. 외세의 간여 없이 한민족의 합의하에 이뤄지는 평화적인 통일을 지지한다는 의미이지만, 말만 있을 뿐 행동이 없다. 남북관계 개선이나 북한 비핵화를 위해 중국은 별다른 행동을 취하지도 않는다. 최근 들어서는 제재 완화와 같이 북한 편을 드는 움직임도 보이고 있다.

미국과의 전략경쟁이 본격화된 시진핑 주석 집권 이후의 시기에 중국은 한국과 수직적 관계를 형성하려는 모습도 보인다. 사드 배치 당시 중국의 부당한 경제보복이 그 대표적인 사례다. 이러한 행보를 통해 중국은 한국이 그들의 의사에 반하는 행동을 하지 못하도록 묶어두려고 한다.

그나마 한중관계를 결속시켜주던 경제적 유대관계도 점차 이완되고 있다. 중국의 경제적 부상 이후 최근 들어 한중 간 경제협력보다 경쟁의 영역이 늘어나고 있다. 중국 시장에서 우리 기업이 중국의 높은 비관세 장벽으로 겪는 차별과 고충은 30년이 지나도 해결되지 않고 있다. 우리와 중국 간의 기술 격차가 좁혀지면서 중국 시장에서 우리의 입지가 축소되고 있다. 우리 경제의 지속 가능한 발전을 위한 중국 시장에서의 우리의 전략을 새로이 마련해야 하는 시점이 다가오고 있다.

이러한 현실에도 불구하고 우리가 중국에 가진 기대감이 우리의 외교정책에 보이지 않는 굴레가 되고 있다. 그것은 여전히 중국은 우리의 외교와 경제에 큰 기여를 해줄 수 있다는 환상과 중국의 입장과 다른 견해를 피력하거나 행동하게 될 때 중국으로부터 보복을 당할 수 있다는 공포가 자리 잡고 있는 것이다.

따라서 이제는 중국의 외교적 중요성을 재평가할 때가 되었다. 즉, 우리가 가지고 있는 중국에 대한 '신화'나 강박관념에서 탈피할 때가 된 것이다. 이미 중국의 압박을 과도하게 의식한 나머지 우리의 정체성과 생존권 및 주권 판단에 혼란이 가중되고 있다. 이런 병폐가 우리의 정책 의사결정 과정에서 중국의 반응을 선제적으로 고민하는 관행으로 고착되면서 중국 공포증과 같은 심리적 불안감이 우리의 의식 속에 자리 잡고 있다. 이러한 관행을 바꾸지 않으면 우리의 외교적 의사결정에서 중국의 지배력은 더욱 커져만 갈 것이다.

중국은 한국의 가상의 적인가?

한국 외교에서 중국이 차지하는 위상을 정확히 판단하기 위해서는 중국의 위협을 정확히 알아야 한다. 지정학적 이유로 인해 한국과 중국은 구조적 갈등을 겪을 수 있는데, 이때 중국의 위협을 정확히 파악해야 한국이 외교적으로 어느 수준에서 관여함으로써 이를 예방할 수 있는지를 강구할 수 있기 때문이다. 동시에 한중관계에 있어 한국의 금지선Red-Line을 파악하는 데도 중요한 기준이 될 수 있다.

군사적 차원에서 중국의 위협은 두 가지 관점에서 살펴볼 수 있다. 첫째, 중국의 한국에 대한 직접적인 위협이다. 의도되었든, 의도되지 않았든, 우리의 주권과 생존권이 중국으로부터 도전을 받을 수 있다. 둘째, 북한 문제를 둘러싼 중국의 개입 문제다. 예를 들어 북한 급변 사태로 인해 한국 주도 통일의 기회가 생긴다고 가정할 때 과연 중국은 군사적 개입으로 이를 저해할 것인가의 문제를 고민할 수 있다.

먼저 중국이 우리의 주권과 생존권에 대한 위협인가를 볼 때, 그러한 역량을 갖추고 있다고 볼 수 있다. 다만 현 상황에서 한국과 전면적인 갈등으로 가려는 의도는 없는 것으로 보인다. 중국은 증강된 국력을 바탕으로 주변 지역에서 막강한 정치적 영향력을 행사하려는 '중국의 꿈中國夢'을 구현하려는 노력을 경주하고 있다. 이 과정에서 중국은 잠재되어 왔던 영토 주권 문제를 다시 수면 위로 올렸다. 특히 남중국해와 동중국해의 영토 분쟁 문제에 있어서는 개혁·개방 이후부터 견지한 분쟁의 차후 해결 원칙과, 경제적 이익의 공동 개발과 공동 향유라는 원칙을 버렸다. 동시에 중국은 군사 역량을 강화하며 자국의 이익을 극대화하려는 모습도 보이고 있다.

특히 미중 전략경쟁이 가열되면서 중국의 영토 문제와 관련한 입장에 대해 다른 나라들이 반대 견해를 밝히는 것을 압박을 통해 막고 있다. 한국의 경우 미국의 동맹국으로서 그리고 법의 지배와 항행의 자유를 중시하는 국가로서 남중국해나 동중국해 문제를 얼마든지 언급할 수 있음에도 중국은 이를 그들에 대한 도전으로 인식하고 압력을 행사하고 있다.

동시에 중국은 한반도에서 자국의 영향력을 과시하기 위해 군사적으로 한국의 방공식별구역KADIZ에 대한 '무단 침입'을 빈번히 하고 있다. 중국의 해양작전 전략개념에 따라 우리의 영해를 무시하는 행동도 서슴지 않고 있다. 2016~2019년 동안 중국 군용기는 우리의 방공식별구역에 450여 회 정도 출몰했다. 중국 해군 또한 우리 해상 관할구역을 침범하고 있다. 중국의 항공모함 랴오닝호와 산둥호는 훈련을 약 20회가량 진행했고, 함정, 항공기 등을 포함한 대잠수함 훈련도 약 10회 실시했다. 중국 해군의 경비함 역시 동경 123~124도 사이에서 출몰하고 있다. 급기야 2020년 12월에 중국 군함이 우리의 북방한계선NLL을 침입, 백령도 40km 앞 공해수역까지 나타났다. 물론 한중 간 군사적 충돌 가능성은 작지만 이러한 군사적 압박은 위협이 아닐 수 없다.

북한 문제와 관련해서도 중국은 한반도 유사시 군사적 개입 가능성을 높여가고 있다. 북한의 전략적 가치를 인정하는 중국이 북한의 붕괴나 유사사태를 수수방관하지 않을 것이기 때문이다. 중국은 북한과 동맹조약을 맺고 있다. 북한에 불안정 상황이 발생하거나 한국이나 미국이 북한에 개입할 경우 동맹조약의 의무 이행을 명분으로 개입할 수 있는 것이다. 동시에 인도적 지원이나 북중 국경지역의 안정을 위해 개입할 수도 있다. 그 결과 북한 급변사태가 발생할 경우 한국과 중국 또는 한미동맹과 중국은 군사적으로 충돌할 가능성을 배제할 수가 없는 것이다.

이상을 고려할 때 중국이 한국의 잠재적 위협임은 부인할 수 없다. 다만, 현재의 한중관계를 고려할 때 중국은 현실화된 위협은 아니다. 중국은 한국에 대해 정치적 영향력을 행사하고자 할 뿐 군사적인 점령이나 공격이 필요한 상황은 아니기 때문이다. 한중 간 해상경계선 문제가 확정이 되지 않고 있지만 한중 모두 군사적 힘으로 풀고자 하는 의사는 없다. 남중국해나 동중국해에서 한중 양국이 먼저 군사적 충돌을 할 이유도 없다. 따라서 한중관계를 관리하며 중국의 잠재적 위협이 현실화된 위협으로 전환되지 않도록 예방하는 노력이 우선시되어야 한다. 혹시 모를 국지적 충돌이 발생했을 때 현장에서 승리하고 이를 확산시키지 않는 정도의 군사적 준비는 필요하겠지만, 중국을 적으로 상정하고 중국의 군사적 위협에 대응하는 노력이 선행되어서는 안 된다.

왜 한국은 중국과 공존의 길을 모색해야 하는가?

중국은 세계를 바라보는 시각이 한국이나 미국과 다르다. 자유민주주의나 시장경제, 그리고 인권의 측면에서 한중 양국은 커다란 정책적 차이를 보이고 있다. 그 결과 중국과의 관계는 힘의 균형을 갖추지 못할 경우, 공존이 아닌 충돌이나 예속 중 하나로 흐를 가능성이 크다. 문제는 한국 혼자의 힘으로 중국과 균형을 갖추지 못한다는 데 있다. 미중 전략경쟁이 날로 격화되고 있지만, 중국은 여러 함정과 포위망 속에서도 세계 경제의 강자로 계속 부상할 가능성이 크다. 한중 간 힘의 격차는 줄어드는 방향이 아닌 늘어가는 방향으로 전개될 것이다. 시진핑 체제하에서 변화하는 여건과 상황에 부합하는 대중국 정책이 필요하다.

지정학적 이유에서 한국과 중국은 운명적으로 함께할 수밖에 없는 나라다. 중국은 우리의 이웃 국가이면서도 강대국이기 때문에 외교를 넘어선 다양한 영역에서 상당한 영향력을 발휘하고 있다. 외교적으로 한중 간 공존이 필요한 이유는 경제적, 정치적 배경으로 나누어 볼 수 있다.

먼저 중국은 우리의 무역에서 25% 이상을 차지하는 최대 시장이며 우리의 해외 투자가 제일 많이 이뤄지는 나라다. 중국에 대한 우리의 경제 의존도 역시 상당히 높은 수준을 유지하고 있다. 이러한 경제적 연결고리로 인해 중국의 제재와 보복에도 취약하다. 물론 경제와 기술 분야에서 중국의 급속한 발전으로 한중 간 경쟁력 차이가 빠르게 감소하고 중국 시장에서도 조금씩 영향력을 잃어가고 있다.

중국과의 교역에서 발생하는 부가가치도 줄어들고 있다. 하지만 여전히 한중 양국 간의 경제·산업구조에는 상호 보완성이 아직 존재한다. 우리 자본재, 중간재와 첨단 과학기술 제품이 아직은 기술력의 우위를 점하기 때문에 중국과 우리의 경제관계는 여전히 상호 보완성이 유지되고 있다.

한중관계는 한국의 국내 정치적으로도 중요한 의미를 지닌다. 중국이 추구하고 있는 국가자본주의와 주변국에 대한 영향력 확보는 한국의 정체성과 직결된 문제다. 우리가 견지하는 가치와 이념에 직접 영향을 미치기 때문이다. 정체성과 가치 면에서 우리와 중국의 간극은 당분간 좁혀지지 않을 것이다. 이러한 정체성의 문제는 한중 양국 국민의 상호 인식에도 지대한 영향을 미칠 것이다. 그 결과 한국 내 반중감정과 중국 내 혐한감정이 상승하고 있다. 특히 이런 반감이 양국의 젊은 세대에서 대두되고 있어 문제의 심각성이 더욱 부각되고 있다. 하지만 국내적으로는 중국과의 긴밀한 관계를 지지하는 정당이나 국민도 적지 않다. 그 결과 중국에 대한 한국 국내 정치 지형은 양분되어 있다. 이러한 현상이 한국 사회의 분열로 나타나지 않도록 관리할 필요가 있으며, 이는 한중관계의 방향 정립과 함께 풀어야 한다.

중국에게 한국은 무엇인가?

2장

중국은 한국을 미국의 대중국 포위망의
최전선으로 보고 있는가?

중국의 한반도 정책은 한반도의 평화와 안정 유지, 한반도의 독립·자주적 평화통일 지지와 한반도의 비핵화 구현 등을 기조로 한다. 이를 위해 중국은 전쟁이나 불안정 상황이 발생하지 않도록 예방하며, 한반도에서 미국의 영향력을 약화시키는 것을 기도하고 있다. 형식적인 명분은 한반도의 안정과 비핵화의 달성이지만, 전략적 목표는 한반도에 영향력을 행사하기 위해 미국을 견제하는 것이다.

한반도에서 미국을 배제하려는 시도는 중국 공산당 정부가 수립된 이래 지속되어 온 과제다. 한국전쟁에 중국이 참전을 하게 된 가장 중요한 원인이기도 했다. 중국은 한반도에서 미국이라는 외세外勢를 축출하고자 하며, 국경 안보나 한반도 영향력이 확립될 때까지 북한을 완충지역으로 삼으려 한다. 이러한 목적을 달성하기 위해 북한과 동맹을 유지하고 있으며, 나아가 남북한 모두를 통제권에 두며 정치적 영향력을 행사하려 한다.

최근 들어서는 한국을 미국의 대중국 포위망의 최전선으로 인식하고 있는 모습을 보이고 있다. 이러한 경향은 시진핑 정부에서 보다 본격적으로 나타나기 시작했는데, 사드 배치가 그 대표적인 사례로 볼 수 있다. 중국은 사드 배치 당시 한국에 대해 경제보복을 한 것은 물론이고, 한국 정부가 사드 3불, 즉 사드 추가배치 반대, 미국 MD 가입 반대, 한미일 안보동맹 발전 반대라는 입장을 표명한 이후에도 사드 보복조치를 이어가고 있다. 시진핑 주석의 방한이 이루어지지 못한 것도 마찬가지다. 코로나19의 확산이 명분을 제공했지만 그 배경에는 보이지 않는 압박이 자리 잡고 있다.

문제는 사드 문제가 풀리지 않으면 코로나 사태 이후에도 한중관계에 긍정적인 변화를 기대하기 어렵다는 것이다. 시진핑 주석과 리커창 총리는 이러한 입장을 반복적으로 전하고 있다. 시기별로 보면 리커창 총리는 2017년 11월 동아시아정상회의와 아세안+3 회의에서 우리 대통령에게 사드의 '단계적' 해결을 위한 노력을 철저히 할 것을 요구했다. 시진핑은 2019년 12월에 7번째로 가진 한중 정상회담에서 유사한 입장을 또다시 전했다. 그는 2019년 6월 오사카 G20 정상회의에서 문재인 대통령에게 했던 발언을 재인용하며 그는 한국의 적절한 해결과 함께 "한국이 계속 중시해야 하는 문제의 협상 타결"을 강조했다. 미국과 사드 문제를 해결하는 데 노력을 배가할 것을 주문한 것이다.

이처럼 중국이 한국의 한미동맹 문제에 더욱 민감한 데는 지정학적 이유가 존재한다. 한국이 지리적으로 중국과 너무 가까운 나머지 영해와 영공상에서 일부 갈등이 야기되고 있는데, 이런 문제를 중국이 남중국해에서와같이 힘으로 해결하려는 시도를 하지 못하는 데는 그나마 한미동맹이라는 요소가 존재하기 때문이다. 그 결과 중국은 한반도 수역과 영공에서 자신의 전략 이익을 수호하는 데 가장 큰 장애물을 한미동맹으로 여기는 것이다. 인도·태평양 차원에서 전개되는 미중 간 전략경쟁 이외에도 중국의 코앞이라 할 수 있는 한반도에서 중국의 활동에 한미동맹이 방해가 되고 있다는 인식을 하고 있는 것이다.

중국의 경제전략에 있어서도 한미동맹을 기반으로 하는 우리의 경제 네트워크 참여 여부에도 중국은 민감하다. 왜냐하면 중국의 경제발전으로 우리와의 기술력의 차이가 좁혀졌지만 그래도 양국의 무역 구조가 입증하듯 상호 보완성이 아직도 유효하기 때문이다. 우리의 중간재, 소비재와 자본재에 대한 중국의 의존도가 존재한다. 그렇기 때문에 한국이 미국과의 첨단기술 공급망 협력을 강화할 때 중국은 커다란 부담을 안게 된다. 중국이 완전한 기술력 독립을 실현하는 데까지는 상당한 시간이 필요하다. 그 이전에 한국이 미국과 협력을 강화하며 또 다른 초격차를 만들 경우, 중국의 기술력 독립의 꿈은 물거품이 될 수 있다.

한중 양국이 당면한 협력과제는 매우 광범위하고 다양하다. 중국도 한국과의 협력 확대를 필요로 하며, 향후 한국이 미국 쪽으로 더욱 경사되는 것을 원하지 않는다. 또한 중국이 한중관계에서 미국 문제를 우선적으로 고려하는 것은 잘못된 계산일 수 있다. 그럼에도 불구하고 미중 전략경쟁 구도가 날로 심해지는 가운데 중국이 사드 문제를 한중관계 복원의 전제조건으로 내세우고 있는 것은 한국을 미국 대중 포위망의 최전선으로 보는 인식이 계속되고 있음을 보여준다.

중국의 한국에 대한 복속주의는 아직도 살아 있는가?

중국이 미국 문제를 가지고 한국을 계속 압박하는 상황이 전개되면서, 한중관계에 근본적인 문제가 제기되고 있다. 그것은 과연 중국은 19세기 이전 중화사상의 시대로 돌아가려 하는 것인가다. 주변국은 중국에 복속되어야 하고, 그들의 뜻과 다른 외교정책을 펴지 못하려 하는 전근대적인 사고가 지속된다면 한중관계의 미래는 어두울 수밖에 없다. 수직적 한중관계 하에서는 한국의 생존과 번영이 담보될 수 없기 때문이다.

그렇다면 중국의 복속주의는 오늘날의 한중관계에서 살아 있는 개념인가? 이에 대한 답을 구하기 위해서는 중국의 한국에 대한 영향력 향상으로 얻을 수 있는 외교적·경제적 효과를 살펴보고, 이러한 효과가 중국이 추구하는 핵심 이익과 어떠한 관계를 지니는지 들여다봐야 한다.

중국의 한국에 대한 영향력 향상은 미중 전략경쟁이나 남북관계와 관련하여 엄청난 전략적 이익을 가져다준다. 중국은 심리적으로 한국 정부에 압박을 가하며 미국을 견제하는 데 자신들의 영향력을 활용하고 있다. 사드 보복 이후 한국 정부는 중국과 관련된 문제를 한미 간에 논의하는 것을 꺼리는 모습을 보이고 있다. 중국 문제에 대한 강박관념이 생겨나면서 한국과의 외교적 심리전에서 중국이 우위를 점하고 있는 것이다. 동시에 중국 문제는 미중 전략경쟁과 관련하여 한국 사회를 이분법적 사고로 나누고 분열시키고 있다. 그 결과 한미 간의 신뢰를 잠식시키고 있다.

물론 중국이 추구하는 핵심 이익은 한반도에서의 영향력 행사가 아니다. 중국은 국가 주권, 국가 안보, 영토 완정, 국가 통일, 중국 헌법이 확립한 정치제도와 사회의 전반적 안정, 경제 사회의 지속가능한 발전이다. 국가 주권이나 국가 안보는 신장 위구르, 홍콩 문제 등과 관련한 중국의 국내 정치에 개입하지 말라는 의미이고, 영토 완정은 국경분쟁지역, 남중국해, 동중국해에서 중국의 영토 주권을 인정하라는 것이다. 국가 통일은 대만 문제에 대해 간섭하지 말 것을 의미하며, 정치·경제·사회의 안정은 결국 중국 공산당의 지배에 도전하는 것을 용납하지 않겠다는 의미다. 이 점에서 한반도 문제는 중국의 핵심 이익과 직결되지는 않는다.

하지만 미국은 다르다. 중국이 핵심 이익이라고 주장하는 거의 전 영역에 대해 미국은 외교적 압박을 가하고 있다. 신장 위구르, 홍콩 문제, 남중국해와 동중국해 문제, 대만 문제, 중국 공산당 지배에 대해 미국은 관여하며, 상황을 개선할 것을 요구하고 있다. 미국으로서는 자유주의적 기본질서를 확산시키고 지역 정세를 안정시키기 위함이지만, 중국은 이를 자국의 핵심 이익에 대한 도전으로 받아들이고 있는 것이다. 그 결과 미국의 영향력을 배제하는 것이 중국 외교의 제1 목표가 되고 있고, 한반도와 같은 주변 지역은 그 1차적인 대상 지역이 되는 것이다. 자연스럽게 중국 핵심 이익과 무관한 한반도에서의 영향력 강화가 중요한 문제가 되고 있고, 미국과 동맹을 맺고 있는 한국 정부에 대한 강력한 압박이 이어지고 있는 것이다.

탈냉전 이후 중국이 경제성장에 한국을 필요로 하던 시기에는 중국의 한국에 대한 복속주의는 이미 사라진 듯 보였다. 하지만 최근 들어 중국이 미국과 전략경쟁을 전개하면서 한국을 자기 아래로 만들어야 한다는 복속주의가 다시 등장하고 있는 모습이다. 중국의 핵심 이익을 지키기 위한 노력이 한미동맹에 대한 중국의 불편한 시각으로 이어지고, 그 해법으로 한국을 자국 영향권 아래에 두고자 하기 때문이다.

한중 간 넓어지는 인식의 틈새는 더 벌어지고 있는가?

중국의 공세적 부상 이후 한중 간 인식의 틈새는 더욱 벌어지고 있다. 중국도 과거의 중국이 아니고, 한국도 과거의 한국이 아니기 때문이다. 중국은 세계적인 패권국가를 지향하며 주변국과의 관계에서 우위를 유지하고 싶어 하지만, 세계 10위권의 경제 강국인 한국도 중국의 그늘 아래로 들어가는 것은 원하지 않고 있다. 국력의 비대칭으로 인해 중국은 한국에 대해 압박과 강요를 할 힘을 보유하고 있지만, 한국에게는 한미동맹이 버팀목으로 존재하고 있다. 동시에 한국이 능동적이거나 수동적인 방법으로 미국의 요구사항을 수용하며 동맹을 강화할 때, 중국은 정치적인 부담을 느끼게 된다. 이런 과정이 반복되며 한국 내 중국에 대한 여론이나, 중국 내 한국에 대한 여론은 악화되는 경향을 보이고 있다.

물론 한국은 중국을 의식하면서 조심스러운 모습을 보이고 있다. 하지만 한국이 한미동맹에 앞서 중국의 입장을 먼저 고려하기는 어렵다. 이는 중국도 마찬가지다. 한국을 끌어들이기 위해 북한을 버리지 않을 것이다. 한미동맹과 북중동맹이 지역적 차원에서 평행선을 그리고 있기에 한중관계만 서로가 만족할 만한 수준으로 발전하기에는 어려움이 따른다. 특히 미국이 인도·태평양 전략을 발전시키고, 주한미군의 전략적 유연성을 강화하며, 한미동맹의 활용 영역을 대북 억제력에서 지역 안보문제로 확대하려 들고 있기에 중국은 더욱 민감한 모습을 보이고 있다.

한중 간 인식의 틈새가 더욱 벌어지는 데에는 지리적 원인도 영향을 미치고 있다. 한중 양국은 서로 너무 가까이 위치한 나머지 영해와 영공상에서 갈등이 야기되고 있다. 서해 해상경계선 문제나 한국의 방공식별구역 침범 문제가 대표적인 사례인데, 이런 문제라면 중국은 남중국해에서와같이 군사적 힘으로 해결하려는 시도를 할 수 있다. 하지만 여기에도 한미동맹이라는 요소가 존재하기 때문에 중국은 이를 한반도 수역과 영공에서 자신의 전략 이익을 마음껏 수호하는 데 장애를 느끼고 있다.

경제의 영역에서도 한중 간 인식의 차는 더욱 벌어지고 있다. 한국이 미국이 주도하는 첨단기술 네트워크에 참여하는 문제에 대해 중국은 민감하게 생각하고 있다. 양국의 무역 구조가 입증하듯 한중 간 경제협력에 상호 보완성이 지속되고 있지만, 일부 첨단기술 분야에서 중국이 발전했지만 한국을 따라잡기 어려운 영역이 존재하고 있기 때문이다. 중국의 경제발전으로 우리와의 기술력 차이가 좁혀졌지만, 한국이 첨단기술 시장에서 미국과의 공급망 협력을 강화하며 중국을 배제할 경우 그 파급효과를 무시할 수 없다. 중국이 한국의 대미 공급망 협력을 주시하는 근본적인 이유다.

한중 간 소통채널의 부재도 벌어지는 양국의 인식을 바로잡지 못하는 중요한 이유가 되고 있다. 한중 수교 이후 지난 30년간 정상회담이나 고위급 회담을 정례화하려는 노력이 있었지만, 중국은 이러한 요구를 수용하지 않았다. 다양한 합의 사안과 달리, 중국은 고위층과의 만남을 외교적 자산으로 활용해 왔다. 한국을 압박하는 좋은 수단이었지만, 한중 간 신뢰를 형성하는 데에는 부적절한 관행이었다. 그 결과 한중 간 갈등 사안이나 위기관리 사안이 도래한다 해도 즉각적인 소통이 이루어지지 못하고 있다.

이처럼 미국 문제, 한중 간 지리적 인접성, 경제적 경쟁관계, 그리고 소통채널의 부재로 한중 간 인식차는 더욱 벌어지고 있는 상황이다. 중요한 것은 빠른 시간 내 이러한 문제점을 시정하지 못한다면, 한중관계는 더욱 악화될 수 있다는 점이다. 미중 전략경쟁은 더욱 치열해질 전망이고, 한중 간 지리적 인접성 문제는 해결이 어려우며,

경제적 경쟁관계는 더욱 심화될 것이기 때문이다.

다행히도 한중 간에는 부정적인 요인만 존재하는 것은 아니다. 한중 간 인식차에도 여전히 변화하지 않는 인식이 존재하고 있기 때문이다. 무엇보다 중국 국민들은 한국의 외교정책을 좋아하지 않아도 한국의 자유로운 분위기와 경제적 번영을 동경한다. 이러한 인식은 중국 내에 확산되고 있는 한류에서 찾아볼 수 있다. 중국 국민들이 한국의 민주주의에 대해 부러워하는지는 알 수 없지만, 한국의 자유로운 분위기만큼은 동경의 대상이 되고 있는 듯하다. 이는 향후 중국의 1인당 국민소득이 2만 달러나 3만 달러에 달할 경우 중국의 정치적, 경제적 인식이 변화할 수 있음을 시사하는 것이다. 중국의 변화 가능성을 포착하지 못하고 한중관계를 부정적으로 몰아가는 일은 중장기적인 한중관계에 부정적인 결과를 낳을 수 있다. 따라서 한중 간 인식차는 벌어지고 있어도, 한중 간 협력의 기회 요인은 여전히 남아 있다고 볼 수 있다.

한국의 전략 대상은 시진핑 정부인가, 중국인가?

미중 전략경쟁의 파편이 우리에게 날아오는 상황에서 중국과 충돌이나 예속의 길을 피하고 공존의 길을 모색하는 일은 고난도 게임이 될 것이다. 중국이 가장 싫어하는 한미동맹을 강화하면서 중국과 힘의 균형을 모색하고 공존을 모색해야 하는 역설적 상황이기 때문이다. 그 속에서 한국은 충돌이나 예속이라는 극단적 선택을 피해 기회비용을 최소화하면서 우리의 주권과 생존권, 그리고 정체성과 국익을 지켜나가야 한다.

미래 한중관계와 관련하여 고민해야 할 점은 우리의 대중외교가 어떤 중국을 향해 나가야 하는가다. 시진핑 이전의 중국과 시진핑 시기의 중국이 워낙 다른 행태를 보이고 있기에 대중정책의 대상이 되는 중국을 어떻게 상정할 것인가는 매우 중요한 문제다. 실제로 시진핑 주석이 주도하는 대미외교와 과학기술 중국몽, 그리고 남북한 등거리 외교의 전개 과정에서 북한과의 협력 강화로의 전환은 한국의 외교적, 경제적 위치를 위축시키고 있다. 만일 시진핑 정부가 한중관계를 수직적 관계로 만들려 한다면 담대히 거부해야 한다. 하지만 시진핑 정부 이전까지의 중국은 한국과 공존하려는 경향이 더욱 강했다. 시진핑 정부 이후의 중국도 또 다른 모습을 보일 수 있다.

시진핑 주석의 중국이 미래 중국의 진면모인지, 아니면 우리가 생각하는 중국의 미래상을 그리며 보다 중장기적인 안목의 대중정책이 필요한지 고민이 필요하다. 그리고 그 답은 시진핑 정부와의 현실적 협력을 추구하면서, 중장기적으로는 한국이 공존할 수 있는 중국을 끊임없이 상정하며 협력의 끈을 놓지 않는 데 있다. 시진핑 정부만을 대상으로 대중정책을 수립할 경우 민족주의로 회귀할 가능성이 존재한다. 하지만 이는 비극의 씨앗이 될 수 있다. 현실적으로 한중 간에는 힘의 불균형이 자리 잡고 있고, 그 차이는 앞으로 더욱 커질 가능성이 크기 때문이다.

중국과의 충돌이 가져올 잠재적 피해의 규모는 상상하기 어렵다. 그렇다고 해서 중국에 '길들여'져서도 안 된다. 자칫하면 우리의 주권과 관련된 의사결정 과정에서 중국을 사전에 의식하는 악습이 굳어질 수도 있다. 우리의 국익보다 중국의 반응을 우선적으로 고민해서도 안 된다. 중국 요소 때문에 우리 사회가 분열되어서도 안 된다. 중국과 공존을 추구하면서도 우리의 자존감을 지켜나가기 위해 노력해야 한다.

중국의 주변국 정책은 변해왔고 주변국과의 상호작용도 바뀌어 왔다는 점을 고려할 때, 단기적으로는 시진핑 정부를 향해, 그리고 중장기적으로는 공존이 가능한 중국의 모습을 그리며 정책을 구상해야 한다. 이러한 대중정책을 추구하기 위해서는 다음과 같은 몇 가지를 고민하고 준비해야 한다.

한중 간 레드라인의 존중

첫째, 중국의 핵심 이익을 존중하며 한국의 외교적 행동 기준을 설정하는 노력이 필요하다. 일종의 '레드라인Red-Line'을 정하는 것이다. 한중관계가 악화되는 것을 막기 위해서는 중국이 우리의 영토 주권과 생존권을 중국이 침해하지 않는 한 우리도 중국의 핵심 이익을 최대한 존중하는 행동양식의 공감대가 필요하다. 한미동맹 역시 이러한 범위 내에서 운영되어야 한다. 그래야만 한중 간의 충돌을 예방하고 공존의 새로운 방정식을 엮어 나갈 수 있기 때문이다.

먼저 한국은 중국의 영토 주권이나 정치체제에 대해 불필요한 언급이나 자극을 자제해야 한다. 남중국해나 대만 문제와 관련해서도 법의 지배, 대화를 통한 해결 등의 원칙을 넘어서는 발언은 자제할 필요가 있다. 물론 중국의 핵심 이익에 대한 존중은 절대적인 것은 아니다. 중국이 국제규범을 벗어난 행동을 통해 소수민족의 인권을 해치거나 특정 지역에서 영토 주권의 범위를 지나치게 광범위하게 설정한다거나 할 경우 한국은 다자적 차원의 문제 제기에 동참해야 한다.

중국이 한국의 핵심 이익을 침해하려 할 경우에도 적극적인 대응이 필요하다. 따라서 우리의 기본 주권, 즉 영해와 영공에 대한 무단 침입 행위, 중국 어민과 어선의 불법조업 행위나 배타적경제수역에서의 군사활동, 우리의 역사를 왜곡하는 행위 등은 중국도 하지 못하도록 만들어야 한다. 이를 위해서는 한중 간에 서로의 행동양식에 대한 공감대를 만들고, 관행이나 문서로 이를 지켜나가도록 해야 한다.

한편, 중국의 핵심 이익 침범이 있을 경우 스스로 지킬 수 있는 자강력을 구축해야 한다. 우리의 영토 주권에 대한 무단 침입이나 배타적경제수역에서의 군사훈련 등에 대한 적극적인 군사적 대응, 불법조업에 의한 해상경계선 침범에 대한 우리 해경과 관련 당국의 적극적인 퇴격과 외교 항의가 필요하다. 나아가 중국이 한국의 국내 정치 문제에 직접 개입하려 할 경우, 우리의 정체성에 대한 의지와 결의가 확고함을 양자와 다자 외교를 통해 명확히 전달해야 한다.

중국과의 레드라인을 논의하며 전달해야 하는 중요한 사안은, 중국이 한국의 핵심 이익을 존중하지 않을 경우 발생할 수 있는 문제점이다. 특히 국력이 상대적으로 약한 한국은 중국과의 비대칭성으로 인해 한미동맹에 더욱 의존할 수밖에 없다는 점을 알려야 한다. 이러한 상황은 중국도 원치 않을 것이다. 따라서 한중 양국은 서로의 핵심 이익을 침범하지 않는 관행을 만들고, 불가피한 경우의 행동양식에 대해서도 긴밀한 소통을 해야 한다.

북한 및 북핵 문제에 관한 공조 확대

시진핑 정부 출범 이후 중국은 한반도에 대한 영향력을 증대하려는 데 주력하고 있다. 그러다 보니 한동안 원칙을 지켜왔던 북핵 문제에 대한 입장이 변화하는 모습을 보이고 있다. 2018년 이후 시진핑 주석은 북한과의 관계 개선을 적극 추진했다. 그리고 서울 방문에 앞서 평양을 먼저 방문하기도 했다. 북중 간 유대 강화는 북핵으로 인한 한반도 불안정 상황을 더욱 장기화할 수 있다. 따라서 중국이 북핵에 대한 반대와 한반도의 비핵화 정책 목표에 대해 보다 진정성 있는 태도를 보이도록 만들어야 한다.[35]

실제로 현재 중국의 모습은 북한 문제나 북핵 문제의 해결보다는 한반도에서 중국의 영향력을 확대하는 데 중점을 두고 있는 모습이다. 중국은 한국으로부터는 북한의 변화를 유도해달라는 요구를 받고 있다. 북한이 비핵화 대화로 복귀할 수 있도록 영향력을 해달라는 것이다. 하지만 중국은 별다른 모습을 보이지 않고 있다. 오히려 북한으로부터 경제협력을 요구받고 있다. 실제 대북제재로 인해 북한 경제는 치명적인 상황으로 전해지고 있고, 그 결과 북한의 대중 경제 의존도는 날로 높아져 왔다. 제재를 통해 북한에 대한 영향력을 향상시키고 있는 것이다.

이러한 중국의 입장을 고려할 때 북한 및 북핵 문제에 관해 한중

협력이 바로 이루어지기는 어려울 것으로 전망한다. 오히려 중국은 한국을 설득하며 제재 완화 필요성을 제기할 것으로 전망한다. 미국의 입장에 구속받지 말고, 북한과의 대화에서 보다 독자적인 행보를 할 것을 종용하고 있다. 이러한 중국을 설득하는 일은 오랜 시간이 걸릴 것으로 보인다. 하지만 중국과의 관계를 유지하고 발전시켜 나가는 일은 한중 간 신뢰 구축의 수단이 될 수 있다. 따라서 시진핑 정부와의 단기적 협력보다는 중국 정부에 대한 중장기적 신뢰 구축 수단으로 북한 및 북핵 문제의 한중협력을 꾸준히 추진해야 한다.

한중 간 경제협력의 진화

시진핑 정부는 '과학기술 강국의 꿈'을 이루기 위해 한국과 협력하려는 유인책과 함께 우리의 반중 경제 네트워크의 참여를 억제하려는 전략을 동시에 구사한다. 이는 우리의 첨단기술의 경쟁력이 중국 시장에서 아직 살아 있다는 증거이며 동시에 중국의 한국 경제 의존도 높다는 방증이다. 당장 시진핑 정부는 사드 문제[36] 이후 한국에 대한 경제적 압박을 통해 영향력을 행사하려 들고 있지만, 중장기적으로 한중 경제협력을 진화시켜 나가야 하는 입장이다.

중국은 한국과의 경제협력에서 '고질량高質量(높은 질적 수준이란 뜻)'의 융합 발전을 목표로 제시하고 있다. 이는 중국 국내 경제·산업정책에서 창의적 혁신기술과 금융경제를 융합하여 국가경제 발전을 이끄는 것을 의미한다. 중국이 강조한 한중 양국 간의 융합 발전의 의미도 이 범주를 벗어나지 않는다. 이런 의미에서 중국은 한중 양국이 연구개발 협력을 새로이 심화시키고 상호 보완성을 한층 더 구현해 성과를 공유할 것을 강조하고 있다. 표면적으로는 한중 경제협력의 미래 가치를 중히 여기고 있는 모습이다.

하지만 이러한 중국의 경제협력 제안엔 '외부 영향'을 받지 말라는 주문이 함께 따라오고 있다. 즉, 다가올 기술패권 문제에서 미국과의 협력에만 매달리지 말고 중국과의 협력에도 관심을 가지라는 의미다. 현실적으로 한국이 첨단기술 협력에서 미국보다 중국에 경사하기를 기대하지는 않을지라도 한국의 경제안보전략의 방향을 예의주시하고 있다는 방증이다.

한중 경제협력이 점점 더 복잡해지는 상황에서 우리의 대중 경제통상 전략은 한국에 대한 중국의 의존도를 지렛대로 활용하며 경제협력을 진화시키는 것이 되어야 한다. 특히 첨단기술의 공급망에서 동맹 네트워크를 활용하면서 한국의 기술적 우위를 중국과의 협력에서 다시 활용하는 고도의 협상력을 발휘해야 한다. 미국을 버리고 중국과 협력을 하는 것이 아니라, 미국과 긴밀하게 협력하는 동시에 중국과의 경제협력 공간을 만들어 나가야 한다. 이를 위해서는 먼저 한국이 특정 첨단산업 분야에서 세계시장을 선도할 수 있는 기술력을 보유해야 한다. 반도체나 배터리, AI나 통신기술 영역에서 초격차를 유지할 수 있다면, 미국과의 협력도 강화하고 중국과의 협력도 모색해 나갈 수 있다. 이러한 방향에서 한중 경제협력이 이루어진다면, 외교나 군사 분야에서 중국이 한국을 함부로 대하지 못하고 중장기적으로 수평적인 한중관계를 만들 수 있다.

한중 간
쟁점과 해법[37]

3장

서해 해상경계선

정책 방향

한국의 영해 주장을 합법화할 수 있는 법적 근거를 신속히 마련해야 한다. 배타적경제수역[EEZ] 안에서 우리의 군사 활동을 적법화하는 국내법을 제정하여 외국 함정의 활동을 감시할 수 있는 법적 근거를 마련해야 한다. 이는 우리의 주권적 권리와 배타적 관할권을 관련법에 명기하는 것이다. EEZ는 한 번 획정되면 영속성을 가지고 있어 사후 변경이 거의 불가능하다. 또 국제적 보장을 받기 위해 이 문제를 국제사회에서 공론화할 필요가 있다.

우리가 가용할 수 있는 전략적 옵션은 두 가지가 있다. 하나는 중재재판소에 중재를 요청하는 것이다. 다른 하나는 실효적 지배를 통해 우리의 해상경계선을 우리가 방어하는 것이다. 이 경우 중국과 독자적으로 대적할 수 있는 상황이 아니기 때문에 한미동맹을 적극 활용해야 한다. 인도·태평양 전략과 쿼드에 적극 협력하면서 우리의 서해바다를 협력 범위에 포함시키는 것이다.

문제 의식

서해 해상경계선 문제에 관한 한중 실무진 간의 협상은 1990년대에 시작되었고 2015년에 국장급으로 승격되었다. 이후 세 차례의 국장급 협의가 열렸지만 영토 주권에 관련한 사안인 만큼 진전이 미미했다. 이런 가운데 최근 서해상에서 빈번해지고 있는 중국 함정의 활동은 우리 해상안보의 우려 요인이 되고 있다.

중국은 전통적으로 영토 주권에 민감하다. 다른 국가가 연안국의 허가 없이 EEZ 내에서 군사 활동을 하는 것을 거부하는 입장을 견지한다. 우리는 EEZ의 평화적 목적과 함께 중국의 거부 입장을 협상에 역이용해 중국 해군PLN과 공군PLAF의 군사 활동을 제한해야 한다.

서해 해상경계선 획정 의사결정의 배경 및 근거

모든 해상 영토 분쟁에는 공통된 원인이 있다. 획정 기준이 바로 그 원인이다. 한중 간의 서해 해상경계선 문제도 마찬가지다. 대륙 국가는 전통적으로 대륙붕을 경계선 획정의 기준으로 하는 것을 선호한다. 중국이 이를 고집한다.

반면 우리는 유엔 해양법에 따른 중간선 획정 방식을 주장한다. 서해 폭이 좁아 한중 간 해역이 중첩되는 부분이 많다는 점을 중간선 방식을 채택해야 할 근거로 든다. 전례를 보면 해상 영토 분쟁은 협상을 통해 원만히 해결되는 경우가 있다. 협상으로 해결되지 않을 경우에는 해양재판소와 같은 유관 기관에 중재를 의뢰한다. 대부분 중재 결과를 수용한다. 우리도 그럴 의향이 없어 보이지는 않는다. 하지만 중국이 그 결과를 수용할 가능성은 낮다. 2016년 중국과 필리핀의 남중국해 영토 분쟁에서 중국이 국제기구의 중재를 거부한 사례에서 입증된 바 있다. 따라서 대화와 협상을 통한 해결 노력도 함께 해나가야 한다.

유의사항

중국과의 서해 해상경계선 획정 협상은 상당한 시간이 걸릴 것이다. 더구나 서해의 지정학적 전략 가치가 미국의 인도·태평양 전략과 쿼드로 인해 훨씬 더 높아진 상황이다. 이 문제는 우리의 영토 주권과 관련된 문제다. 따라서 협상 타결을 성급하게 서두를 필요가 없다. 우리의 주권 이익에 부합하는 타결안이 도출될 때까지 EEZ를 근거로 우리의 어자원과 어민들의 이익, 선박의 항행과 영토 주권을 지켜나가야 할 것이다. 우리의 EEZ 영역 내에서 중국이 군사적 활동을 하는 데 대한 철저한 대비책도 조속히 마련되어야 한다.

방공식별구역(KADIZ) 침범

정책 방향

한 국가가 설정한 방공식별구역은 국제규범으로서 관련국의 존중을 받을 자격이 있다. 이는 주변국을 통과하는 여객기의 탑승객 및 승무원의 안전 때문이다. 문제는 중국이 이 같은 규범을 존중하지 않고 사전 통지 없이 전투기를 급파하는 사례가 빈번해지는 데 있다. 민항기의 비행 안전에 위협이 될 수 있는 중국의 행위에 대해서는 우선 국제사회에 호소하는 것이 바람직하다. 중국이 국제규범을 무시하는 처사를 행하는 것은 중국이 주창하는 인류 공동운명체 구상의 허점을 드러내는 것이라고 선전해야 한다. 국제법을 준수하지 않고 규범도 무시하는 중국의 행위를 외교적으로 변화시킬 수 있는 유일한 수단이다. 이런 조치가 여의치 않으면 국제항공운송협회IATA에서 문제를 공론화하는 것도 차선책이라 할 수 있다. IATA는 항공운송 문제에 대해 중재할 수 있는 권한이 있기 때문이다. 만약 중국이 IATA의 중재나 국제사회의 규범 존중 요구를 수용하지 않으면 우리 역시 동맹과 우방의 도움에 의존하는 수밖에 없을 것이다. 중국이 우리의 ADIZ뿐 아니라 대만과 일본의 ADIZ를 무단 진입하는 사례가 빈번해지고 있어 공동 대응을 모색하는 것도 가능할 것이다. 여기에 미국의 적극적인 참여를 유도함으로써 국제규범의 의미를 중국에 각인시킬 필요가 있다.

문제 인식

중국은 2013년 동중국해에 방공식별구역을 설정했다고 발표했다. 한국도 이에 즉각 대응해 방공식별구역을 선언했다. 동중국해 지역에는 한중일 세 나라의 방공식별구역이 설정되어 있다. 중국은 자신의 방공식별구역을 주변국이 존중해야 한다고 주장하면서도 주변국의 식별구역을 홀대하는 모순적인 태도를 보이고 있다.

중국은 영토 주권 이익을 '핵심 이익'으로 규정하고 자신의 영토, 영해, 영공을 침입하는 행위에 대해서는 강경한 입장을 취하고 있다. 반면, 중국이 다른 나라의 방공식별구역을 무단 진입하는 행위에 대해서는 다른 주장을 편다. 방공식별구역은 국제법적 구속력이 없는 규범에 불과하다고 주장하면서 무단 진입을 정당화하는 것이다. 중국이 취하는 조치는 사전 비행계획서 제출과 지속적 관제 등 국내법 기준에 못 미치는 형식적 통보에 그친다. 이는 국제규범과 관습을 어기는 것이다. 이런 빈번한 도발 행위는 여객기와 탑승객, 그리고 화물기 운항에 잠재적 위험이 될 수 있다.

중국의 무단 침입 행위는 '통상적 군사 활동'이나 '공동 군사훈련'에 따른 것으로 볼 수 있다. 이는 중국의 해상작전 전략개념에 근거한다. 이 개념에 따르면 평시에는 해상의 '제해권'과 '통제권'의 장악을 목표로 한다. 전시에는 '반격권'의 장악을 목표로 하는데 이 목표에는 핵 반격권까지 포함된다. 영해의 안보개념은 그대로 영공의 안보개념으로 이어진다.

중국(과 러시아의) 의도는 우리의 영해와 공해를 자국 관할 범위에 포함시키는 데 있다.[38] 한중 간의 중첩지역을 무시하고 동해에서 제해권과 통제권을 확보하기 위해 동해 상공까지 비행의 자유를 주장하는 것이다. 중국은 우리의 EEZ와 북방한계선을 무시하면서 북중 간의 동경 124도 중간선을 그 근거로 든다. 더 나아가 중국이 자신의 태평양 진출로를 방어하기 위해서는 우리의 모든 영해와 영공에서 군사 활동의 자유를 확보해야 한다. 2010년부터 중국은 우리의 서해를 이미 자기의 '내해內海'로 선언했다.[39] 이후 서해상에서 한미 연합 군사훈련은 중단되었다.

방공식별구역의 의사결정의 배경 및 근거

한반도 주변의 방공식별구역은 1970년대에 일본이 가장 먼저 설정했다. 오키나와 주둔 미 공군기지의 안전과 동중국해 및 대만해협 문제 등을 염두에 둔 것이었다. 이는 한동안 이 지역의 유일한 방공식별구역으로 존재했다. 그런데 2013년 중국이 갑작스레 일본과 중첩되는 구역에 자신의 방공식별구역을 획정하고 나섰다. 시기적으로 동중국해에서 중국과 일본의 영토 분쟁 상황이 심각해진 때였다. 정황상 중국은 자국의 군사적 방어능력을 더 잘 발휘할 수 있는 공간을 필요로 한 것으로 추정할 수 있다.

유의사항

중국의 KADIZ에 대한 기본 입장은 국제법 규정에 따른 것이 아니기 때문에 법적 구속력이 없다는 것이다. 그래서 우리의 KADIZ

지역을 무단 침입하고 근접 지역을 활보하는 일이 자주 발생하고 있다. 문제는 중국의 KADIZ 지역과 그 부근을 비행하는 기종이 전투기라는 점에 있다. 전투기의 갑작스러운 출몰은 민항기의 비행에 위협이 된다. 또한, 우리 공군 전투기의 퇴격작전이 진행될 경우 불의의 사고가 일어날 가능성을 배제할 수 없다. 2001년 발생한 미중 간의 EP-3 충돌 사건이 반면교사가 될 수 있다. 만약을 대비하는 차원에서 매뉴얼을 마련해 둘 필요가 있다.

불법조업

정책 방향

서해 해상경계선이 획정되기 전까지 중국의 불법조업을 어업협정으로 억제하는 것은 임시방편적인 수단이어서 우리 의도대로 효과를 기대하기 어렵다. 중국 어민과 어선은 협정을 위반하면서까지 우리 수역에서 불법조업을 하고 있다. 하지만 중국 당국은 인력이 부족하다는 핑계로 수수방관하고 있다. 따라서 우리의 영해 주권과 어자원 및 수산업 이익을 보호하기 위한 강력한 경계 태세가 요구된다. 그러나 현실적으로 우리 해경과 해군은 수적인 열세에 처해 있다. 이를 극복하는 전략 방안으로 주변국과의 공동 대응 전략을 모색해야 한다. 우리 주변국도 중국의 불법조업으로 인한 어자원 고갈과 수적 열세의 문제를 겪고 있다. 어자원 보호와 해상환경 보호는 주변국들이 공통적으로 안고 있는 문제이기 때문에 공조가 가능할 것이다. 우리 영해에서의 불법조업에 대한 자체 대비 방안으로 우선 해양경찰의 역량을 증강해야 한다. 중국은 해안 경비대와 해상 민병대를 조직화하고 무력화했다. 이에 대응해 우리 해경의 화력 및 병기와 작전능력을 향상시켜야 한다.

문제 인식

불법조업 문제는 한중 수교 이전부터 간헐적으로 나타났다. 그러나 한중 수교 이후의 관계 개선 분위기를 틈타 중국의 불법조업 행위가 성행하기 시작했다. 중국 어민들은 두 가지 믿음을 갖고 한국 근해에서의 조업에 뛰어들었다. 만약 문제가 발생할 경우 중국 당국이 이를 해결해 줄 수 있다는 믿음이 그 첫째다. 다른 하나는 한국 당국의 처벌 능력에 한계가 있다는 점이다. 중국 당국은 체포된 자국 어민들의 신병 인도를 주장한다. 자국민을 보호하고 자국 법에 따라 처벌하길 원하기 때문이다. 또한 중국 어민들은 한국 당국이 국제적 불법조업에 대해 징벌할 수 있는 법적 근거가 약하다는 점을 인지하고 있다. 설령 한국 해경에 나포된다고 해도 신병 인도에 대한 자국의 요청이 있을 것이고, 한국 당국은 벌금만 부과하는 솜방망이 처벌만 할 수밖에 없다는 것이다. 또한 물리적으로도 중국의 불법조업 어선과 어민을 퇴격할 수 있는 역량이 부족하다는 점을 너무나 잘 알고 있다. 현재 한국 해경 소속의 함정은 대형 36척, 중형 42척, 소형 110척과 특수함정 166척에 불과하다. 이들로 우리의 3면 바다와 영토 분쟁지역을 수호하고 수백 척의 중국 불법조업 어선을 경비하기에는 역부족이다. 중국은 해양법 통과 이후 어선과 어민으로 가장한 해상 민병대를 30만 명 정도 조직해 두고 있다.

불법조업 의사결정의 배경 및 근거

이런 현실을 감안하여 우리 정부 당국은 꾸준히 중국 측과 협상을 이어왔다. 그나마 한중 정부 당국 간 현안 중에서 성과를 내고 있는 분야라 할 수 있다. 2017년 11월 한중 당국은 제17차 한중 어업공동위원회와 고위급 회담을 통해 '2018년도 한중 어업협상'을 타결했다. 양국은 ▲조업질서 유지 방안 ▲한중 배타적경제수역EEZ 입어 규모 ▲조업 조건 및 절차 규칙 ▲수산자원 관리방안 등의 합의 내용을 2018년부터 시행하기로 했다. 또 불법조업을 근절하기 위한 공동 대응을 강화하기로 했다. 이에 따라 양국은 2018년부터 '한중 공동 단속시스템'을 시범 운영하고 있다. 이는 우리 정부가 중국어선 불법조업 정보를 중국 측에 실시간으로 전달해 중국 정부가 단속에 활용할 수 있도록 하는 것이다.[40] 또한, 양국 당국은 일시 중단됐던 한중 지도선 공동 순시 및 단속 공무원 교차 승선을 2018년부터 재개했다. 구체적인 시기와 운영방안이 이듬해 양국 지도단속 실무회의에서 합의됐다. '무허가, 영해 침범, 폭력 저항' 등 3대 엄중 위반 행위를 근절하기 위해 협력하는 것에 주안점을 두었다.

유의사항

중국의 해상민병대의 역량에 대한 과소평가는 금물이다. 미군 태평양사령부 합동정보센터 작전국장을 지낸 칼 슈스터는 "해상민병대는 자동화기를 신고 다니고 있다. 선체를 강화해 근접 시에는 매우 위협적이다. 최고 속력은 18~22노트(시속 33~41km)로 대부분의 어선보다 빠르다"라고 설명했다.[41]

우리의 어자원을 효과적으로 보호하기 위해서는 북한 측 수역에서 중국 어선의 불법조업을 단속해야 한다. 중국어선의 불법조업은 서해는 NLL 주변 지역에서, 동해는 38선 이북 지역에서 성행하고 있다. 중국 어민들은 NLL 주변에서 조업하다가 한국 해경이 출현하면 NLL 이북으로 도피한다. 동해는 속수무책이다. 동해에서의 불법조업은 유엔 제재결의 2379호 위반행위다.[42]

우리 헌법은 한반도 영토 주권을 명시하고 있어 이북의 영해도 우리의 영해로 간주할 수 있는 법적 근거는 있다. 그러나 이를 중국 측이 수용할지는 미지수다. 중국이 북한을 주권국가로 인정하기 때문이다. 따라서 남북회담에서 이 문제에 대해 심도 있게 논의할 필요가 있다.

문화유산 기원 갈등

정책 방향

유네스코에서 중국의 역사 왜곡과 문화 분쟁에 대한 문제를 제기하고 담론을 주도해야 한다. 유네스코 문화유산 등재의 기준이 마련되어 있지만 중국의 근거 없는 주장을 방지할 수 있는 대책 마련이 필요하다. 유네스코의 기준을 강화하는 데 우리가 선도적인 역할을 할 수 있다. 중국의 억지 주장에 피해를 본 다른 나라들과 공동 대응을 하는 한편, 중국의 논리를 반박할 수 있는 역사적 근거를 찾는 데에도 협력해야 한다. 이 문제는 우리의 정체성에 대한 직접적 위협이다. 따라서 정부는 더욱더 적극적인 태도와 자세로 임해야 한다. 지금까지 정부는 역사문제에 대해 저자세 외교로 일관했고 적극적 대응은 NGO에 의존하는 경향을 보였다. 그러나 NGO가 독자적으로 중국을 상대하기에는 역량이 부족하다. 이는 우리나라의 대표적인 사이버 외교사절단 반크^{VANK}가 1999년 설립 이래 펼친 사업 중 대중국 사업은 거의 없다는 사실에서 입증된다. 정부는 동북공정 사례를 반면교사로 삼아 더욱더 적극적인 자세로 대응해야 한다.

문제 인식

문화유산의 기원을 둘러싼 갈등은 우리의 정체성과 가장 밀접하게 관련되는 문제다. 우리는 지난 5,000년 동안 이어져 내려온 역사와 문화전통을 수호해야 할 역사적 사명이 있다. 문제는 중국과 공존하면서 중국 문화권에 예속되었던 역사가 길다 보니 중국과 중첩되는 문화유산과 전통이 부지기수로 많다는 점에 있다. 물론 우리 고유의 문화가 존재하는 것은 엄연한 사실이다. 중국과 중첩되는 것은 두 나라가 공유할 수 있다. 그러나 우리만의 고유 문화유산은 우리가 지켜내야 할 책임과 의무가 있다. 이 두 가지 원칙에 근거해 문화유산 기원을 둘러싼 중국과의 갈등을 해결해 나가야 할 것이다. 문제의 발원은 2005년 우리가 단오제를 유네스코 세계문화유산에 등록하면서부터였다. 지금은 중국이 김치, 한복, 태권도 등을 자국의 문화유산이라고 우기는 바람에 갈등 양상이 심화되고 있다.

문화유산 기원 갈등의 의사결정 배경 및 근거

한중 문화유산 기원 갈등과 관련한 한중 양국 정부 차원의 정책적 의결사항은 존재하지 않는다. 다만 유네스코의 세계문화유산으로 등록하는 과정에서 이 문제가 불거져 나온다. 한중 양국이 같은 역사권, 문화권, 문명권으로 오랜 기간 공존한 까닭으로 중첩되는 부분이 많기 때문이다. 이에 대한 양국 간의 소통과 협의가 없었고 각자 유네스코에 등재신청을 하면서 갈등이 야기되었다. 국가적 차원에서의 의사결정 배경과 근거는 명확하지 않다.

다만 중국이 '중국몽'을 추구하면서 '중화민족의 부흥'과 '중화사상의 부흥'을 성취해 내겠다는 결의를 확립함에 따라 우리와 공유하는 문화유산을 자신의 것으로 주장하는 움직임이 나타나고 있다. 우리를 속국으로 간주하는 인식과 함께 우리의 문화유산이 중국에서 기원하고 유래했다는 입장을 숨기지 않고 있는 것이다. 이는 중국의 문화 복속주의에서 비롯된 것이라고 해도 과언이 아니다.

유의사항

문화유산 기원에 관련된 갈등이 왜 동북아에서 유독 심하게 표출되는지를 면밀히 조사하고 분석하는 연구 작업이 우선되어야 한다. 서구에서는 스파게티나 피자의 기원을 놓고 설왕설래하는 일이 없다. 유독, 이 지역에서만, 특히 한국과 중국 사이에 이런 문제로 첨예한 대립이 빚어지고 있다. 중국의 교육체계와 시스템을 고려하면 이 문제로 중국과 일일이 맞서 싸우는 것은 시간 낭비라고 볼 수도 있다. 우리 정부의 무대응이 최선의 대응일 수도 있다. 우리는 우리의 문화유산만 지키면 된다. 누가 뭐라 해도 김치를 중국 것으로 아는 이는 없다. 한복을 중국 것으로 인지하는 이도 없다. 중국에 전해져 오는 사료가 부족한 문화유산을 중국이 자신의 것으로 입증하려면 많은 시간과 정력을 쏟아부어도 모자랄 것이다. 우리도 모든 문화유산을 유네스코에 등재시키려는 노력은 지양할 필요가 있다. 세계적으로 값어치를 인정받을 수 있는 것을 선별하여 유네스코에 등재하는 데 초점을 맞춰야 한다. 우리의 자제력과 이성도 함께 요구되는 문제다.

3불 입장

정책 방향

우리는 '3불'의 세 가지 조건 중 중국이 제일 우려하는 것을 해결하는 전략을 마련해야 한다. 중국의 최대 우려는 한미일 3국의 군사 관계가 강화되는 것이다. 이에 대한 우리의 접근전략은 일본을 활용하는 것이다. 일본을 활용하는 전략은 사드뿐 아니라 쿼드와 인도·태평양 전략, 그리고 향후 계획 중인 중거리 미사일의 배치문제에까지 적용될 수 있다. 일본을 활용해 중국과 딜Deal을 해야 한다. 중국은 미일동맹이 주도하는 일련의 역내 군사전략 강화과정을 통해 일본의 군사적 역할이 강해지는 것을 원하지 않는다. 특히 일본의 정상국가화가 가속되는 것을 원하지 않는다. 이에 대한 대안으로 우리는 한미동맹과 한국의 역할을 제시해야 한다. 이를 위해 우리 정부와 지도자의 확고한 의지가 필요하다. 이런 전략은 대내적으로는 국민적 합의를 전제로 한다. 대외적으로는 한미동맹과 한미관계의 강화가 전제된다. 일본과의 신뢰도 전제조건이다. 차기 정부가 한일관계의 회복에 주력해야 하는 이유이기도 하다. 이런 전제조건이 대내외적으로 충족될 때 중국의 보복을 피할 수 있을 뿐 아니라 우리의 국익도 수호할 수 있다.

문제 인식

중국의 입장은 변하지 않는다. 중국은 3불을 우리가 한 약속으로 간주하고 있다. 중국은 우리가 먼저 사드 문제를 해결해야 한다고 주장한다. 3불 약속이 지켜지지 않는 한 중국의 제재는 계속될 것이다. 이는 시진핑의 발언을 통해 여러 차례 확인된 것이다. 시진핑 국가주석은 2019년 6월 오사카 G20 정상회의에서 열린 문재인 대통령과의 회담에서 사드 문제의 해결을 공개적으로 촉구했다.[43] 2019년 12월 한중 외교장관 회담에서 중국 외교부장 역시 같은 입장을 표명했다. 이 문제가 해결되기 전까지 시진핑의 답방은 없다는 의미다. 시진핑이 한국에 당도하는 순간 사드 문제는 이미 해결된 상태이어야 한다. 그렇지 않고서는 그가 중국 공산당을 설득할 수 있는 명분이 없다.

사드 추가배치의 의사결정의 배경 및 근거

사드와 관련한 사항은 앞에서 충분히 설명한 바 있다. 우리 정부가 2017년 표명한 '3불'이 약속이냐 아니냐는 중요하지 않다. 사드 문제로 인해 악화일로에 이른 한중관계의 복원을 위한 고민이 필요하다. 지금까지 문재인 정부는 환경영향평가를 구실로 시간을 벌면서도 근본적 해결을 위한 고민은 뒤로 미뤘다. 이로 인해 중국의 불신이 증폭되었고 한국에 대한 제재는 계속되고 있다.

유의사항

첫째, 더 이상의 정치적 편법은 통하지 않는다. 정부는 일반환경영향평가 결과가 나오면 문제가 해결될 수 있을 것으로 기대한다. 하지만 그 결과 자체가 우리에게는 또 다른 딜레마가 될 것이다. 중국도 우리 정부의 입장이 어불성설임을 잘 안다. 환경영향평가에서 정식 배치를 허용하는 결과가 나왔다고 가정해 보자. 당연히 중국의 반발은 강해질 것이다. 반대의 결과가 나오면 미국의 불만이 고조에 이를 것이 자명하다. 결국은 정면 돌파가 최선책이다.

둘째, 사드 문제의 해결 없이는 한중관계의 회복도 없다. 제재를 푸는 것뿐 아니라 정상 간의 교류도 불가능하다는 점을 명심해야 한다. 이 문제를 시진핑의 입장에서 보자. 그가 한국을 방문하려면 지금까지 강경 일변도였던 사드 반대 입장을 철회해야 한다. 그러기 위해서는 명분과 당위성이 필요하다. 다시 말해 중국공산당을 설득시킬 수 있어야 한다. 결론적으로 말해 사드 문제 해결 없이 시진핑의 답방을 기대하는 것 자체가 어불성설이다.

마지막으로, 문재인 정부가 제시한 '3불'을 현실적으로 모두 실천하는 것은 불가능하다는 점을 인정해야 한다. 이미 사드가 배치된 것 자체가 사실상 미국의 미사일 방어 체제MD에 편입되었음을 의미한다고 볼 수 있기 때문이다. '3불'이 약속이냐 아니냐는 더 이상 중요하지 않다. 이미 사드는 '엎질러진 물'이다. 외교적으로 이 문제를 해결할 전략 마련이 시급하다.

사드 추가배치

정책 방향

첫째, 사드 추가배치의 원칙과 조건을 분명히 설정해야 한다. 이는 협상을 통한 북한 비핵화가 어려워지고 북한 핵위협이 현실화하는 경우가 될 것이다. 둘째, 사전 협의를 지속적으로 해야 한다. 우리의 원칙과 조건을 설정하고 북핵에 관한 중국 책임론을 제기할 수 있는 근거를 확보해야 한다. 셋째, 공격형 무기(중거리 미사일)와 방어형 무기(사드)의 맞교환 카드로 중국을 압박해야 한다. 동시에 우리의 협상 레버리지를 강화해야 한다. 중국과의 충돌적 상황이 지속될 경우 방어용, 공격용 무기를 모두 구비하면서 미국의 대중 전초기지로서의 역할을 증대시키고 대중 압박전략에 동참하면서 중국과의 협상에서 주도권을 장악해야 한다.

문제 인식

한미동맹 강화는 '3불' 약속의 무효화로 이어질 수 있다. 코로나 사태의 영향으로 중국의 극단적인 반응이 아직 표출되지는 않았으나 향후 다음과 같은 상황이 펼쳐질 것을 예상해 볼 수 있다.

첫째, 한국을 군사안보상 '잠재적 적국'으로 규정할 수 있다.

둘째, 정경분리 원칙을 폐지하고 강력한 경제보복을 가할 것이다.

셋째, 중국 내 민족주의에 기반한 '혐한' 정서와 '반한' 시위가 확산되고 문화유산 갈등이 격화하는 단초로 작용할 수 있다.

넷째, 한중관계는 '돌아올 수 없는 다리'를 건너는 상황으로 전개될 것이다.

한국 역시 중국에 반론을 제기할 수 있다. 중국의 탄도미사일 발사 시험이 계속 이어졌기 때문이다. 중국은 2019년 한 해에만 한미일 3국을 사정거리에 둔 탄도미사일을 100차례 이상 발사했다.[44] 미 국방부의 「2020 중국 군사력 보고서」에 따르면 중국은 200기 이상의 핵탄두를 보유한 것으로 추정된다. 이 숫자는 10년 안에 10배 이상 증가할 것으로 예측된다.[45] 이는 중국의 핵위협에 우리의 안보가 노출되어 있다는 사실을 방증한다.

사드 추가배치의 의사결정 배경 및 근거

사드 추가배치는 이미 '엎질러진 물'이다. 이에 대한 우리의 입장이 재정리되어야 하고 중국과도 새로운 대화를 가져야 한다. 2017년에 이미 사드 발사대 4기가 추가 배치되었다. 더 나아가 미국은 2020년 '미국 미사일방어청MDA의 2021회계연도 예산안 자료'를 발표하면서 사드 업그레이드 계획을 확정지었다. 이에 대한 예산 편성도 확정됐다. 사드 추가배치는 2단계로 나눠 진행된다. 1단계는 사드 발사대와 포대(레이더, 교전통제소)를 분리 배치하고 사드 레이더로 신형 패트리어트 미사일PAC-3 MSE의 원격 발사 능력을 갖추는 것이다. MDA는 1단계 작업이 2019년 말에 완료됐다고 자료에서 기술했다.

2단계는 2021년 2분기에 완료될 계획이라고 당시 MDA는 밝혔다. 이는 요격고도와 사거리가 다른 두 무기를 '한 몸'처럼 단일포대로 운용하면서 요격 시간을 단축시키고 사각지대를 없애는 것이다. 이를 통해 최적의 요격 효율성을 발휘하는 다층방어망을 구축한다. 주지하듯 사드는 우리의 국방계획에 따라 진행되는 것이 아니다. 우리의 치외법권 지역인 주한 미군기지에 미국이 자신의 국방전략계획에 따라 배치하는 것이다. 이는 MDA의 예산안 자료를 통해 재확인되었다.

유의사항

우리의 문제의식을 주장해도 중국이 수용할 리 만무하다. 중국은 사드 추가배치 및 일련의 관련 행위에 대한 극단적 반응과 함께 보복 조치를 할 것이다.

한미일 안보협력 강화

정책 방향

우리의 외교 전략은 '한국형' 한미일 안보협력을 구축하는 것이 되어야 한다. 이는 한국이 한미일 안보협력의 주체가 되고 한미동맹이 이를 주도해야 한다는 의미다. 중국을 설득하는 데에도 이를 적극 활용해야 한다. 그러기 위해서는 우선적으로 미국과의 협의가 필요하다. 미국과 합의를 먼저 이끌어낸 후 일본의 역할과 활동범위를 최소화하는 데 우리의 외교 역량을 발휘해야 한다. 한미일 안보협력은 중국과의 관계에서 유효한 레버리지가 될 수 있다. 또 중국의 강압적이고 공격적인 행위에 대한 최후의 보루 수단이 될 수 있다. 이런 가능성을 평소 중국에 주입시킬 필요가 있다. 중국이 유아독존식 군사 행위로 우리의 주권과 생존권을 계속해서 위협하면 우리도 다른 방법이 없다는 입장을 중국에 각인시켜야 한다.

문제 인식

한일관계의 개선 및 군사관계의 발전은 중국의 근해 방어 작전개념상에서도 심대한 전략적 함의를 갖는다. 중국 근해의 전략이익이 상당한 위협에 노출될 수 있기 때문이다. 이를 저지하기 위한 중국의 대응조치로 다음과 같은 상황을 예상할 수 있다.

첫째, 한국과 일본을 '주적主敵'으로 공개 선언할 것이다.

둘째, 대중국 포위망의 현실화로 미중관계는 물론 미국의 동맹국에 대해 더 고압적인 보복과 위협을 가하고 갈등을 심화시킬 것이다.

셋째, 미국의 동맹국에 대한 제재 확대로 미국 동맹체제 내에서 동요를 유발하고 탈동조화Decoupling를 부추길 것이다.

넷째, 한중일 3국 정상회담의 취소 및 한중일 FTA협상 중단으로 맞대응할 것이다.

다섯째, 중국 포위망에 대적하기 위해 북중러 3국 협력체계를 군사협력체로 승화시키는 작업을 본격화할 것이다.

여섯째, 한일 해역과 영공에 대한 중러의 군사적 도발과 침범행위를 증폭시킬 것이다. 특히 한국 영해를 다양한 수단으로 침범(불법조업)하고 통제하려는 시도가 증폭될 것이다. 한국의 영공을 중러가 함께 무단 침입하는 도발도 빈번해질 것이다.

한미일 안보협력의 의사결정 배경 및 근거

한미일 안보협력의 강화는 앞으로 중국의 대외적 행위에 따라 결정될 가능성이 크다. 중국이 우리의 정체성 및 주권과 생존권을 위협하는 행위를 지속하면 한미일 협력 강화의 필요성은 자명해질 것이다. 이 경우 '인도·태평양 전략' 및 '쿼드'와의 협력은 필연적이다. 문제는 남한에 사드가 추가배치됨으로써 미국의 미사일 방어 체제MD에 자연스럽게 편입하는 것을 향후 중국이 어떻게 인식하고, 또 우리가 어떻게 해결해나가느냐는 점이다.

중국은 한중일 협력 강화와 동북아 평화 안정의 차원에서 표면적으로는 한일관계 개선을 지지하지만 내심으로는 환영하지 않는다.

한일관계 개선의 파급효과 때문이다. 특히 미중 전략적 경쟁관계가 심화하면 할수록 한일관계 개선을 위한 미국의 중재 의도와 목적을 의심할 것이다. 가령, 2015년 오바마 대통령과 행정부가 한일관계를 중재한 결과 한일 양국 간 지소미아GSOMIA 체결로 이어진 것이 대표적인 사례다. 미국이 추진 중인 인도·태평양 전략과 쿼드의 관점에서 보면 한일관계 개선은 양국 군사협력의 확대로 이어질 것이다. 한일 양국의 군사관계의 발전은 한미일 군사관계 발전의 단초가 될 것이다. 이는 곧 인도·태평양 전략과 쿼드의 완성으로 이어진다. 즉, 중국 포위망의 완성이다. 중국이 한일관계의 개선에 예민할 수밖에 없는 이유다.

유의사항

한일 군사관계의 발전은 이른바 '사드 3불'의 최종 약속을 실제로 폐기하는 것이기 때문에 중국의 새로운 제재와 강력한 압박은 불가피한 현실이 된다. 따라서 한미일 공조나 군사관계의 발전을 아무리 대북용이라고 설명해도 중국에는 설득력이 없다. 이것이 현실화되었을 때는 미일 방위 가이드라인마저 개정될 가능성이 크다. 미일동맹의 역할 변화와 함께 일본의 독자적 군사 활동 및 지역의 범위가 확대되면 한미일 3국 군사협력의 대상이 중국이 될 것임이 자명하다.

북한 불안정 상황 대비

정책 방향

한반도 유사시에 중국의 협력을 이끌어 내기 위해서는 통일을 포함한 한반도의 '최종 형상the End State'에 대한 우리만의 마스터플랜이 필요하다. 이를 평시에 적극 홍보해서 중국의 신뢰를 사는 수밖에 없다. 이런 사전 홍보와 협의 노력 없이는 갑작스럽게 찾아올 통일의 기회를 중국의 반대와 개입으로 수포로 돌려보낼 가능성이 크다. 또한, 미국이 중국과 이 문제에 대해 협력을 모색하고 있는 상황을 한미동맹과 연결할 필요가 있다. 미중 간의 협의 내용을 한미동맹이 공유하고 한미 양국이 이에 대한 대비책을 공동으로 마련하는 노력을 배가해야 한다. 북한 유사시에 중국은 한미동맹의 움직임에 매우 민감하기 때문에 이를 한미 간에 조율Coordinate하면서 계획을 기획Planning해야 한다.

문제 인식

중국은 인도주의적 지원, 동맹조약의 의무 이행과 국경 안보 위협에 대한 억지 등을 이유로 내세우며 개입을 정당화할 것이다. 우리는 어떠한 경우에도 중국의 개입을 가정하고 대비책을 세워야 한다. 한미가 중국과 공동으로 대응할 수 있는 전략을 마련할 필요가 있다(지금까지는 한미 간의 군사작전계획OPLAN 마련에만 집중한 것이 사실이다).

인도주의적인 지원 차원에서 중국의 개입은 두 가지 경우에 발생한다. 하나는 북한의 급변사태로 발생하는 난민 문제의 해결을 위해서다. 다른 하나는 북한 핵시설의 멜트다운Meltdown이 일어날 경우다. 북중 양 국민을 보호한다는 명분으로 개입할 경우는 민간 지원보다는 군사적 차원에서의 개입이 될 것이다.

중국은 북한이 '침략(침공)'을 받을 경우 동맹국으로서의 의무와 책임을 이행하는 것이 불가피함을 한중 수교 이후 일관되게 주장해 왔다. 단, 미국의 '선제 공격(타격)'에 대한 중국의 입장은 미확정적이며 상황의 확대 여부에 따라 결정될 사안으로 여긴다. 북한이 남한을 선제 침략한 경우에는 지원 불가 입장을 밝힌 바 있다. 그러나 이에 대한 한미동맹의 반격으로 국경 안보의 위협을 느끼거나 북한의 생존이 위협받을 때의 개입은 자명하다.

북중 국경지역의 안보가 한미동맹의 진군으로 위협에 노출되면 이에 대한 대응 및 억제력 발휘 등을 이유로 군사적 개입을 할 것이다. 중국의 개입 목적은 단 한 가지다. 남한 주도의 한반도 흡수통일을 저지함으로써 중국의 안보이익을 철통같이 보호하는 것이다.

단, 북한의 '내파Implosion' 상황을 이유로 개입할 가능성은 현저히 작다. 중국이 '내정 불간섭'의 원칙을 견지하기 때문이다. 북한에 어떠한 정권이 출현해도 중국은 지지를 표명할 것이다. 그러나 내파 수습 과정에서 한미 양국이 어떤 움직임을 보이느냐에 따라 개입할 여지를 열어두고 있는 것도 사실이다. 미중 간의 긴밀한 협력을 기대할 수 있는 부분은 북한의 대량살상무기WMD와 핵무기를 확보해 외부 확산을 차단하는 데 있다. 해체와 비확산에 관한 한 양국은 인식

을 공유하는 것이 사실이다.[46]

북한 불안정 상황 대비의 의사결정 배경 및 근거

북한 유사시에 대한 대비책은 2000년대에 이미 많은 작전계획이 마련되었다. 하지만 중국은 북한에서 유사 사태가 발생할 가능성이 낮다고 보고 북한 붕괴설을 일축해왔다. 한미 양국 당국이 주장하듯 북한에서 쿠데타나 주민 봉기 등과 같은 유사 사태가 발생할 가능성은 대단히 낮다는 것이다. 국가 체제나 정권이 붕괴할 가능성도 부정한다.

한편으로는 중국도 내심 적지 않은 고민을 하는 것으로 보인다. 북한 유사 사태 관련 문제를 논의하자는 미국 측의 제안을 2017년에 수용한 것에서 중국의 속셈을 엿볼 수 있다. 미국은 중국의 개입이 어떠한 상황, 어떠한 이유에서도 불가피하다고 본다. 중국은 미중 전략경쟁이 지속되는 한 북한을 완충지역으로 보존해야 하고 자신이 받아들일 수 없는 형태의 통일 한반도가 출현하는 것을 막아야 하기 때문이다. 미국은 이로 인해 발생할 수 있는 불필요한 오산Miscalculation을 막고 유사 상황이 전쟁으로 전환될 가능성을 방지하기 위한 목적으로 2017년 8월 15일 중국의 합동참모본부와 공동작전연락기제a Joint Operational Communications Mechanism를 구축하는 데 합의했다.[47] 뒤이어 11월에는 실무협상을 개최했다. 이러한 미국의 행보는 중국의 개입을 기정사실로 보고 있다는 방증이다.

북한 급변사태의 최대 당사국이며 직접적인 위협에 최대로 노출되는 나라는 한국이다. 이에 대비한 한미중 3국의 협력방안 마련을 우리가 주도해야 한다. 우리를 포함한 세계 여러 나라가 중국과 '핫 라인Hotline'을 운영 중이나 실질적으로 이를 통해 소통하는 것은 거의 불가능한 게 현실이다. 따라서 북한 급변사태와 관련해 평시에 중국과 협의할 수 있는 군사외교상의 소통라인과 채널 구축이 필요하다.

유의사항

중국이 만약 북한의 급변사태가 '성급하고Hastened 미성숙한Premature' 한반도 통일로 이어질 것이란 판단을 내리면 언제든지 자신의 개입을 정당화하는 근거로 활용할 것이다.

한반도 통일방식과 관련해 중국은 1980년 김일성의 고려연방제 통일방식을 공개적으로 지지했다. 1982년 유엔 총회에서 이를 공식화하고 1990년에 재확인했다. 2005년 이후에는 "북한의 입장과 북한이 견지하는 주장을 지지"한다는 표현으로 재포장했다.

반면 한국에게는 '자주적·평화적 통일'만 강조하고 있다. 중국은 외세의 간여 없이 남북한 당사자 간의 합의를 통해 통일이 실현되는 것을 지지한다고 설명한다. 이는 실제로는 북한 방식을 따르지 않는 통일은 지지하지 않는다는 것을 의미한다.

통일 방식에 대한 중국의 인식은 북한과 일치한다. 그 결과 중국은 주한미군 철수와 한미동맹의 상징적 존속 등을 포함한 북미 평화협정을 통일 및 한반도 비핵화의 전제조건으로 주장한다.

중국은 북한이 완충지역으로서의 전략 가치를 상실하는 것을 방지하고, 미군이 한반도 전역에 주둔하게 되는 기회를 차단하며, 중국에 비우호적인 통일국가의 출현을 방지하기 위해 최선을 다할 것이다. 중국은 최소한 미중 사이에서 중립을 유지하는 국가의 성립을 지지할 것이다.

일본

1장 한국은 일본을 어떻게 바라봐야 하는가?

우리에게 일본은 어떤 나라인가?

일본은 19세기 메이지유신 이래 산업화와 근대화에 성공하여 유수한 세계 열강의 반열에 오른 유일한 비非구미 국가다. 20세기의 전반기에는 힘을 바탕으로 한반도와 중국 대륙, 동남아시아 지역으로 판도를 넓혀갔으나 태평양 전쟁에서 미국을 필두로 하는 연합국 세력에 완패했다. 일본의 전후는 패전국의 멍에를 안고 잿더미 위에서 출발했다. 이후 냉전 체제 하에서 경제부흥과 고도 경제성장을 거치면서 1980년대에는 세계 제2의 경제대국으로 재부상하였다. 그러나 1990년대 이후 일본은 산업 경쟁력의 상대적 저하, 고령화 – 저출산으로 상징되는 인구절벽과 천문학적인 재정 적자를 안은 채 국력의 상대적 저하에 부심하고 있다.

1990년대 이후 한일 양국관계가 수직적인 관계에서 수평적인 관계로 점차 이동하고 있고 이 점이 양자관계의 성격을 변화시키고 있다. 과거 한일관계는 전형적인 약소국과 강대국 간의 비대칭적인 성격을 지니고 있었다. 1965년 당시 국력으로 본 한일 간 격차는 1 대 30으로 추정된다. 국교 수립 25년이 지난 1990년의 GDP를 보면 양국 간 GDP 격차는 약 1 대 10으로 좁혀졌고 2010년에 이르러 1 대 5로 좁혀졌다. 2020년에는 마침내 1 대 3의 국력 격차로 더욱 좁혀졌음이 확인된다. 이처럼 국력의 차가 좁혀진 것은 일본이 90년대 이후 '잃어버린 30년'간 성장동력을 상실한 채 상대적인 경제침체를 맞이하는 사이 한국은 정치·사회 민주화와 더불어 경제성장을 통해 국력을 꾸준히 신장시켜온 결과라고 할 수 있다.

1990년대 이후 한일 양국 간 관계가 민주주의와 시장경제의 기본 가치를 공유하는 양국관계로 발전하였다는 사실은 향후 한일관계의 기본 성격을 규정하는 매우 중요한 요소로서 의미를 지닌다. 한국은 일본과 더불어 자유민주주의, 시장경제, 기본적 인권이라는 보편적 가치와 규범을 무엇보다도 중시하는, 아시아를 대표하는 선진 민주국가가 되었다. 이렇게 이루어진 한일의 가치체계 및 규범의 수렴 현상은 양국이 긴밀하게 협력하고 공조할 수 있는 정치·사회적 토대가 된다. 한일 양국은 민주주의, 시장경제, 인권이라는 기본적 가치를 공유하고 있을 뿐 아니라 안전보장, 경제체제, 시민사회 등 제반 영역에서의 체제 수렴 현상이 강화하고 있음이 확인된다. 이는 한일관계의 지속적인 우호 협력적 발전의 가능성을 담보하는 기능과 역할을 할 것으로 기대된다. 실제로 한국과 일본은 규모와 질적 수준이라는 양면에서 볼 때 정치적 민주주의와 선진적인 시장경제, 자유로운 시민사회를 가진 아시아의 핵심적인 두 나라다. 이는 대단히 중요한 의미를 지닌다.

안보적 차원에서 보면 양국은 미국과의 동맹관계를 안전보장 정책의 중핵으로 삼고 있다. 미국의 입장에서 보면 냉전 체제 하에서 한국과 일본은 아시아에서 가장 중요한 동맹국으로 간주되었다. 냉전이 해체된 이후에도 아태지역에서 한국과 일본이 지니는 군사전략적 가치는 여전히 미국에 매우 큰 의미를 갖는다. 한국과 일본의 입장에서 미국과의 한미동맹과 미일동맹은 각국의 민주주의와 시장경제 시스템을 담보하는 체제 안전판으로 여겨지고 있으며 군사 위협으로부터 평화와 안전을 지켜주는 든든한 방벽으로 인식된다.

한국이 일본을 바라보는 시각은 동경인가, 적대인가?

한국이 비교적 단시일 내에 정치적 민주화와 경제성장을 동시에 이룩함에 따라 일본을 바라보는 시각도 변화게 되었다. 식민지배의 상흔과 비원悲願의 역사를 남긴 일본이지만, 아시아에서 가장 먼저 산업화와 근대화에 성공하며 선진국 반열에 올라선 일본은 한국에게 동경과 적대의 대상이었다. 권위주의 정권이 한국을 지배하던 시대만 하더라도 한일 간의 현안이 뜨거운 외교 쟁점으로 등장하는 일은 상대적으로 많지 않았다. 반면, 국력 신장과 민주화가 동시에 진행되면서 대일 자세는 큰 변화를 겪게 되었다. 민주화 이후 한국 정부는 폭발적으로 표출되는 국민들의 대일 감정을 적극적으로 옹호하거나 경우에 따라서는 국민의 대일감정을 활용한 강성 대일 정책을 추진하게 되었다. 특히 민주화와 정치권의 세대교체에 따라 영향력이 강화된 한국의 젊은 세대는 인터넷 매체를 통해 강렬한 민족주의적 정서를 표출하며 대일 정책에 있어서 강경 여론을 주도하고 있다고 해도 과언이 아니다.

시대의 흐름에 따라 많은 변화가 있었지만, 지정학적 연계성과 국가전략상 일본과 함께하지 않을 수 없다는 이성과 일본과 함께하는 것이 편하지만은 않은 감정의 복합작용 속에서 한국에게 일본은 여전히 풀지 못한 숙제다. '일본'이라는 국가는 싫지만, '일본인'을 싫어하는 것은 아니고, 뿌리 깊은 반일감정에도 불구하고, 일본의 선진 문화, 질서의식, 청결, 친절함 등을 칭송하는 것과 같은 상충되는 시각이 동시에 나타나는 것과 같은 맥락이다.

그럼에도 여전히 일본은 한국에게 정치적, 경제적, 외교안보적으로 중요한 국가이다. 더욱이 점증하는 미중 갈등과 언제 폭발할지 모르는 북핵 위협, 그리고 초국경적 위협 앞에 대일협력의 필요성은 더욱 높아졌지만 무엇보다도 일본이 한국에게 중요한 근본적인 이유는 '자유민주주의'과 '시장경제'라는 가치를 공유한다는 데에 있다.

당위성의 위험 속에서 쉽게 간과되는 부분이지만, 일본과 공유하고 있는 이 두 가치야말로 국가 수립의 근본적 가치이자, 우리가 지켜나가야 할 정신이기 때문이다. 더욱이 세계 곳곳에서 벌어지는 민주주의의 위협 속에서 이와 같은 가치를 지켜나갈 수 있는 일본과의 긴요한 협력은 중요할 수밖에 없다. 따라서 한국에게 일본은 동경 혹은 적대의 이분법적 잣대를 넘어서 함께 연대하고, 협력해 나가야 할 매우 중요한 전략적 파트너다.

일본의 우경화는 한일관계의 장벽인가?

우리 사회 일각에서 일본의 군국주의 회귀와 일본 우익 혹은 극우 세력의 대두를 경계하고 우려하는 시각이 존재한다. 그러나 21세기 일본은 군사적인 능력이나 정책적 의도의 양면에서 볼 때 더 이상 군국주의 국가도 군사대국도 아니다. 형해화하고 있기는 하지만 여전히 일본은 군사력 보유와 교전권을 부정하는 평화헌법을 유지하고 있다. 또한 일본은 전후 평화주의 규범 속에서 해외로 군사력을 투사하기에는 명백한 한계와 제약을 안고 있다. 군사비 지출 면에서 보면 한국과 일본은 이제 거의 동등한 수준이 되었다. 국제적 지위의 하락, 장기 경제 침체, 그리고 사회심리적 위축에 따라 정치의 우경화 현상이 두드러지고 있는 것은 부정할 수 없으나 일본이 전전과 같이 군국주의나 전체주의 사회로 돌변할 가능성은 매우 작다. 그런 의미에서 전후 민주주의의 토대는 여전히 굳건하다고 하겠다.

그럼에도 한국 사회 내 일본 우경화에 대한 우려가 커진 것은 인식의 괴리에서 그 원인을 찾을 수 있다. 한국 국민은 아베 총리를 중심으로 한 일본이 위험한 우경화의 길로 치닫고 있다고 인식하고 있다. 아베는 2012년 말 자민당 총재 경선 과정에서 일본군 위안부와 관련된 고노 담화 철회 가능성을 언급하였고, 무라야마 담화를 수정하여 새로운 역사담화를 내놓겠다고 발언하였다. 이와 더불어 그는 일본의 전후 정치에서 조심스럽게 다뤄져 왔던 헌법 개정 논의와 안보정책에서의 전환을 주장하며 이른바 전후체제로부터의 탈각을 시도하는 일련의 정책을 추진했다. 이에 대해 한국의 미디어는 일제히 아베 정권 등장 자체를 매우 위험한 징조로 받아들이는 한편 아베 총리가 이끄는 일본이 과거 군국주의로 회귀하는 것이 아니냐는 위기감을 드러냈다.

이러한 한국의 대일 인식 배경에는 식민통치의 기억이 큰 부분을 차지하고 있어 편견과 선입견이 앞서게 되는 측면이 존재한다. 한국의 대일 인식에는 아베 총리의 정치적인 유전인자를 우익적인 것으로 지나치게 단순화하여 파악하고 있다. 이를 바탕으로 한국에서는 아베 총리가 주도하는 역사 관련 행보, 평화헌법 개정 움직임, 안보정책의 전환 시도와 영토정책을 우경화라는 프리즘을 통해 하나의 위험한 패키지로 보는 경향이 나타난 바 있다.

일본 내 평화헌법 개정 움직임은 한국의 우려를 사고 있다. 1990년대 후반 이후 일본의 정치적 지형은 보수우경화가 날로 강화되어 온 것으로 파악된다. 일본에서는 이제 평화헌법 개정론이 대세로 자리 잡고 있으며 자위대의 보통 군대화 움직임 또한 당연한 변화로 인식되고 있다. 총리 및 각료의 야스쿠니 참배에 대한 비판 움직임도 상당히 무뎌졌다. 국민의 역사인식도 2000년대 이후 점차 보수적인 방향으로 회귀하고 있는 것이 일본의 현주소다. 이러한 경향은 한마디로 평화국가로부터 군사적 보통국가로의 탈바꿈이라고 할 수 있는데 일본 국민은 큰 저항 없이 이를 받아들이고 있다.

그래도 일본은 중요한 이웃 나라

한일관계는 단순한 양자관계를 넘어 대외정책의 기본 축이라고 할 수 있는 한미동맹의 연장선에 존재하는 관계다. 한일관계는 사실상 미국이 주도하는 한미일 안보협력 체제의 일부이며 핵심 고리이기도 하다. 일본은 20세기 한때 우리의 주권을 침탈하고 식민지배를 강요했던 제국주의 침략국이었지만 21세기 현재의 일본은 한국과 가치와 규범을 공유하고 전략적인 이익을 함께하는 중요한 파트너 국가다.

대일관계는 한국의 글로벌, 지역 차원의 전략외교를 차지하는 데 있어서 커다란 외교적 자산이 될 수 있다. 즉, 도쿄 축을 활용한 대미외교, 대중외교의 추진은 우리에게 많은 외교적 기회 공간을 제공한다. 더불어 한일관계는 동북아에서 한미일, 한중일, 한러일 그리고 남북일 등 소·다자협력을 가동하면서 탄력적이고 유연한 외교를 구사하는 데 매우 중요한 외교 자산이라는 점도 간과해서는 안 된다. 한일관계를 원만하게 유지·관리하기 위해서는 정상 및 정부 고위층 간의 긴밀한 대화와 소통이 필수적이다. 이를 위해 한일 정상 간 셔틀 외교를 복원함으로써 고위급 간의 신뢰를 공고히 할 필요가 있다.

한일협력을 기반으로 하는 동아시아 지역 외교와 글로벌 외교는 한국 외교의 열린 전략적 공간이라고 볼 수 있다. 그런 의미에서 대일외교의 전략적 공간은 상대적으로 넓고, 대미, 대중, 대러, 대북 정책에서의 활용도가 상당히 높다고 볼 수 있다. 한일관계가 개선되고 일본과의 전략적 협력이 추진된다면 북일관계, 북미관계, 남북관계에도 순기능적으로 작용할 수 있다. 일본을 한반도 평화의 훼방꾼으로 간주할 게 아니라 오히려 도쿄 축을 통해 평양, 워싱턴, 베이징을 움직여 평화와 번영으로 이끌 수 있는 지렛대로 활용하려는 발상의 전환이 필요하다.

일본과의 전략적 협력과 공조를 어렵게 만드는 과거사 문제의 해결도 필요하다. 그러나 과거사 문제에 대한 과도한 집착으로 대일관계의 운신 폭을 스스로 묶어놓고 대일 외교의 선택 폭을 좁히는 것은 패착이라고 할 수 있다. 민주국가에서 국민 여론은 중시되어야 하나 역으로 국민 정서와 대중의 감정에 휩쓸리는 과거사 외교의 함정에 빠져서는 안 될 것이다. 반일적 국민 감정에 편승하거나 국민 정서를 국내 정치의 유불리를 계산하여 그에 영합하는 외교 행동을 취하는 유혹에 빠져서는 안 된다.

기본적으로 오늘의 한일관계는 미중 패권적 전략경쟁 혹은 신냉전적 구조의 사이에 끼여 있는 양국관계로 규정할 수 있다. 한일 양국은 자유민주주의와 시장경제 그리고 인권이라는 가치와 규범을 공유함과 동시에 전략적 이익을 공유하는 양자관계다. 따라서 동북아의 국제정치 구도를 한반도와 4강 체제로 보는 구시대적 패러다임은 용도 폐기되어야 할 것이다. 바야흐로 21세기 한일관계는 지정학적으로는 미중 간의 신냉전 구도 사이에 놓여 있음과 동시에 전략적 이익을 공유하기 위한 협력을 추구해야 할 관계라고 볼 수 있다.

한미일 공조와 한중일 협력에서 본 한일관계의 해법은?

중국 문제에 대한 한일 간의 분명한 시각차에도 불구하고, 동북아에서 전개되는 한미일 안보협력과 한중일 기능별 협력은 미중 전략경쟁을 보완할 수 있는 좋은 기회를 제공한다. 중국을 견제하기 위한 한미일 안보협력이 강화되면 될수록 중국은 한국에서 멀어지며 한중 간 갈등 사안은 증폭될 것이다. 하지만 한중일 협력을 통해 한국이 중일과 함께 기능별 협력을 유지하는 것은 경쟁의식을 완화시키고 협력을 촉진하는 효과를 거둘 수 있다. 즉, 한중일 협력을 통해 한미일 협력을 보완해 나가는 것이다. 아직까지 한미일 협력과 한중일 협력을 둘러싼 한일 간의 시각차는 분명히 존재한다. 이러한 시각차를 좁혀 나가는 것이 미국과의 동맹, 일본과의 연합 속에서 중국과 공존의 길을 찾아가는 외교적 과정이 될 수 있다.

미중 양강 구도의 등장과 국제정치적 환경의 변화는 한일관계의 성격 변화에도 큰 영향을 미치게 되었다. 2012년 이후 격심한 한일 및 중일 간의 대립과 마찰이 벌어진 것은 동아시아의 세력전이 현상과 더불어 한국과 중국의 정권교체가 동시에 진행하면서 나타난 세력균형의 유동화 때문이라고 할 수 있다. 그리고 한국과 일본은 미국과의 안보협력, 중국과의 경제협력의 측면에서 고민하지 않을 수 없다. 한미일 공조의 기본적 틀을 유지하면서 중국과의 갈등을 유발하지 않기를 원하기 때문이다.

일본이 추구하는 대외정책의 핵심은 미일동맹의 강화를 통해 아시아의 새로운 강국으로 급부상하는 중국을 견제하겠다는 현실주의적 사고로 정의할 수 있다. 국가 정체성에 대한 애착에도 불구하고 일본은 미국과의 견고한 동맹을 구축하여 점차 아시아에서 빠른 속도로 세력을 확장하고 있는 중국에 맞서야 한다는 현실주의적 국제정치 인식이 매우 강하게 나타나고 있다. 일본 정부는 미국이 지닌 경제력, 최강의 군사력을 고려하여 미일동맹 강화가 일본 외교의 최선의 선택이라고 보고 있다. 한편 중국에 대해서는 사회주의 국가로서 일본과는 이념과 체제를 달리하고 있으며, 정경분리 원칙에 의한 관계 설정을 추구하고자 한다. 더 나아가 일본은 이념과 가치를 함께하는 초강대국 미국을 필두로 하여 인도·태평양의 대국인 호주, 인도와의 연대(쿼드)를 일본의 전략외교가 추구해야 할 방향성으로 제시한다.

일본이 대외전략의 핵심으로 미일동맹 강화와 대중 견제를 본격화하게 된 결정적인 계기는 센카쿠 열도를 둘러싼 중국과의 충돌이라고 할 수 있다. 2010년 9월 중국 어선과 일본의 해상순시선이 충돌한 사건을 계기로 일본은 강대국으로 급부상한 중국의 힘이 일본의 안보에 얼마나 위협적인지 실감하게 되었다. 당시 중국은 일본에게 희토류 금수禁輸 조치를 취하면서 중국인 선장의 신병 인도를 요구했고, 일본은 이러한 압박에 굴복하고 말았다. 2012년 센카쿠 열도에 대한 일본의 국유화 조치에 대항하는 중국의 공세적 태도는 더욱 거세졌다. 중국은 자국의 어선과 공선을 센카쿠 부근에 수시로 파견하여 일본의 센카쿠 영유권을 무력화하기 위한 압박에 나섰고, 이와 같은 중국의 공세적 행동은 일본에게 실질적이고 현실적인 안보 위협으로 다가오게 되었다.

　일본의 미일동맹 강화를 통한 중국 견제 노선은 이념적으로는 자유민주주의 체제를 지닌 국가들과 연합을 구축하여 이른바 '자유와 번영의 호'를 만들어 간다는 것이다. 이는 미국과 함께 중국에 대한 사실상의 포위망 구축에 나서는 것을 의미한다. 이런 맥락에서 일본은 미국, 호주, 인도와 더불어 동남아 국가 등 지리적으로 자유와 번영의 호 연선에 위치하는 국가들과의 관계를 긴밀히 하여 중국을 압박하는 전선의 구축을 시도하고 있다. 대중 포위망 구축을 위해 일본은 중국과 국경을 맞대거나 중국의 위협을 실감하고 있는 국가들과의 연계를 강화해가고 있다. 여기에는 베트남, 필리핀, 인도네시아 등 중국의 해양 진출에 직접적인 위협을 느끼는 국가는 물론 중국과 국경을 접하고 있는 라오스, 캄보디아, 미얀마 그리고 균형외교를 펼치고 있는 싱가포르, 브루나이, 태국도 포함된다.

　이처럼 일본이 반중연대를 강화하고 있지만, 한국은 사정이 좀 다르다. 일본과 마찬가지로 미국과의 동맹관계를 중시하지만, 북한문제 해결에 있어 중국의 역할에 대한 전략적 인식, 같은 민족으로서 북한에 대한 감정이 일본과 같을 수는 없기 때문이다. 이러한 한국의 태도가 일본에게는 '신뢰할 수 없는 상대'라는 인식을 주기도 하지만, 동시에 문제 해결을 위한 한일 협력의 공간을 열어준다. 특히 한중일 협력을 통해 공동의 이익을 만들어 갈 경우 미중 전략경쟁으로 악화되고 있는 한중관계나 중일관계를 보완해주는 긍정적인 역할을 할 수 있다. 따라서 한미동맹과 한일관계를 발전시켜 나가는 과정에

서 한미일 안보협력 못지않게 한중일 기능별 협력에 관심을 기울여
야 한다.

일본에게 한국은 무엇인가?

2장

일본에게 한국은 믿을 수 없는 나라인가?

일본의 관점에서 볼 때 한국은 기본적 가치와 규범을 공유하는 국가이자 전통적인 근린 우호국이다. 또한 전략적으로도 매우 중요한 국가다. 하지만 최근 들어 일본에게 한국은 신뢰할 수 있는 파트너라기보다는 양자 갈등을 해결해야 하는 상대로 여겨지는 경향이 더 강해졌다. 그 결과 일본의 지역 구상 및 대외정책 추진을 위해 한국과 함께해야 한다는 인식이 점점 더 줄어들고 있다.

메이지시대 이래 일본 전략가들은 한반도를 일본열도를 겨냥하고 있는 피스톨로 비유했다. 일본에 적대적인 세력이 한반도에 들어오는 것을 자국 안보의 치명적인 위협으로 간주한다. 뒤집어 말하면 한반도와의 우호친선, 협력 관계의 유지·발전이야말로 일본 외교안보정책의 출발점이기도 한 것이다. 일본은 이처럼 한국이 지니는 전략적 가치를 충분히 인식하고 있지만 최근 들어 일본의 외교 전략과 비전에서 한국이 차지하는 위상은 저하되고 있다. 특히 한국과의 외교적 갈등이 장기적으로 지속되면서 한국에 대한 전략적 인식도 점차 부정적으로 변화하고 있다.

일본 외교에서 한국은 '자유, 민주주의, 인권 등 기본적 가치를 공유하는 나라'이자, '중요한 이웃 나라'로 정의된다. 즉, 일본에게 한국은 동북아 지역에서 유일한 자유민주주의와 시장경제 국가로, 동북아 안보정세 속에서 전략적 이익의 공유, 혹은 동아시아 평화 번영을 위한 우호협력국이며 가치공유국으로 자국의 가치를 함께 지켜나갈 유일한 파트너라는 의미이기도 하다.

그러나 최근의 일본의 외교 전략과 비전에서 이러한 한국에 대한 인식과 위상이 잘 나타나 있지는 않다. 특히 최근 들어 한국과의 외교적 갈등이 장기적으로 지속되면서 일본의 한국에 대한 전략 인식은 점차 부정적으로 변화하고 있고, 일본의 지역 구상 및 대외정책 추진을 위해 협력하는 가치공유국 혹은 전략적 파트너의 의미보다는 대립적 양자 갈등을 겪고 있는 국가로 자리매김되고 있는 것으로 여겨진다.

이러한 경향은 「2020 방위백서」에서도 나타난다. 「2020 방위백서」에서는 2019년도와 마찬가지로 일본과의 협력을 설명하는 국가로 한국이 미국, 호주, 인도, 아세안에 이어 4번째로 등장하는데, 이는 2018년도에 미국, 호주 다음으로 3번째로 등장했던 것에 비하면 그 중요성이 하락한 것으로 볼 수 있다. 아세안이라는 이름으로 한데

묶긴 했지만 회원국 10개국을 각각 별도로 소개하고 있으므로, 실질적으로는 14번째 국가로 등장하는 셈이다. 더욱이 2018년 10월 제주 국제관함식에서 일본 해상자위대의 욱일기 게양문제, 같은 해 12월 한국 해군 구축함과 일본 해상자위대의 레이더 조사照射 및 초계기 저공 위협 비행 갈등, 2019년 지소미아 파동 등 안보 분야에서의 갈등 사안이 증가하며, 양국 간 신뢰도 많이 저하된 상태다.

뿐만 아니라, 일본이 외교·안보 분야에서 중점을 두고 있는 자유롭고 열린 인도·태평양 구상FOIP에서 한국의 역할과 위상은 미미하다. 경제 분야에서 일본이 적극적·주도적으로 추진 중인 포괄적·점진적환태평양경제동반자협정CPTPP에도 한국의 가입을 적극 독려하는 모습은 관찰되지 않는다. 최근 한국이 CPTPP 참여 협상을 사실상 공식화한 바 있으나, 실제 가입까지는 수년의 시간이 걸릴 것으로 예상되며 이에 대한 일본의 적극적 모습은 기대하기 어렵다.

일본의 한국에 대한 부정적 인식에서 또 하나 중요한 부분을 차지하는 것은 한국의 중국에 대한 접근이다. 2010년대 이후 일본의 대중 인식은 한마디로 중국 위협론이라 할 수 있다. 센카쿠 열도를 둘러싼 중일 갈등이 첨예화하고 있는 가운데 일본은 중국을 위협과 경계의 대상으로 바라보고 있다. 중국은 표면적으로 보기에는 고도 경제성장과 정치·군사 대국화를 달성했지만 그 내면에는 사회경제적 격차, 정치적 독재와 부정부패, 민족문제, 버블경제 등 많은 모순과 문제점을 안고 있다는 것이다. 그런데 일본의 시각에서 한국은 그러한 중국을 지나치게 순진하게 보고 있을 뿐 아니라, 나아가 역사문제 등에서 일종의 반일 연대를 추진하고 있다는 인식이 확산되었다. 이것이 일본의 혐한 정서를 부채질하고 있다. 한국의 사드 배치 결정 이후 전개된 한중관계 갈등으로 이른바 일본 내 '중국 경사론'은 일정 부분 희석되었지만, 한국의 대중 접근은 여전히 일본에게 불편하게 보이는 것이다.

일본은 한국을 왜 견제하려 하는가?

일본에게 있어 한국은 편한 상대가 아니다. 역사적 과오에서 벗어나고 싶은 일본에게 한국은 끝내 '풀리지 않을' 숙제이고, 지속적으로 사죄 반성을 요구하는 한국은 부담스러운 상대인 것이다. 더욱이 북핵 위협에 대한 한미일 공동대응이라는 커다란 공동명제에도 불구하고, 북한에 유화적인 한국의 태도, 사회주의 국가인 중국에 대한 한국의 우호적 태도를 일본은 이해하기 어렵다. 그 결과 일본은 한국의 입장을 오해하고 거리를 두려는 모습을 보이고 있다.

일본의 한국에 대한 견제는 경제적인 관점에서도 살펴볼수 있다. 특히 과거 정치적으로나 경제적으로 일본보다 한참 뒤떨어져 있다고 생각했던 한국의 비약적인 성장과 발전은 일본에게 위기감을 가져왔다. 1960년대 이래 한국은 지속적인 고도성장으로 마침내 선진경제로 도약했으며, 1980년대 후반 이래 정치·사회적 민주화의 성과도 착실하게 달성하였다. 1990년대 한국의 OECD 가입은 한국이 선진국의 일원으로 진입했음을 상징적으로 보여주었다. 반도체, 2차 전지, IT 분야 등 제4차 산업혁명 시대의 핵심적인 산업영역의 기술 경쟁력에서 한국이 일본을 압도하거나 일본과 대등한 존재가 되고 있다는 사실에 일본은 경계감을 보이고 있다.

한편, 일본의 전후세대 정치인들은 미일동맹 중심의 강성 외교안보 정책 추진을 주도하고 있으며 이 과정에서 한국, 중국 등에 대한 주변국 외교의 비중이 약화되었다. 이러한 상황에서 독도문제나 역사 마찰로 인한 한일관계 악화는 이들에게 심각한 외교 현안이 되지 못한다. 전후세대 일본인들은 역사의 속박으로부터 자유로우며 일반적으로 과거 식민통치와 아시아 침략 역사에 대한 속죄의식을 지니고 있지 않다. 따라서 영토문제나 역사인식 문제에 대해 거침없는 발언과 행동을 취하는 경향이 농후하다.

이러한 경향은 2009년 민주당 집권기 잠시 주춤했으나 2012년 아베 정권의 등장 이후 더욱 심해졌다. 일본의 국가주의화 경향에 대해 견제 역할을 담당했던 이른바 진보-리버럴 세력은 고령화, 약체화되었고 야당은 지리멸렬하였다. 게다가 정계의 이러한 보수화 추세에 대해 일정한 비판과 자정기능을 수행해 왔던 시민사회 세력도 상대적으로 크게 약화되었다. 이처럼 일본의 국내 정치가 변화하면서 한국은 점점 더 멀어져 갔다. 이러한 인식이 한국에 대한 경계심으로 나타난 것으로 보인다.

한일 간 이익충돌과 이익균형

한국과 일본이 상대방에 대해 생각하는 전략적 비중과 대외전략에서의 중점에도 과거에 비해 큰 차이가 발생하고 있다. 양국은 상대방에 대한 전략적 중요성을 과거에 비해 훨씬 낮게 평가하고 있는데, 한국 정부는 한반도 평화 프로세스에 일본이 건설적 기여를 하기는커녕 오히려 방해 세력이 되고 있다는 인식을 지니고 있다. 문재인 정부는 한반도 신경제, 신남방, 신북방 정책으로 대외전략의 중점을 이동시키고 있다. 즉 공간적으로 한반도의 남북으로 외교적 외연을 확장하면서 일본에 대해서는 상대적으로 경시하는 전략을 추구하고 있다.

한편 아베 정부 등장 이후 일본의 한국에 대한 전략 및 인식도 역시 크게 변화하고 있다. 아베 정부 이래 일본은 자유롭고 열린 인도·태평양 구상^{FOIP} 구상을 주창하면서 대미동맹을 핵심으로 하는 중국 포위망 구축을 추구하고 있으며 호주, 인도, 동남아시아 등 태평양·인도양의 주요 국가 간 전략적 연대 강화에 힘을 쏟고 있다. 이러한 과정에서 한국의 전략적 중요성은 상대적으로 하락하였고 한국은 이제 일본의 대외전략에서 애매한 위치가 되고 있다. 일본은 미국－호주－인도－동남아 지역을 잇는 이른바 해양국가 동맹 구축 및 연대 강화를 핵심적 전략으로 추구하고 있다. 「외교청서」, 「방위정책 대강」 등 일본 정부의 정책 문서에서 한국에 대해 "자유민주주의, 시장경제의 가치와 규범을 공유하는 나라", "전략적인 협력이 필요한 근린국가"라는 기술은 점차 희미해지거나 삭제되고 있는 경향이 나타나고 있다. 일본 내 보수 우파의 담론에서 한국은 '신新 애치슨 라인' 밖에 존재한다는 식의 논법도 자주 등장하고 있는 것이 오늘날의 현실이다.

결국 북한문제를 중심으로 역내 환경을 인식하는 한국과 인도·태평양을 중심으로 지역 정세를 보는 일본의 국가전략은 이미 다르게 형성되어 있는 것과 다름없다. 이는 양국이 서로 지향하는 점이 다르다는 점에서 문제 해결의 우선순위가 달라져 이익의 충돌이 발생할 수 있다. 하지만 동시에 한국에게는 동북아 지역을 넘어 인도·태평양 지역을, 일본에게는 인도·태평양 지역을 중심으로 보던 시각에서 주변국 외교에 관심을 갖게 되는 상황을 가져올 수 있다. 뿐만 아니라, 실제 지역구상 실현을 위한 이익 추구 과정에서도 양국의 전략이 중첩되는 지역 혹은 분야에서의 협력을 추구함으로써 상호 간 시너지 효과를 창출할 가능성도 존재한다. 경제 분야에서 제3국에서의 협력이 그 예가 될 수 있다. 이처럼 한일 간에는 이익의 충돌 지점이 다수 존재하면서도 이익의 균형을 만들어 갈 기회도 다양하게 존재하고 있다.

한일 간 벌어지는 인식의 틈새를 어떻게 좁혀나갈 것인가?

기시다 내각에서의 한일관계 전망

2021년 10월 4일 일본을 이끌 기시다 후미오 신 정권이 탄생했다. 작년 9월 건강 악화로 전격 사임한 아베에 이어 등판했던 스가 요시히데 총리는 코로나19 방역 실패 등에 따른 민심 이반으로 1년짜리 단명 정권으로 끝났다. 이번 자민당 총재 선거에서 기시다는 라이벌인 고노 다로 행정개혁상을 누르고 압도적인 표차로 승리했다. 기시다의 당선에는 당내 대형 파벌을 이끌고 있는 아베, 아소, 다케시타 등 주류파 지도부의 용의주도한 책략과 지지가 결정적인 역할을 했다. 국민 지지율 1위에 당내 비주류 세력, 소장파 의원들의 광범한 지지를 받던 고노 다로는 예상외로 고전했고 현역 의원 득표에서 우익 정치인 다카이치 사나에에게도 밀리는 수모를 겪었다.

기시다는 자민당 내 비둘기파인 고치카이宏池會의 명맥을 잇는 지도자로 이념과 정책의 성향으로 보면 아베-아소 그룹에 비하면 상대적으로 온건하고 리버럴한 성향을 지니고 있다. 고치카이 출신 지도자들은 관용과 인내를 바탕으로 대화와 타협을 중시하는 정치 성향을 보여왔다. 한국과의 수교를 이끌어 낸 이케다 하야토, 아태 평화 외교를 주도했던 오히라 마사요시, 1990년대 초반 위안부 문제에 대한 진솔하게 사과했던 미야자와 기이치와 고노 요헤이 모두 고치카이 출신 정치인들이다. 기시다 역시 2015년 위안부 합의 당시 외상으로 서명했던 당사자이기도 하다.

기시다 총리의 최대 과제는 국내 정치의 안정이다. 당면한 선거를 자민당 승리로 이끌지 못한다면 기시다 정권도 단명 정권으로 끝날 것이다. 현재 일본은 코로나19 극복과 경제회복 등 당면 과제를 갖고 있다. 또한, 저출산 고령화 및 인구 감소 문제에 직면하고 있으며, 재정 및 산업 경쟁력이 약화되고, 저성장과 침체가 지속되는 등 경제·산업적 한계와 환경적 제약에 봉착하고 있다. 따라서 기시다 총리가 자신의 정치외교 색깔을 본격적으로 드러내기까지는 시간이 걸릴 듯하다. 비둘기파 출신의 총리 등장에도 불구하고 자민당 내 권력의 역학관계를 고려할 때 기시다 총리가 한국과의 관계 개선에 적극 손을 내밀 가능성은 별로 없어 보인다.

현재 한일관계 악화의 뇌관인 위안부·징용문제에 대해 기시다 정부가 새로운 접근법을 택할 가능성은 더욱 낮아 보인다. 지속되는 한일 갈등의 고착화, 대북 위협, 센카쿠 열도 등으로 인한 중일 갈등, 미중 갈등의 격화 속 일본의 위치 설정 등으로 기시다 내각의 외교적 운신의 폭 역시 감소되고 있다.

기시다 신 내각 역시 이념적으로는 자유민주주의, 시장경제, 법의 지배, 인권 등 기본적 가치를 수호하고, 평화·번영·자유의 기반을 확충하기 위해 적극 외교를 추구할 것이다. 안보 면에서는 기본적·보편적 가치를 공유하는 국가들과 신뢰·협력관계 구축을 통해 연대 및 공동 대응을 실시하고, 일본 외교의 중심이 되어 있는 자유롭고 열린 인도·태평양 구상FOIP의 지속·확대·발전을 추구할 것이다. 또한, 중국과 센카쿠(댜오위다오) 열도에서의 영유권 분쟁으로 인한 군사적 긴장에 대비하며, 미일 안보협력 강화를 추진할 것이다. 경제적 측면에서는 자유·경쟁의 원칙 아래 자유무역체제의 유지와 자유주의 국제질서 확립을 통한 시장경제질서를 주도하고자 한다. 또한, '포괄적·점진적 환태평양경제동반자협정CPTPP'을 적극 추진함으로써 자유무역 확대를 위한 일본의 주도적 역할을 확대해 나갈 것으로 전망된다. 스가 정부는 센카쿠 열도에 대한 방위공약을 공고히 하면서도 미군과의 공동훈련에서 자위대의 역할 확대와 더불어 미군과의 군사 일체화를 강화하였다. 이러한 방향성은 기시다 내각에서도 그대로 계승될 것으로 예상된다.

기시다 정권이 한일관계의 근본적인 전환을 적극적으로 시도할 가능성은 그다지 크지 않아 보인다. 일본 국민의 한일관계에 대한 피로감과 점차 확산되고 있는 반한, 혐한 정서를 고려하면 기시다 정부가 극적인 한일관계 개선을 전격적으로 추진하진 않을 것이다. 기시다 정권 하에서도 징용문제는 여전히 한일관계를 대결과 갈등으로 끌어갈 최대의 악재이며 역설적으로 한일관계 개선의 뇌관이기도 하다. 따라서 한일관계 개선의 요체는 징용문제의 해결이며 사실상 징용문제 해결 없이 한일관계 개선은 어렵다고 보여진다. 그럼에도 불구하고 기시다 정부는 기회가 도래한다면, 특히 징용문제를 해결할 실마리가 잡힌다면 한일관계 개선에 나설 가능성을 배제할 수는 없다.

현재 징용 재판의 피고 기업인 신일철주금과 미쓰비시중공업에 대한 강제집행이 법원에서 진행 중이다. 현금화는 곧 한일관계의 루비콘강을 건너는 것으로 여겨지고 있다. 현금화가 실현되면 일본 정부의 한국에 대한 보복은 한 단계 업그레이드된 차원에서 더욱 거세질 것으로 예상된다. 일본 정부는 현재 취해진 수출규제 외에 금융 및 관세 보복, 일본 내 한국 자산 일시 동결 조치 등의 보복조치를 취할 가능성을 배제할 수 없다.

그럼에도 불구하고 여기서 주목해야 할 것은 기시다 정부 입장에서 볼 때, 한국과의 관계를 개선할 필요성이 점차 강화되고 있다는 점이다. 북한과의 대결 관계를 완화시켜 동북아시아의 평화, 화해, 협력의 분위기를 조성하는 것은 일본에게도 필요 불가결한 측면이 있다. 지난 2018년 이후 북한은 한국, 미국, 중국, 러시아와 여러 차례의 정상회담을 진행했음에도 불구하고 일본은 북한과 강대강의 대치만을 유지함으로써 재팬 패스Japan Pass를 감수해야만 했다. 그래서인지 기시다 총리는 취임 후 가진 기자회견에서 "납치문제 해결을 위해서 언제든 북한 김정은과의 만남을 추진할 용의가 있다"고 밝힌 바 있다. 이러한 의미에서 보면, 특정 계기를 활용하여 북한 지도부와 전격적인 회담을 통해 대북관계 안정화와 대북협상 재개를 꾀할 가능성은 여전히 열려 있다고 생각된다.

한일 간 오해와 편견을 극복하고 소통을 강화해야

점차 심화하는 미중 패권경쟁 구도 하에서 한국과 일본은 전략적 이익을 공유하고 있는 부분이 상당히 크고 공조와 협력을 강화할 필요가 절실해지고 있다. 그럼에도 불구하고 양국 지도자들은 한일관계 개선을 위한 지도력을 발휘하지 못한 채 양국관계는 갈등과 정체를 벗어나고 있지 못하는 상태이다. 그 결과 한일 양국 간의 상호 인식은 상당 부분 상대국에 대한 오해와 편견을 기반으로 하고 있다. 한일 양국의 뒤틀린 상호 인식이 수그러들지 않고 시간이 경과되면서 더욱 악순환의 길을 걷고 있다.

양국 리더십 간의 불통과 불신도 관계 악화의 요인이 되고 있다. 한일 정상 간에는 제대로 된 공식 정상회담은 2011년 이명박-노다

회담 이래 10년이 지나도록 개최되지 못하고 있다. 위안부, 징용자 피해문제, 독도문제 등 역사문제, 영토문제로 한일관계가 갈등과 마찰을 거듭했기 때문에 정상회담 개최가 외면되고 회피되었다고 할 수 있다. 한일관계에서는 정상회담이 지닌 역할과 비중은 아무리 강조해도 지나침이 없을 것이다. 양국관계가 악화되어 정상회담 개최가 어려운 측면도 있지만 정상 간의 대면이 이뤄지지 못하기 때문에 더더욱 한일관계 악화가 확대 심화되고 있는 측면도 존재한다.

한일 간 이해를 넓히고, 소통을 이어갈 정치인, 경제인의 인적 채널 및 네트워크의 약화 또한 양국관계 악화의 원인으로 볼 수 있다. 이러한 현상은 1990년대 이후 양국의 잦은 정권 변동과 정치인의 세대교체에 의해 더욱 심화되었다. 1965년 국교 수립 후 한일 정치인 간에는 수많은 공식, 비공식적 채널이 존재했다. 민감한 정치 현안이나 갈등 사안은 잦은 회합이나 긴밀한 의견교환을 통해 막후에서 조정, 타협되는 경우가 많았다. 이러한 인적 네트워크는 점차 약화되었고 2000년대 이후에는 더 이상 작동하지 않게 되었거나 그 의미를 상실하였다. 정치인 간의 교류나 접촉 기회가 상대적으로 줄어들었을 뿐 아니라 갈등 발생 시 문제 해결 능력은 급격하게 떨어졌다. 한일관계는 더 이상 특수관계가 아닌 보통의 양자관계로 변화되었고 양국 현안은 한일의 정치, 경제 엘리트가 더 이상 조정할 수 있는 수준을 넘게 되었다. 반면 시민사회, 지방자치체, 기업 차원의 교류는 기하급수적으로 증대했다. 이처럼 한일관계가 과거와 다른 형태의 관계로 변화되면서 갈등을 수습하고 완화시켜 줄 수 있는 정치적 메커니즘은 더 이상 작동하지 않게 되었다.

이와 같은 상황 속에서 한일 양국 간의 인식 차이는 더욱 벌어지고 있다. 따라서 한일 정상 및 고위급 간의 정례적 협의채널 가동, 정치인·경제인·언론인·지식인 등 양국 오피니언 리더들 간 점진적 네트워크 복원, 양국 국민들의 활발한 왕래와 소통 지원 등의 노력이 필요할 것으로 여겨진다.

3장 한일 간 양자 쟁점

한일 양국 간에는 다양한 양자 대립 쟁점이 존재한다. 이들 쟁점은 오랜 기간 미해결 상태로 남아 양국관계를 갈등으로 몰아가고 있다. 대표적인 이슈는 위안부 문제, 강제징용 문제, 역사교과서 문제, 독도 문제 등의 과거사 문제들이다. 그 밖에 2019년 강제징용 문제에 대해 일본이 대응조치로 취한 수출규제 등 경제 분야에서의 갈등, 최근 발표된 후쿠시마 오염수 방류 문제 등을 들 수 있다.

강제징용 문제

정책 방향

한일관계 악화의 뇌관이 되고 있는 징용 문제는 기본적으로 한국 정부의 이니셔티브에 의해 해결하는 것이 바람직하다. 여기에는 세

가지 방안이 존재한다.

첫 번째 방안은 2019년 6월 19일 외교부가 제안한 한국 기업+일본 기업 출연에 의한 위자료 지급 방안에다 한국 정부의 역할을 더하여 2+1 체제로 보다 완성도가 높은 해결 방안을 제시하고 일본과 협상을 벌이는 것이다. 이 경우 피해자 그룹과 국내 출연기업과의 사전 협의는 필수적이다. 기금이나 재단 방식으로 해결하려면 피해자 규모와 배상액이 어느 정도 가늠되지 않으면 안 된다. 이러한 일련의 험난한 과정을 진행하는 데 있어 우리 정부의 중심적인 역할이 매우 중요하다. 이 문제와 관련된 모든 이해 집단과의 종합적인 조율이 제대로 이뤄지지 않을 경우, 이 해법은 사상누각이 될 수 있다는 것이 최대의 난점이다. 이 해법이 불완전 연소로 끝나지 않기 위해서는 철저한 궁리와 더불어 치밀한 조율이 필요하다. 이와 같은 기금방식은 2019년 12월 말 문희상 국회의장 안으로 계승되어 국회에서 발의되었다. 문희상 안에 따르면 한국 기업+일본 기업+양 국민의 성금으로 기금을 조성하여 강제징용 피해자에 대한 배상금을 대위 변제하는 것을 중심축으로 하고 있다. 즉, 일본 기업 및 국민 성금으로 기금을 구성하는 것을 내용으로 하는 특별률을 제정함으로써 문제의 해결을 꾀하는 것이 그 요체다.

두 번째 방안은 사법적 해결을 꾀하는 것이다. 즉, 국제사법재판소 ICJ에 한국과 일본이 공동 제소하는 것도 방책이 될 수 있다. 이 방안의 최대 장점은 현재 법원에서 진행 중인 강제집행 절차를 보류시키고 사실상 일본의 보복을 철회시킬 수 있는 효과적인 방안이 될 수 있다는 데 있다. ICJ에 공동 제소하기로 양국이 합의한다면 최종적인 결론이 나오기까지는 적어도 3~4년의 시간이 걸릴 것으로 추정된다. 피해자 구제 여부 및 방법에 초점을 맞추어 ICJ의 판결을 받아보는 것이야말로 합리적 해법이 될 수 있다. 양국의 최고법원은 피해자 구제라는 동일한 사안에 대해 완전히 다른 해결책을 제시하고 있다. 이 법리 해석상의 충돌이 초래한 분쟁을 국제적으로 공신력 있는 유엔 산하 기구인 ICJ에 맡겨 제3자적 판단을 받아보자는 것이다. 만약 이 문제가 ICJ에 회부된다면 그 최종 결과는 부분 승소, 부분 패소로 결론이 날 가능성이 높다. 국가 간 합의로 피해자 개인의 권리를 소멸시키기는 어렵다는 것이 확립된 법리라는 점에서 한국이 완패할 가능성은 높지 않다. 최종 결론이 나오기 전에 양국이 화해할 가능성도 존재한다. 다시 말해, ICJ 회부를 통해 사법적 해결을 꾀할 경우 역설적으로 협상 가능성이 열릴 수 있다는 것이다.

세 번째 방안은 우리 정부가 식민지배의 불법성을 재확인함과 동시에 일본에게는 사죄와 반성의 자세를 촉구하고 물질적 차원의 대일 배상 요구는 포기한다고 선언하는 것이다. 일체의 과거사와 관련한 금전적 요구를 포기하고 피해자 구제는 국내적으로 처리하겠다는 방침을 밝힘으로써 도덕적 우위에 선 대일 외교를 펼치자는 것이다. 이 방식은 중국의 대일 전후 처리 외교 방식이기도 하다. 또한, 1993년 김영삼 대통령이 위안부 문제에 대한 대일 외교 방침으로 선언한 것이기도 하다. 즉, 진상 규명과 사죄 반성 및 후세에 대한 교육의 책임을 일본에게 요구하고 피해자에 대한 금전적 보상은 우리 정부가 스스로 한다는 방침이다. 이는 한일관계의 국면을 극적으로 전환시키고 양 국민이 윈-윈 할 수 있는 해법이 될 수 있다.

문제 인식

2018년 10월 30일, 한국 대법원은 일제강점기 징용 피해자들이 신일철주금(구 신일본제철)을 상대로 낸 손해배상청구 소송에서 원고 승소 판결을 내렸다. 피고가 원고에 대해 위자료를 지급해야 한다는 원심 판결을 확정한 것이다. 대법원은 원고들의 손해배상 청구권은 일본 정부의 한반도에 대한 불법적인 식민지배 및 침략전쟁의 수행과 직결된 일본 기업의 반인도적인 불법행위를 전제로 하는 '위자료 청구권'으로서, 1965년 한일청구권협정의 적용 대상에 포함되지 않는다고 판시하였다.

즉, 한일청구권협정은 일본 정부의 식민지배의 불법성을 인정하지 않은 채 강제징용 피해의 법적 배상을 원천적으로 부인하였고, 일제의 한반도 지배의 성격에 관해 한일 양국이 합의를 이루지 못하였기 때문에 강제징용 위자료 청구권은 청구권협정의 적용 대상으로 포함되었다고 보기 어렵다는 논리였다. 따라서 원고들은 피고를 상대로 강제징용 피해에 대한 위자료 청구권을 행사할 수 있다고 대법원은 판단했다. 강제징용 소송은 1997년부터 제기되어 현재에 이르렀는데, 이와 같은 판결은 2005년 1심 법원에 소송이 접수된 지 13년, 대법원이 재상고심을 접수한 지 5년 만에 내려진 결과였다.

대법원 판결 이후, 한국 정부는 "3권 분립 원칙에 따라 사법부의 판단을 존중하며, 피해자가 납득할 수 있고, 양국관계의 손상을 방지하는 최종적인 해결책을 고심하고 있다"는 입장을 표명하였다. 반면, 일본 정부는 강제징용 문제는 1965년 협정으로 모두 해결되었다는 입장을 밝혔다. 한국 대법원의 판결은 "한일청구권·경제협력협정 제2조를 명백히 위반해 일본 기업에 부당한 불이익을 주는 것일 뿐 아니라, 1965년 국교 정상화 이후 쌓아온 한일 우호협력관계의 법적 기반을 근본적으로 뒤집는 매우 유감스러운 일로 결코 받아들일 수 없다"며 "한국 측에 대해 계속 국제법 위반 상태의 시정을 요구해 나갈 생각이며 이 문제의 해결을 위해 한일 외교당국 간 의사소통을 계속해 나갈 방침"이라고 밝혔다.

이와 같은 입장 차이는 강제징용 문제에 대한 양국의 인식과 문제 해결 주체 및 방식에 대한 차이에서 비롯된다. 한국 정부는 해당 사안을 강제징용 피해자 개인이 일본 기업에 대해 소송을 제기한 사인私人 간의 문제로 규정한다. 민사 재판이 진행된 사항이므로 정부가 개입할 수 없으며 사법부의 판결은 이행되어야 한다는 것이다. 반면, 일본 정부는 국가 간의 협정에 관련된 국가 간 문제이므로 정부의 개입은 필연적이란 입장이다. 일본 정부는 징용문제가 1965년 한일청구권협정으로 이미 해결되었기 때문에 자국의 기업이 배상하는 것은 있을 수 없다고 주장한다.

이처럼 강제징용 문제는 근본적으로는 '식민지배의 법적 성격'과 '청구권협정의 범위' 문제와 연관되어 있다. 다시 말해, 1910년부터 1945년까지 35년에 걸친 일본의 한반도 식민지배를 불법으로 규정한 한국과 그것을 합법으로 규정한 일본, 그리고 1965년 청구권협정 범위에 포함되지 않았다고 보는 한국과 청구권협정으로 모든 문제가 해결되었다고 보는 일본의 근본적 대립이다. 이는 1951년부터 1965년까지 14년에 걸친 교섭에도 끝내 합의를 이루지 못한 채, '비합의의 합의Agree to Disagree'로 귀결된 한일협정에 그 뿌리가 닿아 있다.

한국 정부는 판결 8개월 만인 2019년 6월 19일 ▲한일 양국 기업의 자발적 출연금을 통한 위자료 해당액 지급을 통해 당사자 간 화해의 길을 제시하고 ▲일본 정부가 요청한 청구권협정 제3조 1항에 따른 절차의 수용을 검토할 용의가 있다는 의사 표시를 주 내용으로 하는 입장을 발표했다. 하지만 일본 측은 즉각 이를 거부하였다. 뒤이어 일본이 제3국에 의한 중재위원회 구성을 요청하였으나, 한국 측이 이를 받아들이지 않았다.

의사결정의 배경 및 근거

2018년 대법원 판결 이후 징용문제는 여전히 해결의 접점을 찾지 못한 채 교착 상태에 빠져 있다. 시간이 흐를수록 이 문제로 인한 한일관계의 갈등이 장기화되고 있는 가운데 일본 기업의 한국 내 자산에 대해 압류와 강제집행 과정은 계속 진행되고 있다. 일본은 자국 기업 자산의 매각으로 현금화가 실현될 경우 한국에 대한 강력한 대항 조치를 취할 것이라고 언명하고 있다. 만약 현금화가 진행될 경우 한일관계는 걷잡을 수 없는 파국으로 치달을 가능성이 높다.

한국 정부는 일본 기업이 배상에 응한다면 사후에 정부가 일본 기업에 대해 금전적인 보전조치를 취할 수 있다는 타협안을 제시하였다. 그러나 일본은 이에 반발하고 응하지 않았다. 한국 정부의 다양한 해결 노력에도 불구하고 일본 측은 한국이 징용문제에 대한 근본적인 해결책을 내놓지 않는 한 타협에 응하지 않겠다는 강경한 입장을 고수하고 있다. 일본은 정부나 기업이 한국 대법원의 판결에 따라 금전적인 배상에 응할 가능성을 완전히 차단하고 한국 정부가 자체적인 해결을 꾀하기 전에는 어떠한 협상안에도 일절 응할 의사가 없다는 초강경 자세다. 이에 대해 일본 국민의 대다수가 높은 지지를 보이고 있어 일본의 입장이 바뀔 가능성은 매우 희박한 것으로 예상된다. 따라서 강제징용 문제에 관한 한 일본의 태도 변화와 정책 변경을 통해 문제가 해결될 수 있다는 기대를 갖는 것은 현실적이지 않다.

유의사항

대법원 판결을 존중한다는 원론적 입장과 민사 소송에 정부가 개입할 수 없다는 형식논리를 내세우며 강제집행 절차가 속속 진행되고 있는 사태를 방치하면 한일관계는 그야말로 최악의 충돌로 질주하게 될 것이다. 한일 양국이 강대강의 구도로 부딪히며 경제 전쟁으로 비화되어 양국 모두에게 막대한 피해와 손실은 초래할 것이 명약관화하다. 그 피해는 비대칭적인 형태로 발생하게 될 것이다.

위안부 문제

정책 방향

2021년 1월 8일 한국 법원에서 일본 정부가 한국인 위안부 피해 자들에게 배상금을 지급하여야 한다는 판결이 나왔다. 한국 정부는 판결 직후 일본에 대해 진정한 사죄를 요구하면서도 "(2015년의) 위안부 합의를 상기한다"고 논평하였다. 문재인 대통령도 기자회견에서 "판결이 곤혹스럽다"며 "위안부 합의가 양 정부 간의 공식적인 합의였다는 사실을 인정한다"고 발언하였다. 이렇게 볼 때 한국 정부는 배상 판결에도 불구하고 위안부 배상문제를 일본에 제기하기보다는 2015년 위안부 합의의 틀에 입각하여 문제를 해결하는 방향으로 입장을 선회한 것으로 판단된다. 위안부 합의 후 일본 정부가 출연한 110억 원 중 약 60억여 원이 미집행 상태로 남아 있다. 이 금액으로 미지급 상태에 있는 피해자들에 대한 배상문제를 해결하도록 조율할 수 있을 것이다.

한국 정부는 2015년 위안부 합의를 공식 합의로 인정하였다. 2021년 4월 사법부는 위안부 합의를 피해자 구제를 위한 정당한 외교 노력으로 재평가하는 판결을 내렸다. 그렇다면 한국 정부는 차제에 일본 정부와 국민이 맹반발하고 있는 위안부 배상 요구에 대해 그것을 철회하는 입장을 발표하고 진정으로 피해자의 존엄과 명예를 회복하기 위한 행동에 나서면 좋을 것이다. 구체적으로는 일본의 사죄를 공인하고 위안부 역사를 기억하며 미래의 교훈으로 삼기 위한 역사기

넘관을 건립하는 것이 바람직하다. 위안부 합의에서 표명된 일본 정부의 공식적 사죄가 더욱 진정성을 담보하기 위해서는 일본 정부 요인의 피해자 직접 방문과 사죄 표명 혹은 총리 명의의 사죄 편지 전달 등의 방법을 생각해 볼 수 있다. 이러한 추가적 행위는 기본적으로 위안부 합의를 이룬 정신의 연장에서 고려할 수 있는 방안이다. 결코 기존 합의의 변경이 아니라는 점에 유의할 필요가 있다.

문제 인식

위안부 문제는 한일관계의 난제 중 하나로 꼽힌다. 1991년 고故 김학순 할머니가 피해 사실을 증언하는 기자회견을 한 이후 본격적으로 공론화되기 시작한 위안부 문제는 양국 사회에 커다란 반향을 일으켰다. 양국 정부와 시민사회는 지난 30년간 문제 해결을 위해 다양한 노력을 기울여 왔다. 그러나 양국 간 인식의 차이가 여전히 크고 완전한 해결을 이루지 못한 채 갈등을 겪고 있다. 2015년 양국 정부는 「한일 일본군 위안부 피해자 문제 합의(이하, 2015 위안부 합의)」를 통해 위안부 문제 해결에 종지부를 찍고자 시도한 바 있다.

위안부 문제에 대한 일본의 공식 입장은 「위안부 관계 조사결과 발표에 관한 담화(고노 담화河野談話)」이다. 「고노 담화」는 "전시 일본군 위안소는 당시 군당국의 요청에 의해 설치된 것이고, 위안소의 설치·관리 및 위안부 이송에 관해서는 구舊 일본군이 직간접적으로 관여하였음"을 인정하였다. 또한, "본인의 의사에 반해 모집된 사례가 많았고, 관헌 등이 직접 이에 가담한 적이 있으며, 위안소에서의 생활은 강제적인 상황 하에 참혹한 것이었다"고 명기하였다.

고노 담화는 과거 일본 정부가 위안부 문제 자체를 부정했던 것과 비교할 때 상당히 진전된 인식의 표명이며 전향적인 조치라고 볼 수 있다. 비록 2차 아베 내각 성립 후 고노 담화에 대한 검증절차가 진행되는 등 일련의 역사 수정주의적 움직임이 대두되어 일본의 편향적 역사 인식 문제가 다시 불거지긴 했지만, 고노 담화는 여전히 일본 정부의 공식 입장으로 남아 있다.

한편, 한국 정부는 위안부 문제가 본격화된 1990년대부터 문제 해결을 위한 다양한 방안을 강구해 왔다. 1993년 고노 담화 발표에 대해 김영삼 대통령은 "한국 정부는 일본에 위안부에 대한 물질적 보상을 요구하지 않고 그 대신 철저한 진상 규명과 사죄의 표명 그리고 후세에 대한 교육을 요구한다"는 선언을 발표하였다. 이 선언은 당시 한국 국민의 전폭적인 지지를 받았다. 이로써 위안부 문제는 해결된 것으로 간주되었다.

그러나 2011년 헌법재판소가 "위안부 문제가 중대한 여성 인권 문제임에도 해결을 위한 정부 노력이 부족했던 것은 부작위 위헌"이라는 결정을 내림에 따라 위안부 문제는 재차 외교 쟁점으로 부상했다. 이에 따라 이명박 대통령은 2011년 노다 총리와의 정상회담에서 위안부 문제 해결을 요구하며 치열한 논쟁을 벌이기도 했다. 이명박 대통령의 전격적인 독도 방문도 위안부 문제에 대한 일본의 소극적인 태도에 격분한 끝에 결심한 일이었다는 것은 널리 알려진 사실이다. 박근혜 정부는 취임 후 3년여 동안 "일본이 위안부 문제 해결에

응하지 않는 한 정상 간의 만남도, 일본과의 관계 개선도 없다"는 초강경 대일 외교를 펼쳤다. 역대 어느 정부보다도 박근혜 정부는 위안부 문제 해결에 가장 큰 관심과 열의를 보였다.

2015년의 「한일 위안부 합의」는 이러한 배경 속에서 탄생한 결과물이라고 할 수 있다. 2015년 12월 28일, 윤병세 외교장관과 기시다 외무대신이 서울에서 회담한 뒤 위안부 문제에 관한 양국의 합의 결과를 발표하였다. 위안부 합의의 요체는 1)일본 정부의 위안부 문제에 대한 책임의 공식 인정, 2)총리 명의의 사죄와 반성의 표명, 3)일본 정부 예산으로 위안부 피해자에 대한 금전 지급 조치다. 이 합의에 의거하여 양국 정부는 일본 정부가 출연한 10억 엔의 자금으로 위안부 피해자들의 명예와 존엄 회복, 치유를 위한 사업을 시행하기 위한 화해치유재단을 출범시켜 활동을 진행하였다.

그러나 위안부 합의에는 1)소녀상의 처리를 위해 노력, 2)불가역적이고 최종적인 해결, 3)국제 무대에서 위안부 문제에 대한 비판·비난 자제 등의 부수적인 내용이 포함됨으로써 국내에서 비판에 직면하기도 하였다. 이는 한국이 일본의 책임 인정과 사죄, 정부 예산으로 금전 지급이라는 본질적 합의를 이끌어 내기 위해 불가피하게 일본의 요구를 부분적으로 수용하는 과정에서 이루어진 부수적 합의로 읽힌다.

의사결정의 배경 및 근거

문재인 대통령은 취임 직후부터 "위안부 합의는 우리 국민이 수용할 수 없다"거나 "위안부 합의에 대해서는 국민이 납득하지 못하고 있다"며 수차례에 걸쳐 부정적인 언명을 하였다. 아베 총리에게도 같은 입장을 표명하였다. 그럼에도 흥미로운 점은 문재인 대통령이 "한국 정부는 합의를 파기하거나 일본에게 재협상을 요구할 생각이 없다"는 일견 모순된 입장을 밝혔다는 점이다. 문재인 정부는 2017년 12월 위안부 합의를 검증하는 〈한일 일본군 위안부 피해자 문제 합의 검토 TF〉의 검토 결과를 발표하였다. TF 검토 결과는 "위안부 합의는 1)이면 합의 존재, 2)피해자 당사자와의 협의 부족, 3)비밀 외교로 인한 절차상의 하자 등을 지적하고 위안부 합의를 외교적 실패로 단정했다. 문재인 대통령은 이 검토 결과를 받아들이고 "위안부 합의는 절차와 내용 모두 잘못된 것"이라고 주장하였다.

그러나 2020년 말부터 문재인 정부의 위안부 문제에 대한 태도는 큰 변화를 보였다. 문재인 대통령은 2021년 3·1절 기념사에서 "2015년 위안부 합의가 한일 양국 간 공식 합의였다는 점을 부인할 수 없으며, 이를 감안하여 일본 정부에 대해 재협상은 요구하지 않겠다"는 방침을 밝혔다. 이어 "피해 당사자들의 의사를 반영하지 않은 2015년 합의는 일본군 위안부 피해자 문제의 진정한 문제 해결이 될 수 없으며, 추가적인 후속 조치를 마련하겠다"고 언급하였다. 이에 앞서 정부는 2018년 말 위안부 합의의 핵심 사항 중 하나였던 화해치유재단을 일방적으로 해산했다. 일본은 이를 위안부 합의에 대한 사실상의 파기행위로 간주하고 강력 반발했다. 한국 정부는 '피해자 중심주의'를 기반으로, 문제 해결을 위해 노력하겠다고는 하였으나 이로 인한 성과는 나타나지 않고 있다.

한편, 최근 위안부 피해자들이 일본 정부를 상대로 손해배상을 청구한 2건의 소송(1차: 2021.1.8., 2차: 2021.4.21.)에서 정반대의 판결(1차: 원고 승소, 2차: 원고 패소)이 내려졌다. 이에 따라 '국가면제State Immunity'라는 국제법적 개념이 논쟁의 요소로 대두되었다. '국가면제'란 국제법상 주권국가에 인정되는 법적인 면책으로, 한 국가의 영토 안에서 다른 국가 및 그 재산에 대하여 영토 국가의 사법관할권 및 집행권을 면제해 주는 것을 의미한다. 3개월 간격으로 나온 판결에서 1차 소송은 국가면제의 원칙을 적용할 수 없다고 판단하고, 2차 소송은 정반대로 국가면제를 인정하였다. 각 소송은 별개의 사건으로 상호 영향을 미칠 수는 없으나, 위안부 문제라는 하나의 사안에 대해 내려진 다른 판결로 한국 정부의 입장은 난처해졌다고 볼 수 있다.

한편으로 이러한 사법부의 판단은 위안부 문제라는 역사 문제가 사법적 판단만으로는 해결될 수 없음을 보여주는 것이기도 하다. 정부는 지난 30년간 노력해온 위안부 문제 해결의 역사를 되돌아보고, 피해자들의 고통과 상처를 치유하면서 정치·외교적으로 이 문제를 풀 수 있는 방안을 고심해야 할 것이다. 역사 문제가 사법의 영역에서 정치·외교의 영역으로 돌아왔다는 점은 분명하다.

유의사항

2015년 위안부 합의에 따라 대일외교 현안으로서의 위안부 문제는 사실상 종결된 것으로 판단된다. 다만, 위안부 피해자의 명예와 존엄을 회복하고 상처를 치유한다는 본래의 합의 목표와 취지를 달성하기 위해서는 미완에 그친 위안부 피해자들에 대한 사죄금 지급 사업을 완료해야 한다. 이와 더불어 위안부 합의에 기반한 상징사업으로 〈위안부 역사기념관〉(가칭)을 건립하여 범세계적 차원의 전시 여성인권 문제를 기리는 자료와 기록을 보존·전시하고 미래 세대를 향한 역사교육의 산실로 삼을 필요가 있다. 〈위안부 역사기념관〉(가칭)은 한일 양 국민과 세계시민을 대상으로 하여 위안부 문제에 대한 연구조사 활동, 추모기념 사업과 후세를 대상으로 한 교육 활동을 지속해 나가야 할 것이다. 다만, 일본 정부가 위안부 문제에 대한 책임을 인정하고 사죄·반성의 뜻을 표했음에도 불구하고 이에 반하는 언행을 할 경우, 한국 정부는 이를 합의 위반으로 간주하고 강력하게 책임을 추궁해 나가는 것이 바람직하다.

일본의 역사인식 문제: 독도·역사교과서·망언 문제

정책 방향

과거 시행된 바 있는 '한일역사공동연구위원회'와 같은 협의체를 상설화하여 한일 간 역사 인식의 차이를 좁히고 상호 이해를 촉진하는 노력을 기울여야 한다. 이를 통해 학계, 시민사회 등 민간 차원의 활발한 움직임이 일어나기를 기대하면서 점진적인 인식 변화를 추구해 나가야 할 것이다. 정부는 이러한 역사 인식 문제가 양국 간 갈등을 폭발시키는 기제로 작동하지 않도록 예방 외교를 펼쳐 마찰 발생을 억제하고, 갈등 사안을 관리해 나가려는 노력을 기울여야 할 것이다.

문제 인식

일본은 독도 문제를 영유권 갈등으로 인식하면서 "한국이 불법 점거하고 있다"는 주장을 펴고 있다. 2006년 이후 시마네현은 2월 22일을 '다케시마의 날'로 정해 매년 기념행사를 열고 있다. 이 행사에는 일본 정부의 고위급 인사가 참석하고 있다. 일본 정부는 도쿄 히비야 공원에 있던 '영토·주권 전시관'을 2020년 도쿄 가스미가세키 霞が関로 확장·이전하는 등 독도·센카쿠·쿠릴 열도에 대한 영유권 강화를 위한 움직임을 활발히 펼치고 있다. 독도를 실효지배하고 있는 한국은 일본의 잘못된 주장이 나올 때마다 공식적인 항의를 계속 해 왔다.

역사교과서 문제는 다음 세대에 대한 교육과 정확한 사실 전달이라는 측면에서 무척 중요하게 다루어야 한다. 하지만 단기적으로 해결할 수 있는 뚜렷한 방안을 찾기 어려운 게 현실이다. 한국은 국제사회의 여론을 환기시키거나, 일본에 항의하는 것을 포함하여 역사교과서 왜곡을 바로잡기 위한 대응을 강구하고 있다. 이를 위해 정부는 과거 두 차례에 걸쳐 일본과 협의하여 '한일역사공동연구위원회'를 조직하고 그 성과를 발표하는 등의 노력을 기울여 왔다.

의사결정의 배경 및 근거

독도·역사교과서·망언 등 일본의 역사 인식 문제는 한일 간에 지속적으로 제기되고 있는 사항이다. 독도 문제는 매년 「방위백서」, 「외교청서」 발간 시 논란이 되고 있다. 역사교과서 문제는 일본의 교과서 검정 기간을 중심으로 지속적으로 제기되고 있다. 이에 더하여 일본의 일부 정치인 및 사회적 영향력이 있는 인사들은 여전히 잘못된 역사 인식에서 비롯된 망언을 일삼고 있다. 이러한 문제들이 실질적인 위협이라고 볼 수는 없지만, 양국 간의 갈등을 조장하고 부추기는 사안이라는 점에서 결코 가볍게 넘길 사안은 아니다. 그럼에도 불구하고, 이 문제들을 해결할 수 있는 단기 해법이나 묘책은 찾기 어렵다.

한일 양국의 역사 인식 차이를 좁히고, 여기에서 파생되는 문제를 해결하는 것은 한일 갈등 해결의 핵심 사안인 동시에 궁극적인 관계 개선의 기반이 되는 일이다. 따라서 보다 장기적인 관점에서 이 문제를 어떻게 풀어나가야 할 것인지에 대해 지속적으로 고민해야 한다.

유의사항

일본의 역사 인식 문제는 장기적으로 해결해야 나가야 할 문제이다. 일본 사회 내부에서 자성적 목소리가 나오지 않는 한 해결이 쉽지 않은 문제다. 오히려 전쟁을 경험하지 않은 세대에게 역사 인식 개선을 지속적으로 강조할 경우, 반성이나 사죄보다는 한국에 대한 반감을 갖게 할 가능성이 높고 역효과가 날 수도 있다. 따라서 보다

면밀하고 신중한 접근이 필요하다.

독도 문제는 일본의 지속되는 도발에도 불구하고, 이를 분쟁화시키는 것은 실질적인 점유를 하고 있는 우리나라의 입장에서 바람직하지 않다. 이러한 기조 아래 정부는 독도 문제에 대해 '조용한 외교'를 유지해 왔다. 다만 독도 문제에 관한 자국 입장을 세계에 알리려는 일본의 노력이 지속된 결과 많은 나라들이 일본의 주장을 믿는 상황도 발생하고 있다. 이러한 부분에 유의하며 문제 해결을 위해 노력해 나가야 할 것이다.

수출규제 문제

정책 방향

한국 정부는 일본이 제기한 각종 의혹을 해소하기 위한 노력을 기울이는 한편으로 일본 정부의 부당한 조치에는 엄중히 대응해야 한다. 여기에는 WTO 제소 등 법적인 수단을 강구할 수 있다. 또 한일의 상호 인식 개선 노력이 수반되어야 한다. 다만, 이러한 노력이 일본의 잘못된 행위를 비판하는 국내외 여론전에 의존하기보다는, 일본의 수출규제 조치로 인해 발생하는 양국의 실질적 손해와 글로벌 밸류체인GVC에 미칠 수 있는 경제적 손실을 강조할 필요가 있다. 다시 말해 경제적 실익의 측면에서 비판하면서 명분을 획득하고, 이를 통해 국제적 지지를 얻음으로써 궁극적으로는 수출규제 조치를 철회시키는 노력을 기울여야 할 것이다. 여태까지 일본에 지나치게 의존하고 있던 분야의 산업 경쟁력을 키우는 노력도 함께 기울여야 할 것이다.

문제 인식

2019년 일본 정부가 한국에 대한 수출규제 조치를 발표하면서 한일관계는 새로운 국면에 접어들었다. 일본 정부는 반도체 디스플레이 제품 등에 필요한 세 항목의 소재에 대해 수출규제 조치를 취하기로 결정하고 수출 우대국인 백색국가 명단에서 한국을 제외하는 개정안을 각의(閣議)에서 결정하였다. 이에 따라 스마트폰 디스플레이 등에 사용되는 플루오린 폴리이미드, 반도체 기판에 사용되는 감광제 레지스트, 반도체 세정에 사용되는 불화수소 등 3개 품목에 대한 수출규제(일본 측 표현: 수출관리 강화조치)가 실시되었다. 이와 같은 일본의 부당한 조치에 대해 한국에서는 격렬한 반일시위 및 일본 제품 불매운동No Japan이 일어났고 한일관계는 걷잡을 수 없이 악화되었다. 이후 한국 정부는 일본의 수출규제 조치를 WTO에 제소(2019년 9월 11일)하고, 일본을 한국의 백색국가에서 제외하는 맞대응 조치를 단행하였다.

일본 정부는 아시아에서 유일하게 한국에 부여되었던 우대조치를 철회하여 아세안 국가나 대만 등 다른 아시아 나라들과 같은 대우로 되돌린 것일 뿐, 금수(禁輸) 조치를 내린 것은 아니라고 설명하였다. 일본 정부는 이 조치가 강제징용 문제와는 무관하며 "한국 측에 부적절한 사례가 복수 발견되어 안보상 필요한 조치를 취한 것"이라고 언급했다. 그 이유로 ①한일 정책대화 중단, ②재래식 무기에 대한 캐치올 통제 미흡, ③수출관리 조직과 인력의 불충분 등을 들었다. 아베 총리는 "국가와 국가 간 신뢰관계 위에서 행해 온 조치를 재검토한 것"이라고 언급했다.

한국은 일본의 수출규제 조치 이후 문제 해결을 위한 국장급 정책대화를 재개(2019년 11월 22일)하여 한국의 수출관리가 정상적이고 효과적으로 작동하고 있다고 일본 측에 설명하는 한편 관련 제도의 개선을 추진하였다. 또 양국 간 대화가 진행되는 동안에는 WTO 제소를 중지하기로 하였다. 그러나 당초 일본이 제기했던 사유가 해소되었음에도 불구하고 수출규제가 지속되자 한국은 WTO 제소 재개 결정을 내렸다.

의사결정의 배경 및 근거

일본 정부의 갑작스러운 수출규제 조치는 충분한 명분과 설명이 제시되지 않은 채 단행되었다. 일본 정부는 수출규제가 강제징용 문제와는 무관하다고 강조하고 있지만 일본 국내에서조차 징용 문제에 대한 보복으로 보는 시각이 다수 존재한다. 일본의 수출규제 조치는 자유주의 시장경제와 수출·무역 정신에 정면으로 반하는 것이다. 오사카에서 열린 G20 정상회의에서 자유무역 확대를 주창한 직후 이런 조치를 단행했다는 점은 이율배반적인 행위라 하지 않을 수 없다. 이와 같은 일본의 결정이 강제징용 문제에 대한 대응조치라는 것은 일본 국내에서도 다수의 신문 보도 등을 통해 널리 알려졌다. 이는 기존까지 한국과 일본이 많은 갈등을 겪으면서도 정치의 영역과 경제의 영역을 구분해 온 양국의 암묵적 룰을 깬 처사이기도 했다.

유의사항

일본의 부당한 조치에 대해 한국 정부는 즉각적인 항의와 맞대응 조치를 취했다. 이 과정에서 '다시는 지지 않습니다' 등의 슬로건을 걸며 국민 감정을 불필요하게 자극한 측면이 있다. 민간에서 일어난 자발적인 일본제품 불매운동과 일본여행 보이콧은 정부의 초강경 기조에 영향을 받았음을 부인하기 어렵다. 그러나 일본의 수출규제 조치 후 지난 2년여간의 상황을 보면, 많은 연구보고서 및 논문 등에서 밝히고 있는 바와 같이, 한국 경제에 큰 피해는 발생하지 않았다. 이 과정에서 일본의 부당한 조치에 대응하기 위한 한국 경제계와 산업계가 기울인 부단한 노력은 평가할 만하다. 이와 같은 위기는 한국 경제가 한층 성장할 수 있는 계기가 되기도 하였다.

일본의 수출규제 조치는 국민 감정과 민족 정서를 불필요하게 자극함으로써 한일관계는 더욱 악화되었다. 그간 쌓여왔던 양국의 불만이 결정적으로 표출된 계기가 되었고 가뜩이나 민감한 한일관계에 결정적으로 불을 붙이는 도화선이 되었다. 일본의 부당한 조치에 대한 대응은 반드시 이루어져야 하나 그 과정에서 국민 감정을 자극하는 것은 지양해야 할 것이다.

후쿠시마 원전

정책 방향

후쿠시마 오염수 방류 문제에 관해서는 무조건적인 반대와 날선 감정 대립, 비난보다는 과학적이고 객관적인 자료에 근거하여 안전을 최우선으로 삼고 대응해 나가는 것이 매우 중요하다. 동시에 이웃 국가의 아픈 상처를 어루만지면서 함께 문제를 해결해 나가려는 자세가 중요하다. 어느 때보다도 과학적인 검증과 지속적인 모니터링, 직간접적으로 피해를 입을 것으로 예상되는 인접국과의 연대에 기반한 대응이 필요할 것으로 여겨진다.

문제 인식

2021년 4월 13일, 일본 정부는 후쿠시마 제1원전 탱크에 보관 중인 오염수를 바다에 방출한다는 계획을 담은 기본방침을 결정하였다. 도쿄전력은 일본 원자력규제위원회의 심사·승인 등을 거쳐 2023년부터 약 30년(최대 2041~2051년)에 걸쳐 오염수를 방출하게 된다. 그러나 이에 대한 한국, 중국 등 인접국의 반발이 적지 않다. 일본 내부에서도 어업 분야 종사자, 전문가, 일반 국민 등의 반대 의견이 높은 것으로 알려져 논란이 끊이지 않고 있다. 일본 정부는 과학적으로 이러한 수치가 안전하다고 강조하고 있다. 하지만 이는 국민의 생명과 안전, 그리고 환경을 위협하는 직접적인 요인이다. 또 정보의 불확실성에 따른 불신과 불안감 확산에 의한 감정의 문제로 이어져 향후 한일 양국뿐만 아니라 일본을 둘러싼 주변국과의 갈등 요인으로 지속될 가능성이 높다.

일본 정부는 "2022년 여름이면 오염수를 보관 중인 원전 부지 내 저장 탱크가 수용 한계치를 넘어서게 되어 오염수 방류가 불가피"하다며, "다핵종제거설비^{ALPS}를 이용해 오염수를 정화 처리한다"는 입장이다. 이에 대해 한국 정부는 "일본 정부의 결정이 주변 국가의 안전과 해양환경에 위험을 초래할 뿐만 아니라 특히 최인접국인 우리나라와 충분한 협의 및 양해 과정 없이 이루어진 일방적 조치"라고 보고, "①국민의 우려와 반대 입장을 일본 정부에 분명하게 전달, ②국민의 안전과 해양환경 피해 방지를 위한 구체적인 조치를 강력 요구, ③국제원자력기구^{IAEA} 등 국제사회에 일본 측 조치의 안전성 검증 정보 공유와 객관적 검증 등을 요청, ④국내 해역에서 방사능 유입 감시 강화 및 수입식품 방사능 검사, 원산지 단속 이행 및 점검, ⑤방사성 물질 해양 확산 평가, 건강에 미치는 장단기 영향 평가 등 예측·분석, 과학적·체계적 대처, ⑥IAEA 등 국제사회와 함께 오염수 처리 전 과정에 대한 철저한 검증을 추진하겠다"는 입장을 발표하였다.

의사결정의 배경 및 근거

후쿠시마 오염수 방출 문제는 이미 수년 전부터 예고되었던 갈등 사안이었음에도 불구하고 한일 양국 간 대화와 소통이 부족했다는 점이 아쉬움으로 남는다. 한국 정부는 국민의 안전과 관련된 문제인

만큼 과학적인 근거에 기초한 대응을 추구해야 한다. 지리적으로 보면 원전사고가 일어난 후쿠시마 지역은 한반도와 연해 있는 동해와는 정반대의 태평양 쪽에 위치해 있다. 해류의 방향을 고려할 때 후쿠시마에서 방류되는 오염수는 러시아, 캐나다, 하와이, 미국 등을 거쳐 태평양에서 환류된다. 해양학자들은 후쿠시마 오염수가 태평양을 환류하여 한반도 인근에 도달하는 데는 8개월에서 4년여의 시간이 소요된다고 본다.

이렇게 보면 오염수 방류 문제는 한일 양자 현안이라기보다는 국제 환경 문제로서의 이슈라는 성격을 지닌다. 따라서 오염수 방류 문제는 한일 양자외교 차원보다는 IAEA와 같은 국제기구를 통한 다자적 차원에서 대처하는 것이 적실한 대응이 될 것이다. 오염수가 국제기구가 설정한 안전치를 초과하여 바다를 실질적으로 오염시키는 것인지 아닌지의 문제는 과학적 근거에 의해 철저히 모니터링해야 한다. 국제기구의 모니터링 과정이 우리 국민에게 신뢰를 제공하기 위해서는 한국의 전문가, 과학자가 이 과정에 직접 참여하는 방안을 마련하는 것이 바람직하다.

유의사항

후쿠시마 오염수 문제는 반드시 해결해야 할 문제다. 이 문제가 양국 갈등으로 비화되는 것은 막아야 할 것이다. 더욱이 후쿠시마 오염수가 방출될 때 해류의 방향상 먼저 피해를 입게 될 미국, 캐나다 등의 국가가 반대하고 있지 않다는 점에서 한국의 명분은 크지 않을 수 있다. 그러나 잠정적인 피해 역시 간과할 수 없는 부분이다. 따라서 관련국들과 국제 공조 태세를 유지하면서도 일본에 대한 반발이나 반대가 아닌, 환경 문제를 해결하기 위한 노력으로 승화시켜야 할 것이다.

나아가 후쿠시마는 일본에게는 가해의 기억과 피해의 기억을 동시에 상기시키는 공간이다. 2011년 동일본 대지진으로 큰 피해를 입으면서 많은 사상자가 발생했고, 이는 일본인들에게 깊은 아픔과 상처로 남아 있다. 동시에 이로 인해 국내외에 피해를 주었다는 사실도 부인하기 어렵다. 후쿠시마 오염수 처리와 이로 인한 잠정적 피해 발생을 최소화하려는 노력이 필요하지만 이웃 국가의 아픔을 어루만져 주는 배려도 필요할 것으로 여겨진다.

일본 보통국가화

정책 방향

이는 일본의 국내 사안으로 자주적 결정 영역이다. 하지만 한국을 포함한 주변국들에게는 일본의 재무장 혹은 일본의 군국주의화로 인식되기도 한다. 이러한 점들을 감안하여 우려 사항을 잘 전달할 필요가 있다.

문제 인식

일본의 보통국가화는 한국 및 중국 등 주변국들이 가장 우려하는 사안 중 하나다. 일본의 집단적 자위권을 중심으로 군사력 증강 혹은 재무장으로 해석되는 경향이 있기 때문이다. 특히 일본의 군사적 보통국가화 움직임은 아베 정권하에서 빠른 속도로 진척되었다. 2012년에는 ▲집단적 자위권 추진 ▲PKO 협력법 개정 ▲무기수출 3원칙 수정 ▲우주항공 연구개발기구법JAXA 개정 등이 진행되면서 이에 대한 우려의 목소리가 높아진 바 있다. 뿐만 아니라, 아베 정부는 2014년 야당과 국민의 반대를 무릅쓰고 안전보장 관련 법제를 국회에서 강행 처리하였다. 또한 재임 중 평화헌법을 개정하기 위한 정치적 시도를 지속하였다. 하지만, 자민당과 연립여당을 꾸리고 있는 공명당의 신중한 태도와 일본 국내의 개헌에 대한 부정적 여론 때문에 개헌 강행에는 이르지 못했다. 실제로 헌법 개정을 추진하기 위해서는 중의원과 참의원에서 각각 3분의 2 의석의 발의가 필요하며 국민투표에서 과반수의 찬성을 얻어야 한다. 현재의 정치지형으로 볼 때 이 허들을 넘어 개헌을 추진하는 데는 현실적인 어려움이 따른다. 개헌에 대한 일본 내 반대 여론, 정당 간 입장 차이, 그리고 최근의 코로나19 및 경제회복 등 국내 사안으로 인해 급속한 헌법 개정 및 보통국가화 움직임이 나타날 것으로 보기는 어렵다. 그럼에도 불구하고 헌법 개정을 위한 일본 내 움직임은 지속될 것이다.

의사결정의 배경 및 근거

일본의 보통국가화 움직임이 한반도 유사시 일본의 군사 개입에 근거를 마련해 줄 수 있음을 주지하고, 보다 면밀히 주시할 필요가 있다. 헌법 개정을 통한 집단적 자위권 행사는 제3국의 주권을 충분히 존중해야 한다. 국제법상 집단적 자위권 행사를 위해서는 상대국의 요청과 동의를 전제로 한다. 하지만 일본의 존립위기 사태 규정에 이러한 내용이 포함되어 있지 않아 충돌할 여지가 있다. 따라서 일본의 헌법 개정 논의에 지속적인 관심을 갖는 동시에 역내 평화와 안정에 대한 위협 요인을 제거하기 위한 노력을 기울여야 할 것이다.

유의사항

일본의 헌법개정 문제는 일본의 국내 사안으로 한국이 관여할 수 없는 부분이다. 책임 있는 고위 당국자들이 일본 헌법 개정에 대해 신중하지 못한 발언을 하고 이것이 일본으로 전해지면 일본 내에서 한국에 대한 반감과 반한 여론을 부추길 가능성도 있다. 그러나 일본의 헌법 개정과 연계된 보통국가화 움직임은 주변국에 영향을 미칠 수 있는 사안이다. 따라서 전면적인 반대를 하기보다는 다양한 외교루트 등을 통해 우리의 입장과 우려를 잘 전달해 나가는 것이 바람직하다.

러시아

1장 한국은 러시아를 어떻게 바라봐야 하는가?

러시아는 우리에게 어떤 나라인가?

한국 사회에서 러시아는 오랜 기간 몰락한 소련의 후예로 인식되어 왔다. 욱일승천旭日昇天하는 중국의 시야에 가려져 있었고, 미국의 동맹적 위계질서에 짓눌려 있었다. 러시아는 시장민주주의국가로 환골탈태한 지 오래고, 한반도의 평화와 안정, 한국의 국가적 번영에 매우 중요한 존재임에도 불구하고 우리는 러시아를 무조건 부정적으로 인식하는 냉전적 사고에 갇혀 있었다. 이러한 인식론적 오류는 대러 정책에서 러시아를 평가절하하고 무시하는 형태로 반영되었고, 그것이 결국 한러관계의 발전 및 한국의 국익에 지대한 손상을 초래했다는 점을 부인하기 어렵다.

한반도를 둘러싼 동북아의 지정학적 현실 시시각각 변하고 있다. 이에 러시아에 대해서는 21세기적 사고가 요구된다. 러시아도 변하고, 세계도 변하는데 한국만 동북아시아의 귀퉁이에서 과거의 잔영을 되씹으며 시간의 미로에서 헤맬 수는 없는 노릇이다. 그렇다면 한국이 한반도 평화체제 구축을 주도적으로 모색하며 21세기 팍스코리아나 시대의 구현을 추구하는 시점에서 러시아가 우리에게 제공해 주는 다중적 가치는 무엇인가?

2000년대 중반, 슈퍼 강국으로 부상한 중국과 기성 패권국 미국을 묶어 표현하는 용어로, 세계에서 가장 막강한 영향력을 행사하는 국가라는 의미를 담은 'G2'라는 신조어가 만들어졌다. 하지만 새로운 글로벌 세력 재편을 의미하는 이 용어는 최소한 정치·경제적 측면에서만 유효하다. 중국이 국내총생산GDP 규모에서 빠른 속도로 미국을 추격하고 있고, 환경, 기후변화, 보건의료, 금융 등의 분야에서 국제적 어젠다를 선도해 나가고 있지만, 워싱턴의 압도적 물리력을 상대하기엔 아직 역부족이다. 반면 강한 근육질의 핵 및 재래식 군사력[48]과 전 세계를 대상으로 전쟁을 수행할 수 있는 힘의 외부투사 능력 면에서 미국과 자웅을 겨룰 수 있는 국가는 오늘날 러시아가 유일하다.

러시아는 소련의 해체와는 상관없이 여전히 유엔 안보리 상임이사국으로서 아프리카에서 중동, 유럽, 중남미, 한반도에 이르기까지 전 지구적 영향력을 행사하고 있다. 그래서 국제 정치외교 및 군사안보 분야에서의 G2는 여전히 미국과 러시아라 해도 과언이 아니다. 우크라이나 사태, 시리아 내전, 이란 핵문제, 중거리핵전력조약INF 파기, New START 등과 같은 굵직한 국제 정치안보 이슈에서 러시아는 핵심 행위자임에 틀림없다.

무엇보다 한국이 러시아에 관심을 가져야 하는 최우선적 이유는 한러관계의 지정학적 숙명성 때문이다. 두만강의 끝자락을 경계로 약 17km의 국경선을 마주한 러시아는 역사적으로 한반도 문제의 중요한 이해 당사자였다. 1896년 아관파천, 1904년 러일전쟁, 1945년 북한 지역 점령과 남북한 분단, 1950년 한국전쟁 등이 보여주듯 러시아는 한반도를 둘러싼 지정학적 세력게임의 중요한 참가자로서 한국의 운명을 좌우해 왔다.

예나 지금이나 러시아가 한반도에 깊은 이해관계를 투영하고 있다는 것은 부인할 수 없는 사실이다. 유라시아 강대국 러시아의 협력과 동의 없이는 북핵 문제의 원활한 해결은 물론 한반도 평화구도 정착과 통일과정도 결코 순조로울 수 없다. 최근 글로벌 파워로서의 러시아의 이해관계가 거칠게 반영된 우크라이나의 크림반도 접수와 시리아 내전 개입은 우리에게 많은 시사점을 던져준다. 문재인 정부가 추구하는 한반도 평화 프로세스를 성공적으로 구현하기 위해서는 중국 못지않게 러시아도 중요하게 고려해야 함을 보여주는 생생한 지정학적 교훈인 것이다.

소련의 해체 이후 러시아가 한국의 국제적 위상 제고에 기여하는 우호적 협력세력으로 다가오고 있다는 점도 주목할 필요가 있다. 한국은 한강의 기적을 이룩하고 압축성장의 신화를 창조해 세계 8위 무역대국으로 올라섰다. 따라서 글로벌 경제 강국의 위상에 걸맞은 국제적 역할 확대를 점진적으로 모색해가고 있는데, 다극적 세계의 독자적 중심부 세력인 러시아와의 협력은 국제무대에서 우리에게 적지 않은 기회와 가능성을 제공해 줄 수 있다. 2013년 5월 한국이 북극이사회 정식 옵서버 지위를 획득한 일이나 2006년 반기문 전 외무장관이 유엔 사무총장에 피선된 경우가 대표적인 사례일 것이다. 7대 유엔 사무총장에 미국의 대표적 동맹국인 한국의 외무장관 출신이 선출되었다는 것은 대단히 이례적인 사건이라 하지 않을 수 없다. 이는 미국의 반대편에 서 있지만 한국에 우호적인 러시아의 지지와 협조가 있었기에 가능했던 것이다. 북한의 격렬한 반대로 번번이 좌절되었던 국제철도협력기구OSJD 가입도 2015년 러시아의 적극적 지원에 힘입어 성공했다.

한국의 대외정치적 자율성을 넓혀주는 균형외교 측면에서도 러시아를 새롭게 착목할 필요가 있다. 최근 요동치는 동북아 국제정세는 한러 간 전략적 협력의 내실화를 요구한다. 글로벌 세력전이의 시대, 미중 전략경쟁이 격렬해지면서 한국 외교의 좌표 설정은 날로 곤혹스러워지고 있다. 두 거인이 엮어내는 여러 형태의 세력 투쟁 속에서 배타적 선택을 강요받고 있기 때문이다. 미국과 중국으로부터 선택의 압박이 커진다는 것은 그만큼 동북아 정치지형에서 한국이 차지하는 전략적 비중이 높아져 감을 의미한다. 한국이 세계적 수준의 경제력, 군사력, 문화력을 구비함에 따라 동북아의 세력 판도를 좌우하는 소위 지정학적 추축樞軸 국가가 된 것이다.

오늘날 한국을 에워싼 국제환경은 피동적 수세 외교에서 능동적 적극 외교로의 점진적 전환을 요구한다. 이런 상황에서 한국이 전략적 동반자인 러시아와의 협력 메커니즘을 어떤 수준으로 어떻게 설정하느냐에 따라 미중 양자관계에 의해 영향을 받는 동북아 국제정치의 과도한 민감성을 줄일 수 있다고 본다.[49] 동시에 미중의 가위에 눌린 한국 외교의 딜레마를 해소할 수 있는 일종의 '출구'가 될 수도 있다. 러시아를 중심 좌표로 설정한 유라시아이니셔티브와 신북방 정책이 그런 정책적 지향성을 일정 수준 내포하고 있다. 이는 한국이 처한 '불편한' 지정학적 상황을 반영하는 것인 동시에 소위 '위험회피Hedging' 전략의 일환으로 보는 게 정확한 지적일 것이다.

미국과 중국의 이해관계와 대립에 휩쓸리지 않고 우리의 국익과 미래를 주도적으로 개척해 나가야 하는 외교적 노력이 필요한 시점에서 일종의 균형외교, 다변화 외교의 대상으로서 러시아의 존재감이 묵직하게 다가온다.

한반도에서 러시아는 어떤 역할을 할 수 있는가?

미중 전략경쟁 시대 동북아에서 러시아의 영향력은 상대적으로 감소하고 있다. 같은 이유에서 한반도에서 러시아의 역할도 축소되고 있다. 그렇다고 해서 러시아의 중요성을 간과해도 될 정도는 아니다. 러시아는 한반도 안보나 북방 경제협력에서 중요한 역할을 수행하고 있고, 이러한 역할은 앞으로도 계속될 전망이기 때문이다.

러시아는 한반도에서의 전쟁 가능성을 최대한 억제하는 '안전판' 역할을 수행한다. 북한의 모험주의를 억지하면서 동시에 미국의 일방주의도 견제하는 일종의 군사적 세력균형추인 것이다. 한반도에서의 군사적 긴장은 1차적으로 북한 정권의 핵 집착에서 비롯되지만, 미국의 독자적인 대북 무력 행사 가능성도 전쟁위기를 고조시키는 중요한 요인이라는 점을 지적하지 않을 수 없다. 북한의 연이은 핵무기 고도화 실험 성공과 미국령 괌 및 본토를 겨냥한 대륙간탄도미사일 발사는 워싱턴이 감내할 수 있는 인내의 한계를 넘어서는 도발행위였다. 북한의 레드라인 이탈로 미국 트럼프 행정부가 고강도 대북제재와 병행해 선제 타격의 군사적 옵션 실행 가능성을 암시하는 상황에서 러시아는 북핵 문제의 군사적 해법 불용을 일괄적이고 강한 어조로 반대해왔다. 세계적 군사강국인 러시아의 이런 경고가 워싱턴의 무력 사용 유혹을 일정 수준 제어한 측면이 없지 않다고 본다.

한반도에서 군사적 충돌을 예방하는 '안전판'으로서 역할을 해오는 것 외에도, 러시아가 한국에게 제공하는 또 하나의 군사적 유용성은 첨단 방산 기술 습득이다. 러시아는 미국과 함께 세계 최대의 첨단 군사무기 제조 및 수출국이다. 한국은 미상환 대러 채권을 방산 물자로 돌려받는 소위 '불곰사업'(한·러 군사기술협력사업)을 통해 러시아산 첨단 무기를 도입했고, 이 과정에서 미국은 물론 서방 선진국 어느 누구도 제공하지 않은 방산 신기술을 습득했다. 그런 기술들은 고스란히 현무, 천궁 및 신궁 미사일, 대함미사일, K21 장갑차, 흑표 K2 전차 등 국산 무기 개발에 적용되어 군사기술의 첨단화와 방산 선진국으로의 도약에 크게 기여했다. 스톡홀름국제평화연구소[SIPRI]가 발표한 '2020년 국제 무기거래 동향 보고서'에 따르면 한국은 세계 9위 무기 수출국으로 비약적인 성장을 기록했는데[50], 한국의 미사일 기술 고도화, 방위산업 성장과 선진화, 세계 무기 시장 점유율 확대, 나로호 발사 성공 등에서 러시아의 공헌이 매우 지대했다는 점을 부인할 수 없다.

한편, 한러관계에서 지정학이 과거였다면, 현재와 미래는 지경학이 될 것이다. 이제까지 한국이 대러 접근을 강화했던 주요 이유는 대북 전략적 우위 확보라든가 한반도의 평화와 안정, 북핵 문제, 통일 등 주로 지정학의 영역에서 비롯되었다. 하지만 21세기에 접어들어 러시아의 전략적 가치가 이전과는 전혀 다른 새로운 모습으로 다가온다. 러시아가 시장경제국가로 바뀌고, BRICs로 표현되는 글로벌 상위권 경제강국으로 진입하고, 특히 푸틴 집권 이후 국가 발전 대전략 차원에서 극동 개발을 가속화함에 따라 우리나라와 지경학적 연계성이 현저히 증대되어가고 있기 때문이다. 러시아에서 북한을 거쳐 한국으로 이어지는 TSR-TKR 연결, 가스관 부설 및 전력망 연결사업 추진 등이 단적인 사례에 해당한다. 그러면서 북방의 러시아가 한국의 국가적 번영과 민족적 웅비에 기여하는 다양한 경제적 '기회의 창'을 열어줄 수 있다.

현재 한국이 추구하는 일련의 중요한 대외경제적 국익들을 살펴보면 러시아와 밀접히 관련되어 있음을 알 수 있다. 부산과 목포가 유라시아대륙횡단철도망의 기종점起終點이 되는 철의 실크로드 구축, 한국 경제의 새로운 블루오션으로서 대규모 신규 상품 및 건설시장의 확보, 에너지 자원의 안정적 수급, 차세대 성장 동력 산업 발굴을 위한 첨단 기초과학 및 원천기술의 입수, 한국이 꿈꾸는 우주항공기술 및 방산강국으로의 도약, 해외 식량기지의 건설, 21세기 신교역로로서 북극항로 개척 등은 모두 러시아가 그 핵심 협력 대상이다. 2016년 사드 배치로 중국에게 당한 집요한 경제보복에서 절감했듯이, 러시아는 한국 경제가 중국 경제에 종속되어가는 것을 예방하는 대안시장으로서의 가치도 매우 크다.

디지털 경제 구현에 따른 4차 산업혁명과 관련해서도 러시아와의 협력이 매우 긴요하다. 미중 무역전쟁과 일본의 수출규제, 코로나19의 전 세계적 확산 등으로 글로벌 공급망이 급속히 재편되는 상황에서, 과학기술 강국 러시아가 글로벌 가치사슬 형성의 새로운 협력 파트너로 부상하고 있다. 반도체 소재·부품·장비의 국산화를 추진하는 데 있어 우리의 첨단 정보통신기술ICT·응용기술과 러시아의 우수한 기초·원천기술을 결합할 경우 이 분야에서 경쟁력 있는 새로운 글로벌 밸류체인을 형성할 수 있다는 게 전문가들의 진단이다.[51] 이노베이션, 디지털트랜스포메이션, 스마트산업, 수소산업, 통신 및 소프트웨어, 무인화·자동화 영역에서 한러 간 기술협력의 고도화를 통해 상호 윈-윈하는 시너지 섬 효과를 창출 할 수 있다고 전망한다. 이미 현대차와 러시아 거대 정보통신IT기업인 얀덱스Yandex 간 협력이 자율주행, 무인 배송 등의 분야에서 성공 신화를 준비하고 있다.

우리는 러시아로부터 무엇을 얻을 수 있는가?

2008년 9월 이명박 대통령의 모스크바 방문을 계기로 한국과 러시아는 '전략적 협력 동반자 관계'를 선언했다. 한러관계가 '전략적 관계'로 격상되었다는 것은 두 가지 측면에서 새로운 단계로의 진입을 의미한다. 하나는 양국 간 협력 분야의 전면적 확대, 즉 경제통상 중심적 관계에서 정치, 외교, 안보, 군사, 사회, 문화 분야에 이르기까지 전방위적으로 긴밀히 협력하는 사이가 되었다는 것이고, 다른 하나는 국가적 이해관계의 공유 영역이 양자관계를 넘어서 지역적, 국제적으로 확대되었다는 것을 의미한다. 말하자면 한러 양국의 대외 정치적 행위 및 국가발전전략에서 각기 상대방이 차지하는 비중과 역할이 커지고 있다는 점을 반영한 것이다.

군건한 한미동맹을 강조한 이명박 정부가 2008년 새삼 러시아와 전략적 협력 동반자 관계를 구축한 이유는 중국의 부상, 러시아의 부활, 일본의 우경화, 미국의 상대적 쇠퇴 그리고 남북러를 잇는 철도의 연결과 에너지 파이프라인의 부설, 북극항로의 개설 등이 엮어내는 동북아 신질서의 태동을 가정하고 염두에 둔 것이다. 동시에 한국의 독자적인 국익 확대와 한반도 평화통일 기반 조성을 위한 외교안보전략의 기본 틀을 새롭게 정립할 필요가 있다는 인식에서 출발한다. 실제로 러시아와 전략적 협력 동반자 관계를 맺은 이상 미일 일변도가 아니라 러시아 및 중국과의 지정학적, 지경학적 관계를 고려한 보다 큰 틀의 외교안보적 '새판 짜기'가 필요하다.

넓게는 한반도와 동북아를 둘러싼 미중러일의 경쟁구도 속에서, 좁게는 미러 간의 지정학적 경합 속에서 한국이 과연 어느 수준까지 러시아와 전략적 협력을 해나갈 수 있고, 해나갈 것인가의 문제가 제기된다. 그동안 국내 정계 및 학계 일각에서 러시아와의 전략적 협력에 대한 많은 논의와 방안들이 제시되어 왔지만, 현실에서 한국은 러시아를 전략적 파트너로서 잘 활용했다고 보기는 어렵다. 끊임없이 러시아와의 전략적 협력을 강조하고 있다는 사실이 한러관계가 전략적 계획 위에서 수행되고 있지 못하고 있다는 것을 방증한다.

한반도와 동북아에서 추구하는 다양한 한국의 국가이익이 한미동맹 틀 속에서 만족스러울 정도로 옹호되고 증진된다면 한국과 러시아의 전략적 협력은 필수적인 것이 아니다. 한반도의 안정 및 한국의 국가발전전략과 관련된 핵심적인 국가이익이 동맹의 틀 속에서 지켜지고 증진되는데, 굳이 러시아와의 전략적 협력을 운위할 필요가 있겠는가.[52]

한국의 종합국력이 상승하고 이와 비례해 독자적인 국익이 확대됨에 따라 한미 간 이견과 국익 충돌 현상이 점차 심화되어 가고 있는 게 작금의 현실이다. 방위비 분담금 증액, 전시작전통제권 회수, 쿼드 가입, 주한미군의 전략적 유연성, 원자력협력협정 문제 등이 여기에 포함된다. 그럼에도 불구하고 주변 4강과 협력의 이익을 개별적으로 종합 평가해 볼 때, 서구적 가치체계와 시장민주주의를 공유하고 있는 미국은 한국이 가장 가까이 해야 할 국가인 것만은 분명하고, 굳건한 한미동맹의 유지 필요성은 여전히 유효하다. 이 사실을 인정하는 것에서, 즉 한미동맹이 당분간 한국의 안보와 한반도의 평화에 핵심적인 것으로 남아 있겠지만, 한국의 국가이익이 이 틀 속에서 자동으로 보장되는 것이 아니라는 현실을 인정하는 것에서, 러시아를 바라보는 전략적 시각이 태동된다고 하겠다.

한편 다음 〈표 1〉에 제시한 바처럼, 한러 간에는 정치외교, 군사안보, 경제통상 영역에서 협력 이슈가 경쟁 이슈를 압도한다. 한반도와 동북아에서 양국이 추구하는 국익구조가 상호 충돌의 요소보다는 조화의 요소가 훨씬 더 크고 더 많기 때문이다. 한국이 대러 협력을 강화하고 전략적 관계를 내실화해야 하는 이유다.

먼저 지정학적 측면에서 볼 때, 한반도의 비핵화를 포함한 북핵 문제의 평화적 해결, 대량살상무기의 비확산, 남북 대화 및 교류 확대, 한반도의 평화와 안정, 남북한 문제의 당사자 해결 원칙, 동북아 다자안보협력체제 구축 등의 문제에서 한러 양국의 전략적 이해는 기본적으로 일치한다. 물론 한국의 사드 배치 및 독자적인 대북제재, 러시아의 KADIZ 침범, 나진-하산 프로젝트의 재개, 러시아의 크림 병합 등의 문제를 둘러싸고 외교적 이견을 보이고 있지만, 이로 인해 한러 간 고강도 긴장의 불연속선이 형성될 수준은 아니다.

한러 간에는 경제구조도 상호 보완적이다. 실제로 한러 간 10대 교역 상품을 살펴보면 서로 겹치는 품목이 거의 없어 경제협력의 '시너지 섬' 효과를 낼 수 있다. 세계시장에서 한국은 중저가 제품에서는 중국과, 고가 첨단제품에서는 일본과 치열한 시장 쟁탈전을 벌이고 있는데, 러시아와 경쟁하는 상품은 거의 없다. 다만 최근 세계 무기시장과 원전 건설 시장에서 양국 간 경쟁구도가 형성되어가고 있는 모양새다. 전통적으로 첨단무기와 원전 건설 분야에서 높은 가격 경쟁력과 시장점유율을 차지하고 있는 러시아에 한국이 맹렬히 도전하고 있는 추세다.

영역	경쟁(갈등) 분야	협력 분야
▶ 정치외교	• 대북 독자 제재 • 6자회담 재개 • 러시아의 크림 병합	• 남북 간 대화와 교류 확대 • 북핵문제의 평화적 해결 • 북한 비핵화 수준에 따른 상응조치 • 북한의 개혁·개방 유도 • 동북아철도공동체 창설 • 중국 국력의 과잉 팽창 견제 • 일본의 보수 우경화 방지
▶ 군사안보	• 사드 배치 • KADIZ 침범	• 북한의 군사적 모험주의 억지 • 북한의 NPT 재가입 • 북한의 WMD 제조 및 확산 억제 • 동북아다자안보협력체 창설 • 일본의 영토 야욕 차단 • 방위산업 선진화(불곰사업)
▶ 경제통상	• 원전 수주 • 무기 수출 • 나진–하산 프로젝트 재개	• 개성공단 및 금강산 관광 재개 및 참여 • 자유무역협정(FTA) 체결 • 극동 개발 참여 및 한국 전용공단 설치 • 북극 개발 참여 및 북극항로 개척 • 철의 실크로드 구축(TSR–TKR 연결) • 에너지 동맹(전력망 및 가스관 연결) • 글로벌가치사슬 구축(하이테크 분야) • 환동해권 개발

　　과학기술 분야 역시 상호 보완적이다. 러시아는 미국, 일본 등 서방 선진국이 갖고 있지 못한 독보적인 우수한 원천기술들을 다량 보유한 과학기술 강국이다. 하지만 원천기술을 상용화하고 실용화하는 데는 취약하다. 반면 한국은 순수과학이나 원천기술은 부족하지만 공정 가공기술, 응용기술, 실용화 기술은 세계 최고 수준이다. 전문가들은 러시아의 원천 과학기술과 한국의 뛰어난 응용화, 상용화 기술을 접목한다면 국내 주력 상품의 고부가가치화는 물론이고 신산업 창출을 이루어 낼 수 있다고 지적한다. 서방 선진국이 첨단기술 보호주의로 기울고 중국이 반도체, 가전제품, 자동차, IT 등 산업응용기술 분야에서 맹추격하고 있는 현실에서 러시아는 차세대 성장동력산업

핵심 원천기술을 확보하고자 하는 한국에게 가장 적합한 협력 파트너인 것이다.

지경학적 측면에서도 한국과 러시아는 서로를 필요로 한다. 러시아는 경제적 신화를 창조한 한국을, 중국과 일본을 대신해 아태지역에서 경제적 '기회의 창'을 제공하는 최적의 파트너로 인식하고 있다. 러시아는 북방영토 분쟁의 지속으로 일본으로부터의 투자 유인과 경협 확대에 한계가 있다고 인식하고 있다. 동시에 영토의 동쪽 날개에서 발흥하는 중국에 대한 경계감도 크다. 시베리아 극동지역으로 몰려드는 한족漢族들의 인구 삼투압 문제와 함께 중국의 성장이 장래 러시아 동북지역 안정을 위협할 수 있기 때문이다. 일본·중국과의 이런 지정학적 경쟁관계를 감안할 때, 러시아는 한국을 시베리아 극동지역 개발과 침체된 이 지역 경제에 활력을 불어넣을 수 있는 최적의 자본 및 선진 제조기술 공급원으로 간주하고 한국과의 경협 확대를 희구한다.

결론적으로 대외 지향적인 발전을 추구하는 한국 경제는 기술과 자원이 풍부한 러시아 경제와 자연적인 상호 보완성을 가지고 있다. 러시아는 한국의 경제 배후지로서, 한국은 러시아가 아태지역 경제와 결합하는 교두보로서 양국 간 협력 강화는 상호 경제적 이득을 보장해준다.[53]

러시아도 중요한 이웃 나라

한국이 위계적 한미동맹을 경직되게 수용하고 그 틀 속에서만 움직여야 한다는 고정관념으로는 러시아뿐만 아니라 중국 및 일본과도 전략적인 '관계 맺기'를 이루기 어렵다. 한미동맹의 위계적 현실을 인정하면서도 그 관계 양상을 유연하게 해석하는 창조성 위에서 주변 4강과의 '전략적 관계 맺기'가 시작될 수 있는 것이다.[54] 한국 외교의 대상들이 모두 움직이는 목표물이고 동시에 자신도 쉬지 않고 변동하는 행위 주체라는 동태적인 전략관에 입각해 국제관계에 대한 관성적 이미지에서 벗어나 새로운 현실에 기초한 대외전략을 강구해야 한다.[55] 무엇보다도 러시아를 무조건 '검게' 칠하는, 부정적 사고로 점철된 대러 인식의 프레임에서 벗어나야 한다. 한 세기 이상 한국 사회에 배회하고 있는 '루소포비아'라는 유령, 즉 색안경을 쓰고 바라본 러시아 공포증과 혐오증, 러시아 낙인 찍기를 극복하는 것이 새로운 대러 정책의 출발점이 되어야 할 것이다.[56]

실제로 일반적인 인식보다 러시아는 중요한 국가이고 한러 협력에는 다양한 기회 요인이 내재되어 있다. 미중 전략경쟁의 시대지만 러시아는 독자적인 외교적 공간을 마련하고 있으며, 고유의 역할을 수행하고 있다. 자강을 추구하며 미국과의 동맹과 중국과의 공존의 길을 모색해야 하는 한국에게 있어 러시아는 좋은 파트너가 될 수 있다. 물론 여전히 미국과 갈등관계를 겪고 있고, 남북관계에 있어 등거리 외교를 추진하는 모습을 보이고 있지만 러시아의 중요성을 간과해서는 안 된다.

한국이 대러관계에서 추구하는 중장기 및 단기정책 목표는 21세기 러시아가 한국에 주는 다중적 함의와 유기적으로 연결되어 있고 이것을 영역별로 일별하면 아래와 같이 간명하게 정리할 수 있다.

영역	대러정책 목표
▶ 대북 관계	① 대북 전략적 우위 확보 　• 친북 경사 노선 방지 　• 러북 관계의 정치군사동맹체로의 발전 저지 ② 대북 영향력 행사의 '통로' 　• 북한의 비핵화 (NPT 가입 유도) 　• 북한의 대량살상무기 제조 및 확산 억제 　• 북한의 연착륙 　• 북한의 군사적 돌출행동 방지 　• 북한의 개혁·개방 유도 ③ 북한의 급속한 붕괴 충격을 흡수하는 '완충재'
▶ 한반도의 　평화·안정·통일	① 한반도의 안정과 평화 유지를 위한 '생산적 협력세력' 　• 친남한 노선 유도 ② 남북한 화해 및 협력의 '긴밀한 조력자' ③ 한반도에서 군사적 충돌을 예방하는 '안전판' ④ 한국 주도의 한반도 통일을 위한 '우호적 지원세력' ⑤ 미중 간 격렬한 패권 투쟁을 완화시키는 동북아 '세력균형자'
▶ 경제성장과 　국가의 번영	① 1억 4,300만 인구의 '신흥 시장' ② 에너지 자원의 안정적인 '공급원' ③ 첨단 기초과학 및 우주항공 분야 원천기술 '공여국' ④ CIS 시장 진출 '교두보' ⑤ 해외 식량개발의 '전초기지' ⑥ 유라시아 물류강국으로의 성장을 촉진하는 '견인차' ⑦ 북극 개발 및 북극항로 개척의 '파트너'
▶ 기타	① 한국의 국익 및 국제적 위상 강화에 기여하는 '후원세력' ② 한국의 대륙적 정체성을 강화시켜주는 '민족 이념적 공간' ③ 한국의 문화를 풍요롭게 하는 선진 문화예술의 '유입처' ④ 재러 동포들의 안정적 삶의 터전을 마련해주는 '보장자'

〈표 2〉 한국의 대러정책 목표

한편, 현재 한국과 러시아 간에는 한중 간 사드 문제나 한일 간 '위안부' 문제처럼 갈등의 상승작용을 일으키는 특별한 현안은 없다. 그렇다고 과거의 사례에 비추어 볼 때, 향후 양국관계가 항상 순조로울 것으로 단정할 수는 없다. 따라서 한러관계의 안정적 관리를 위해서는 양국관계의 경색을 초래할 수 있는 일련의 긴장유발 요인들을 분석할 필요가 있다. 한러관계의 레드라인을 제시해보면 다음과 같다.

<표 3> 한러관계 레드라인

행위국	Red Line
한국	▶ 한반도 평화 논의 구도에서 러시아의 배제 ▶ 러시아 인권 비난 ▶ 러시아의 크림반도 병합에 대한 비난 ▶ 서구의 대러 제재에 가담 ▶ THAAD 추가 배치 ▶ 쿼드 참여
러시아	▶ 북러 군사동맹화 ▶ 러시아의 대북 첨단 공격무기 공급 ▶ 북중러 삼각협력체제의 강화 ▶ 러시아의 KADIZ 무단 침입 및 독도 영공 침범 ▶ 중러의 한반도 인근 해상 및 육상 합동 군사훈련

※아래로 갈수록 갈등 유발 강도가 낮아짐

한러관계의 레드라인과 관련하여 반추해야 할 역사적 교훈이 하나 있다. 그것은 한반도 평화구도 논의 과정에서 러시아를 소외시킬 경우 한러 관계와 한반도 정세에 역진 현상이 초래될 수 있다는 점이다.[57] 1997년 러시아를 제외시킨 한반도 4자회담은 크렘린의 대국적 자존심에 지대한 손상을 가했고, 결국 한러 밀월관계에 종식을 고했다. 당시 모스크바 전략가들은 옐친 정부가 취한 성급한 대북관계 단절과 친서울 일변도 노선이 한반도에서 러시아의 영향력을 제로화시켰다고 판단했고, 이때부터 북한을 포용하는 남북한 균형노선으로 한반도 정책 전환을 시작했다. 1998년 7월 한러 외교관 맞추방 사건은 그 신호탄이었다.[58] 러시아가 패싱된 한반도 4자회담도 결국 몇 년 못 가 그 실효성을 상실한 채 형해화形骸化되었다.

현재 한반도 평화 프로세스는 동북아 패권을 둘러싼 미중의 치열한 전략경쟁 구도 속에서 진행되고 있다. 러시아 역시 한반도 문제에 깊은 이해관계를 갖고 있지만 한반도 정세 변화를 주도하기에는 객관적 여건상 제약요인이 많다. 그러나 러시아가 지닌 총체적 국력과 한반도에서 포기할 수 없는 다양한 수준의 국익을 감안할 때, 하시라도 한반도 평화 프로세스의 '판'을 바꿀 수 있는 충분한 역량을 갖고 있다는 점을 간과해서는 안 된다고 본다. 2014년 우크라이나 사태, 즉 러시아의 크림반도 접수와 동부 반군 지원은 한국에게 많은 시사점을 던져준다.

러시아는 북핵 해체 이후의 한반도 및 동북아 정세와 연관해 자국에 유리한 지정학적 구도를 형성하고 이익을 관철하는 데 있어 '방관자'나 '소외자'로 전락하는 것을 용납하지 않을 것이다. 북한 비핵화의 초기 단계는 남북미중 중심의 논의가 진행될 수밖에 없지만, 이것이 실행 단계로 접어들 경우 지정학적 구조상 러시아의 참여는 불가피하다는 게 중론이다.[59] 따라서 한반도 평화 프로세스에서 러시아를 배제함으로써 크렘린의 지정학적 이해를 원천봉쇄하거나 이로 인해 모스크바를 북중러 삼각 협력체제의 틀에 갇히게 하는 외교적 우를 범해서는 안 될 것이다.

러시아에게 한국은 무엇인가?

2장

러시아가 한반도 문제를 중요시하는 이유는 무엇인가?

한반도에 대한 러시아의 외교적 접근은 동북아 전략 환경 전체를 조망하는 두 가지 시각에서 출발한다. 첫째는 미국의 패권적 전횡을 차단하고 중국의 과도한 영향력 발현을 억제하는 가운데 러시아의 지정학적 위상을 강화하는 정치 전략적 시각이다. 둘째는 러시아의 경제발전과 극동지역 개발을 위한 실리적 국익 확보의 경제적 시각이다. 여기서 전자는 역 내에서 러시아의 지정학적 운신의 폭을 넓혀 주는 대북 포용정책 강화를, 후자는 중요한 경제협력 파트너로서 한국과의 우호협력 확대를 목표로 하는데, 이는 실용적 등거리 노선으로 표현된다.

한반도에 대한 러시아의 국가적 이해관계는 대륙과 해양을 연결하는 동북아의 전략적 요충지인 한반도의 지리적 중요성에 대한 명료한 인식에서 출발한다. 요컨대 해륙海陸국가 한반도가 제공해 주는 지정학적(정치·외교), 지전략적(군사·안보), 지경학적(경제·통상) '교두보'로서의 가치다. 러시아가 동북아에서 과거의 영향력을 회복하고 자국에 유리한 지정학적 '컨텍스트Context'를 형성하기 위해서는 우선적으로 한반도에 견고한 정치적 '닻'을 내리는 외교적 노력이 필요하다.

러시아가 한반도에서 추구하는 정치·외교 이익은 미국 및 중국의 과도한 영향력 독점을 억제하는 가운데 자국에 유리한 지정학적 환경을 형성하는 것으로 요약할 수 있다. 정치·외교 차원의 핵심적 정책 목표는 크게 두 가지 수준으로 제시할 수 있다. 먼저 남북한 모두와 우호적 협력관계의 발전을 통해 한반도에서 러시아의 배타적 영향력을 강화하는 것이다. 다음으로 북핵 문제, 한반도 평화체제 구축 문제 등에서 적극적 중재자로서 러시아의 역할을 확대하면서 지정학적 위상을 강화하는 것이다.

이를 위해 러시아는 1)남북한의 반러화 방지, 2)남북한 상호 협력적 대화 및 통일문제의 당사자 해결원칙 지지, 3)북한의 개혁·개방 지원 및 북한체제의 안정화 유도, 4)대북 포용정책의 확대, 5)6자회담의 틀을 통한 북핵문제의 평화적 해결, 6)한반도 평화체제에 국제적 보장자로 참여, 7)북핵 6자회담의 동북아 다자안보협력기구로 전환, 8)한미동맹 관계의 이완 또는 해체, 9)남북한에 대한 미중의 영향력 독점 억제 등을 추구한다.

한반도에서 러시아가 추구하는 군사·안보적 차원의 정책 목표는

국가이익	핵심 정책 목표	세부 정책 목표
한반도에서 유리한 지정학적 환경 조성	■ 한반도에서 지정학적 위상 강화 ■ 남북한에 대한 배타적 영향력 강화	▶ 남북한의 반러화 방지 ▶ 남북한 문제의 당사자 해결 원칙 지지 ▶ 북한체제의 안정화 유도 ▶ 북한의 개혁 및 개방 지원 ▶ 대북 포용정책의 확대 ▶ 북핵문제의 평화적 해결 ▶ 북핵 6자회담의 재개와 중재 ▶ 한반도 평화체제에 국제보장자로 참여 ▶ 6자회담을 동북아 다자안보협력기구로 전환 ▶ 한미동맹 관계의 이완과 해체 ▶ 미중의 영향력 독점 억제

〈표 4〉 한반도에서 러시아의 지정학적 이익과 정책 목표

남북 간 또는 제3자의 개입에 의한 전쟁 예방과 한반도의 과도한 군사력 집중에 대한 억제로 요약된다. 여기서 전자는 한반도에서의 군사적 불안정이 초래하는 안보비용을 제거하기 위함이고, 후자는 러시아 극동지역의 안정을 해칠 수 있는 동북아 군비경쟁의 도미노 현상을 방지하기 위함이다. 러시아 극동지역의 항구적인 영토적 안전 보장을 위협하는 안보 위해危害 요인을 제어하는 것도 핵심 정책 목표에 포함된다.

그 실천적 정책 목표로 러시아는 1)한반도에서 우발적 무력충돌 예방, 2)한반도 비핵지대화, 3)북한의 핵 폐기와 NPT체제 재가입 유도, 4)대량살상무기WMD 개발 및 확산 저지, 5)러시아가 주도하는 세계미사일통제체제Global Control System: GCS에 남북한 가입 유도, 6)한반도 사드 배치 철회 압박, 7)주한미군의 군사력 증강 억지, 8)남북한과 군사협력 증진을 통한 안보 영향력 확대, 9)미일동맹 체제에 대한 안보적 방어선 구축 등을 추구한다.

국가이익	핵심 정책 목표	세부 정책 목표
러시아 극동지역의 항구적 안전 확보	■ 한반도에서 전쟁 방지 ■ 한반도에서 과도한 군사력 집중 억제	▶ 한반도에서 우발적 무력충돌 예방 ▶ 한반도 비핵지대화 ▶ 북한의 핵 폐기와 NTP체제 재가입 유도 ▶ 대량살상무기(WMD) 개발 및 확산 저지 ▶ 러시아 주도 세계미사일통제제제(GCS)에 남북한 가입 유도 ▶ 한반도 THAAD 배치 철회 압박 ▶ 주한미군의 군사력 증강 억지 ▶ 남북한과 군사협력을 통한 안보 영향력 확대 ▶ 미일 동맹체제에 대한 안보 방역선 구축

한편, 러시아는 낙후된 경제에 동력을 불어넣을 구원자로서 한국을 중요한 파트너로 인식하고 있다. 현재 푸틴 정부는 강력한 신동방정책의 추진을 통해 국가 발전 중심축을 아시아로 이동하는 것을 모색하고 있다. 이 과정에서 선진적이고 생산성이 높은 경제강국이자 당장 러시아가 필요로 하는 대규모 자본, 첨단 제조기술, 시장을 구비한 한국을 신동방정책의 성공적 구현을 위한 최적의 협력 파트너로 인식하고 있다.[60] 경제·통상적 측면에서 현재 푸틴의 러시아가 한반도에서 추구하는 핵심 정책 목표는 다음 세 가지 영역으로 집약할 수 있다. 첫째는 아태지역 경제권 진출을 위한 교두보로서의 한반도다. 둘째는 에너지 자원, 첨단무기, 원전 건설 등 러시아의 경쟁력 있는 수출상품 시장으로서의 한반도다. 셋째는 시베리아 및 극동지역 개발을 위한 경제적 원천으로서의 한반도인 것이다.

보다 세부적인 정책 목표를 제시해보면, 1)러시아 극동의 선도개발구역과 자유항에 한국 기업의 참여 유도 및 확대, 2)한국의 첨단산업기술 확보(조선/자동차/IT/NT등), 3)남북한과의 교역 및 경협 확대,

4)남북러 삼각경협(TSR-TKR/가스관/전력망 연결사업) 활성화, 5)러시아산 에너지 수출의 확대, 6)한국 무기시장 진입, 7)미래 북한 원전 시장 참여 기회 확보, 8)나진-하산 복합물류운송사업의 재개, 9)개성공단 및 북한 철도 현대화 사업 참여, 10)루블 경제권으로 북한의 유인. 11)APEC, 아세안, EAS 등에서 한국과의 협력 확대 등을 지적할 수 있다.

하지만 최근 들어 러시아가 친서울 노선에서 남북한 균형노선으로 선회한 이유는 한국에 대한 크렘린의 중대한 인식 변화에서 비롯된 바 크다. "한국 외교의 미국 중심성으로 인해 서울과 어떤 특별한 관계를 갖기에는 한계가 있다"[61]는 점을 절실히 체득한 것이다. 한국의 미국 일원론적 외교정향은 모스크바의 서울에 대한 환상의 소멸을 가져왔고, 이는 자연스럽게 한국에 대하여 대응 압력을 강구하도록 자극했다.

〈표 6〉 한반도에서 러시아의 지정학적 이익과 정책 목표

국가이익	핵심 정책 목표	세부 정책 목표
러시아 국가 발전을 위한 한국의 경제력 유인	▪ 아태지역 진출 교두보로서 한반도 ▪ 새로운 수출상품 시장으로서 한반도 ▪ 시베리아 극동지역 개발을 위한 경제적 원천으로서 한반도	▶ 한국 무기 시장 진입 ▶ 미래 북한 원전시장 참여 ▶ 에너지 수출 확대 ▶ 러시아 극동 개발에 한국 기업 참여 유도 ▶ 한국의 첨단 산업기술 확보(조선, 자동차, IT, 나노 등) ▶ 남북한과의 교역 및 경협 확대 ▶ 광역두만강개발계획(GTI) 참여 ▶ 남북러 철도/가스관/전력망 연결 사업 ▶ 개성공단 사업 참여 ▶ 나진-하산 복합물류운송사업 재개 ▶ 북한 철도 현대화 사업 참여 ▶ 루블 경제권으로 북한의 유인 ▶ 북한 희토류 광산 개발 참여 및 확보 ▶ 역내 다자협의체(APEC, ASEAN, EAS)에서 한국과의 협력 확대

그럼에도 불구하고 러시아는 한국과의 협력 강화를 필요로 한다. 지리적 근접성, 세계 10위권 무역대국으로서의 경제력, 숙련된 노동력, 첨단 선진 기술력, 경제구조의 상호 보완성 등을 종합해 볼 때, 한국만큼 바람직한 경제 파트너를 찾기 힘들기 때문이다. 더욱이 아태지역에서 높은 지정학적, 지경학적 위상을 확보하고 있는 한국은 APEC, 아세안, ARF 등 역내 다자기구에서 러시아의 외교적 활동영역 확장에 도움을 줄 수 있는 매우 유익한 존재다. 사드 배치, 대북 독자제재, 6자회담 재개, KADIZ 침범, 쿼드 가입 등의 문제를 둘러싼 이견에도 불구하고 러시아가 한국과의 갈등의 수위를 높이지 않고 자제하는 이유다.

러시아는 북한을 어떻게 바라보고 있는가?

탈냉전 직후 경제적 어려움을 겪은 러시아는 한국과의 관계 개선을 시도했다. 자국의 경제 회복에 한국과 같은 신흥 경제강국을 활용하고자 하는 목적에서 비롯된 정책의 전환이었다. 이 과정에서 북한은 러시아의 자산이라기보다는 부담이었다. 러시아는 북한과의 동맹조약을 폐기하고 한국과의 관계 진전에 모든 노력을 쏟아부었다. 하지만 한국에 대한 실망감은 북한의 전략적 가치에 대한 재인식으로 나타났고 남북한 균형노선이라는 한반도 정책 수정으로 나타났다.

러시아가 '친서울 노선'에서 '균형노선'으로 방향을 바꾼 것은 크렘린 지도부의 기대와는 달리 결과적으로는 한반도에서 러시아의 국익 손상과 정치적 역할 축소라는 정반대의 현상으로 나타났기 때문이다. 러시아는 대북관계 단절로 인한 손실을 정치적으로도 경제적으로도 보상받지 못했다고 보고 있다.[62] 러시아가 희망한 북한 경수로사업KEDO 참여 좌절, 한반도 4자회담에서 러시아의 배제, 한국의 대러 투자 소극성과 경협차관의 상환 독촉, 기대했던 한국 무기시장으로의 진입 실패 등이 그 구체적 사례로서, 이는 한국에 대한 러시아의 실망감을 자극하기에 충분했다. 이런 일련의 러시아 '경시 현상'은 필연적으로 크렘린의 불만을 증폭시켰고 자구적 차원에서 대한반도 정책에 대한 전면적 수정을 요구했다. 이러한 경향은 옐친 대통령 후반기에서부터 나타나기 시작했는데, 푸틴 정권이 등장하면서 부쩍 강화되었다.

푸틴의 러시아는 일종의 지정학적 지렛대로 북한 껴안기 정책을 강화하고 있다. 과거 냉전기 북한 정권의 성립과 발전의 결정적 후원자였던 러시아는 국제무대에서 평양 정권의 보호를 위해 정치적, 경제적, 안보적 울타리를 제공하고 있다. 특히 2019년 4월 북러 정상회담은 푸틴 대통령과 김정은 국무위원장의 첫 만남으로 의미가 크며, 이후 러시아는 북한에 식량 지원을 하는 등 남북 등거리 외교를 구현하기 위해 노력하고 있다. 북한의 핵개발은 러시아의 국익에 바람직하지 못하다고 생각하지만, 북한과의 관계를 강화해 놓아야 동북아 지역에서 러시아의 발언권이 유지된다고 보는 것이다.

러시아가 북한과 관계 개선을 모색한 이유는 한국의 냉대에 대한 반작용 측면도 있지만, 이것만이 전부는 아니다. 러시아는 영토의 서쪽 날개를 위협하는 NATO의 동진 팽창에 대항하는 차원에서 북한과 같은 태생적 반미성향의 우호세력의 확보가 필요했기 때문이기도 하다. 동북아에서 미일 동맹 체제에 대한 안보적 '방역선'을 구축하기 위해서도 북한과의 전략적 연계가 긴요했다.[63] 또 북한과의 협력 강화는 남한의 조바심을 유도해 더 많은 정치적, 경제적 양보를 얻어낼 수 있고, 북한에 대한 독점적 영향력을 행사하고 있는 중국의 지위에도 제한을 가할 수 있으며, 동시에 지나친 한국의 친미 경사와 일방적인 북미관계도 일정 부분 견제할 수 있을 것이라는 전략적 포석이 깔려 있었다.[64]

그러나 긴장이 일상화된 남북 간 대치 속에서 모스크바가 서울과 평양에 대해 취하고 있는 등거리 노선은 대북제재의 범위 및 강도, 6자회담 재개, 사드 배치, 나진-하산 프로젝트 재개 등을 둘러싼 일련의 한반도 문제에서 이견을 노정시켰고, 이것이 한러 간 전략적 관계의 심화를 어렵게 하는 중요한 제약요인이라는 점을 지적하지 않을 수 없다. 한편 한국의 대러 정책도 남북관계와 북러관계의 추이에 의해 영향을 받지 않을 수 없었다. 이러한 남북한 분단이라는 지정학적 현실이 정상적인 한러관계 발전을 왜곡시켰고, 오늘날까지 한러관계의 'Dynamics(동학)'을 일정하게 규정하고 있다.

미래지향적 한러관계의 구축

러시아의 역내 영향력이 미국이나 중국에 비해 부족한 것은 사실이나, 러시아는 유엔 안보리 상임이사국이며, 세계 2위의 군사강국이다. 북한 문제에도 일정한 영향력을 유지한다고 보아야 한다. 따라서 한러 협력을 강화하며 미래지향적인 관계로 발전시켜 나가야 한다. 한러 협력 강화를 통해 한국은 북한 문제를 풀기 위한 후원자를 만들 수 있고, 잠재적인 시장을 만들어갈 수 있다. 한러관계는 현재의 기대치보다는 미래의 파급효과를 고려하며, 꾸준히 투자를 해 나가야 할 것이다.

1990년 수교 이후 한러관계는 전반적으로 꾸준히 성장과 발전을 지속해왔지만, 이 과정에서 적지 않은 불협화음과 이해충돌이 있었다는 점을 부인하기 어렵다. 1998년 7월 외교관 맞추방 사건이 대표적 사례에 해당할 것이다. 지난 30년간 한러관계를 악화시키거나 냉각시켰던 원인과 배경을 분석해보면 아래와 같은 몇 가지 요인으로 정리할 수 있다.

첫째는 서로 상대방에 대한 전략적 인식의 '반 대칭성'이다. 일반적으로 한 국가의 군사력, 경제력 그리고 정치력이 크면 클수록, 그 국가의 지정학적 이익의 범위나 지정학적 영향력 범위, 지정학적 개입의 정도는 확장된다. 한러 간 전략적 인식의 방향성 차이는 바로 세계를 바라보는 시야의 차이이고, 이는 양국 간 국력의 차이에서 비롯된다. 러시아에 대한 한국의 접근 시각이 한반도의 안정과 통일외교의 관점에 머물러 있었다면, 세계적 강대국인 러시아는 한국을 한반도 및 동북아는 물론이고 유라시아 대륙의 안정적 관리와 자국의 범지구적 영향력 공간 확대를 위한 세계전략 틀에서 접근했다. 러시아가 북핵 개발, 한반도 평화체제, 사드 배치, 한국의 쿼드 참여 등의 문제에 민감하게 반응하면서 이해관계를 첨예하게 바라보고 있는 이유이고, 한러 간 쟁점이 발생한 주요 배경이기도 하다.

둘째는 상대방에 대한 정책 목표 우선순위가 매우 비대칭적이다. 수교 이후 한국의 대러 정책 목표가 주로 남북한의 제로섬$^{Zero-Sum}$적 대립에서 대북 전략적 우위를 확보하는 차원에 초점을 맞추었다면, 러시아는 경제발전 우선전략을 뒷받침하기 위하여 한국의 경제력 유인, 이를테면 시급한 경제재건 및 산업 선진화 그리고 시베리아 극동 지역 개발을 위해 한국으로부터의 대규모 물적 지원 확보와 경협의 확대에 큰 비중을 두었다. 이런 동상이몽적 접근 방식 때문에 한러 간 경협이 양국이 지닌 경제력만큼 잘 이루어지지 못한 측면이 있었다. 덧붙여서 경협방식에서 시장주의적 접근(한국)과 국가주의적 접근(러시아) 방식의 충돌도 경제협력의 동력을 약화시켰다.

마지막으로는 한미동맹 구조를 지적할 수 있다. 러시아가 국제 세력관계에서 미국의 반대편에 서 있다는 점이다. 현실적으로 한국이 한미동맹적 질서 하에 있기 때문에 대러정책을 추진함에 있어 워싱턴의 시선을 의식하지 않을 수 없다. 러시아의 시각에서 볼 때 워싱턴의 안보 우산 하에 있는 한국은 대러 정책에서 독자성을 유지하기가 쉽지 않았고, 미국의 대외 정책 프레임 안에서 일정 제한을 받을 수밖에 없었다. 그런 현상은 2001년 ABM조약(탄도탄요격미사일조약) 폐기와 2014년 우크라이나 사태를 둘러싼 미러 간 힘겨루기 때 한국이 처한 외교적 딜레마[65]에서 단적으로 확인된다. 2014년 우크라이나 사태 이후 미국이 가한 대러 제재로 한러 간 교역액은 절반으로 줄어들었고, 주한 미군의 한반도 사드 배치는 러시아의 외교적 반발을 초래했다. 이처럼 동맹관계인 미국과 전략적 관계인 러시아 사이의 대립적 갈등의 지속이 한러 간 쟁점이 형성되고 긴장이 유발되는 중요한 본질적 이유가 되었다.

이처럼 한러관계의 발목을 잡고 있는 가치관과 정책 목표의 우선순위에서 비롯된 차이점을 줄이고 미러관계의 한계를 극복해 나가기 위해서는 새로운 한러관계의 비전을 만들어야 한다. 그리고 이러한 비전들을 차근차근 실천해 나가며 신뢰를 형성해야 한다. 그간 한국의 대러 외교에서는 이러한 실천이 제대로 이루어지지 않았다. 이로 인해 러시아로부터 불평의 목소리가 끊이지 않아 왔다.

돌아보면 유라시아 이니셔티브, 신북방정책 등 화려한 이름을 가진 정책들이 제시된 바 있다. 러시아 블라디보스토크에서 개최되는 동방경제포럼Eastern Economic Forum: EEF에서도 한국이 제시한 수많은 장미빛 정책들이 있었다. 예를 들면 지난 2018년에도 문재인 대통령은 대러 경협의 실천적 강화 구상을 담은 소위 '나인 브리지9-Bridge 전략'도 제시했다. 이러한 약속에 러시아도 화답했다. 푸틴 정부는 문재인 대통령의 2018년 모스크바 방문을 국빈방문으로 환대했고, 또 아시아 국가 최초이자 역대 한국 대통령 가운데 처음으로 러시아 하원 연설 기회를 제공하는 등 최고의 예우로 맞이했다. 한반도 평화 프로세스를 주도하는 문재인 정부에 힘을 실어주었고, 2019년 7월 한일 간 무역 분쟁 시 한국 편을 드는 백기사 역할까지 자처했다.

하지만 그 이후 한러 협력은 또다시 제자리를 걷고 있다. '9개 다리' 전략은 거창한 구호와는 달리 뚜렷한 성과를 내지 못했다. 기대했던 나진 - 하산 프로젝트도 재개되지 못했으며, 철도망·송전망·가스관으로 표현되는 3대 남북러 삼각 협력 사업도 여전히 식물상태에 놓여 있었다. 양국 간 자유무역협정FTA 체결도 수년째 논의만 지속된 채 타결되지 못했다. 그러는 사이 2019년 7월에는 러시아 군용기의 KADIZ 무단 진입과 독도 영공 침범 사건이 발생해 러시아 측의 사과와 재발 방지 요구를 둘러싸고 거친 외교적 설전이 오가면서 양국 간에 한때 냉기류가 형성되기도 했다.

이젠 이런 과거의 굴레에서 벗어나야 한다. 이행하지 못할 약속은 하지 말고, 실현 가능한 일들을 하나씩 매듭지어 나가야 한다. 먼저 러시아의 신뢰를 얻기 위해 성공 가능한 경제협력 프로젝트를 진행해야 한다. 미래지향적인 한러관계를 구축하기 위해서는 미러관계나 북한 문제에 얽매이지 않을 현실적인 사업들을 진행하며, 러시아가 한국의 가치를 재발견하도록 만들어야 한다. 이를 통해 자연스럽게 한러관계 발전의 새로운 전기轉機를 만들어 가야 한다.

한러 외교쟁점과 해법

방공식별구역(KADIZ) 침범

정책 방향

러시아 군용기의 한국 영공 침범 사건은 중대한 함의를 갖는다. 이 사건은 미국의 미일동맹 강화와 인도·태평양 전략에 대응한 러시아의 군사적 대응이 강화되고 있음을 의미한다. 동시에 중러 간 군사·안보 협력이 심화하고 있음을 여실히 보여준다. 동북아 안보·전략 환경이 나날이 첨예해지고 있는 상황에서 유사 사태가 앞으로도 더욱 자주 발생할 가능성이 커지고 있다는 데 문제의 심각성이 있다.[66] 러시아의 방공식별구역 침범을 억제하기 위해 한러 간 실질적 협력을 강화하면서 외교적으로 러시아의 KADIZ 존중을 촉구해 나가야 할 것이다.

문제 인식

　러시아는 2007년부터 구소련 붕괴 이후 중단해 온 자국 전략폭격기의 역외 정찰 비행을 재개하기 시작했다.[67] NATO의 동진 팽창과 미국의 동유럽 미사일 방어체제[MD] 구축에 대항하는 차원에서였다. 러시아는 전략폭격기 Tu-160(나토명 Blackjack)과 Tu-95MS, 해상초계기 Tu-142와 IL-38 등을 동원해 태평양과 북극, 북대서양과 발트해, 흑해 등에서 정기적으로 훈련 및 초계 비행을 실시하고 있다. 이 과정에서 러시아 전폭기의 한국 방공식별구역[KADIZ] 침입 사건이 일어나고 있다. 문제는 2019년부터 중러가 동해-대한해협-동중국해를 항적으로 하는 아시아·태평양 영공 합동 공중군사훈련을 실시하기 시작했고, 이에 따라 러시아 군용기의 KADIZ 진입 및 영공 침범 사건이 잦아지고 있다는 점이다.

　2019년 7월 23일 중러가 합동 초계비행 훈련을 수행하는 과정에서 러시아의 전략폭격기인 Tu-95MS 2대가 KADIZ를 넘나들었다. A-50 공중조기경보통제기는 독도 영공을 두 차례 무단 침범했다. 러시아 군용기가 KADIZ에 들어온 것은 여러 차례 있었지만 한국 영공을 직접 침범한 사례는 처음이었다. 우리 공군의 KF-16 전투기가 즉각 차단 기동에 나섰고, 각각 두 차례 플레어 투하와 경고사격 등 대응 조치를 취했다.[68] 사태 직후 우리 정부는 주한 러시아 부대사를 초치해 강력한 항의와 함께 재발 방지 약속을 요구했다. 사태 발생 초기 러시아는 영공 침범이 기기 오작동에 의한 우발적 침범이라며 유감의 뜻을 표했다. 그러나 그 이후 공식적으로 영공 침범 사실 자체를 부정했다. 오히려 러시아 공중우주군 항공대 사령관 세르게이 코빌랴슈 중장은 러시아 군용기에 경고 사격을 한 한국 공군의 대응을 '공중 난동Aerial Hooliganism'으로 규정했다.

국제법상 방공식별구역은 영공으로 인정되지 않는다. 따라서 러시아 군용기의 KADIZ 진입을 문제 삼기에는 한계가 있다. 하지만 이 구역으로 진입하려면 사전에 비행목적과 비행경로 등을 해당국에 통보하는 것이 국제관례다. 향후 러시아 군용기가 단독으로 또는 중국과의 합동 군사훈련 방식으로 KADIZ에 진입하는 횟수는 더 늘어날 가능성이 크다. 우리의 영공 주권 및 안보를 위해 합당한 대응책을 강구해야 할 것이다. 무엇보다도 러시아 군용기가 KADIZ를 진입할 경우, 이를 사전에 우리 군사당국에 통지하는 시스템을 제도화하는 노력이 필요하다. 한러 간 상호 불신 해소와 공중에서의 우발적 충돌 방지를 위한 조치로 양국 공군 사이에 '비행정보 교환용 직통전화'(핫라인)의 조속한 설치가 요구된다.

이와 병행해 주변국이 도발해 올 경우 '위기고조 없는 보복Tit for Tat' 전략과 전술적 조치를 적극적으로 취해야 한다. 이를테면 러시아가 KADIZ를 사전통고 없이 무단으로 진입할 경우에는 비례적 대응으로 영공을 침범하지 않는 범위 내에서 러시아 극동지역 일원을 초계비행하는 전술 조치 구상도 필요하다고 본다.[69]

영공 문제는 그 자체로 민감성과 휘발성이 매우 강한 이슈다. 유사 사태가 반복될 경우 한국으로서는 강경 대응이 불가피하고 더 큰 양국 간 대립·갈등 요소로 비화할 가능성을 배제할 수 없다. 더욱이 동해 KADIZ 침범사건은 우리 국민들의 러시아에 대한 인식을 악화시킴으로써 그동안 더디지만 꾸준하게 진전되어온 한러관계 발전에 부정적 영향을 미칠 수 있다는 점도 고려해야 할 것이다. 우리 정부는 다양한 외교 경로를 통해 해당 사태가 반복되지 않도록 촉구하고 소통할 필요가 있다고 판단된다.[70]

정책 결정의 배경 및 근거

방공식별구역은 국가안보 목적상 외국 군용 항공기의 식별을 위해 자국 주변 상공에 임의로 설정한 구역이다. 한국, 중국, 일본은 자국 방공식별구역으로 각각 KADIZ, CADIZ, JADIZ를 설정하고 있다. 영공은 아니지만 이 구역으로 진입하려면 사전에 비행목적과 비행경로 등을 해당국에 통보하는 것이 국제관례다. 하지만 러시아는 방공식별구역을 인정하지 않고 매년 수십 차례씩 KADIZ 무단 침입을 자행하고 있다. KADIZ 무단 침입도 문제지만 영공 침범은 차원이 다른 위협행위다. 영공은 국제법상 개별 국가의 영토 및 영해의 상공을 말한다. 러시아 군용기가 우리 영공을 침범한 것은 이유 여하를 막론하고 중대한 주권 침해 행위다.

최근 중국과 러시아의 잦은 KADIZ 무단 진입 및 영공 침범은 우리의 영공 수호 태세를 떠보고 대응 능력에 관한 자료를 수집하기 위한 것이라는 의구심이 있다. 한미일 삼각 협력에 균열의 조짐이 보이자 한국과 일본 사이의 갈등을 유발하기 위해 약한 고리인 독도 상공을 고의로 침범했다는 분석도 있다. 중국뿐 아니라 러시아의 한국 영

공과 KADIZ 침범을 더는 방치할 수는 없다. 안보 주권의 차원에서 강력하게 대응해야 한다.[71]

정책 추진과정에서의 유의점

러시아가 KADIZ를 자주 침범하는 이유는 단선적이지 않고 중층적인 포석을 지닌 것으로 판단된다. 러시아는 한반도 문제를 글로벌 전략 차원에서 접근한다. 그 연장선상에서 러시아는 한국을 '역_逆균형화'의 대상으로 삼고 있는 듯하다. 소련 해체 이후 러시아가 직면한 안보상의 취약점은 광활한 영토를 효율적으로 방어할 수 있게 해주는 소위 '완충지대의 고리'를 잃어가고 있다는 점이다. NATO의 동진 팽창으로 완충지대Buffer Zone가 사라져 감에 따라 러시아는 적성국가와 국경선을 직접 마주한 상황에 처하게 됐다. 이런 불리한 안보환경을 타개하기 위한 방안으로 러시아는 최근 주변국 간, 특히 서방국가들 사이의 갈등에 정교하게 개입하면서 군사적 위협을 선제 차단하고 궁극적으로 안보상의 우위를 확보하는 소위 '역균형화 전략'을 구사하고 있다.

러시아의 '역균형화 전략'의 성공 사례로 NATO 회원국 터키가 동맹국인 미국에 등을 돌리고 러시아와 군사적 연대를 선택한 것을 들 수 있다. 터키는 2015년 시리아의 IS를 공격하던 러시아 전투기가 영공을 침범했다는 이유로 미사일로 격추시켰다. 이 사건으로 인해 러시아와 터키의 양국관계는 최악으로 치달았다. 이런 상황에서도 러시아는 미국과 터키 두 동맹국 사이에 내재한 갈등의 골을 집요하게 파고들었다. 시리아 내 쿠르드 문제와 에르도안 대통령에 대한 군부 쿠데타 사주 문제로 미국과 터키 사이에 대립과 갈등이 격화되자, 터키를 지지하고 배려함으로써 터키의 친러 정책을 유도하는 데 성공했다. 미국의 강력한 반발에도 불구하고 터키는 러시아산 방공 미사일 체계인 S-400을 도입 배치했다. 전투기 격추 사건 4년여 만에 러시아와 안보협력 관계로 발전하는 반전을 이룬 것이다.

러시아 군용기의 독도 영공 침범도 동일한 맥락에서 해석할 수 있다. 영토의 동쪽 날개에서 미국의 두 동맹국인 한국과 일본 사이에 갈등의 골이 형성되자, 새로운 지역 균형을 창출하기 위해 그 틈을 놓치지 않고 비집고 들어온 것이라는 합리적 추론이 가능하다. 다시 말해 주변국 간(한일 간) 분열 조장 및 정교한 개입을 통해 미국의 패권에 대항하고 자신에게 유리한 안보환경을 조성하려는 크렘린의 '역균형화 전략'의 일환으로 추론해 볼 여지가 있다. 우리 정부는 이 점에 유념해 러시아 군용기의 잦은 동해 상공 KADIZ 침범에 대한 적절한 대응책을 강구해야 할 것이다.

나진-하산 프로젝트 재개

정책 방향

러시아는 한국의 대북 독자제재 해제 요구와 함께 나진-하산 프로젝트의 재개를 집요하게 요구하고 있다. 이 시점에서 우리 정부도 나진-하산 프로젝트의 재가동을 적극적이고 주도적으로 검토할 필요가 있다. 무엇보다도 나진-하산 프로젝트가 유엔의 대북제재에 해당되지 않기 때문에 우리 정부의 의지만 있으면 다시 추진할 수 있다. 미국과의 의견 조율을 거쳐 독자제재만 해제하면 되는 것이다. 그동안 북한이 군사적 도발을 자제해왔고 그 결과 남북 간의 첨예한 대립이 상당히 완화되었다는 점도 중요한 고려 요인이 될 수 있다. 북한이 찬성 입장으로 선회함에 따라 한국이 마침내 2018년 국제철도협력OSJD기구 가입에 성공한 것도 독자제재 해제의 명분으로 제시할 수 있다.

문제 인식

나진-하산 프로젝트는 시베리아 석탄 등 광물자원을 러시아 하산과 북한 나진항을 잇는 국제철도로 운송한 뒤 선박을 이용해 한국, 중국 등 아태지역 국가로 수출하는 남북러 삼각 물류운송 협력 사업이다. 총 사업비 3억 4,000만 달러 규모의 이 프로젝트는 러시아 극동의 국경지역인 하산과 북한 나진항을 잇는 54km 구간의 철로를 개보수하고, 2008년부터 49년간 나진항 3호 부두와 나진구 21ha를 개발하여 복합물류운송사업을 운영하는 것으로 구성되어 있다. 푸틴과 김정일 국방위원장이 지난 2000년 북러 정상회담에서 나진-하산 공동개발에 합의하면서 시작됐다. 이 합의로 러시아가 70%, 북한이 30%의 지분을 갖는 '라손콘트란스Rason KonTrans'라는 합작회사가 2008년 10월에 설립됐다. 이 가운데 나진-하산 간 철도 개보수 현대화 사업은 2013년 7월 완료됐다. 나진항 화물터미널 공사도 같은 해 9월에 완공돼 철도 운행이 시작됐다.

한국은 2007년 나진 – 하산 프로젝트에 참여하기로 했다. 그러나 2008년 이명박 정부가 집권하면서 추진이 미뤄지다가 2010년 천안함 사건 이후 취해진 5·24 대북제재 조치로 논의 자체가 전면 중단됐다. 이후 2013년 11월 박근혜 대통령과 푸틴이 서울 정상회담에서 한국이 이 프로젝트에 참여하기로 했다는 내용의 공동성명을 채택했다. 양국은 남북러 삼각 협력의 시범사업으로서 포스코·현대상선·코레일 등 우리 기업이 '나진 – 하산 물류협력사업'의 철도·항만사업에 참여하는 내용의 양해각서MOU를 체결했다.[72] 이에 따라 2014년부터 2015년까지 세 차례 시범운송이 성공적으로 이루어졌다.

박근혜 정부는 이 프로젝트를 5·24조치의 예외로 인정하고 국내 기업의 사업 참여를 허용했다. 그러던 중 2016년 1월 북한의 4차 핵실험에 따른 유엔 대북제재 결의 2270호가 채택되자, 박근혜 정부는 대북 독자제재의 일환으로 사업 중단을 결정했다.[73] 북한 비핵화의 진전이 선행되어야 남북러 삼각 물류협력사업의 재추진 여부를 검토할 수 있다는 입장을 천명한 것이다. 2017년 문재인 정부 출범 이후 남북관계 진전에 따라 이 프로젝트의 재추진 방안이 모색되었으나 북미 간 협상의 교착으로 여전히 식물상태에 있다.

2016년 이래 한국과 미국은 유엔의 대북제재와는 별도로 "나진항에 입항한 선박은 우리나라 항구나 미국 항구에 180일 동안 입항할 수 없도록" 대북제재를 취하고 있다. 나진-하산 철도의 이용과 나진항의 활용 주체가 러시아라는 점에서 나진-하산 프로젝트에 대한 독자제재는 대북제재라기보다는 대러제재의 의미가 더 강하다. 제재에 따른 실제 손실이 러시아가 더 크기 때문이다. 2014년 우크라이나 사태 이후 한국은 서구가 가한 대러제재에 불참을 공식 선언했다. 하지만 한국이 미국과 함께 나진 – 하산 프로젝트에 독자제재를 가한 것은 러시아의 입장에서 볼 때에는 한국이 실질적인 대러제재에 동참한 것으로 간주할 수밖에 없다.

나진-하산 프로젝트의 중단 결정으로 인해 한국은 득보다 실이 더 많았다는 점을 지적하지 않을 수 없다. 남북관계 경색의 완충재를 스스로 제거하고 한러 경협을 위축시켰으며 북방과의 연결통로도 차단됐다. 다양한 기회적 이익들을 적지 않게 상실한 것이다. 이제 기대이익 손실을 만회할 절호의 기회를 만들 필요가 있다. 우리 정부가 남북관계와 한러관계의 증진을 기대하고 한반도 평화체제를 주도적으로 모색하고자 한다면, 나아가 단절된 유라시아 공간과의 물리적 접속을 희망한다면 나진-하산 프로젝트 사업을 조속히 재개해야 한다.

정책 결정의 배경 및 근거

나진 – 하산 프로젝트는 기본적으로 남북러 삼각 협력 사업이다. 나진 – 하산 프로젝트의 재개는 단순히 남북러 세 나라 사이의 경제적 상호작용을 증대시키는 것 이상의 지경학적 함의를 지닌다. 나진 – 하산 프로젝트의 재개는 21세기 유라시아대륙 내부에서 발원하는 신대륙주의 질서와의 합류 또는 접속을 의미한다. 냉전 종식 이후 대륙 국가들의 급속한 고도성장으로 유라시아 전역에 걸쳐 철도, 파이프라인, 고속도로, 전력망에 대한 수요가 폭발적으로 증가하고 있다. 그 결과 실크로드 시절 이후 서로 전혀 연결되어 본 적이 없는 북방의 개별 국가들이 긴밀히 접촉하고 광대한 네트워크를 구축하면서 협력과 통합의 새로운 국제관계가 형성되고 있다.[74] 북방에서 전개되고 있는 이런 거대한 변화 추세를 켄트 콜더Kent E Calder 미국 존스홉킨스대 동아시아연구센터 소장은 2012년 발간한 저서에서 '신대륙주의 질서'의 출현이라 규정했다. 앞에서 살펴본 바와 같이 유라시아 내부에서의 에너지, 철도 및 전력망 인프라를 중심으로 한 협력과 통합은 거역할 수 없는 흐름이다. 하지만 한반도는 갈등과 대립의 지속으로 이 거대한 조류로부터 소외되어 있다. 그런 측면에서 남북러를 철도와 항만으로 연결하는 복합물류운송사업은 한반도와 북방 사이의 물리적 유기성과 지경학적 연계성을 강화시켜주는 견인차 역할을 할 것이다. 그럼으로써 남북한 모두 신대륙주의 시대가 제공하는 경제적 번영과 민족적 웅비의 기회를 활용할 수 있다고 본다. 요컨대 나진-하산 프로젝트는 단절된 북방지역 내부와의 유기성 복원을 의미한다. 유라시아 대륙과의 지경학적 상호작용의 증대를 통해 분단으로 반감된 한민족의 국가 발전 동력과 모티브를 되찾을 수 있을 것이다.

나진-하산 프로젝트의 재개를 통해 한반도 정세의 안정적 관리와 북한의 비핵화를 일정 수준 추동하는 부수적 효과도 거둘 수 있다. "경제가 평화다"라는 고전적 명제처럼 나진-하산 프로젝트는 군사적 대립과 갈등이 상시화된 한반도의 안보적 경직성을 완화시켜줄 수 있다. 북핵 문제의 해법을 외교안보 협상의 틀에서 찾으려는 접근법이 갖는 한계를 감안한다면, 남북러 3자 협력이 갖는 의미는 매우 크다고 할 수 있다.[75] 남북러 삼각 협력의 지경학이 한반도에 채워진 지정학적 족쇄를 푸는 열쇠가 될 수 있다는 것이다.

정책 추진과정에서의 유의점

현실적으로 나진-하산 프로젝트의 재개는 미국 및 국제사회의 대북 독자제재 해제 여부와 연계되어 있다. 대북제재 해제는 비핵화 협상과 연동될 수밖에 없다. 미국은 현재 조기 제재 해제 가능성을 일축하고 있다. 또 비핵화의 속도와 시한에 대해서도 정해진 시간표가 없다고 말해 장기 과제가 될 수도 있음을 시사하고 있다.

유엔 대북제재 결의 2375는 '러시아산 석탄의 수출을 위한 나진-하산 사업에는 합작 금지 제재가 적용되지 않는다'고 적시한다. 결의 2397은 '러시아산 석탄 운송은 해상 차단에서 예외'로 규정한다. 러시아의 요구를 미국이 받아들여 유엔 제재에서 빠진 것이다. 하지만 미국의 독자 제재 대상에는 포함되어 있다. 미국이 제재를 풀지 않으면 금융 지원이 막혀 나진항 이용료를 북한에 지급하지 못한다.[76] 나진-하산 프로젝트의 재개를 위해 동맹국 미국과의 조율 및 양해가 선결되어야 하는 이유다.

나진-하산 프로젝트 지주회사 라손콘트란스는 흑자를 기록하고 있다. 나진에 상주하는 러시아 직원 50여 명과 북한 직원 130여 명은 여전히 왕성한 사업 활동을 영위하고 있고, 상당한 흑자를 내고 있는 것으로 전해진다. 대북제재 등 매우 불리한 여건에서도 나진-하산 프로젝트가 무너지지 않고 수익을 내고 있는 것이다.[77]

한러 FTA 체결

정책 방향

러시아와 CIS는 잠재력 있는 신흥시장이다. 한국의 경제영토 확장이란 의미뿐 아니라 지경학적 측면에서도 자원 부국이자 유라시아 경제연합EAEU의 맹주인 러시아와의 조속한 FTA 체결이 요구된다. 한러 서비스·투자 자유무역협정FTA의 체결은 우리 기업들의 러시아 서비스 시장 진출 확대 및 투자보호 강화에 기여하고, 향후 한-EAEU 간 FTA 체결에도 추진 동력을 제공할 것이다.

문제 인식

대외 의존적 경제구조를 갖고 있는 대한민국에게 자유무역협정은 생존과 번영을 위한 최대의 생명선이라 할 수 있다. 한국은 1999년 칠레와 FTA 협상을 시작하여 2004년 4월 처음으로 FTA를 체결했다. 2021년 2월 기준으로 한국은 칠레, 싱가포르, 아세안, 인도, EU, 페루, 미국, 터키 등 57개국과 17건의 FTA를 발효했다. FTA 발효국과의 무역 비중은 77.1%까지 상승했다.

한러 간의 경제적 상호작용에는 지난 1991년에 발효된 '투자보장

협정BIT'이 적용되어 왔다. 그러나 시간이 경과하면서 변화하는 교역 조건과 국제 통상 환경에 부합하지 못하게 됐다. 이를 반영하기 위해 우리 정부는 러시아와 새로운 서비스·투자 협정 체결을 모색했고, 마침내 2018년 6월 문재인·푸틴 모스크바 정상회담에서 서비스·투자 FTA 협상 개시에 합의했다. 이에 따라 양국 실무진 사이의 논의를 거쳐 한국의 유명희 통상교섭본부장과 막심 오레슈킨 러시아 경제개발부 장관이 2019년 6월 모스크바에서 한러 서비스·투자 FTA 협상 개시를 공식 선언했다. 이후 지난 2년간 양국은 5차례의 공식 협상을 개최했다. 서비스 시장 자유화 방식, 협정문 구조 등에 합의했지만 최종 타결에는 아직 이르지 못하고 있다.

정책 결정의 배경 및 근거

러시아는 그 영향권 하에 있는 CIS 국가들을 포함할 경우 약 3억 인구 규모의 큰 시장이다. 이는 한국 경제의 새로운 블루오션이기도 하지만 한국 경제가 중국 경제에 종속되어가는 것을 예방하는 대안 시장으로서의 가치도 매우 크다. 한러 간 경제구조의 상호 보완성도 FTA 체결의 긍정적인 효과를 배가시켜주는 요인이다.

한러 간에 서비스·투자 FTA가 체결될 경우 우리가 경쟁력을 갖고 있는 의료, 물류, 유통, 관광 등 서비스 부문에서 러시아 시장 진출을 크게 확대할 수 있을 것으로 기대된다. 투자 측면에서는 러시아의 투명성과 예측 가능성을 높일 것으로 예상된다. 나아가 우리 교역의 미국 및 중국 의존도를 완화하고 해외시장을 다변화하는 한편, 러시아가 주도하는 유라시아경제공동체EAEU와 FTA를 추진하는 동력을 확보할 수 있을 것으로 전망된다.[78] FTA는 단지 경제적 이해관계의 수렴만으로 맺어지는 것이 아니라 정치·외교적 이해관계까지 반영한다. 러시아와의 서비스·투자 FTA 체결은 한러 간 지경학적 연계성을 더욱 강화시켜주고 신북방정책의 추진에도 유익한 환경을 제공해 줄 수 있다. 조속한 한러 서비스·투자 FTA 협상 타결이 필요한 이유다.

정책 추진과정에서의 유의점

한러 서비스·투자 FTA 체결이 지연되는 이유는 러시아의 다소 소극적인 태도 때문인 것으로 보인다. 러시아 기업의 한국 내 투자가 거의 없어 실익이 적다는 판단이 작용한 듯하다. 여기에다 현재 서방이 가하고 있는 대러 경제제재와 코로나 팬데믹이 원활한 협상 진행을 어렵게 하는 요인으로 지적된다. 러시아는 이미 중국, 베트남, 싱가포르와 포괄적인 FTA를 체결한 상태다. 러시아가 관심을 갖는 산업 중 일부에 대한 양허 수준을 과감하게 높일 경우 양국의 서비스·투자 FTA 체결 협상이 가속화될 수 있다고 본다.[79]

북한

한국은 북한을
어떻게 바라봐야 하는가?

1장

북한은 민족적 동반자인가, 적인가?

북한은 통일의 대상이자 민족적 동반자다. 반만년을 내려온 민족적 동질성이 70여 년의 분단으로 사라질 수 없다. 북한은 여전히 같은 언어와 동일한 관습을 이어가고 있는 우리의 또 다른 일부가 아닐 수 없다. 하지만 북한 김정은 정권은 한국에게 위협을 가하고 있는 적敵으로서의 성격도 보유하고 있다. 한국을 공격할 수 있는 핵무기를 개발하고, 적화통일을 추진하고 있는 군사적 실체를 무시할 수도 없다.

이러한 이유에서 분단된 한반도에 공존하는 남과 북은 지난 70여 년간 사활적 생존을 걸고 서로 경쟁해 왔다. 주변국과 관계를 맺는 출발점이 정치적 영향력의 수용과 거부의 문제라면 남북관계는 국가체제의 존립과 영토의 보전이라는 생존의 문제라는 점에서 차별화되는 중요성을 지니고 있다. 나아가 북한은 신라의 삼국 통일 이후 천 년 넘게 이어져 온 통일국가의 본모습을 되찾기 위한 민족적 과제의 대상이기도 하다. 그 결과 한국에 가장 중요한 대외관계는 남북관계 임을 부인하기 어렵다.

북한이 민족적 동반자이면서도 적으로서의 성격을 지니는 것은 한반도라는 공간을 공유하고 있는 데에서 출발한다. 이 공간에서 남 북은 서로가 주도권을 갖기를 원한다. 서로가 주인임을 주장하며 상 대방의 체제를 변화시키려 하고 있다. 당연히 갈등 구조가 될 수밖에 없다. 냉전의 잔재 속에서 서로의 체제를 신뢰할 수 없기에 외교적 우위를 추구하며 군사적으로도 우위를 지향하고 있다.

북한은 한미동맹에 대응하고 한국에 의한 통일을 억제한다는 명 분으로 대규모 재래식 군사력 건설, 비방과 공갈 등 공세적 수사, 기 습적 국지 도발, 그리고 핵무기를 포함한 대량살상무기^{WMD} 능력을 지속적으로 강화해왔다. 북한 내부적인 이유나 국제정치적인 이유 로 인하여 도발을 자제했던 시기가 있었으나, 연일 북한의 관영매체 를 통해 흘러나오는 한국에 대한 위협적인 입장은 변함이 없었다. 특 히 2021년 들어 북한이 집중적으로 구축하려 들고 있는 전술핵무기 는 한국을 겨냥한 무기체계가 아닐 수 없다. 이 점에서 북한은 한국 에 대한 직접적인 위협이 아닐 수 없다.

생존이라는 사활적 이익이 충돌하는 남북관계는 자연스럽게 한국 외교의 가장 큰 과제가 되고 있다. 한반도의 평화와 안정, 경제적 번 영에 남북관계가 미치는 영향력이 크기 때문이다. 하지만 엄격한 의미에서 남북관계는 외교관계가 아니다. 외교관계는 국가 대 국가 간의 관계에서 이루어지는데, 1991년 체결된 '남북기본합의서'에 따르면 남북관계는 "통일을 지향하는 과정에서 형성된 잠정적 특수관계"로서 일반적인 외교관계와 차별화하고 있다. 하지만 남북관계는 형식적으로는 남과 북이라는 정치적 실체 간의 특수관계이지만 그 실질적인 내용은 외교 관행을 준용하고 있다.

국경을 맞대고 서로 적대시하던 시절이나 직접적인 적대행위가 줄어든 이후에도 남북 대화의 필요성은 여전하다. 정치적 신뢰 구축, 핵문제를 포함한 군사적 긴장 완화, 납북인사 귀환 문제, 북한 인권 문제, 개성공단과 금강산 관광, 경제협력 등 수많은 과제가 모두 한국의 평화와 번영에 중요한 역할을 한다. 한반도에서 남북이 공존하는 과정에서 신뢰의 결여로 인해 별다른 진전을 보이지 못한 채 대화와 갈등을 반복하고 있지만, 그 중요성이 줄어든 것은 아니다.

남북관계는 한국의 주변국 외교에도 중요한 역할을 한다. 한미동맹이나 한중관계, 나아가 한일관계나 한미일 안보협력에 있어서 북한 문제는 가장 중요한 협력과 갈등 요인이 되고 있다. 북한 비핵화나 도발 방지, 대북제재의 유지, 그리고 확장억제 문제가 발생하는 주된 이유가 바로 북한 때문이다. 그 결과 한미, 한중, 한일, 한러 정상회담이 개최될 때마다 북한 문제는 가장 중요한 의제가 되고 있다. 북한에 대한 인도적 지원과 인권 문제, 그리고 경제협력과 역내 다자협력 차원에서도 남북관계는 한국 외교의 중요한 부분을 차지한다.

남북관계의 중요성에도 불구하고 한반도 중심적인 시각은 외교적 현실을 반영하지 못한다. 실제로 '남북관계만 잘된다면 다른 관계는 무시해도 좋다'는 식의 잘못된 인식이 한국 사회에 적지 않게 자리 잡고 있다. 하지만 이러한 시각은 미중 전략경쟁이 남북관계에 미치는 영향을 간과하고 있다. 한국과 북한은 각각 미국과 중국의 동맹국이고 체제의 가치나 지향점이 전혀 다르다. 이러한 상황에서 남북관계에만 매몰되는 것은 동북아 역내 국가들 간의 상호작용을 이해하지 못하는 우물안 개구리와 같은 행보를 낳을 수 있다. 따라서 남북관계가 주변국에 미치는 영향과, 주변국 간 역학관계의 변화가 남북관계에 미치는 영향의 상호작용을 이해해야 한다.

북한의 생존 역량을 어떻게 평가할 것인가?

북한의 위협에 대응하기 위해 한국은 미국의 대북 확장억제와 경제력 및 재래식 군사력 측면에서 대북 우위를 달성해옴으로써 북한의 대남 위협을 억제하고 한반도 안정을 추구해왔다. 그 결과 한국은 138개국 중 9위로 국방비를 많이 지출하는 국가가 되었다.[80] 하지만 한국의 국방력만으로 북한의 핵무기에 맞서기에는 어려움이 있고, 결국 한미동맹을 통해 전력상의 차이를 메우며 전략균형을 유지하고 있다.

그렇다면 북한의 생존 역량은 어느 정도로 평가해야 할까. 그간 북한 역시 대남 군사적 우위를 갖추기 위해 민간경제를 희생시키고 군비태세를 강화해 왔다. 특히 핵무기 개발로 인해 받게 되는 유엔 안전보장이사회의 경제제재로 인해 최근 북한 경제는 마이너스 성장을 거듭하고 있다. 이로 인해 한동안 북한 체제가 과연 지속될 수 있을 것인가의 논의가 국내외에서 제기된 바 있다. 북한 급변사태 발생 가능성 논쟁이었다. 이러한 논의는 탈냉전 이후 동구권 국가들의 붕괴 당시, 그리고 2008년 김정일 국방위원장의 뇌졸중 이후, 그리고 김정은의 권력 승계 과정에서 활발하게 제기되었다.

하지만 북한 김정은 정권은 이러한 체제 붕괴의 우려에도 아랑곳하지 않고 체제를 승계했고, 핵능력을 강화했다. 그리고 2017년 강력한 대북제재가 부과되자, 2018년 대화에 복귀하며 북중관계와 북러관계를 회복했다. 이 과정에서 중러 등의 대북제재 이행 완화가 목격되었는데, 북한 경제에 숨통이 트인 결과를 야기했다.

2020년부터는 코로나19로 북중 국경을 통제하며 또다시 경제위기를 맞고 있는데, 그럼에도 불구하고 북한 정권의 붕괴 가능성은 높지 않아 보인다. 그만큼 김정은 정권의 생존 역량이 존재한다고 평가할 수 있다.

북한이 생존 역량을 강화하고 있는데는 중국과의 협력이 큰 영향을 발휘하고 있다. 북중관계가 좋지 않았던 2018년 이전에도 중국은 북한의 제1 교역 파트너였고, 매년 수십만 톤의 원유를 제공해주는 후원자의 역할을 수행했다. 대북제재가 완성된 2017년 이전만 해도 북한은 중국에 농수산물과 광물, 그리고 중국 기업들과의 합작사업을 통해 달러를 벌어들일 수 있었다. 그 결과 북한에는 일정한 자본가들이 생겨났고, 김정은 정권의 곳간을 채울 수 있게 되었다. 물론 비효율적인 북한의 정치·경제 체제를 고려할 때 북한 정권을 안정적으로 평가하는 것은 이르다. 하지만 체제 생존의 역량은 보유한 것으로 전제하고 대북정책을 추진해야 할 것이다.

실제로 북한은 생존을 넘어 핵능력을 기반으로 통일을 이루겠다는 야심찬 계획을 밝히고 있다. 지난 1월 개최된 제8차 노동당 당대회에서 북한은 당규약을 개정하여 "강력한 국방력으로 조국 통일을 앞당긴다"는 내용을 포함시켰다. 노골적으로 무력에 의한 통일을 주장하는 북한은 계속해서 순항미사일과 탄도미사일을 개발하고 있으며, 영변에서의 핵활동도 재개 중이다. 그러나 비핵화 협상의 재개는 여전히 지연되고 있는 상황인데, 미중관계의 맥락에서 중국이 미국을 견제하기 위해 북한을 지원하는 구도가 지속되는 한 문제의 해법은 요원할 것으로 보인다. 이상을 고려할 때 북한 김정은 정권은 자생적 생존 역량을 보유한 것으로 보아야 하며, 북한의 위협은 당분간 지속될 것으로 전망한다.

남북경협은 핵보다 중요한가?

남북한 간의 경제적 대결은 이미 끝났다. 하지만 그렇다고 남북경협의 필요성이 사라진 것은 아니다. 한국이 북한에 비해 50 대 1 이상의 우위를 점하고 있어 상호 간의 경쟁보다는 한국의 지원을 통해 북한의 경제가 얼마나 되살아날 수 있으며, 한국의 성장에는 얼마나 도움이 될지, 그리고 이러한 경제협력을 통해 통일 비용을 얼마만큼 최소화할 수 있는가가 중요한 관심사가 되고 있다.

실제로 남북경협의 중요성은 한국 경제에 가중되는 부담을 넘어설 수 있는 새로운 기회 요인이 될 수 있다. 먼저 북한 문제로 인한 경제적 위험은 한국의 성장 가능성을 제약하고 있다. 한반도에서 전쟁발발 위협과 북한의 위협으로 투자가 제약되는 '코리아 리스크Korea risk'는 아직도 진행형이다. 북한의 위협이 사라질 경우 한국에는 보다 많은 해외 투자 유치가 가능할 것이고, 외채 금리 또한 보다 낮아질 것이라는 평가가 유력하다.

남북경협의 중요성은 현재보다 미래에 존재한다. 남북관계가 개선되었을 때 발생할 수 있는 잠재적 성장 가능성 때문이다. 북한의 핵위협이 해소되면 북한 지역에 새로운 투자가 가능하게 된다. 아직 경제적으로는 후진국에 불과한 북한이지만 우수한 인력과 노동시장 가격을 고려하면 성장 가능성은 무궁무진하다. 새로운 시장을 찾아야 하는 한국 경제에 커다란 행운이 될 수 있다.

한편, 북한과의 경제협력은 비단 남북만의 문제가 아니다. 북한은 개혁·개방의 과정에서 중국뿐 아니라 다른 나라와도 협력할 것이다. 북한이 개방되어 이를 통해 중국 및 러시아와 육로로 연결될 때 한국에 주어질 경제적 기회는 해외 투자가들의 관심을 받기도 했으며, 이 경우 미국의 자본도 유치할 수 있을 것이다. 이러한 경제적 협력의 과정이 역내 긴장 완화의 촉매제가 될 수 있으며, 북한에 투자된 미국과 중국의 자본은 북한 지역과 동북아의 안정에 큰 기여를 할 것으로 전망된다. 따라서 북한이 지니고 있는 잠재적 가치와 한국의 경제적 성장에 기여할 수 있는 여건은 남북관계를 고찰함에 있어 반드시 고려해야 할 기회요인이다.

하지만 남북경협의 현실은 북한의 지속적인 핵개발로 인해 대북제재가 유지되고 있으며, 이로 인해 유의미한 남북경협은 핵문제 해결 없이는 불가능하다는 점이다. 일각에서는 대북제재를 완화하며 금강산 관광이나 개성공단을 재가동하고, 궁극적으로는 비핵화를 이끌어내자는 주장을 제기하고 있다. 즉, 남북경협을 비핵화의 앞순서에 배치하자는 것이다.

문제는 제재 완화를 통한 경제협력이 북한 비핵화를 선도하기보다는 북한의 핵보유를 고착화할 수 있다는 점이다. 북한은 다양한 핵능력을 구비하며 사실상 핵보유국이 되기 위해 노력하고 있다. 북한이 말하는 '조선반도 비핵화'는 주한미군 철수를 궁극적인 목표로 하고 있다. 이러한 상황에서 남북경협이 북한 비핵화를 이끌어낼 수 있다는 가정은 지나치게 낙관적인 접근이다. 지금까지의 비핵화 협상 관행을 돌아보면 제재를 먼저 완화해줄 경우 북한이 협상의 주도권을 확보하고, 미국에 대해 더 많은 양보를 요구할 가능성이 더 크기 때문이다.

따라서 남북경협은 중요한 과제인 것은 틀림없지만 비핵화보다 우선시될 수는 없다. 북한의 핵위협은 한국에 있어 생존에 관한 사활적 국가이익이다. 따라서 쉽게 양보해서는 안 되며, 실질적인 비핵화를 담보할 수 있는 경우에만 경제협력의 물꼬를 트는 신중한 접근이 필요하다.

남북 간 실질적인 평화체제를 추구해야

한국 정부의 대북정책은 북한 비핵화를 추진하며 한반도에 실질적 평화 정착을 이루어야 한다. 일각에서는 종전선언이나 평화협정과 같은 형식적 의미의 평화를 강조하고 있지만, 이는 겉치레일 뿐이다. 유럽의 경우 종전선언이나 평화협정이 없어도 평화가 정착되었고, 유럽공동체가 만들어졌다. 따라서 한반도 평화체제 구축도 비핵화를 기반으로 한 실질적 신뢰 구축이 우선시되어야 한다.

한국 정부의 평화체제 구축 노력은 노태우 정부부터 본격화되었다. 노태우 정부는 북방정책을 통하여 북한과 우호적인 국가들과 국교를 맺기 시작했다. 소련과는 1989년 4월 무역대표부 개설, 12월 영사관계 수립, 그리고 1990년 9월에 국교를 수립했으며, 중국과는 1992년 정식 국교를 수립하였다. 동시에 노태우 정부는 북한과 8차례의 총리급 회담을 전개하며 수많은 합의문을 작성했다.

당시만 해도 북한은 남북한 상호 공존을 추구하는 방향으로 입장을 바꾼 것으로 평가되었다. 협상 복귀를 통해 한국에 의한 북한의 흡수통일을 방지하고, 북한 체제의 회복과 발전을 모색하려는 시도로 보았다. 그 결과 1991년 9월 남북한이 개별 국가로서 유엔에 동시 가입하는 것을 받아들이고, 같은 해 12월 남북 화해와 불가침을 강조하는 남북기본합의서가 채택되었다. 특히 남북기본합의서는 남북관계 역사상 가장 높은 수준의 제도화를 이룬 문서라고 할 수 있다. 남북기본합의서는 서문과 남북 화해, 남북 불가침, 남북 교류·협력·수정 및 발효 등 4개 장 25개 조로 구성되어 있다.[81]

하지만 북한은 불과 1년도 되지 않아서 이들 문서를 사문화하고, 본격적인 핵개발에 나서게 되었다. 당시 북한이 합의를 이행하지 않은 근본적인 이유는 동구권 붕괴에 따른 외교적 고립감과 한국의 눈부신 경제적 성장에 대한 열등감, 그리고 이에 따른 체제 불안정이라는 위협 인식 때문이었을 것이다.[82] 이에 따라 북한의 전략에도 중요한 변화가 초래되었는데, 그것이 바로 본격적인 핵개발이었다. 여전히 북한은 한반도 전역에서 한국에 대해 우위를 차지하고자 노력했고, 이를 위한 유일한 수단으로 핵개발을 선택한 것이다.

동시에 북한은 중국과의 협력을 회복하기 위해 노력했는데, 1990년대 말 4자회담과 2000년대 초반의 6자회담을 진행하며 중국과의 관계 회복을 위해 노력했다. 그 결과 2000년대 들어 김정일의 중국 방문이 매우 잦아졌다. 그는 2000년부터 2011년까지 8차례 중국을 방문했으며, 특히 2010년에는 김정일 국방위원장과 후진타오 주석 간에 '북중 협력 강화를 위한 5가지 제의[83]'를 발표하기도 했다. 이러한 북중 밀착은 북한 편에서 뿐 아니라 중국 편에서도 북중관계의 가치가 제고되었기 때문에 가능했다.

2018년, 김정은과 트럼프 대통령, 그리고 문재인 대통령에 의해 극적으로 시작된 비핵화 협상은 이 같은 전통적 남북관계를 변화시키지 못했다. 문재인 정부는 북한을 대화로 이끌어내고 이러한 관계 개선 분위기를 계속 유지하기 위하여 상당한 양보를 제공했다. 한미동맹의 대비태세에 핵심적 기능을 하는 한미 연합훈련을 축소하였고, 남북공동연락사무소 폭파와 같은 도를 넘어선 도발에 대해서도 침묵했다. 헌법 위반의 소지가 있음에도 대북전단 금지법을 통과시켰고, 북한 인권 문제에 대해 침묵하였으며, 북한에 각종 인도적 지원 사업을 추진하기 위해 다방면의 외교적 노력을 기울였다. 그러나 이러한 행동과 무관하게 북한은 '조선반도 비핵화'에 대한 원론적 입장을 고수하였고, 협상이 진행되는 동안 한국에 위협이 되는 핵과 WMD 위협을 지속적으로 강화했다.

더욱이 북한은 남북 또는 미북 간 대립에서 위협을 먼저 형성하는, 즉 공자攻者의 입장을 취하고 있다. 스티븐 월트Stephen M. Walt에 따르면, 위협은 지리적 인접성, 공격 능력, 그리고 공세적 의도에 의해 형성된다.[84] 북한은 미국의 적대시 정책을 문제삼고 있지만, 미국이 주한미군이나 한국에 거주하는 미국인의 안전을 도외시한 채 북한을 공격할 이유는 찾기 힘들다. 동시에 한국은 수사적으로나 실질적으로 공세적 의도를 갖지 않고 있다.[85] 이로 인해 한반도에서 군사적 긴장이 지속되고 있으며, 평화체제 구축의 필요성은 날로 커지고 있다.

하지만 평화체제는 비핵화와 함께 진전을 이루어야 한다. 한반도 평화의 최대 위협이 북핵에 있기 때문이다. 북한이 주장하는 미국의 대북 적대시 정책, 즉 제재와 연합 군사훈련 문제도 비핵화 협상을 통해 논의하며, 실질적 평화를 증진시켜 나가야 한다. 비핵화 협상이 빠진 평화체제 구축 논의는 북핵 위협에 대해 눈을 감는 일이고, 북한이 추구하는 사실상 핵보유국 지위 확보를 돕게 될 우려가 있다. 따라서 한반도 평화체제 구축과 관련한 다양한 협상에서 북한 비핵화 문제를 논의해야 한다. 종전선언이든, 평화협정이든 정상회담 공동성명이든 비핵화 원칙을 유지하고 진전시켜 나가야 할 것이다.

2장

북한에게 한국은 무엇인가?

북한은 남한에게 동반자인가, 적인가?

전통적으로 북한은 한국을 미국 제국주의의 괴뢰정부로 규정해왔다. 하지만 한국의 경제적 성장으로 더 이상 한국을 무시할 수 없는 상황에 이르게 되었다. 그 결과 북한은 한국의 실체를 인정하기 시작했다. 과거 북한은 종전선언과 같은 평화체제 논의는 한국을 배제한 채 미국과 직접 담판을 짓겠다는 입장이었다. 하지만 최근에는 한국의 당사자 적격을 인정하고 있다. 그만큼 한국의 실체를 인정하지 않을 수 없는 상황에 직면한 것이다.

하지만 북한은 여전히 한국을 적화통일의 대상으로 규정하고 있다. 일각에서는 북한의 개정된 노동당 규약에 '전국적 범위에서 민족해방민주주의혁명의 과업을 수행'이라는 표현이 삭제됐다며 이는 북한이 더 이상 통일을 지향하지 않는, 다시 말해 '대남 혁명론'이 소멸한 것이라고 분석하고 있다. 하지만 북한 노동당 규약에는 '근원적인 군사적 위협들을 제압하여'라는 내용이 새롭게 추가되었으며, 이는 핵무장으로 인한 자신감을 가진 북한이 무력으로 주한미군을 밀어내겠다는 의미로 볼 수 있다. 아직까지는 적개념과 적화통일 의지를 유지하고 있는 것이다.

문제는 북한의 통일전선전술에 있는 그대로, 지금은 북한 혼자 남한을 혁명화할 수 있는 여건이 아니라는 점이다. 그 결과 북한은 적화통일의 목소리를 감추고 한국 내 우호적인 여론을 조성하기 위해 노력하고 있는 것으로 보인다. 특히 현재 북한은 강력한 대북제재 외에도 코로나19로 인해 국경을 봉쇄하고 있는 상황이다. 이로 인해 김정은 시대에 접어들며 전례없는 경제적 어려움을 겪고 있다. 따라서 대외적으로 적화통일을 주장하기보다는 자력갱생을 통한 내부 경제 발전을 도모하고 있다.

앞으로도 상당 기간 동안 북한은 코로나19로 타격을 입은 경제 회복과 재건에 집중하며, 이로 인한 정치적 소요가 발생하지 않는 데 만전을 기할 것으로 보인다. 동시에 더 강도 높은 제재가 부과될 수 있는 군사 도발이나 모험은 자제하되, 전반적인 국방력 강화를 위한 노력은 지속될 것으로 보인다. 그렇다고 해서 한국 정부나 미국에 대한 입장이 근본적으로 변한 것은 아니며, 자신들에게 유리한 기회를 엿보는 긴 과정의 일부로 보아야 할 것이다.

이러한 인식에서 북한은 핵무력 강화에 더욱 박차를 가할 것으로 보인다. 지난 1월 북한 노동당 8차 당대회 사업총화 보고에서 언급된 각종 첨단무기 개발을 지속할 것으로 전망된다. 각종 순항 혹은 탄도미사일 외에도 탄도미사일원자력잠수함^{SSBN}, 극초음속비행체 개발 등 한국뿐 아니라 미국을 자극할 수 있는 개발을 지속하며 핵능력을 과시할 것이다. 이를 통해 미국 행정부의 비핵화 의지를 꺾고 핵보유국 지위를 획득하고자 노력할 것이다.

북한의 핵보유는 통일을 위한 것인가, 생존을 위한 것인가?

북한의 핵무기는 당장은 체제 생존을 위한 무기체계로 볼 수 있지만, 궁극적으로는 통일을 위해 사용할 수 있는 이중 목적의 전략무기로 보아야 할 것이다. 핵무기는 이를 보유한 국가들 간에는 전쟁을 하지 않는다는 '핵평화$^{Nuclear Peace}$'이론이 등장할 정도로 체제를 보위할 수 있는 절대무기다. 따라서 북한의 핵무기는 1차적으로 김정은 정권 생존의 최후의 보루와 같은 역할을 수행한다. 동시에 북핵은 적화통일의 수단이기도 하다. 다만 여기에는 조건이 수반되는데, 북핵이 북한 주도의 통일에 사용되기 위해서는 한반도에 핵균형을 유지해주고 있는 주한미군이 철수할 경우에나 가능한 일이다. 따라서 북핵은 통일을 위해 사용되기에는 여러 장애 요인이 존재한다.

실제로 북한은 과거로부터 휴전 상태를 종료시키고 한반도를 무력으로 통일하기 위한 준비를 해왔다. 자유주의와 공산주의 간의 체제 경쟁에서 승리하고, 경제력과 군사력 차원에서 한국에 대한 실질적인 우위를 달성하고자 했다. 그러나 1990년대 소련 붕괴로 인한 냉전 시대가 시작되었을 때, 북한은 국가 및 체제 생존의 기로에 있었다. 당시 북한은 이미 공산주의 계획경제 시스템의 태생적 한계로 인하여 성장 동력을 거의 잃어가고 있던 상태였다. 그런 북한에 있어 소련의 붕괴는 대외 경제지원을 해 줄 국가의 소멸뿐 아니라, 가장 성공적이라 보였던 공산주의 국가의 최후를 의미하는 것이기도 했다. 그 결과 북한은 핵무기 개발에 의존하며 체제 생존과 적화통일을 추구하기 시작한 것이다.

김정은은 집권 초기부터 핵능력을 강화하기 위해 한국 및 국제사회와 대결구도를 만들었고, 그 결과 커다란 경제적 비용을 치렀다. 2013년과 2015년에 각각 한반도에서의 전면전을 연상시키는 구체적인 위협을 한 바 있다. 2013년 3차 핵실험 이후 국제사회의 비난이 고조되고 한미가 예정대로 연합훈련에 돌입하자, 북한은 "서울만이 아니라 워싱턴까지 불바다로 만들 것", "한라산에 최고사령관기와 공화국기를 휘날리겠다", "핵 선제타격권리를 행사할 것"이라고 위협하였다. 김정은은 '전략로케트군' 작전회의를 긴급 소집하였으며, 회의에서는 '화력타격계획'을 검토하고 최종 비준하였다는 조선중앙통신 보도가 있었다. 그러나 결국 북한은 도발하지 않았다.

이후 김정은은 전략 도발이라 불리는 핵능력 고도화를 통해 미국이 북한을 핵보유국으로 인정하도록 만들고자 노력했다. 핵개발을 체제 생존과 동일시해온 기조를 고수하면서, 김정은은 핵 고도화를 통해 국제적 위상을 높이고, 이를 기반으로 미국과의 협상을 시도하고자 했다. 2018년 김정은은 신년사를 시작으로 대화 의지를 보이며 먼저 한국과의 관계 개선 의사를 표명했고, 이어 미국과 전격적인 비핵화 협상을 추진했다. 물론 한국 정부의 기대와는 달리, 김정은 정권은 비핵화 협상 시작부터 경제적인 대가를 위해 북한 일방만의 비핵화를 추구할 의사는 없었던 것으로 보인다.

현재 김정은은 자력갱생을 추구하며 고립주의 노선을 걷고 있다. 그러나 이러한 정책이 언제까지 유효할지는 알 수 없다. 다만, 김정은의 행보는 어떻게 해서든 위기를 극복하고 새로운 전략 환경을 조성하여 북한이 남북관계를 실질적으로 주도하고, 한국 사회에 정치적 영향력을 행사하겠다는 모습으로 비쳐진다. 그렇기에 북한은 핵능력을 강화하면서도 한미동맹을 비난하고, 연합 군사훈련 중단과 주한미군 철수를 기도하고 있는 것이다. 이에 따라 북한은 자신들의 핵은 폭제의 핵에 맞서는 "정의의 핵"이며, "핵억제력이야말로 조선반도와 세계 평화의 가장 위력한 보검"이라고 여전히 주장하고 있다.[86]

북한은 미국과의 핵협상을 통해서 무엇을 얻으려 하는가?

북한이 미국과의 핵협상을 통해 얻고자 하는 것은 사실상의 핵보유국 지위로 볼 수 있다. 이를 통해 미국이 주도하는 국제사회의 대북제재를 완화하고, 핵무력과 경제 건설을 병행하고자 하는 것이다. 나아가 미국과 핵군축 협상의 여건을 조성함으로써 장기적으로 주한미군 철수를 염두에 둔 행보를 전개하는 것이다. 그리고 그 궁극적인 목표로 한반도 전역을 북한 주도로 통일하는 것을 꿈꾸고 있다.

이러한 북한의 전략적 셈법은 말 그대로 '꿈'에 그칠 가능성이 크다. 미국이 북한 비핵화를 포기할 가능성이 거의 없기 때문이다. 미국은 대북제재를 유지하며 북한을 비핵화 협상으로 복귀시키려 하며, 이를 위해 조건 없는 대화 재개를 제시하고 있다. 바이든 행정부는 북한에게 단계적 비핵화라는 당근을 제시하는 대신 대화에 복귀하기 전에는 인도적 지원 이외의 특별한 보상은 제시하지 않겠다는 입장을 견지하고 있다.

하지만 북한의 사실상 핵보유국 지위 확보 전략에는 큰 변화가 없을 것으로 보인다. 북한이 경제적 위기에 빠지는 것을 원하지 않는 중국이라는 존재 때문이다. 미중 전략경쟁은 중국에게 있어 북한의 전략적 가치를 점점 높아지게 만들고 있다. 그 결과 중국은 경제적 영향력을 증대시켜나가면서 정치적으로도 북한을 보호하는 모습을 보였다. 중국이라는 후원자로 인해 북한은 경제적 위기에 직면하지 않고도 핵을 보유할 수 있는 여건을 갖추게 된 것이다.

중국이 북한의 핵보유를 사실상 지원하고 있다 해도 북중관계가 항상 좋은 것만은 아니다. 북중 간 밀착은 여전히 매우 느린 속도로 진행되고 있다. 대중 경제적 의존이 심각한 입장에서 정치적 종속을 우려하는 북한이 중국의 긴밀한 정치적 관여에 민감한 태도를 보이기 때문이며, 중국의 입장에서도 비핵화를 추구하기에 북한의 목소리를 적극적으로 대변할 수 없는 딜레마가 존재하고 있기 때문이다. 따라서 북중 간 연대가 한미동맹과 같이 체계적으로 진화할 가능성은 여전히 높지 않다.

중국이 북한의 핵보유를 방관하고 있는 또 다른 전략적 이유는 향후 협상이 재개될 경우 미국의 한반도 영향력을 약화시킬 수 있다는 기대감 때문이다. 비핵화 협상이 재개될 경우 북한은 미국 전략자산의 한반도 전개 금지나 한미 연합 군사훈련의 중단, 그리고 궁극적으로 주한미군 철수 주장을 전개할 것이다. 이러한 북한의 입장은 미중 경쟁에서 커다란 전략적 이익을 중국 측에 가져다 줄 수 있다. 그렇기에 유엔 안전보장이사회 상임이사국이며 동시에 합법적인 핵보유국 지위를 유지하고 있는 중국이 북한의 불법적인 핵개발에 대해 유연한 입장을 보이고 있는 것이다. 그 이유가 어디에 있든 이러한 중국의 태도로 인해 북한의 대미 강경자세는 상당 기간 유지될 수 있을 것으로 보인다.

북한의 생존방정식은 지속가능한가?

지속가능하지 않은 북한의 생존방정식

북한은 세계 228개 국가들 중에 1인당 GDP가 216번째인 국가이며,[87] 178개 국가들 중 30번째로 취약한 국가다.[88] 이처럼 낮은 수치는 오랫동안 지속되어 왔다. 특히 2021년 4월 다시 고난의 행군을 언급할 정도로 경제적으로 어려운 상황 속에 있다.[89] 일반적으로 평가한다면 핵보유를 추구하며 자력갱생을 통한 경제 상황 개선을 추구하는 북한의 생존방정식은 지속가능하지 않다. 당분간 북한 주민의 고혈을 짜내며 유지될 수 있겠지만, 그리고 중국의 경제적 지원이 지속될 경우 생존 기간은 더욱 연장할 수 있지만, 궁극적으로 인류의 보편적 가치와 시장에 반하는 정책은 성공할 수 없다. 여기에 북한 김정은 정권의 딜레마가 존재한다.

북한 정권의 한계는 김정은이 가장 잘 알고 있을 것이다. 그렇기에 자력갱생을 강조한 이후, 노동당과 정부 간부들을 끊임없이 독려하며 사회 통제를 강화하고 있는 것이다. 하지만 북한 경제가 자력으로 되살아날 가능성은 작다. 무엇보다 경제를 활성화할 자본과 중간재 물품이 절대 부족하기 때문이다. 따라서 김정은이 추진하고 있는 자력갱생은 머지않아 한계에 봉착할 것이다.

북한이 체제안정을 위해 핵무기를 개발하는 것 역시 궁극적으로는 생존에 도움이 되지 않는다. 한국이나 미국이 북한을 침공할 이유는 존재하지 않는다. 따라서 북한이 중국과 같이 시장을 적극적으로 도입하고, 경제를 활성화시킨다면 김정은은 북한의 덩샤오핑이 될 수 있다. 경제성장은 지도자의 인기를 높여줄 것이고, 아직 젊은 김정은은 향후 수십 년간 북한을 안정적으로 통치할 수 있을 것이다. 상황에 따라서는 자식을 후계자로 지목할 수도 있다. 중국 공산당이 아직도 중국 국민의 지지를 받는 것처럼, 경제가 좋은데 주민들이 반대할 이유가 있겠는가. 하지만 김정은은 여전히 핵무기에 집착하며 자신의 집권기에 북한을 성장시킬 수 있는 기회비용을 상실하고 있다.

올바른 대북정책의 방향

김정은이 생존전략을 바꾸기 어려운 이유는 자신을 보호해줄 핵무기라는 절대무기를 포기하기가 어렵기 때문이다. 그 결과 경제성장보다는 핵보유를 선택하며 체제 유지에 집중할 것으로 보인다. 따라서 한국의 대북정책은 북한의 핵보유 의지를 꺾고, 비핵 평화가 한반도에 정착될 수 있도록 하는 일에 중점을 두어야 할 것이다. 그리고 이 과정에서 불필요한 긴장으로 핵을 보유한 북한의 전략적 우위가 드러나지 않도록 예방외교를 활발히 전개해야 한다.

남북관계의 발전 방향은 적대적 공존을 호혜적 공존으로 바꾸어 나가는 것이다. 북한은 경제적으로 무능한 정부임에도 불구하고 핵능력을 토대로 한반도의 전략 균형을 그들에게 유리한 방향으로 이끌려 하고 있다. 하지만 이러한 방식의 남북관계는 미래가 없다. 남과 북 모두에게 자해적인 행위가 될 뿐이다. 올바른 남북관계가 정착되기 위해서는 서로의 존재를 인정하고, 신뢰를 통해 한반도에서 서로에게 도움이 되는 공존을 지향해 나가야 한다. 북한은 핵무기를 내려놓고, 한국은 북한의 안보 우려를 해소해 주며 점진적이고 단계적인 접근을 통해 협력의 공간을 넓혀나가야 한다.

호혜적 공존의 남북관계가 형성되기 위해서는 무엇보다도 현실적인 정세 인식이 필요하다. 먼저 한국의 대북정책이 현실적이어야 한다. 북한과의 특수관계에 천착하여 핵이라는 현실적 장애요인을 무시한 채, 대화만으로 북한과의 대립을 완전히 종료시킨다는 이상적 목표를 추구해서는 안 된다. 북한의 대남전략과 전술을 이해하고, 그

것이 통하지 않을 것임을 확고히 인식시키며 호혜적인 협력의 밑그림을 함께 그릴 수 있도록 노력해야 한다. 이러한 방향으로 북한을 변화시키기 위해서는 핵무력만으로 한국을 좌우할 수 없음을 인식시켜야 한다. 그리고 북한 주도의 통일이 불가능하다는 것도 깨닫게 해야 한다. 그 대신 한국도 북한을 적대적으로 통일하겠다는 의지를 버려야 한다. 김정은 정권을 인정하고, 점진적 변화의 여건을 제공하며 함께 공존해 나갈 수 있는 방안을 모색해야 한다.

이러한 정책을 추진하기 위해서는 대북정책이 국내 여론으로부터 일정 수준의 자율성을 확보해야 한다. 기본적으로 대외정책 관련 사안은 다른 정책에 비해 국내 여론으로부터의 일정 수준 자율성을 추구해야 한다.[90] 특히 북한에 대해서는 한국의 정권 변화와 상관없는 기본 원칙을 찾고 이를 제도화해야 한다. 그간 한국의 진보 정권과 보수 정권은 대북정책을 추진함에 있어 큰 차이를 보여 왔다. 그 결과 대북정책은 일관성을 잃고 변화를 거듭해왔다. 북한 역시 국내적 청중 비용으로부터 완전히 자유롭지는 않지만,[91] 한국에 비해서는 훨씬 자유롭다. 그 결과 북한은 장기적인 전략을 구사할 수가 있다. 일관된 전략의 추구는 해당 전략에 대한 자원의 지속적이고도 집중적인 투자로 이어지기 때문에, 한국 또한 지속가능한 대북정책을 고민해야 한다.

남북관계 발전에 필요한 기본 원칙

남북의 호혜적 공존을 위해서는 정권 변화와 상관없이 지속가능한 대북정책을 추진해야 한다. 이를 위해서는 다음과 같은 기본 원칙을 견지해야 한다. 첫째, 북한의 전략 혹은 재래식 도발에 대하여 반드시 비용을 부과해야 한다. 지금까지 상당히 많은 북한의 도발적 행동이나 도발에 대해 한국 정부는 대응을 피해온 측면이 있다. 일례로 2020년 남북공동연락사무소 폭파와 같이 한국의 자산에 대한 파괴는 명백한 도발이었다. 북한의 도발을 이해하고 넘어간다고 해서 협상장에서 나간 북한이 그러한 선의를 받아들여 다시 돌아오지는 않는다. 미국과의 공조를 통해 비용을 크게 부과함으로써 어쩔 수 없이 협상에 나오게 함으로써 관계를 주도하는 접근이 필요하다. 도발이라 보기 어렵더라도, 북한의 전략 및 전술 핵무기 개발 고도화 역시 이로 인해 대북 확장억제가 강화되는 등의 방식으로 충분한 비용 부과가 이루어져야 한다.

둘째, 비핵화 협상 및 제재 해제 문제와 관련해서는 북한이 암묵적으로 사실상의 핵보유 국가로 인정받은 상태에서 미국과 핵군축 협상에 돌입하는 것을 반드시 막아야 한다. 북한의 핵능력 진전이 미국 본토를 위협할 가능성이 가시화됨에 따라, 미국 내에서는 더 이상의 발전을 차단하는 문제가 더욱 시급한 과제로 떠오르고 있다.[92] 북한 핵문제를 해결하지 못하는 것이 미국의 비확산 정책에 큰 치부가 되고 있고 이를 해결하기 위해 마지막 남은 카드라는 까닭에, 북한의 추가적 핵개발을 중지하는 협상이 종종 제기되곤 한다. 하지만 북한을 사실상의 핵보유국으로 인정하는 것은 남북관계뿐만 아니라 한미동맹에 있어서도 커다란 부담이 아닐 수 없다. 북한은 더욱더 많은 양보를 요구할 것이기 때문이다. 따라서 북한이 비핵화를 포기하지 않는다면 스스로 부담스럽게 느낄 수 있도록 하는 조치가 필요하다. 제재를 더욱 강화하거나, 인권 문제를 제기하거나, 중국과 러시아를 통해 압박하는 방안 등이 강구될 수 있다. 이러한 강압 외교를 강력한 군사력이 뒷받침해야 함은 물론이다.

셋째, 북한의 불안정 상황을 늘 예의주시하고 대비하되, 위기 상황을 과대평가하거나, 이를 통일 여건 조성의 기회로 인식하는 것은 신중해야 한다. 북한 주민들은 국가의 경제적 곤궁 속에서 생존하는 데 매우 익숙하며, 이것이 저항을 일으킬지라도 정치적 위기를 유도할 수 있는 구조적 여건이 형성되기 어렵다.[93] 또한 김정은의 건강 이상이나 갑작스러운 유고가 북한 내부의 정치적 불안정을 야기한다 할지라도, 이것이 한국에 통일의 기회가 되기에는 대단히 많은 도전들이 있다. 물론 모든 상황에 대비한 비상계획은 준비해야 하지만, 그 적용 문제와 관련해서는 상황을 악화시키지 않도록 신중한 입장을 견지해야 한다.

3장 남북 간 쟁점과 해법

북한 불안정 상황 대비

정책 방향

북한의 불안정 상황이 닥칠 경우에 대비하기 위한 주변국과의 공조를 강화해야 한다. 북한에 대한 공세나 북한 흔들기가 아닌 예방외교의 차원에서 북한의 불안정 상황에 대한 대비를 강화해야 한다. 상황 악화를 방지하고 안정적인 회복을 위한 협력 방안을 주변국과 논의할 필요가 있다.

문제 인식

북한의 불안정 상황이 발생할 가능성은 낮아졌다. 하지만 북한의 동맹인 중국의 부상과 북한의 핵능력 고도화로 인하여 불안정 상황이 발생했을 때의 치명도는 오히려 더 높아졌을 수 있다. 한국 정부가 감당해야 할 불안정 상황의 가능성과 영향에 대한 재평가를 실시할 필요가 있다. 이를 계기로 우리가 달성할 수 있는 목표나 필요한 임무들을 재설정할 필요는 없는지 검토해 보아야 한다. 또한 한미일 다자 협력 하에서 조기경보 및 대비 능력을 강화하되, 북한을 자극하지 않도록 주의해야 할 것이다.

정책 결정의 배경 및 근거

북한의 불안정 상황에 대한 논의는 역사가 상당히 깊다. 한국 국방부가 정의하는 불안정 상황, 즉 급변사태는 "계속되는 경제난과 식량난으로 인해 북한 사회 전반에 걸쳐 자구 능력이 약화되고, 내외부로부터 체제 생존을 위협하는 복합적 구조에 직면하게 되었을 때, 북한 내부적으로 혼란이 발생하거나 이러한 상황을 극복하기 위해 위험한 도발을 시도하는 상태"다.[94] 또한 제성호는 북한의 급변사태를 "좁은 의미의 한반도 유사"로 보았다. 한반도 유사는 "한반도 평화와 안정에 중대한 영향을 주는 위급한 상황이 발생하여 외부로부터 긴급지원이 요구되는 비상사태"로 정의했다.[95] 전경주는 "북한 내에 급격하고 심각한 혼란이 발생하여 북한이 이를 자구적 노력으로 해결하지 못하는 상황"으로 정의하고 있다.[96]

일인독재체제인 북한의 불안정 상황을 야기할 가능성이 가장 높은 원인은 지도자의 사망일 것이다. 1994년 김일성 사망과 고난의 행군, 2011년 김정일 사망 당시 북한의 불안정 상황으로 인한 체제 붕괴 가능성을 높게 보는 예측이 많았다. 특히 김정일 국방위원장의 갑작스러운 죽음은 북한 사회를 충격에 빠뜨렸고 한반도 전체에 긴장을 고조시켰다. 세습을 두 번씩 성공시킨 사례는 현대 국가 역사에서 유례가 없는 일이다. 더욱이 김정일이 북한 내 후계구도를 마무리 짓지 않은 상황에서 사망한 것은 권력 공백과 사회적 불안 및 혼란을 초래하여 갑작스러운 정권 붕괴를 야기할 수 있다고 보았다. 김정일 사망 당시만 해도 김정은에 대해 외부에 알려진 정보가 거의 없었다.

2009년부터 김정일 와병설이 돌면서 한국과 미국의 북한 전문가들 사이에 북한의 불안정 상황에 대한 논의들이 상당히 활발히 이루어졌다. 북한은 이 논의 자체를 북한 체제에 대한 부정이자 흡수통일 야망을 실현하려는 속셈이라고 비난했다. "《급변사태》를 바라는 것은 하늘이 무너지기를 고대하는 미치광이의 얼빠진 망상"이라면서, 이는 미제와 "남조선 괴뢰 호전광들"의 "무모한 반공화국 체제전복 책동"이라고 규정했다.[97] 한국은 2010년 향후 2~3년이 북한 불안정 상황의 분수령이 될 것이라는 전망을 내놓았다. 이에 대해 북한 정권은 "2012년에 북한은 강성대국의 대문을 활짝 열어제끼는 력사에 특기할 사변으로 빛나게 될 것"이라며 자신감으로 응수했다.[98] 실제로 외부의 우려와는 달리 김정일 사망 후 김정은 체제는 굉장히 빠른 시간 내에 안착하는 모습을 보여주었다. 이후 불안정 상황에 대한 논의는 쑥 들어가는 분위기였다.

그러나 근 몇 년 사이 김정은의 건강에 이상이 있다는 보도와 북한 내 경제 위기가 심화되고 있다는 보도들이 많아진 것이 사실이다.

북한 입장에서 보면, 김정은의 건강에 이상 징후가 나타난 것은 오히려 이에 대한 대비를 철저히 하는 계기가 되었을 것이다. 따라서 그 자체로 북한 내부 불안정 사태의 가능성이 높아졌다고 보는 것에는 무리가 있다. 또한 코로나19로 인하여 북한 내부에서 '고난의 행군'이 다시 언급된 것을 보고 이것이 불안정의 징후가 아니냐는 설왕설래가 있었다.[99] 하지만 이는 인민을 향하여 북한 노동당이 '고난의 행군' 정신, 즉 사생결단 정신을 가질 것을 주문하기 위한 것이었다. "《고난의 행군 정신》에 대하여 알지도 못하는 세력들이 《고난의 행군》이라는 술어를 《경제난》,《생활고》의 동의어로 쓰면서 조선의 현황을 제재와 코로나, 자연재해의 이른바 《3중고》의 맥락에서 거론하고 있는 것은 과거에도 있었던 불순한 여론 오도술의 변종에 불과하다"고 비판했다.[100] 실제로, 북한은 코로나19로 인한 국가 폐쇄가 장기화되고 있음에도 불구하고 열병식, 당대회, 당세포비서 대회 등 연이은 대형 행사를 치렀다. 각 행사별 1만 명에 이른 참석자들은 마스크를 착용하지 않았다. 경제 위기에 시달리는 중에도 통제 관리가 충분히 이루어지고 있는 모습을 보여준 것이다.

북한 경제가 제재와 코로나19로 인해 상황이 악화되고 있는 것은 사실이다. 제재 이행이 본격화된 2017년부터 2020년까지 시멘트 생산량이 25% 이상 급감했고, 2017~2019년 북한 가계소득의 중앙값은 2014~2016년에 비해 평균 25% 감소했다.[101] 독재체제는 민중 동요에 의한 불안정보다 소수 엘리트층의 배신에 의한 불안정에 더 취약할 수 있다. 이를 고려할 때, 상위층의 가계소득이 현저히 감소한 것은 주목할 만한 현상이다. 하지만 경제 위기의 정도만으로 불안정 상황 발생 가능성을 측정하는 척도로 삼기는 매우 어렵다. 경제 위기는 측정 가능한데, 산술적으로 불안정을 야기할 가능성이 높아졌다고 해서 반드시 그런 상황이 발생하는 것은 아니다. 공산주의 관료제의 전통이 남아 있는 북한은 국가기구 및 당 조직이 잘 정비되어 있다. 현재 북한 내에서는 외국의 전폭적 지원을 받는 도전자나 이를 뒷받침할 대안세력이 형성되기 어렵다. 또 당세포 단위로 북한 주민 간의 감시가 상당한 수준으로 이뤄지고 있어 내전을 일으킬 만한 집단이 비밀리에 결집할 수 있는 가능성은 매우 작다.

미국과 한국은 북한에서 급변사태가 발생할 경우에 대비한 작전 계획을 완성한 것으로 알려져 있다. 이는 군사적 차원의 대비 계획을 세워 둔 것이다. 현시점에서 미국 정부가 북한의 불안정 상황 발생 가능성을 높게 판단하고 있다거나, 정권 교체와 같은 정치적 목표를 추구하고 있는 것은 아니다. 미국은 이라크 및 아프가니스탄에서의 군사작전이 장기화된 것을 겪은 이래 군사적 개입에 대하여 상당히 신중한 입장으로 돌아섰다. 대규모 지상군을 투입할 가능성도 희박해졌다. 미국은 북한 내에 불안정 상황이 발생할 경우 비확산 및 자유민주주의 확산을 위해 노력하겠지만, 인도적 상황을 직접 다루기보다는 핵 및 WMD 해체와 관련한 기여에 관심을 둘 것으로 보인다.

중국은 북한과 긴 국경을 접하고 있고 북한과 동맹관계를 맺고 있기 때문에 북한의 불안정 상황 가능성에 대해서는 한국만큼이나 예의주시하는 국가다. 불안정 상황이 발생할 경우 중국은 무조건 개입할 것으로 보인다. 이때의 개입은 인도주의적 목적, 동맹조약상의 자동 개입 조항, 탈북 사태에 대한 접경지역 방어 목적 등 다양한 명분을 통해 가능하다. 중국은 주변국 가운데 불안정 상황의 발생 징후를 가장 먼저 포착하는 국가일 것이다. 징후가 포착되면 사태 발생을 방지 내지 차단하기 위한 정치적 조치들을 추구할 수 있다. 이를 막지 못하여 피치 못하게 불안정 상황이 발생하는 경우에는, 상황 정리 이후 북한 내에 친중 여건이 조성될 수 있도록 하는 노력들을 기울일 것이다. 북한 내에서 불안정 상황이 발생하는 것 자체보다는, 이를 계기로 하여 한반도 상황이 한미동맹에 우호적인 방향으로 전개되는 것을 중국은 가장 우려한다.

정책 추진과정에서의 유의점

지금까지 한국 정부는 북한의 불안정 상황에 대한 대비를 군사적 차원 및 범정부적 차원에서 계획하고 연습해 왔다. 이는 기본적으로 불안정 상황 발생 가능성을 높게 평가한 것이다. 불안정 상황을 계기로 통일이 이뤄질 수도 있다는 기대를 정책적으로 반영한 것이기도 했다. 그러나 김일성 사망과 고난의 행군을 경험한 1990년대와 김정일 사망 전후인 2000년대 후반에 비해 그 가능성은 낮아졌다. 또 국가 간 분쟁과 지상 작전을 피하려는 국제적 조류, 법에 기반한 국제질서의 발전, 분단의 고착과 개별 국가로서의 위상 강화 등으로 인하여 북한 불안정 상황이 발생한다 해도 한국이 군사적으로 개입할 수 있는 여지가 좁아진 것이 사실이다.

북한 불안정 상황 발생 시 한국의 개입이 정당성을 얻기 위해서는 북한 정권 혹은 대안 세력의 대표 역할을 할 수 있는 집단이 자구적 노력만으로는 북한의 내부 불안정을 해결할 수 없는 상황이어야 한다. 해당 행위자가 한국에 인도적 지원이나 대안적 정부 수립을 위해 개입을 요청한다면 개입의 정당성은 충분해질 것이다.[102] 또 북한 내부 상황이 국경 밖으로까지 영향을 미쳐 우발적·군사적 충돌이 발생하거나 특정 집단이 우리 국민을 위협하는 상황이 생길 경우에도 자위권 차원에서의 개입이 가능해질 수 있다. 그러나 이는 우리 국민에 대한 보호와 휴전선 이남 지역 영토에 대한 방어에만 그쳐야 할 것이다. 그 수준을 넘어서는 정치적 목표 하의 개입이 정당성을 얻기 위해서는 북한 내 인도적 상황이 훨씬 엄중하거나 북한이 한국에 의도적 위협을 가한 것으로 볼 수 있는 정황이 있어야 할 것이다.

북한 인권 문제

정책 방향

북한 인권 상황 개선을 위해 다양한 노력을 견지해야 한다. 북한과의 양자 대화 의제에 인도적 상황 개선을 포함시키고 실질적인 개선을 도모해야 한다. 국제사회의 북한 인권 논의와 관련, 상황을 예의 주시하며 중견국으로서의 책임을 이행해야 한다.

문제 인식

북한을 자극하지 않고 선의를 베푼다고 해서 북한의 행동이 바뀌지는 않는다. 오히려 북한으로 하여금 행동을 변화시킬 필요가 없다고 느끼게 만든다. 북한의 행동 변화를 이끌어내기 위해서는 강압을 추구해야 한다. 강압이 성공적이기 위해서는 상대방이 가장 취약한 점을 건드려야 한다. 북한에 있어서는 그것이 인권이다. 당장 정권을 위협할 정도로 급진적인 정책을 추구해야 한다는 것이 아니다. 북한 인권 상황을 개선하기 위한 국제사회의 노력에는 반드시 적극 동참해야 한다. 이는 바이든 행정부가 추구하고 있는 정책의 방향성과 일치하기도 한다. 한미 정상회담 공동성명에서도 이를 재확인한 바 있다.

정책 결정의 배경 및 근거

북한 인권 문제는 일인독재체제가 일반적으로 갖고 있는 전형적 문제점이다. 크게 두 가지 원인에서 기인한다. 첫째, 북한 정권은 일인독재체제에 대한 복종을 강요하기 위해 매우 강력한 탄압 기제를 사용해왔다. 이동의 자유, 집회의 자유, 언론의 자유, 출판의 자유, 신앙의 자유는 모두 금지되어 있고, 국가가 강요하는 이데올로기 외에 다른 정치적, 경제적 이념을 좇을 수 없다. 또한 이른바 공포정치라 불리는 정치 행태 속에서 정치범 수용소를 운영하며 잔인한 고문과 강제노역을 시행해 왔다. 이로부터 탈출한 탈북자들을 통해 수용소 실태가 조금씩 알려지면서 국제사회의 관심과 우려가 높아졌다.

인권 문제의 또 다른 원인은 국민들의 삶의 질에 대한 의도적 무관심에서 기인한다. 대부분의 독재체제는 국가가 자원을 독점하는 가운데 지배연합 혹은 정권을 수호하는 엘리트들에게 국가 자원을 몰아주고 나머지 국민들의 삶은 의도적으로 피폐하게 만드는 특징을 갖고 있다. 국민들 대부분은 일상적인 빈곤에 시달리며 삶의 기반이 되는 공공재는 매우 열악하다. 특히 북한은 공산주의 계획경제 시스템의 실패로 인하여 경제적 상황이 더욱 악화되었으며, 그 여파는 1994년 고난의 행군 시기 때부터 엘리트들이 아닌 인민들이 모두 떠안게 되었다.

그러나 북한 정권은 《인권문제》가 존재하지 않는다"고 주장을 굽히지 않고 있다. 대북 인권 결의는 "정치적 음모"이자 "정치적 조작"이라고 일축한다.[103] 국제사회가 북한 인권을 비판하는 것에 대해서는, 국제기구가 지향하는 보편적 인권은 서구식 사고방식만을 반영하는 것으로 국가별 특수성을 무시한 것이라고 반론한다. 오히려 북한 정권은 북한이 다른 자본주의 국가들보다 더 참다운 인권이 보장되는 제도를 가지고 있다고 선전하고 있다. 자본주의 국가들에서는 낮은 수입으로 겨우 생계를 이어가는 비정규직 노동자들이 넘쳐나고, 남한에는 일자리가 없어 거리를 방황하는 실업자들이 120만 명에 달한다고 설명한다.[104] 노인, 여성, 장애인, 어린이 등 취약한 계층들이 사회적으로 버림받고 있고, 부모 학대나 인종 차별, 총기류 범죄 등 북한에서 발생하지 않는 일들로 수 없이 사망하고 있다는 것이다.[105] 북한 인권에 대해 유엔보다 엄격한 잣대를 들이대는 유럽에 대해서는 이슬람교 증오로 일어난 범죄나 수많은 난민들이 바다에 빠져 죽은 사건을 거론하며 자기 집안일이나 신경 쓰라는 식의 대응을 하고 있다.[106]

그러면서도 북한 정권은 인권에 대한 국제적 기준을 준수한다는 이미지를 전파하기 위해 경제적·사회적 및 문화적 권리에 관한 국제협약, 시민적·정치적 권리에 관한 국제협약, 아동권리협약, 여성차별철폐협약, 장애인권리협약 등 다섯 개의 인권 조약을 비준하기도 했다.[107] 그러나 이것은 국내 선전용에 불과한 것으로 보인다. 북한은 시민적·정치적 권리에 관한 국제협약과 경제적·사회적 및 문화적 권리에 관한 국제협약 등 에 대해 10년 이상 국가 보고서를 제출하지 않았다.[108] 그러면서도 "진정한 인권보호 증진을 위한 국제적인 노력에 적극 합류해 나갈 것"이라면서 인권 문제에 대한 관심이 높은 국가인 것처럼 행세하고 있다.[109]

북한 인권 문제는 강력한 통제 및 탄압, 정권의 자원 독점 및 임의적 배분 등 북한 체제를 지탱하는 기제들로 인한 필연적 결과다. 북한 인권 문제에 대한 책임은 전적으로 북한 정권에 있다고 보아도 무방하다. 따라서 북한 인권에 대한 비판은 북한 정권에 정면으로 도전하는 것이 된다. 국제사회의 북한 인권 비판에 대해 북한 정권이 '최고 존엄에 대한 모독'을 언급하며 유독 예민하게 반응하는 것도 이 때문이다. 최근 바이든 행정부가 비핵화 협상과 연계하여 북한의 인권 문제를 강하게 제기할 가능성이 높아진 것은 북한과의 협상이 트럼프 행정부 때보다도 훨씬 더 어려워질 것임을 시사한다.

유엔을 필두로 한 국제사회는 북한 인권 상황에 대해 지속적인 문제 제기를 해왔다. 2003년 제59차 유엔 인권위원회^{現 인권이사회의 전신}에서 처음으로 북한 인권 결의가 채택됐다. 유엔 총회에서는 2005년부터 2021년까지 한 해도 거르지 않고 북한 인권 결의를 채택해 오고 있다.[110] 특히 2014년 발간된 유엔북한인권조사위원회 보고서는 북한이 반인도적 범죄^{Crimes Against Humanity}를 자행하고 있다고 결론 내리고, 유엔 안전보장이사회가 북한의 반인권적 상황을 국제형사재판소에 회부해야 한다고 권고했다.[111] 이를 계기로 북한 인권 문제는 세계적 공감을 얻는 국제적 이슈가 되었으며 유엔 등 정부 간 기구뿐 아니라 비정부기구들 간의 연대도 광범위하게 이루어지고 있다.

이와 같은 국제사회의 북한 인권에 대한 접근은 1948년 유엔 총회에서 채택한 세계인권선언 및 '보호책임^{Responsibility to Protect}' 개념에 기반하고 있다.[112] 세계인권선언은 "인권에 대한 무시와 경멸로 인류의 양심을 격분시키는" 나치의 만행을 반복하지 않도록 하기 위해 만들어졌다. 선언문 내용에는 북한 정권이 보장하지 않는 수많은 개인의 권리들이 등장한다. 북한 인권 문제의 핵심은 국가의 실패로 인한 공포와 빈곤이다. '보호책임'은 국가가 원인을 제공하는 공포와 빈곤으로부터 개인들의 자유를 보장하기 위해 국제사회가 개입해야 할 책임이 있다는 것이다.[113]

미국의 트럼프 전 대통령은 북한과 싱가포르 정상회담을 한 뒤 "김정은과 사랑에 빠졌다"는 표현으로 잔인한 독재자의 인권 탄압을 묵인하는 듯한 입장을 보였다. 트럼프의 권위주의에 대한 선호와 개인적 성향은 지금까지 미국 행정부가 북한 인권에 대해 견지해 온 엄격하고 비판적인 입장과는 크게 대비되는 것이었다. 트럼프 행정부는 2018년 유엔인권이사회에서 탈퇴하여 3년 동안 유엔 대북 인권결의안에 참여하지 않았다. 바이든 행정부는 취임과 동시에 인권과 민주주의에 반하는 트럼프 행정부의 정책들을 모두 원위치로 되돌리고 있다. 외교정책의 중심에 인권을 두고 인권 침해 문제를 제기하는 데에 적극적인 입장을 보이고 있다. 바이든 행정부는 대북정책 전반에 걸쳐 북한 인권 문제를 중요하게 다룰 것임을 분명하게 밝혀왔다. 미국이 유엔인권이사회에 복귀하여 대북 인권결의안 공동제안국에 참여한 것을 그 일환으로 볼 수 있다.

반면 문재인 정부 임기 동안 한국은 북한 인권 문제에 대단히 소극적이었다. 마치 인권은 정권이 지향하는 정치적 목적에 따라 타협할 수 있는 이슈인 것처럼 여겨져 왔다. 2005년 17대 국회에서 처음 발의된 북한인권법은 오랜 계류 기간을 거쳐 2016년 3월에 통과되고 공포되었다. 그러나 2021년 현재 북한인권법이 제대로 작동하고 있다고 보기는 매우 어렵다. 제정된 지 4년이 지났음에도 불구하고 북한인권재단 출범이나 북한인권대사 임명 등 핵심 조항의 집행은 전혀 이뤄지지 않고 있다. 또 유엔 대북 인권결의안에 2009년부터 공동제안국으로 참여해 왔지만, 2019년부터는 비핵화 대화 등에 미칠 영향을 고려하여 공동제안국에서 빠졌다. 다만 컨센서스로 이뤄지는 결의안 채택에만 동참하고 있다.[114]

정책 추진과정에서의 유의점

한국이 인권 문제에 소극적이었던 것은 비핵화 협상의 성공을 위해 북한을 자극하지 않기 위함이었다. 정부 입장에서는 북한 내 주민들의 인권보다는 대한민국 국민의 생명과 안전을 수호하는 것이 더 우선적인 책무다. 따라서 국민 생명과 안전에 관련되는 사안인 북핵 문제 해결을 위해서는 북한 인권 문제를 양보할 수밖에 없다는 논리를 내세울 수 있다. 그러나 이러한 논리는 반드시 극복할 필요가 있다. 비핵화는 단기간에 이뤄질 성질의 것이 아니지만, 북한 주민들의 인권 문제는 해결을 미루면 미룰수록 피해가 커지는 문제다. 인권 침해로 고통을 받고 있는 북한 주민도 헌법상 대한민국 국민에 해당한다는 사실을 인지할 필요가 있다.

북한의 전술핵 개발

정책 방향

북한의 전술핵 개발에 대응하기 위해서는 한미동맹 차원의 확장억제를 강화해 나가야 한다. 동시에 확장억제의 신뢰성 제고를 위해 한미 간 상설 협의체나 핵공유 등도 검토해야 한다. 미국의 자동 개입을 정치적 메시지로 발신하는 것도 중요한 대안이 될 수 있다. 증강된 확장억제를 시현함으로써 북한의 도발을 예방하는 것이 필요하다.

문제 인식

북한의 전술핵무기 개발은 동맹의 분리 가능성을 노린 것이다. 이를 상쇄하기 위해서는 확장억제의 신뢰성을 강화할 필요성이 있다. 억제는 위협의 크기와 신뢰성을 바탕으로 하는데, 이 문제에 있어서 만큼은 확장억제가 주는 위협의 크기는 부차적이다. 위협이 아무리 크다 한들 신뢰성이 없다면 온전한 억제 기능을 할 수 없기 때문이다. 북한이 핵무기를 사용할 경우 미국은 반드시 한반도에 개입할 것이라는 신뢰를 주려면, 전시 혹은 위기 시에 미국의 자동 개입을 보장하는 장치를 미리 제도화할 필요가 있다.[115] 전시 혹은 위기 시에 미국의 확장억제가 작동하지 못한다면 평시의 공약은 아무 의미가 없다는 것을 미국에 주지시켜야 한다. 전시 혹은 위기 시에는 미국이 개입한다는 명시적 표현이 한미상호방위조약, 한미 정상회담 공동성명, 미국 의회 결의안 등에 담길 수 있도록 해야 한다.

정책 결정의 배경 및 근거

북한 김정은 정권은 제8차 당대회에서 "핵기술을 더욱 고도화하는 한편 핵무기의 소형 경량화, 전술무기화를 보다 발전시켜 현대전에서 작전 임무의 목적과 타격 대상에 따라 다양한 수단으로 적용할 수 있는 전술핵무기들을 개발"해야 한다고 밝혔다. '핵무기의 전술무기화'는 북한이 2016년 3월 9일 공개한 핵탄두를 스커드 계열 및 KN-23, 24 등의 단거리 미사일에 탑재하여 전술적 목적으로 사용하는 것을 의미한다. 한편, 전술핵무기는 새로운 무기를 개발한다는 것으로 핵탄두의 크기를 KN-25와 같은 초대형 방사포 및 240*mm*, 170*mm* 등과 같은 장사정포에 탑재할 수 있는 크기로 소형 경량화시켜 전술적 목적으로 사용한다는 것을 의미한다.[116]

전술핵무기는 유사시 미국의 개입을 억제하기 위한 수단으로 개발하는 것이 아니라 실제 사용을 목적으로 하는 것이어서 심각한 우려를 낳고 있다. 특히 개전 초기 한국에 대하여 핵을 사용할 가능성이 상당히 높아진 것으로 보고 있다. 미 전략사령부 작전기획·정책국장인 페르디난드 스토스 공군 소장The Honourable Maj Gen Ferdinand B. "Fred" Stoss은 "김정은이 강조한 '전술핵무기 고도화'의 본질은 위력 강화나 사거리 연장이 아니라 핵무기로 '선제공격first use'하려는 사악한 의도를 담았다"고 주장한 바 있다.[117] 이러한 관점은 북한이 여러 핵전략 중 비대칭확전형으로 옮겨가고 있다는 관점과 일치한다.[118] 비대칭확전형은 상당히 강한 위협 인식을 갖는 국가가 추구하는 전략으로서, 재래식 전쟁에서 핵전쟁으로 쉽사리 확전될 수 있는 가능성을 가지고 상대를 위협하는 전략이다.

비핀 나랑은 북한이 미국의 압도적인 군사력에 의해 자국 군대가 파괴되는 것을 막기 위하여 괌과 일본의 미군기지, 그리고 한국에 대해 핵무기 선제 사용을 고려할 수 있다고 본다. 물론 이는 북한 정권이 상당히 위기에 직면했을 때 택할 수 있는 결정으로 미국을 공격하는 데 따른 위험도 무릅쓰는 선택이다.[119] 브루스 베넷은 위기 시에 북한은 전쟁 후반보다는 초반에 핵무기를 적극적으로 사용할 가능성이 70% 이상이라고 본다. 그는 북한이 미국의 공격으로 자신의 핵무기가 살아남을 가능성이 낮다고 판단하기 때문에 이러한 전략을 선택할 것으로 본다.[120] 그 밖에 2020년 및 2021년에 발간된 랜드 보고서도 북한의 선제 핵사용에 대한 우려를 제기하고 있다.[121]

정책 추진과정에서의 유의점

한국이 동맹 분리를 우려하는 목소리를 너무 많이 내는 것은 전략 커뮤니케이션상 북한과 미국 모두에게 매우 부정적인 효과를 불러일으킨다. 미국에게는 한국이 미국을 신뢰하지 않는다는 인상을 심어주고, 북한에는 공격의 동인을 제공하기 때문이다. 따라서 동맹 분리의 우려를 불식시키기 위한 요구를 미국 측에 하더라도, 이를 공론화하지 말고 물밑에서 진행하는 것이 바람직하다. 또한 이러한 요구가 미국 측에 쉽게 받아들여지지 않을 것이기 때문에, 핵무장과 같은 자구책을 검토할 수 있음을 시사해야 할 것이다. 북핵 고도화 위협을 직면하고 있는 상황에서도 미국의 비확산 정책에 순응하여 핵무장을 하지 않는다는 결정은 그리 쉽게 내릴 수 있는 것이 아니다. 한국이 호주, 일본 등 미국의 다른 동맹국들과는 달리 직접적인 핵공격 위협 하에 있음을 주지시키면서 동맹 분리 우려에 대해 미국이 보다 적극적으로 감당해주기를 요청해야 할 것이다.

한국 억제력 강화 반발

정책 방향

북핵 능력이 고도화되는 상황에서는 대북 억제력을 지속적으로 강화해 나가야 한다. 한국의 첨단 억제력 구축은 자위적이며 생존을 위해 필요한 조치다. 비핵화 협상에 진전이 없는 상황에서는 북한의 반발에도 불구하고 지속적으로 억제력을 강화해야 한다.

문제 인식

북한이 한국의 억제력 증강을 계속 문제 삼는다면 한국 정부도 북한의 불법적 핵개발과 WMD 개발, 북한의 남북군사공동위원회 설치 거부 등을 조목조목 따져 북한도 자제하고 협조할 필요가 있음을 강조해야 한다. 북한과 달리 한국 정부는 북한의 전력 증강 관련 소식에 대해 우려의 목소리를 공식화한 적이 별로 없다. 한국 국방부는 북한 핵미사일 실험이 유엔 제재에 저촉이 되는지 안 되는지 여부에 대해서만 입장을 낼 것이 아니라, 북한의 전력 증강에 대한 우려와 대응에 관한 메시지를 적절한 시기마다 공식화할 필요가 있다. 전자는 외교부가 하면 충분한 일이다. 또 북한이 비핵화 조치를 취하고 실질적인 군비통제 여건이 구축될 때까지 한국의 억제력 강화는 북한의 핵과 WMD 고도화에 상응하여 지속적으로 이루어져야 한다.

정책 결정의 배경 및 근거

북한은 핵 및 WMD 개발이 자위권 차원이라는 주장을 펼치면서 한국군의 군사력 강화 동향에 대해서는 신랄하게 비판해왔다. 한국이 국방개혁 프로그램에 따라 자체 군사력을 강화할 때나 한미동맹 강화를 통해 확장억제를 강화할 때에도 '이중적 행태' 혹은 '대결적 본색'이라며 비난과 반발을 계속해 왔다. 특히 한미동맹 강화와 관련된 움직임에 대해서는 비난의 강도가 높아진다. 한국이 미국을 '상전'으로 여긴다고 조소하는 표현까지 동원해 한국 내 반미주의 정서를 자극하는 한편 북한 내에서 한국이 미국에 종속적이라는 이미지가 퍼지도록 유도하는 데 활용하는 것이다. 가령 한국의 국방장관에 대해 "군 통수권도 없는 허수아비의 가소로운 객기"를 부리고, "상전이 쥐여준 총대나 꼬나들고 그 대포밥 노릇이나 하는 주제"라는 표현으로 비난하는 식이다.[122] 한국이 도입하려는 미국의 장비에 대해서는 "미국이 쓰다버린 고물단지"라고 비아냥한다.[123]

한국이 보유하고 있거나 보유 예정인 무기체계 중에 북한이 특별히 민감하게 반응하는 것은 고고도무인정찰기 글로벌호크[RQ-4]와 패트리어트[PAC-3]요격미사일, 스텔스 전투기, 다연장 로켓포 등이다. 북한은 한국이 PAC-3 미사일을 도입하는 데 대해 "우리는 남조선에 대한 미국의 요격미사일 판매 결정을 괴뢰군을 총알받이로 내몰아 조선반도(한반도)에 핵전쟁의 구름을 기어이 몰아오려는 비열한 행위로 엄중시하지 않을 수 없다"면서 "제반 사실은 우리의 핵억제력 강화의 정당성을 더욱 실증해주고 있다. 침략자들과 사대매국노들의 무기장사 놀음은 우리를 핵억제력을 더욱 강화하는 길로 떠밀 뿐"이라고 경고했다.[124] 또한 PAC-3 등의 무기체계 도입이 "남북관계 화해 분위기에 역행한다"면서 "북남 사이에 진행되는 군사적 신뢰조치들과 현 북남 화해 국면에 역행하는 위험한 군사적 움직임으로서 대화의 막 뒤에서 동족을 반대해 칼을 버리는 불순한 흉계의 발로"라고 비난하였다.[125]

특정 무기체계뿐 아니라 국방개혁과 국방중기계획 및 국방예산의 증강 등 주권국가가 군사력의 유지 및 강화를 위해 정례적으로 추진하는 국방 관련 기획과 계획에 대해 꼼꼼히 따지며 판문점 선언과 군사합의를 위반하는 것이라고 주장해왔다. 최근에는 국방개혁 2.0의 진행을 주도면밀하게 관찰하고 보도해 왔다. '국방개혁 2.0 첨단국방혁신추진 점검회의'에서 설명된 향후 계획을 거의 그대로 소개하면서 한국의 국방개혁을 "동족을 반대하는 침략병기를 확충하려는 반민족적 범죄행위"로 묘사했다.[126] 또한 '2019-2023 국방중기계획'과 '2020-2024 국방중기계획' 발표, 전군 주요지휘관 회의 개최 등의 내용을 구체적으로 전달하고, 여기서 언급된 '튼튼한 국방태세 확립', '5대 국방운영 중점과제' 등 표현 하나하나에도 민감하게 반응하는 모습을 보였다.[127] 이 모든 계획이 북한을 겨냥한 무력 증강인 것처럼 호도하고 있는 것이다. 이는 북한 주민들에게 한국에 대한 부정적인 인상을 심어주고 대외적으로는 대화 결렬을 한국 책임으로 돌리려는 의도에서 비롯된 것이다.[128] 동시에 한국의 군사력 건설에 대해 대단히 위협적으로 느끼고 있음을 방증하는 것이기도 하다.

한국이 전력 강화를 추진하는 것은 주권국가로서 아무런 문제가 없다. 오히려 국제법상 불법행위라 할 수 있는 북한의 핵무기 개발 및 생산에 대해 국제법상 합법적인 자위권 행사 역량을 강화하는 것으로 볼 수 있다. 남북은 2018년 9월 19일 체결된 남북 군사 분야 부속합의서에서 남북군사공동위원회를 구성하여 군사력 증강 문제를 논의하기로 했다. 하지만 북한은 공동위원회 구성을 거부하고 있는 것으로 전해진다. 따라서 한국이 판문점 선언을 위반하면서 이중적인 태도를 보이고 있다고 북한이 비난하는 것은 적반하장이자 어불성설이라는 점을 분명히 할 필요가 있다.

정책 추진과정에서의 유의점

한국이 전력 증강을 하는 이유가 북한 때문인 것만은 아니다. 주변국의 잠재 위협을 식별하고 전방위적 대비태세를 구축하는 것이야말로 전력 증강의 주요한 배경 중 하나다. 따라서 한국이 전력을 강화하는 것에 대한 책임의 일부가 북한에 있음을 명확히 하는 동시에 주변국의 잠재 위협에 대한 대응도 포함하고 있음을 인지시킬 필요가 있다. 또한 북한이 우주 공간 등 새로운 전장 영역에서의 역량을 강화하려 하듯 한국 역시 마찬가지의 노력을 기울이고 있으며, 이는 북한을 겨냥한 것이 아니라 전 세계적 군비경쟁에 대응하는 측면이 크다는 사실을 분명히 할 필요가 있다. 이러한 노력이 북한의 반발에 의해 지연되거나 위축되면 한국의 군사력은 역 내에서 상대적으로 약화될 수 있다. 따라서 한국군의 전력 증강은 북한의 반응과 무관하게 일관된 방향으로 추구할 필요가 있다.

통일 방안

정책 방향

평화공존을 우선 과제로 추진하면서도 중장기적으로는 평화통일을 지향한다. 남북교류나 평화체제 구축 과정에서 통일을 포기하지 않고 일관된 입장을 견지한다. 통일 정책은 '민족공동체 통일방안'에 기반한 교류협력 확대, 국가연합, 통일의 3단계 통일을 원칙으로 한다.

문제 인식

북한 체제가 바뀌지 않는 한 평화적 통일은 대단히 비현실적이다. 설령 북한 정권의 불안정 사태가 발생한다 해도 이를 계기로 한국이 한반도를 통일하고, 북한이 국가로서의 위상을 상실할 가능성은 낮다. 미국과 중국을 포함한 국제사회가 그에 동조하지 않을 것이다. 만만치 않게 어려운 과제이지만 통일보다는 평화체제와 평화공존이 시대적 과제가 되어야 할 것이다. 통일에 대한 언급이 심리전적인 요소로 활용될 수는 있을지라도 통일을 지나치게 드러내 놓고 추진하는 것은 바람직하지 못하다.

정책 결정의 배경 및 근거

휴전 후 통일은 남북한 모두의 국가적 목표로 여겨져 왔다. 그러나 남북은 접근 방법을 달리한다. 북한의 통일 방안은 대남혁명에 기반한 접근과 연방제에 기반한 접근으로 나뉠 수 있다. 대남혁명에 기반한 접근법의 시초는 김일성이 1945년 12월 17일 북한을 "통일된 민주주의적 독립국가를 위한 강력한 민주기지로 전변시킬 것"을 선언한 것이다. 민주기지론은 초기 단계의 대남전략으로서 먼저 북한 지역에 공산주의 혁명기지를 강화한 뒤 한반도 전역에서 공산주의 통일을 완성하는 것을 말한다.[129] 이는 특정 지역을 먼저 확보한 후 하나의 근거지로 삼고 다시 타 지역으로 이를 수출하는 스탈린의 세계혁명 전략에서 유래한 것이다. 3대 혁명 역량 강화론은 6·25 전쟁 실패의 교훈에 따른 것이다. 남조선 혁명을 완성하기 위해서는 3대 혁명 역량, 즉 북한 자체의 혁명기지 역량, 남한 혁명 역량, 그리고 국제적 혁명 지원 역량의 강화가 필요하다는 것이다. 이 접근법에서는 국제적 혁명 지원 역량이 특히 강조되었다.[130] 이후 1970년 11월 제5차 당대회를 계기로 민족해방 인민민주주의혁명론으로 발전하였다. 이는 북한이 아닌 한국 내의 혁명세력이 주체가 되어 한국 정권을 타도한 뒤 북한과의 통일을 이룩해야 한다는 일종의 지역혁명론이다.[131]

대남혁명에 기반한 접근과는 별도로 북한은 지속적으로 연방제를 수립하는 통일 방안을 제시해왔다. 이는 상호 배타적이지 않다. 대남혁명에 기반한 접근은 연방제를 수립하기까지의 한국과 북한 내 정치 과정을 설명한 것이라 볼 수 있다. 김일성이 제안한 최초의 연방제 방안은 한국과 북한의 정치 제도를 유지한 채 '최고민족위원회'를 조직하여 경제 및 문화부터 통합적으로 관리하는 것이다. 이는 1973

년 '조국통일 5대 강령'의 일환으로 발표된, '고려연방공화국'이라는 국호로 남북 연방제를 실시하자는 제안으로 발전된다. 이 방안에 따르면 '대민족회의'가 최고 권위체로 경제, 문화뿐 아니라 외교와 군사 분야에 있어서도 통합된 권한을 행사한다. 1980년 제6차 당대회에서는 고려민주연방공화국 창립방안이 제시되었다. 이는 2개의 체제를 그대로 유지하면서 단일 정부인 '최고민족연방회의'를 수립한다는 것이다. 선결조건으로서 남한 정권의 퇴진과 주한미군 철수 등을 내세웠다. 사실상 북한 정권이 주도하는 통일 방안으로 해석될 수 있다.

김일성은 1991년 2개의 체제와 2개의 정부에 기초한 연방제를 다시 제시하였고 이는 2000년 이른바 '낮은 단계의 연방제'로 재차 설명되었다. 이같이 점차 느슨해지는 통일 방안은 점차적으로 통일이 요원한 과제가 되고 있음을 역설적으로 드러낸 것이라 할 수 있다. 김정은 정권 이후에도 북한은 여전히 통일을 언급하고 있다. 36년 만에 열린 2016년 제7차 당대회에서 김정은이 발표한 사업총화 보고 전문에는 통일에 대한 구체적인 의견이 제시되어 있다.[132] 김정은은 "북과 남은 상대방에 존재하는 서로의 사상과 제도를 인정하고 용납하는 기초 위에서 온 민족의 지향과 요구에 맞게 련방국가를 창립하는 길로 나아가야 합니다"라고 하면서 이른바 '제도통일'을 비판했다. 그는 2018년 문재인 대통령을 만난 자리에서 "만리마 속도전을 남북통일의 속도로 삼자"고 언급하였는데, 이는 제7차 당대회에서 제시한 통일론의 연장선상에 있는 것으로 보인다. 가장 최근에 열린

제8차 당대회 사업총화 보고에서는 "북남관계의 현 실태는 판문점선언 발표 이전 시기로 되돌아갔다고 하여도 과언이 아니며 통일이라는 꿈은 더 아득히 멀어졌다"고 진단했다.[133] 그러나 여전히 조국통일위업을 진전시켜야 한다는 과제를 제시함으로써 통일이 숙원 사업임을 분명히 했다.

북한 전문가와 탈북자들은 실제로 북한 정권이 통일을 원하는지에 대해서는 회의적이라는 견해를 보인다. 북한 정권의 통일에 대한 언급은 북한 체제가 추구하는 각종 사업들에 대한 명분의 구실을 할 뿐이라는 것이다. 북한이 주도하여 한국을 흡수하는 통일이 아닌 한북한 지도층이 실제로 통일을 지지할 가능성은 매우 떨어진다.[134] 통일이 될 경우 기득권을 잃게 될 것이기 때문이다. 한국이 원하는 방식의 통일을 북한이 수용할 가능성은 매우 낮다.[135] 2014년 조선일보가 탈북자 200명을 대상으로 실시한 설문조사 결과, 응답자의 82.5%는 '북한에서 가장 통일에 반대하는 세력'으로 '중앙당 간부'를 꼽았고 7.5%는 '군부'를 꼽았다. '시장 상인' 등 중간 계층이란 응답은 1%, '노동자·농민', '교수·연구원 등 지식인'이란 응답은 각각 0.5%에 그쳤다.[136]

한국 정부는 2000년대 이후 대체로 북한을 합법 정부로 인정하지 않는 전제 하에서 단일 민족, 단일 국가, 단일 체제, 단일 정부를 기반으로 한 민족공동체통일방안을 고수해왔다. 이것이 바로 김정은이 비판한 '제도통일'이다. 북한 입장에서 이러한 '제도통일'은 상당히 위협적일 수밖에 없다. 특히 박근혜 정부는 "통일은 대박"이 될 수 있다는 주장과 함께 통일준비위원회를 발족시키고 이른바 '한반도 신뢰 프로세스'를 통한 통일 준비를 국정운영의 핵심 기조로 삼았다.[137] 북한은 박근혜 정부의 통일 대박론이 흡수통일을 전제로 한 것이라며 대단히 민감한 반응을 보였다. 북한은 2014년 1월 18일 "통일은 대박이라는 남조선 집권자의 말이 아름답게 안겨오지 않고 겨레의 비난과 조롱의 대상으로 되고 있다. 이유는 급변사태에 기대를 건 흡수통일의 망상이 깔렸기 때문이다"고 논평했다.[138] 이후에도 박근혜 정부의 통일 정책은 대남 비방의 핵심이 되었다.

정책 추진과정에서의 유의점

현실적으로 통일이 단기간에 이루어질 가능성은 낮다. 통일의 당위성만 가지고 정책을 추진할 경우 남북관계에 부담이 될 수밖에 없다. 통일은 장기적인 목표가 되어야 하며 단기적으로는 '통일보다 평화가 더 중요'하며 '조속한 시일 내의 통일이 아닌 평화공존과 평화교류가 목적'이라는 원칙을 견지해 나가야 한다. 통일 방안에 대한 구체적인 논의는 오히려 한국과 북한의 이질적인 체제 속성만을 부각시키고, 단기 혹은 중기적 목표에 입각한 상황 관리를 어렵게 한다.

교류협력 확대

정책 방향

일관되게 교류협력 확대를 추진하되 북한 핵개발로 인한 대북제재의 틀은 유지되어야 한다. 그 이외의 영역에서는 어떠한 전제 조건 없이 교류협력을 확대한다는 원칙을 견지해야 한다. 북한이 호응해 오지 않을 경우에도 교류협력의 문을 열어둠으로써 북한의 변화를 촉구해 나가야 한다.

문제 인식

남북관계가 악화된 상황이라 하더라도 끊임없이 교류협력을 지향해야 한다. 교류협력을 시도조차 하지 않는 것은 바람직하지 않다. 북핵 문제 해결을 위하여 북한에 대한 강압 외교를 추구할 때에도 북한과의 소통 채널은 다각도로 유지하는 것이 바람직하다. 다만 산림, 보건, 체육 등 북한 주민들의 복지 증진에 초점을 맞추고 정치 상황으로부터 상대적으로 자유로울 수 있는 사업에 초점을 맞추어 추진할 필요가 있다. 일례로 북한 내 황폐화된 산림을 복구하기 위한 협력은 장기적으로 북한의 경제발전과 복지증진 목적에 부합한다. 산림 복구를 위해 지원하는 물자나 자원이 북한이나 한국 내에서 어떠한 정치적 효과를 갖기는 어렵다.[139]

정책 결정의 배경 및 근거

교류협력에 대한 북한의 입장은 일관성이 떨어진다. 교류협력을 원하다고 하면서도 한국에 대한 정치적 불만을 표출하기 위해서 가장 먼저 끊는 것이 교류협력이었다. 교류협력으로 얻을 수 있는 경제적 이익에 일부 의존해온 측면이 있긴 하지만, 교류협력을 위해 정치적으로 관철시키고자 하는 바를 희생한 적은 거의 없었다. 이산가족 상봉, 개성공단 재개, 금강산 관광 재개, 인도적 지원 등 대표적 교류 협력 사업 가운데 지금까지 실시되고 있는 것은 아무것도 없다. 상황 이 이렇게 된 것은 대북제재의 탓도 있지만 북한 당국의 의사도 크게 작용했다. 제재와 무관한 이산가족 상봉도 2018년에 단 한 차례 실 시한 것이 마지막이었다. 2019년 화상상봉을 위한 물자 반입이 제재 적용 대상에서 면제를 받기까지 했으나 상봉은 성사되지 않았다.

북한은 2018년 시작된 협력사업에 대하여 기대가 컸다. "철도, 도 로, 산림, 보건, 체육을 비롯한 다양한 분야의 협력사업들이 추진되어 민족의 공동번영을 위한 의미 있는 첫걸음을 내디디였다"고 평가하 기도 했다.[140] 그러나 그 이후 협력사업들이 원만히 진행되지 않자 그 에 대한 책임을 두고 한국 정부에 대한 비판을 계속해 왔다. 북한은 대체로 "한국 측의 진실성이 결여되어 있다"고 보고 있다.[141]

북한이 주장하는 바에 따르면, 한국 정부가 교류협력에 진실성을 보이려면 세 가지가 이루어져야 한다. 첫째, 북한은 이명박 정부가 만들고 박근혜 정부가 유지 계승한 법안들을 폐지해야 한다고 주장 하고 있다.[142] 이명박 정부가 남북교류협력법에 '행정조사제도'라는 제도적인 장치를 만들어 교류협력을 어렵게 만들었고 5·24 조치로 접촉과 교류를 전면 차단해 버렸다는 것이다. 둘째, 정세를 긴장시키 는 행동을 일절 해서는 안 된다고 주장한다. 북한 주장으로는 한국이 북한 핵과 WMD 위협에 대하여 미국이나 일본과 협의를 하는 것마 저도 정세를 긴장시키는 행동이 된다. 셋째, 미국의 눈치를 보지 말아야 한다고 주장한다. 북한은 한국이 미국의 승인을 받느라 협력을 지연시키고 있다고 불만을 표현하면서 "남조선이 북남관계를 조미관계에 종속시키는 대미 굴종 자세"를 벗어던져야 한다고 압박한다.[143]

제7차 당대회와 제8차 당대회 사업총화 보고를 비교해보면 확연히 달라진 북한의 인식을 확인할 수 있다. 남북관계가 크게 악화되기 전인 2016년 5월 개최된 제7차 당대회에서 김정은은 총화 보고의 많은 분량을 할애해 남북 대화 가능성을 언급했다. 기존의 '통미봉남'通美封南에서 '통미통남'通美通南으로의 전술적 변화를 꾀하고 있다는 분석이 나올 정도였다.[144] 그러나 제8차 당대회에서는 "북남관계가 일시에 얼어붙고 대결상황으로 되돌아가게" 되었다고 지적하면서 주된 원인으로 교류협력에 대한 한국의 진정성 결여를 지적했다. "남조선 당국은 방역협력, 인도주의적 협력, 개별 관광 같은 비본질적인 문제들을 꺼내들고 북남관계 개선에 관심이 있는 듯한 인상"을 주고 있지만, 실제로는 교류협력에 관심이 없고 무력 현대화에만 몰두하고 있다고 비판하였다.[145]

북한은 현재 코로나19로 인하여 인도적 지원이 필요한 상황임에도 불구하고 한국과의 교류협력에 대한 여지를 일절 두지 않고 있다. 한국 정부가 국내 여론을 의식하고 체면을 유지하기 위해, 현실적으로 전혀 가능성이 없는 교류협력 얘기를 하고 있다는 입장이다. 문재인 정부가 약 130억 원을 들여 추진했던 대북 쌀 지원사업도 2020년 말 북한의 거부로 1년 반 만에 무산됐다.[146]

정책 추진과정에서의 유의점

남북관계에서 북한이 새로운 시도를 추구할 만한 모멘텀이 발생한다면, 가령 한국 정부가 교체되는 시점과 같은 때에는 북한이 다시 교류협력에 대한 가능성을 열어두는 제스처를 취할 것이다. 문제는 북한이 한국 국내의 법적, 제도적 장치와 군사적 대비태세, 대외관계 등 교류협력에 제약을 가하는 요소들을 무력화하기를 원한다는 점이다. 이는 교류협력에만 영향을 주는 것이 아니라 한국의 안보 전반에 상당히 부정적인 영향을 미칠 수 있다. 따라서 원칙 있는 교류협력을 추진하되 안보와 관련된 국익을 침해당하지 않기 위해서는 사전에 충분한 대책 논의가 필요할 것으로 보인다.

금강산/개성공단

정책 방향

금강산 관광이나 개성공단은 북한 비핵화 협상의 진전에 따른 제재 완화와 함께 재가동되어야 한다. 비핵화 협상에서 초기 대북 지원 대상에 포함시킴으로써 조기에 남북관계가 정상화될 수 있도록 하는 배려가 필요하다.

문제 인식

금강산 관광의 경우는 북한이 한국 이외의 다른 협력 국가를 찾을 수 있지만 개성공단은 쉽지 않을 것이다. 따라서 한국은 금강산 관광

보다는 개성공단을 위주로 협력을 모색하는 것이 협상에 유리하다. 그러나 섣부른 기대와 희망은 버려야 한다. 개성공단 입주 기업들의 반발이 있더라도 대북제재 위반 소지가 있는 행동은 과감히 포기해야 한다. 대북제재가 지속되는 한 개성공단/금강산 관광 재개는 제한될 수밖에 없음을 받아들여야 한다. 폐쇄가 장기화됨에 따라 받게 되는 개성공단 입주 기업들의 손실을 해소할 수 있는 현실적인 대책들을 모색해야 한다.

정책 결정의 배경 및 근거

북한은 금강산 관광과 개성공단 재개를 희망해왔다. 북한은 한동안 개성공단과 금강산 관광 사업 재개를 통해 얻을 수 있는 이익에 상당히 큰 기대를 갖고 한국과의 협력에 희망을 걸었던 것이 분명해 보인다. 2018년 판문점 선언에서 "각계각층의 다방면적인 협력과 교류 왕래와 접촉을 활성화"하기로 합의한 뒤 남북 모두가 개성공단과 금강산 관광 재개를 현안으로 꺼냈다. 뒤이어 같은 해 9월 평양선언에서 개성공단과 금강산 관광 재개가 명시되었다.[147] 김정은은 2019년 1월 신년사에서 "아무런 전제조건이나 대가 없이 개성공업지구와 금강산 관광을 재개할 용의"가 있다고 밝혔다.[148]

북한 기관지는 한국 내에서 개성공단 및 금강산 관광 재개에 대한 의지를 보이는 움직임들이 일어날 때마다 상세히 보도했다. 예를 들어 한국의 한 시민단체가 2019년 6·15 공동선언 발표 19돌을 계기로 금강산 방문에 대한 국민들의 신청서 6,150장을 모아 통일부에 전달하자 북한은 이를 자세히 보도했다. 북한 매체는 해당 민간단체가 금강산 관광은 "남북선언을 이행하는 첫걸음"이고 "미국이 왈가불가할 문제가 아니며 허락하거나 승인할 문제도 더욱 아니다"라고 한 발언을 인용했다.[149] 또 《대북제재》와 전혀 무관한 개성공업지구가 폐쇄"된 것에 대한 불만을 드러내고 "개성공업지구 재개에 적극적으로 나서야 한다"고 주장한 한국 시민단체의 발언을 인용해 간접적으로 이에 동조하는 의도를 내비쳤다.[150] 북한은 개성공단과 금강산 관광 중단은 이전 보수 정권이 독자적으로 취한 제재조치이기 때문에 현 정부의 결단으로 해결할 수 있는 문제이며, 국제적으로는 물론 미국의 동의를 얻어야 할 이유가 없다고 주장하고 있다.[151]

그러나 2019년 말경에 접어들어서는 김정은이 더 이상 한국을 바라보고 금강산 관광이나 개성공단 사업을 추진하지는 않을 것이라는 뜻을 밝혔다. 먼저 김정은이 금강산 관광지구 안에 있는 남측 시설 철거를 지시했다는 사실이 국내 언론에 보도되었다. 2020년 1월에는 코로나 바이러스 전염 방지를 이유로 남측 시설물 철거를 잠정 연기한다는 뜻을 밝혔으나, 2021년 초에 열린 8차 당대회에서 이 문제를 다시 언급했다. 핵심은 해금강호텔 등 현대아산이 건설한 기존 시설물을 들어내고 '우리 식'으로 변화시키겠다는 것이다.[152] 2020년 6월에는 개성공단에 위치한 남북공동연락사무소를 폭파해버렸다. 폭파 당시에는 대북전단 살포가 직접적인 계기인 것으로 밝혔다. 이와 달리 한국이 금강산 관광과 개성공단 재개에 대한 김정은의 제안을 받아들이지 않고 미국의 승인을 요청한 잘못으로 인하여 연락사무소를 폭파했다는 논리를 내세우기도 했다.[153] 김정은은 2021년 3월 담화를 통해 "금강산국제관광국을 비롯한 관련 기구들을 없애버리는 문제를 검토하고 있다"고 경고했다.[154]

북한은 사실 한국과의 협력이 부재한 상황에서도 2011년부터 "금강산국제관광특구법"을 채택하며 금강산 관광 사업을 지속하고 있었다. 김정은이 제7차 당대회에서 "관광을 활발히 조직하여야"한다고 언급한 이래 북한은 관광특구를 개발하고 발전시키기 위한 정책을 수립해왔다. 금강산 관광은 원산-금강산국제관광지대의 일환으로 이루어지도록 하고 그 외에 함경북도 온성섬관광개발구, 황해북도 신평관광개발구, 평안북도 청수관광개발구, 무봉국제관광특구 개발을 시작했다.[155] 2015년 및 2016년에 외국 정부, 기업가와 투자자들로부터 투자를 받는 방식들에 대해 협의 중이라는 보도가 나왔다.[156]

2021년 8차 당대회에서는 "금강산관광지구 총개발계획에 따라 고성항해안관광지구와 비로봉등산관광지구, 해금강해안공원지구와 체육문화지구들을 특색 있게 꾸리기 위한 사업"에 착수할 것이라고 밝혔다.[157]

개성공단은 북한 현지에서 사업을 운영하는 것이다. 북한의 폐쇄적 경제구조로 인해 금강산 관광보다 해외 투자를 받기가 더 어렵다. 북한 입장에서도 개성공단을 활용하기 위한 대안이 별로 없는 것으로 보인다. 금강산 관광과 달리 제8차 당대회에서도 개성공단에 대한 언급은 전혀 없었다. 2013년 한국과 북한은 개성공단 가동 중단

사태를 겪으면서 재발 방지를 위해 개성공단 국제화에 합의한 바 있다. 이후 북한은 2014년 개성공단에 외국 기업을 유치하는 투자지원센터를 설립했다. 같은 해 6월 독일의 공업용 바늘 회사인 '그로쯔베커르트' 영업점이 최초로 설치되었으나 이는 공장이 아닌 출장소였다. 이후 추가로 진출한 해외 기업은 없는 것으로 알려져 있다. 개성공단은 저임금 노동력을 활용할 수 있다는 강점이 있지만 외국 기업들 입장에서는 통신과 통행이 대단히 불편할 것이다.

북한 입장에서는 금강산 관광이나 개성공단에 대한 투자자가 반드시 한국 정부나 기업일 필요는 없다. 협상 측면에서는 북한이 투자유치에 어려움을 겪어야만 한국에 유리한 여건으로 작용할 수 있다. 현재로서는 다른 국가나 기업가들로부터 얼마나 투자를 받았는지에 대해 공개된 정보가 거의 없다. 다만 2019년에 북한 대외경제성의 위임을 받은 투자유치사무소가 중국 선양에 문을 열고 원산-금강산 지역에 대한 투자 유치를 시작한 사실이 알려져 있다. 이에 따라 중국의 '단청국제그룹'을 비롯한 민간 기업 간부들이 같은 해 9월 북한을 방문해 금강산과 원산 일대 관광지를 둘러보고 투자 의사를 밝힌 것으로 알려졌다.[158] 북한은 마치 금강산 관광 사업에 필요한 자금을 확보하기라도 한 듯 사업 계획들을 세분화하고 있다. 분명한 것은 북한이 금강산 관광 때문에 한국에 매달리지 않는다는 점이다. 중국이나 스웨덴 등 다른 국가들이 투자비용을 충당해준다면 금강산 관광으로 한국이 북한에 갖는 레버리지는 사라진다고 봐도 무방할 것이다.

유엔 재재를 위반하면서 개성공단과 금강산 관광 재개를 무리하게 추진하는 것은 장기적, 국가적 차원에서 이익보다 손실이 크다. 한국은 2024년 유엔 비상임이사국 진출을 희망하고 있다.[159] 2017년 이전까지는 개성공단 재개와 운영에 영향을 미칠 수 있는 대북제재 관련 유엔 안보리 결의 조항이 ▲화물 검색 의무화 ▲대량의 현금bulk cash 제공 금지 ▲북한 내 금융기관 사무소 개설 금지 ▲교역trade을 위한 금융서비스 제공 금지 등에 국한되었다. 이때에도 현금 제공과 금융서비스 규제로 개성공단 재개에 어려움이 있었다.[160] 그런데 2017년 6차 핵실험으로 채택된 결의 2375호는 북한과의 모든 신규·기존 합작사업과 협력체 설립·유지·운영을 전면 금지했다. 만일 한국이 유엔이 비핵화에 대하여 낸 단일한 메시지에 권위를 부여하지 않고 공동의 의무를 이행하지 않는다면 유엔 비상임이사국 진출을 추구하는 한국의 국익과 비핵화 달성에 전혀 도움이 되지 않는다.

정책 추진과정에서의 유의점

금강산 관광이나 개성공단 사업 재개와 관련, 북한이 마무리를 지어야 할 문제가 남아 있다. 개성 남북공동연락사무소의 폭파에 대한 사과나 이에 대한 북한의 복구 없이 개성공단을 재개할 수는 없다. 금강산 관광이 재개되기 위해서는 박왕자 씨 사건과 같은 일이 재발되지 않도록 하는 안전조치가 이루어져야 한다. 두 사업 모두 북한의 보다 적극적인 조치가 선행되어야 하며, 그렇지 않은 상황에서 우리 정부가 이를 추진한다면 정부가 국민들을 납득시킬 수 있는 논리를 찾기가 쉽지 않을 것이다. 또한 유사한 사건이 재발할 가능성을 배제할 수 없게 된다. 이에 대한 북한의 조치 없이 두 사업을 재개하는 것은 사업 주체들의 경제적 이익을 위해 우리의 위상을 떨어뜨리고 안보를 저해하는 일이 된다.

북한 인도상황 개선

정책 방향

인도적 지원은 어떠한 사전 조건 없이 지속적으로 추진해야 한다. 다만 인도적 지원이 북한 주민들에게 고루 돌아갈 수 있도록 모니터링을 강화해야 한다.

문제 인식

우리 정부는 한미 정상회담에서 합의한 대로 도움을 필요로 하는 북한 주민들에 대한 인도적 지원을 촉진하는 데 힘써야 한다. 여기서 핵심은 도움을 필요로 하는 이들에게 직접 지원이 제공될 수 있도록 해야 한다는 것이다. 우리 정부가 인도적 지원의 직접적인 주체가 되는 것도 필요하지만, 한국만이 할 수 있는 기여를 함으로써 지원의 실제 효과를 높일 수 있다. 이는 인도적 지원의 투명성과 효율성을 높이기 위한 국제사회의 노력에 동참하는 것이다. 가령, 한국이 인도적 지원과 관련된 통역 인력을 제공한다거나, 북한 현황에 대하여 북한이 제공하지 않는 정보들을 한국이 제공해 주는 방안, 국제기구의

사무소를 제공하는 방안 등을 고려해 볼 만하다.

정책 결정의 배경 및 근거

북한의 인도적 상황은 매우 열악하다. 북한은 1994년 고난의 행군 시기 때부터 빈곤 국가의 불명예를 면한 적이 없는 대표적 취약국가다. 북한의 1인당 국민총소득은 141만 원으로 한국(3,744만 원)과는 27배의 차이를 보인다.[161] 북한은 1994년에 정점을 찍은 경제 위기에서 여전히 벗어나지 못하고 있다. 소련 붕괴로 인한 외부의 지원 중단과 자연재해가 겹치면서 국가의 경제적 취약성이 크게 노출되었다. 북한의 계획경제 시스템은 위기를 극복하는 과정에서 효율성을 발휘하지 못했다. 더구나 고난의 행군 시절부터 통치를 시작한 김정일 정권은 민간 경제가 회복되지 않은 상태에서 국방 경제에 자원을 쏟아 부었다. 평양을 제외한 나머지 지역에 대한 배급제는 붕괴되었으며, 주민들은 자급자족과 각자도생으로 살아가고 있다.

북한 내 이른바 '장마당'의 존재와 이를 통한 상행위는 자유주의 경제시스템의 상징으로 한때 철폐의 대상이었으나, 2002년부터는 일부 허용되기 시작했다.[162] 이때 시행된 경제 개혁의 틀 안에서 지방 정부가 자체적으로 시장 운영을 할 수 있도록 했다. 2003년에는 시장 설립에 관한 법률이 발표되었다. 또 종전의 암시장을 합법화해 주는 형태로 소비재 시장을 공식 허용했다.[163] 2019년 기준으로 북한에는 정부가 운영하는 공식 시장이 436개가 있다. 국가가 제공하지 못하는 의식주를 해결하기 위해 주민들은 다양한 방법으로 시장 활동에 참여하기 시작했다. 김정은 정권이 사실상 자율적으로 운영되던 시장과 개인 사업을 국가 계획 제도 안으로 편입하기 위한 통제를 강화하고 있지만, 시장에 대한 광범위한 허용은 유효하다.

그러나 생산성이 낮고 자유로운 유통이 제한되는 상황에서 시장이 효율적으로 작동하여 모든 주민들의 의식주를 해결하는 데는 구조적인 한계가 있다. 또한 시장이 해결해주지 못하는 공공재 문제가 매우 심각하다. 기반시설이 열악한 탓에 수해 등 자연재해에 대한 취약성이 상당히 높고 보건 및 의료체계가 제대로 작동하지 못하고 있다. 이에 따라 1995년 8월 대규모 수해 발생으로 처음 유엔에 긴급구호를 요청한 이래 북한은 국제기구에 지속적으로 지원을 요청해오고 있다. 2015년에는 100년 만에 최악의 가뭄으로 인한 식량 부족을 겪은 바 있다.[164]

북한의 인도적 상황에 대한 국제사회의 지원은 1995년에 시작되었다. 유엔인도지원국The UN Office for the Coordination of Humanitarian Affairs: UNOCHA은 1995년 9월 관련 유엔 기구들의 공동명의로 인도적 대북지원을 위한 모금을 국제사회에 호소하였다. 이후 국제기구 및 민간단체들이 아동, 여성 등 취약계층을 중심으로 인도적 지원을 계속해왔다. 주요 지원 항목은 백신과 치료제 등 의약품과 식수 및 식량 등이다. 사회 기반시설 건설도 인도적 지원을 통해 이루어지고 있다. 그럼에도 불구하고 북한은 내부의 인도적 상황에 대해 상당한 자신감을 드러내며 선전하여 왔다. "그 어떤 자연재해에도 두려움을 모른다"는 글에서 보듯 북한은 "국가가 실시하는 훌륭한 인민적인 시

책으로 자연재해가 생겼다 해도 수난자는 한 명도 없는 나라"라고 선전하고 있다.[165] 또한 코로나19로 인한 피해자가 단 한 명도 없다고 공표했다. 자만하며 경계를 늦추지 말아야 한다면서도 "악성 비루스 청정국"임을 과시하고 있다.[166]

인도적 지원이 북한 주민들의 삶을 개선하기보다 북한의 폐쇄적이고 억압적인 통치와 핵개발을 지속시키는 데 기여한다는 비판이 제기되어 왔다. 인도적 지원은 유엔 대북제재로부터 면제됨에도 불구하고 북한이 핵개발을 가속화하는 동안 국제사회의 대북 인도적 지원은 줄어들었다. 한국 정부 역시 북한의 계속된 핵·미사일 도발로 제재가 강화된 이후 대북 지원을 미뤄 왔다. 그러나 문재인 정부는 "북한 주민에 대한 인도적 지원은 정치적 상황과 무관하게 지속해 나간다는 입장"을 견지하고 있다.[167] 북한에 거부당한 대북 쌀 지원 사업뿐 아니라 WFP, 유니세프의 북한 아동, 임산부 영양 지원 및 모자 보건사업 등 국제기구의 대북 지원사업에 대해 800만 달러의 자금 공여를 추진하기도 했다.

한국 정부는 북한의 인도적 상황 개선을 위한 지원을 비핵화와 연계시켜 추진한 적이 있다. 대표적으로 이명박 정부의 '비핵·개방 3000'은 북한이 핵폐기를 결단하면 10년 내에 북한의 1인당 국민소득이 3,000달러 수준으로 도약할 수 있도록 적극 지원하겠다는 구상이었다. 이를 위해 국제사회와 협력하여 북한의 경제 재건 및 주민생활 개선을 위한 5대 분야(경제·교육·재정·인프라·생활향상)에 '포괄적 패키지 형태의 지원'을 제공한다는 계획을 입안했다.[168] 그러나 이러한 제안은 북한에 대해 전혀 레버리지를 갖지 못했던 것으로 보인다. 북한은 주민의 인도적 여건 개선과 핵을 맞바꿀 의사가 없다. 한국의 교류협력 지원을 일절 거부하는 행태를 보면 국제기구의 지원과 자력갱생으로 버틸 수 있다는 판단을 하고 있는 것 같다.

정책 추진과정에서의 유의점

북한의 인도적 상황을 개선하기 위한 지원은 국제적 관점에서 접근할 필요가 있다. 인도적 지원은 한국이 비핵화 협상에서 활용할 수 있는 협상카드가 아니다. 북한은 인도적 지원을 받는 조건으로 중요한 양보를 할 의사가 전혀 없기 때문이다. 따라서 한국이 대북 인도적 지원을 할 것인지 여부를 판단할 때 고려해야 할 것은 국제적인 기준이다. 국제사회는 어느 나라에 먼저 인도적 지원을 할지 순서를 정할 때 인도적 위기 상황이 시급한지, 지원이 필요한 대상들에게 효과적으로 전달될지 등의 상황을 면밀히 검토한다. 한국도 북한의 인도적 상황이 어느 정도로 시급한지, 북한이 인도적 지원을 받는 수혜국에게 요구되는 요건, 즉 지원 절차 및 분배에 대한 투명성과 책임성을 갖추고 있는지 등을 검토하고 북한이 이에 부합할 때 수혜국으로 선정하는 것이 옳다. 북한과의 관계에 대한 특수성을 근거로, 혹은 정치적 여건을 개선시키기 위해서 북한에 대해 예외를 적용하는 것은 실익이 없다.

대북전단 금지

정책 방향

대북전단 금지는 북한이 아무리 강도 높게 요구한다 해도 대한민국 헌법이 보장하는 표현의 자유를 침해하지 않는 범위 내에서 추진되어야 한다. 관련 법의 개정이 필요하다.

문제 인식

북한은 한국의 대북전단을 판문점 공동선언의 파기로 보고 남북공동연락사무소를 폭파하는 강도 높은 조치를 취하는 등 대단히 민감한 반응을 보였다. 이에 한국 정부는 접경지역 주민의 생명과 안전 보호에 초점을 맞추어 대북전단 살포 금지법을 시행하고 있다. 그러나 전단 살포가 그 자체로 주민들의 생명, 신체에 대한 위험을 발생시키는 것은 아니다. 표현의 자유를 누리는 민간인의 행동에 대해 북한이 위협적 대응을 한다면 그 책임은 민간인이 아닌 북한에 묻는 것이 마땅하다. 표현의 자유를 제한하는 법안에 대해 국제사회의 비난 여론이 높다. 과연 이 법을 유지하는 것이 한국의 국익에 부합하는지에 대한 재검토가 필요하다.

정책 결정의 배경 및 근거

남북한 간의 전단 살포는 한국전쟁 때 처음 시작되었다. 이때에는 양측 지도부(정부)가 전단 살포의 주체였다. 휴전 후에도 계속된 전단 살포는 주로 상대방 지도자와 체제를 비난하는 내용을 담고 있었다. 이 무렵의 전단 살포는 양측 간 체제 경쟁의 주요 수단이었다. 그러나 1991년 남북기본합의서 체결과 2000년 남북 상호 비방 중지 합의에 따라 전단 살포는 공식 중단되었다. 그러나 이명박 정부 시절 남북관계가 악화되면서 민간 차원의 전단 살포가 재개되었다. 대북전단은 2010년 천안함 사건 이후 더욱 확대되었다. 이에 대해 북한 정권은 매번 비방과 함께 분노를 표출해 왔다.

한국의 대북전단은 북한식 표현을 빌리면 '최고 존엄'에 대한 모독으로 간주된다. 한국은 북한이 날려 보내는 대남 삐라에 대해 대응할 필요성조차 느끼지 못하는 데 반해, 북한은 대북전단에 대해 군사력을 사용할 정도로 민감한 반응을 보여 왔다. 일례로 인천 아시안게임 개최 후인 2014년 대북전단을 둘러싼 갈등이 정점에 달했다. 탈북민 단체인 자유북한운동연합이 대북전단을 살포하겠다고 밝히자 북한은 "도발 원점을 초토화하겠다"고 경고했다. 정부의 자제 요청에도 불구하고 대북전단 20만 장, 대북전단 132만 장을 담은 기구가 띄워졌다. 이에 북한이 고사포를 발사하고 한국이 대응 사격을 하면서 무력충돌이 발생했다. 연천지역 주민들이 대피하고 민통선 출입이 한동안 통제되는 등 민간 피해가 발생했다.

2018년 4월 27일 문재인 대통령과 김정은 국무위원장의 판문점 공동선언에 "군사분계선 일대에서 확성기 방송과 전단 살포를 비롯한 모든 적대 행위들을 중지"한다는 내용이 담겼다. 민간단체의 전단 살포를 제지하기 위한 정부의 노력이 계속 이어졌다. 김여정 북한 노동당 제1부부장은 2020년 6월 4일 "스스로 화를 청하지 말라"라는 제목의 담화를 통해 대북전단 살포 행위가 계속되고 있다고 비난하였다. 북한 군부는 개성공단 완전 철거, 남북공동연락사무소 폐쇄, 남북군사합의서 파기 등을 경고하였다. 실제로 약 열흘 뒤 개성 남북공동연락사무소를 전격 폭파하였다. 또한 관영매체를 통해 전인민적, 전 사회적으로 대북전단에 분노하고 있고 "대남삐라 살포투쟁"을 전개하겠다는 의지가 높아졌다고 밝혔다.[169] 북한 중앙의 인쇄기관들이 1,200만장의 삐라를 인쇄하여 3,000개의 풍선을 날릴 것이라는 계획을 보도하기도 했다.[170]

북한은 대북전단 비난에 해외의 친북 단체까지 동원했다. 북한 매체들은 러시아, 중앙아시아, 우간다, 인도네시아, 인도, 우크라이나, 베네수엘라, 리비아 등에 있는 친북 단체들이 발표한 성명을 상세히 보도했다. 한결같이 "남조선당국을 규탄"하고 "남북공동련락사무소를 완전 파괴해버린 조선민주주의인민공화국의 응징조치를 전적으로 지지"한다는 내용이었다.[171]

국내에서는 표현의 자유를 강조하는 입장과 접경지역 주민의 생명과 안전을 보호해야한다는 입장이 맞섰다.[172] 그런데 '남북관계 발전에 관한 법률 일부 개정법률' 즉, 일명 '대북전단 금지법'이 2020년 국회 본회의를 통과함에 따라 문제가 더욱 복잡해졌다. 남북 합의인 판문점 선언을 위반하고 민간단체가 대북전단을 살포한 것은 분명 갈등을 유발한 것이다. 그러나 정부 간 합의인 판문점 선언에 근거해 국민의 기본권 침해를 강제하는 특별법을 제정하는 것에 대해서는 논쟁의 여지가 있다. 헌법 제37조 제2항은 국가안전보장·질서유지 또는 공공복리를 위하여 필요한 경우 국민의 자유와 권리를 법률로 제한할 수는 있지만 자유와 권리의 본질적인 내용은 침해할 수 없다고 규정하고 있다.[173] 또한 제한하는 범위가 비례의 원칙 내지는 과잉금지원칙에 반해서는 안 된다는 것도 판례로 확립되어 있다.[174]

그렇다면 대북전단 금지법이 비례의 원칙 내지는 과잉금지원칙에 반하는지 여부가 쟁점이 될 것이다. 해당 법 조항을 살펴보면 전단 살포뿐 아니라 군사분계선 일대에서의 대북 확성기 방송과 시각매개물(게시물) 게시까지 금지하고 있다. 방송과 게시물의 내용이 무엇이든 상관없이 국민의 생명과 신체에 위해를 끼치거나 심각한 위험을 발생시키는 경우에 이를 금지한다는 내용이다. 강경화 외교부 장관도 그와 같이 설명하였다.

그러나 확성기 방송과 시각매개물(게시물) 게시, 전단 살포가 그 자체로 접경지역 주민들의 생명, 신체에 대한 급박하고 심각한 위험을 발생시키지는 않는다. 이에 대하여 북한이 과도하게 대응할 때에만 위험이 발생하는 것이다. 군사적 행동이 아닌 민간인의 행동에 대해 접경지역 주민들에게 위협이 될 만한 대응을 북한이 해 온다면, 책임을 물어야 할 대상은 민간인이 아니라 북한이다. 물론 북한이 한국 정부의 요구를 수용할 리 없기 때문에 불가피하게 한국 국민들의 행동을 단속하는 것이라 볼 수 있다. 하지만 남북공동연락사무소 폭파와 같은 북한의 과잉대응에 대해서는 분명히 문제 제기를 하고 유감을 표명했어야 했다.

정책 추진과정에서의 유의점

표현의 자유를 제한하는 법안을 통과시킨 사실에 대한 국제사회의 비판 여론이 높다. 미국 정부 및 의회는 대북전단 금지법이 "모든 사람이 모든 종류의 정보와 개념들을 추구하고 수용, 전파하는 자유를 포함한다"는 시민적·정치적 권리에 관한 국제규약International Covenant on Civil and Political Rights: ICCPR에 명백하게 위배된다는 입장을 보였다. 법안 통과로 북한과의 갈등을 일시적으로 누그러뜨리는 효과가 있을 수는 있다. 그러나 이는 정부가 북한의 무리한 요구와 위협을 보다 정당한 방법으로 억제하지 못하고 대신 국민의 기본권을 제한하는 무책임한 모습으로 비쳐질 수 있다. 미국 하원의 톰 랜토스 인권위원회가 2021년 4월 한국의 대북전단 금지법을 주제로 개최한 화상 청문회의 내용을 면밀히 검토하고, 여기에 나타난 인식과 우리 정부 인식 간의 간극을 되짚어볼 필요가 있다.

기존 합의 존중 문제

정책 방향

남북 간 기존 합의는 판문점 선언이나 평양 선언 등의 특정 선언뿐만 아니라 7·4 남북 공동성명과 남북기본합의서를 포함한 모든 기존 합의를 존중할 것을 남북 간에 합의하고 국내적 공감대를 형성해 나가야 한다.

문제 인식

2021년 한미 정상회담 공동성명에서 "2018년 판문점 선언과 싱가포르 공동성명 등 기존의" 합의가 언급되었다. 이는 특정 합의의 구체적인 형식과 내용이라기보다는 "외교와 대화"의 가치에 대한 존중을 표명한 것이라고 봐야 한다. 바이든 행정부는 트럼프 행정부와 달리 정상회담을 출발점으로 북한과의 협상을 시작하지 않을 것이다. 어떤 합의를 하더라도 싱가포르 공동성명과 같이 구체성이 결여된 합의는 하지 않을 것이다. 따라서 지금부터 미국 정부와의 실무적 조율이 이루어져야 한다. 미국 정부가 대북 정책을 총체적으로 재검토하였듯이 한국 정부도 지금까지의 대북 정책과 기존의 합의문들을 면밀히 검토하고 철저히 평가하는 시간이 선행되어야 할 것이다.

정책 결정의 배경 및 근거

2018년 싱가포르 회담은 휴전 이후 최초로 미국과 북한 정상이 가진 정상회담으로서 한반도 문제를 해결하는 중요한 분기점이 되는 듯했다. 회담에서 양국은 1)새로운 북미관계 수립, 2)항구적이며 공고한 평화체제 구축을 위한 공동 노력 추진, 3)직전에 채택된 판문점 선언을 재확인하며 한반도 비핵화를 위한 노력을 확약, 4)전쟁포로 및 행방불명자들의 유해 발굴 및 송환을 확약하는 것에 합의하였다. 합의 내용에는 없었지만 회담 후 기자회견에서 트럼프 대통령은 협상 이행의 여건 조성을 위하여 한미 연합훈련을 축소할 것임을 시사했다.

싱가포르 합의는 북한의 입장이 상당히 잘 반영된 합의로 보인다. 우선, 역대 북미 간 합의와 달리 싱가포르 공동선언에서는 비핵화와 관련한 내용이 가장 먼저 언급되지 않았다. 비핵화의 대상도 북한이 아닌 '조선반도'로 되어 있다. 그 대신 '북미관계 수립'이란 표현이 가장 먼저 언급되어 있다. 이는 줄곧 북한이 요구해 온 북미관계 정상화를 시사하는 것으로 보인다. 공동성명 내용의 순서는 북한이 구상한 이행 순서와 일치한다. 북미 간 새로운 관계 수립과 한반도 종전선언이 이루어진 후에 비핵화 논의가 이루어질 수 있다는 것이 북한의 그간 주장이었다. 또한 싱가포르 선언 1항에 제시된 '새로운 북미관계'는 표현의 모호성으로 인해 이행하기 어려운 합의 내용이라는 비판을 받았다. 양국 간 조율 과정에서 이 같은 표현이 채택된 것이 아닌가 추정된다.

합의 이후 실제로 북한이 이행 노력을 보인 것은 1회성 미군 유해 발굴에 한정되었다. 북한은 2018년 8월 미군의 것으로 추정되는 유해를 상자 55개에 담아 송환했다. 하노이 정상회담 결렬 이후에는 그마저도 중단되었다. 비핵화 노력은 전혀 이루어지지 않았다. 비핵화 이행을 위해 실무 협상이 추진되기는 했으나 양측의 입장 차이만 확인한 채 결렬됐다. 한편 미국 정부는 전략자산 전개 중단을 포함한 한미 연합훈련 축소를 이행하였다. 이는 2021년 현재의 훈련에까지 유효한 영향을 미치고 있다. 미군 유해 발굴은 싱가포르 선언에서 새로운 북미관계와 관련된 항목에 포함되어 있다. 북한은 이에 대한 보상 조치를 미국이 이행해야 하지만 아무것도 이뤄지지 않았다는 입장을 펴고 있다.

북한은 협상 이행을 압박하기 위해 미국이 공동성명을 이행하지 않고 있다는 주장을 공공연하게 해왔다. 2019년 9월 김성 유엔 주재 북한대사는 유엔 총회에서 미국이 싱가포르 공동성명의 이행 대신 북한에 대한 적대시 정책에 매달리고 있다고 주장했다.[175] 북한은 비핵화 이행의 시작은 대북제재 완화와 추가적인 안전보장 조치여야 한다는 입장이다. 다시 말해 미국이 먼저 어떤 조치를 취해야 공동성명 이행이 이뤄진다는 입장인 것이다. 반면 북한은 공동성명 이행을 위해 2018년 한 해 동안 핵미사일 실험을 중단하였고 유해 발굴도 했다고 주장하고 있다. 그러나 추가적인 유해 발굴 요청은 거절하고 있다.

북한은 싱가포르 합의와 판문점 선언이 다음 정부에서도 이행되기를 바랄 것이다. 문재인 대통령은 바이든 대통령 당선 직후 "조 바이든 미국 신행정부와의 대화는 트럼프 행정부에서 이뤘던 '싱가포르 합의'를 계승, 발전시키는 것이어야 한다"고 강조하면서, 기존 합의를 존중하기 원하는 한국의 입장을 배려해 줄 것을 요청했다. 2021년 5월 18일 커트 캠벨 NSC 인도·태평양 조정관은 "우리의 노력은 이전 정부에서 마련된 싱가포르 및 다른 합의 위에 구축될 것"이라고 언급했다. 한미 정상회담의 공동성명 초안을 준비하는 과정에서 나온 커트 캠벨의 발언은 실제로 채택될 성명 내용을 정확히 예고한 것이었다고 볼 수 있다.

정책 추진과정에서의 유의점

한국이 비핵화 협상에서 주도권을 갖기는 어렵다. 한국이 북한에 대해 가질 수 있는 레버리지가 거의 없기 때문이다. 따라서 그러한 한계를 인정하고 바이든 행정부의 방향성을 적극 지지하는 것이 바람직하다. 북한의 비핵화는 더 이상 한반도의 문제가 아니다. 국제사회 공동의 문제이자 전 세계 비확산의 문제다. 바이든 행정부가 기존 합의를 존중한다고 하였지만, 실제로는 기존 합의를 발전적으로 계승하는 차원에서 다자적 접근을 구사할 것이다. 또 원칙에 입각한 대북 협상을 진행하며 인권 문제를 연계하는 등 트럼프 행정부와는 대조적인 방식을 취할 가능성이 매우 높다. 비핵화 협상에서 한국의 국익이 최대한 반영하도록 하되, 대신 미국이 요구하는 지지와 연대를 반드시 표명해 줘야 할 것이다.

북방한계선 문제

정책 방향

북방한계선 인근에서 북한이 해안포 사격을 가하거나 기타 우발적 상황이 발생해 긴장이 조성되고 물리적 충돌로 이어질 가능성이 있다. 우리 군은 대비태세를 강화하고 북한의 군사적 도발을 응징할 수 있는 역량을 강화해야 한다. 북한의 공격에 대비하여 현장 지휘관의 권한과 책임을 분명히 제시해야 한다.

문제 인식

북한이 재래식 군사력에 의한 무력 도발을 시도한다면 북방한계선 인근 지역에서 할 가능성이 가장 높다. 판문점 선언과 남북 군사합의를 통해 북방한계선에 대한 합의를 이끌어 낸 것은 고무적이다. 하지만 이것이 북방한계선 지역에서 북한의 군사적 행동에 더 많은 자유를 주는 결과로 귀결되어서는 안 된다.

정책 결정의 배경 및 근거

북한은 정전협정을 기반으로 북방한계선에 대한 주장을 하고 있다. 정전협정 제2조 13항 ㄴ목에 따르면 황해도와 경기도의 도 경계선을 기준으로 그 북쪽과 서쪽의 모든 해역은 북한 측 수역이고, 그 수역 안에 있는 백령도, 대청도, 소청도, 연평도, 우도의 5개 섬에 대해서만 미군이 관할권을 행사하도록 되어 있다는 게 북한의 주장이다. 이에 따라 북한은 '서해 해상분계선'을 주장한다. 2020년 10월 연평도 인근에서 실종된 공무원 시신을 우리 해경 당국이 수색하자, 북한은 "남측의 영해 침범을 절대로 간과할 수 없다"며 이 지역을 자신들의 '영해'로 주장한 바 있다.

북한은 북방한계선이 "남조선을 강점한 미군이 제멋대로 그어 놓은 불법·무법의 유령선"이라고 주장한다.[176] 미군이 쌍방 합의 없이 일방적으로 설정한 것이기 때문에 국제법에 위반된다는 것이다. 미국 역시 1975년 미 국무장관이 보낸 외교전문과 1999년 7월 21일 판문점에서 진행된 조미 군부 장령급 회담 등에서 이를 인정했다고 주장한다.[177] 정전협정에 따르면 백령도, 대청도, 소청도, 연평도, 우도 5개 섬은 유엔군 사령관이, 나머지 모든 섬과 수역은 북한 측의 관할 하에 둔다는 것이 북한의 해석이다. 상대 측의 12해리 영해권 존중 을 핵심으로 하는 국제해양법을 놓고 보아도 한국 측의 주장은 억지 라는 것이다.

북방한계선 일대는 지속적으로 남북 간 충돌지역이 되어 왔다. 북 한은 북방한계선을 무력화하기 위해 경비선과 어선을 이용해 이를 침범하는 시도를 연간 수십 차례에 걸쳐 해왔다. 북한의 표현을 빌 리면 '서해 열점지역'은 "쌍방이 항시적으로 총구를 맞대고 있는" 지 역으로 "사소한 우발적 충돌도 순식간에 상상 밖의 파국적인 후과를 초래할 수 있는 극동 최대의 화약고"가 되어 왔다.[178] 제1, 2차 연평해 전, 천안함 폭침, 연평도 포격 등이 그 결과라 할 수 있다. 북한의 침 범은 2010년 무렵부터 급격한 감소세를 보였다.

김정은과 문재인 정부가 합의한 남북 군사합의에서는 서해 북방 한계선 일대를 평화수역으로 만들어 우발적인 군사적 충돌을 방지할 것을 확약했다. 그러나 이는 북한의 기존 입장이 변화했음을 의미하 는 것이 아니다. 북한은 2020년 한 보고서에서 "미국은 정전협정 제 2조 13항 ㄴ목에 배치되게 1953년 8월 불법·무법의 서해《북방한계 선》을 일방적으로 그어놓음으로써 그 주변 지역을 세계 최대의 열점 지역으로 만들었으며 조선에 대하여 어떠한 종류의 봉쇄도 하지 못 한다고 규정한 정전협정 제2조 제15항에 어긋나게 《대량살상무기 확산방지 구상》이라는 미명하에 우리에 대한 봉쇄를 실현해보려고

각방으로 책동하고 있다"고 기술했다.[179]

뿐만 아니라 김정은은 해당 지역에서 남북 군사합의에 역행하는 행보를 하고 있다. 김정은은 북방한계선 일대를 평화수역으로 만든다는 합의와는 정반대로 서해 일대의 군사태세 강화에 특별한 관심을 보여 왔다. 국방부에 따르면 북한은 월래도, 육도, 마합도, 기린도, 창린도, 어화도, 순위도, 비압도, 무도, 갈도, 장재도, 계도, 소수압도, 대수압도, 아리도, 용매도, 함박도 등 서해 일대의 섬 17곳에 북한군을 주둔시키고 있다. 암석지대로 이뤄진 섬인 하린도, 웅도, 석도를 제외하면 서해 NLL 일대 대부분의 섬에 주둔하고 있는 셈이다.[180] 또한 2015년 이래 연평도 인근의 갈도와 아리도에 화포와 레이더를 설치하고 함박도에 레이더와 1개 소대 병력을 배치했다. 창린도에는 240mm 방사포를 배치한 것으로 확인되었다. 김정은은 2019년 11월 창린도 방어부대를 찾아 직접 해안포 사격을 지시하기도 했다.

정책 추진과정에서의 유의점

한국의 역대 정부는 NLL에 대한 북한의 무력 시도 자체를 차단하기 위해 서북도서방위사령부를 창설하는 한편 서해 5도 종합발전계획을 통하여 해당 지역에 대한 주권을 명확히 해왔다. 서북도서방위사령부를 창설한 것은 북한의 도발적 행동에 대응하기 위한 조치로서 바람직하다. 그러나 서해 5도 종합발전계획은 좀 더 유의해 볼 필요가 있다. NLL 주변은 여전히 군사적 긴장이 높은 상태이고 우발적 충돌 가능성이 상존하는 것이 현실이다. 이 지역에 거주하고 있는 주민들의 생활 편의나 안전 조치 강화, 외부 지역과의 교통 확충 등은 매우 바람직하다. 그러나 이 지역을 대상으로 한 관광 사업 활성화는 좀 더 안전 조치를 강화한 후에 추진하는 것이 바람직하다.

종전선언 문제

정책 방향

종전선언은 북한 핵문제가 어느 정도 해결의 실마리를 잡은 이후 추진해야 한다. 북한 핵문제를 풀기 위한 입구도 아니고 핵문제가 해결된 출구도 아닌, 비핵화 협상의 중요한 시기에 유엔군사령부 및 주한미군의 지위에 영향을 미치지 않는 정치적 선언임을 확인한 후 합의해야 한다. 동 선언의 당사자는 남북미 3자나 남북미중 4자가 되어야 할 것이다.

문제 인식

문재인 대통령은 유엔 연설 등을 통해 북한에 남북미 3자 또는 남북미중 4자 종전선언을 추진할 것을 제안해 왔다. 북한이 개혁·개방을 거부하고 핵개발을 추진하는 이유가 북미 적대관계 때문이며 이를 해소하기 위해서 한국전쟁을 종결하는 평화협정이 필요하지만, 이는 법적·기술적으로 복잡한 문제이고 시간이 오래 걸리기 때문에 정치적으로 가능한 종전선언을 평화협정에서 분리해서 먼저 하자는 것이다.

2018년에 개최된 남북 정상회담에서 종전선언이 합의된 바 있으나, 북한 비핵화 노력이 별다른 진전을 보이지 못하면서 종전선언도 묻혀갔다. 하지만 문재인 대통령은 유엔 총회 기조연설 등에서 "종전선언이야말로 한반도 비핵화와 함께 항구적 평화체제의 길을 열게 될 것"이라고 강조해 왔다. 정부는 '종전선언'에 대해 크게 세 가지 의미를 부여하고 있는데, 그것은 평화협정의 예비단계, 북한 비핵화의 입구, 경색된 남북관계 돌파구로서의 의미다.

북한은 2018년 이후 종전선언에 대해 별다른 입장을 보이지 않고 있다가 2021년 9월 25일 김여정 담화와 29일 김정은 위원장의 최고인민회의 시정연설을 통해, 남북한의 군사력 강화에 대한 이중 기준 철폐, 북한에 대한 적대시 행동 중단을 전제로 종전선언에 대해 논의할 수 있음을 시사하고 있다. 이에 종전선언 논의가 다시 부활하고 있는 상황이다.

정책 결정의 배경 및 근거

종전선언은 북한 비핵화가 진전되는 과정에서 추진되어야 한다. 비핵화의 입구로 놓을 경우 미국의 반대가 예상되며, 북한이나 중국은 종전선언을 이유로 유엔군사령부나 주한미군 철수를 주장할 수 있기 때문이다. 비록 정치적 선언으로 규정한다 해도 유엔군사령부 해체의 명분을 제공하고 정치적 공세가 가능하기 때문이다. 이로 인해 비핵화 협상은 오히려 진전을 보지 못하게 될 수도 있다. 따라서 신중한 접근이 필요하다.

종전선언에 관한 미국의 입장은 변화해 왔다. 종전선언이 논의된 첫 계기는 과거 부시 대통령 발언의 오해에서 비롯된 것으로 전해지고 있다.[181] 노무현 정부와 문재인 정부는 이에 적극적인 데 반해 이명박 정부와 박근혜 정부는 소극적이었거나 부정적이었다. 미국의 입장도 마찬가지다. 트럼프 대통령의 경우 일시적으로나마 종전선언에 관심을 보인 것으로 전해진다. 하지만 역대 미국 정부는 '선 비핵화, 후 종전선언'이라는 입장을 견지해 왔다. 그 가장 큰 이유는 역시 북한 비핵화에 장애가 될 수 있고, 유엔군사령부나 주한미군의 지위에 영향을 미칠 수 있기 때문이었다. 하지만 트럼프 대통령은 2018년 6월 싱가포르 정상회담에서 종전선언에 관심을 보였다고 전해진다. 다만 바이든 행정부의 경우 종전선언에 별다른 열의를 보이지 않고 있다.

북한이나 중국의 입장은 종전선언의 조건에 따라 이를 환영하고 있다. 북한의 경우 미국이 북한에 대한 이중 기준과 적대시 정책을 철회할 경우 종전선언을 논의할 수 있다는 입장이다. 그러나 이때의 이중 기준과 적대시 정책 철회는 결국 북한을 사실상 핵보유국으로 인정하라는 요구다. 동시에 유엔군사령부의 지위나 주한미군 주둔 문제에 대해서는 침묵하며, 종전선언이 체결될 경우 문제를 제기할 수 있음을 시사하고 있다.

중국은 종전선언의 당사자임을 주장하고 있다. 남북미 3자 종전선언에 부정적인 입장을 보이며, 중국의 당사자 적격을 강조하고 있다. 중국이 당사자가 된 이후에는 종전선언 논의 과정에서 유엔군사령부와 주한미군 문제를 제기할 것으로 보인다. 중국에게 있어 유엔군사령부는 중국군과 교전을 벌인 유엔의 합법적 기구라는 점이 부담이 될 것이기 때문이다. 미중 전략경쟁 시대에 한국에 주한미군이 주둔하는 것을 원하지 않을 것이기에, 종전선언 이후 주한미군 철수 주장을 제기할 것으로 전망된다.

문재인 정부의 입장은 종전선언이 법적 구속력을 갖는 평화협정과 달리 정치적 선언에 불과하고 주한미군 지위나 한미동맹에의 영향은 없다는 것이다. 하지만 국제법상 종전선언이라는 것은 발표 시점의 시간까지 정해지는 처분적 1회성 선언으로 그 자체로 전쟁은 종결되고 평화상태가 되는 것을 의미한다. 비록 정치적 선언이더라도 한미동맹이나 주한미군에 상당한 파급력을 미칠 수밖에 없다.

1950년 7월 유엔 안보리 결의 84호에 의해 만들어진 유엔군사령부는 '북한군 격퇴와 평화의 회복'이라는 임무를 명시적으로 부여받았다. 따라서 한국전쟁이 종료된다면 유엔군사령부는 존재 근거를 상실하게 된다. 따라서 종전선언에 대한 신중한 입장이 필요하며, 합의가 이루어진다 하더라도 유엔군사령부와 주한미군에 영향을 미치지 않음을 종전선언 본문에 명시해야 할 것이다.

정책 추진과정에서의 유의점

유의할 사항은 종전선언은 비핵화의 '입구'가 될 수 없다는 점이다. 종전선언이 합의될 경우 비핵화 협상이 더욱 어려워질 수도 있다. 따라서 북한의 비핵화 의지를 확인하고 협상에 의미 있는 진전이 있는 상황에서 추진해야 한다. 종전선언은 북한이 추진했던 의제가 아니다. 따라서 종전선언을 한다고 해서 북한이 비핵화에 나설 것인지는 알 수 없다. 오히려 북한은 평화협정 공세를 강화하는 지렛대로 종전선언을 활용할 것이며, 이를 빌미로 시간을 벌면서 사실상 핵무장을 굳힐 가능성이 크다.

북한의 완전한 비핵화를 통해 항구적인 한반도 평화를 만드는 것이 한국의 가장 중요한 과제다. 북한의 핵위협이 실재하는 가운데 종전선언을 추진하는 것은 시기상조라고 보며, 북한 비핵화가 이루어진 가운데 한미동맹에 우려가 제기되지 않는 안전장치를 마련하고 추진해야 한다. 이를 통해 종전선언을 한반도의 실질적 평화의 진전을 확인하는 과정으로 만들어야 할 것이다.

끝으로 종전선언의 당사자 문제는 정전협정 당사자인 중국을 포함시킬 필요가 있지만, 중국이 주한미군 문제를 끝내 물고 늘어진다면 남북미 3자의 정치적 선언으로 추진해도 무방할 것이다. 종전선언은 정치적 선언에 불과한 것이므로 중국이 빠진다고 해서 그 의미가 사라지는 것은 아니기 때문이다.

정치의 길, 외교의 길
그리고 국가의 길

• **정덕구** NEAR재단 이사장 •

이제 이 복잡하고 방대한 전략 보고서를 마감해야겠다. 이제까지 이런 보고서를 왜 만들지 않았냐고 물었을 때 나온 참여자들의 대답에 수긍이 가기도 한다. 우리가 방어형, 수비형 외교안보전략을 펴왔기 때문에 모든 전략을 세세히 적어놓으면 우리의 모든 기밀이나 전략·전술이 그대로 외교 상대에게 노출될까 걱정된다는 생각이었다. 그 대답에 나는 또 다른 반문을 하였다. 지금은 쉬쉬하며 몇몇 사람만 알며 숨어서 외교안보전략을 수행할 때가 아니라는 것이다. 또 하나는 우리나라의 싱크탱크^{Think-Tank}들이 편린과 부분을 주로 집중 연구하면서 정부의 눈치를 지나치게 살핀다는 점이다. 그러다 보면 숲은 못 보고 나무만 보며 국내 정치에 휘둘리기 십상이다. 그리고 이 정도는 이미 많은 국제 전략가들이 파악하고 있을 것이라는 판단이다. 사실 막상 종합하고 꿰고 그리고 연결하고 궤를 맞추고 하는 이 작업이 그리 쉽지 않은 것이 분명한 사실이다. 그래서 선뜻 나서는 이가 없었을 것이라는 생각도 들었다.

씨줄과 날줄을 엮으며

스스로 선택한 어려운 숙제를 풀기 위하여 온 사방을 헤매다 처음부터 다시 시작하기를 반복했다. 새로운 것을 만들고 그려내는 것은 도공이 도자기를 굽는 것 못지않게 항상 불만족스럽고 포기하고 싶은 마음을 통해 완성된다는 것을 깨닫게 된다.

그래서 명저는 그리 흔하지 않은가 보다. 실로 나만의 명작을 그리는 것은 고독이라는 보이지 않는 몸짓과 사유思惟라는 마음의 산책, 경세經世하려는 눈빛 그리고 아낌없이 부수고 다시 시작하려는 내려놓음이 함께 농축되어 만들어지는 한 방울의 진액과도 같다. 이렇게 무거운 글을 길게 엮어 쓰는 사람들은 스스로를 소모해가며 진액을 얻는다. 그리고 세상의 큰 보상보다는 그 진액 자체에 감동한다.

이 책이 완성되기까지 집필진들도 그 진액을 얻기 위해 분투했다. 이 책을 시작하고 끝내기까지 집필자 각자가 얻은 진액을 모아 명약을 추출해내려 혼신의 노력을 다했다. 처음과 끝이 같은 흐름을 유지하고 학문세계와 현실세계가 함께 만나며 모두를 푹 익은 곰국같이 끓여 내고 싶은 마음뿐이었다. 그러나 책을 덮으려니 미련과 회한이 덮쳐온다. 이제 또다시 미완성 교향곡 한 편을 내놓으며 몸을 낮춘다. 앞으로 티와 빈곳 그리고 모자람은 후학들의 연구 과제로 남겨두려 한다.

시진핑 시대의 중국을 해부하는 극중지계克中之計 프로젝트가 한창 진행 중이었던 1년 전 NEAR재단에 국내 굴지의 외교안보 전문가들이 모였다. 우리는 향후 외교안보 환경을 평가하고 외교안보전략지도를 새로 그려 한 권의 책으로 묶어 내기로 의견을 모았다. 우리는 서울 외곽에 있는 한 세미나 장소에 자주 모여 장시간 논의를 계속하면서 때로는 대립하고 때로는 논쟁하며 대안을 찾아내었다. 그러나 세기적 세력전이기 그리고 문명사적 전환기에서 세계 외교안보 환경을 평가하고 한국의 향후 대응전략을 하나의 큰 그림에 담아내는 일 그리고 체계 있게 분석, 해석하는 일은 지극히 어려운 일이었다. 당시에 모두는 이 작업이 이렇게 고난도 작업이 될 것이라고는 생각하지 못했다. 그러나 씨줄과 날줄을 엮고 속결과 겉결을 붙여가며 시간이 흐를수록 점점 자신감이 없어졌다. 그러나 우리를 다시 일으켜 세운 것은 외교안보를 포함한 국정 각 분야에 걸쳐 지식세계의 파편화, 정치화 현상이 고질화되고 있다는 인식 때문이었다. 그리고 지식세계가 정치세계와 한데 어울려 엮어지며 극단의 이념적 대립구도를 형성해가는 모습을 보며 한국에서 정론은 누구로부터 나오는가 하고 지극히 탄식했다. 그러면서 과거 세기적 세력전이기마다 분열되었던 한국 지식인들, 정치인들의 모습이 떠올랐다. 우리 모두는 이 어려운 작업에 몰두하면서 어려움에 부딪힐수록 더욱더 우리에게 정론의 나침반이 필요하다는 데 마음을 굳혀갔다.

외교안보전략은 국내정치의 하위 개념인가?

지금 이 책을 내면서 한국의 외교안보전략이 국내 정치의 하위 개념이 되어가고 있다는 생각에 이르렀다. 종국적으로는 국가 지도자의 의사결정 과정에 국내 정치적 요소가 크게 영향을 준다. 자신의 권력 기반을 좌우하기 때문이다. 한국뿐만 아니라 미국을 비롯한 많은 나라들도 대개 비슷한 상황이다. 그러나 미국같이 세계 정치의 리더 국가들은 국내 정치 못지않게 세계 정치를 중시한다. 일반적으로 선진국이 될수록 국제 정치가 국정에서 차지하는 비중이 크다. 더욱이 남북 분단이 고착화되고 안보 위험이 항상 우리를 휘감고 있으며 국가의 생존자산 대부분을 해외에 의존하는 한국의 경우에는 국내 정치가 세계 정치외교안보 상황에 따라 크게 영향을 받는다. 그래도 종국적으로는 민심이 투영된 국내 정치는 정치 지도자의 최대 관심 대상이다

국내 정치와 외교는 국가이익이라는 공통의 과제를 추구하는 면에서 같은 방향으로 움직인다. 그러나 국내 정치의 길과 국제 정치의 길은 자주 대립하거나 충돌하기도 한다. 때로 국내 정치는 장기적인 국가의 길을 벗어나 매우 현실적인 이해 조정의 늪에 빠지기도 한다. 더욱이 정당 정치는 국민들의 다양한 인식과 요구를 수용함으로써 집권하는 것을 존립의 목적으로 삼는다. 따라서, 정당 정치를 중심으로 한 국내 정치는 항상 장기적인 국가의 안전과 번영의 길, 국민의 궁극적인 행복의 길을 추구한다고 말한다. 그러나 현실적으로는 표가 있는 곳에 다가가 초단기적인 고통 해소에 집중하게 되고 국민들

은 이에 쉽게 환호한다. 이때 국제 정세의 흐름, 강대국 사이의 파워 매트릭스의 변화, 동맹과 연합 체제 등 복잡계적 관계가 얽혀 있는 국제 정치는 이러한 국내 정치와 바라보는 시선이 크게 다를 경우가 많다. 따라서, 모름지기 한 국가의 정치 리더십은 국내 정치의 길과 국제 정치의 길이 함께 조화를 이루도록 역량을 발휘해야 한다. 더욱이 세계 10위권 이내의 국력과 소프트 파워를 갖춘 한국은 이제 국내 정치가 국제 정치 흐름과 함께 조화를 이루어 상호 정합성을 이루어야 한다.

표票가 정의正義인 국내 정치

그럼에도 불구하고 한국의 경우 국내 정치가 5년 단임 정치의 퇴영화退嬰化 현상으로 인하여 양극단의 이념적 투쟁 현장이 되었다. 그리고 그곳에는 항상 생존형 지식인들이 자리를 잡아왔다. 또한, 그들은 때로 현실 정치에 있어서 국론 분열의 논리적 기반을 제공하기도 한다. 국내 정치, 경제, 사회가 혼란에 빠질 때 국가 사회의 자정 기능을 수행해야 할 지식세계는 이념에 따라 사분오열되고 정론을 바로 세우는 노력은 찾기 힘들다. 그리고 많은 관료들은 정체성을 잃고 국내 정치의 압력에 굴종하며 스스로 작아진다. 그러다 보니 정치권의 비전문가들이 국정 방향을 마음껏 유린하며 표가 정의인 정치 생태계가 되었다. 더욱이 온전히 정부가 모든 책임을 지고 대응하며 시시각각 대통령의 고뇌에 찬 결정을 기다리고 있는 외교안보 분야에 있어서는 잘못된 선택과 판단의 오류가 오로지 정부에 귀책되고 부정적 파장이 국내 정치뿐 아니라 국가의 미래와 세계의 모든 국익의 현장으로 확장된다. 그러나 한국 정치사에 있어서 외교안보 분야에 대한 전문성과 식견을 갖고 있던 대통령은 몇몇을 제외하고는 찾기 힘들고 대부분의 대통령은 국내 정치 문제에만 골몰했다. 그 결과 외교안보 문제에 대응하는 정부의 기본 전략은 국내 정치의 연장선상에서 세워지며 선거 당시 캠프 내의 정치 지향적 인물들이 대통령의 뜻을 추종하며 최종 판단을 재단하는 경향이 뚜렷해졌다. 그러다 보니 외교의 나침반은 대개 5년마다 새로 교체되고 국내 정치 이념으로 코팅되어 국가의 외교안보전략이 일관성을 잃고 국제사회의 신뢰를 잃기도 하였다. 이제 곧 다음 5년의 국정을 담임할 대통령이 선택되고 그의 정책 참모들이 새로 구성될 것이다. 그리고 또 하나의 외교안보 나침반을 만들려 할 것이다. 이 과정에서 편향된 이념과 정치적 신념이 국제 정치, 외교안보전략에 그대로 투영될까 두렵다. 많은 전문가들은 한국이 선진도상국증후군先進途上國症候群에 빠져 있다고 믿는다. 그 누구도 국력으로 보아 한국이 선진국 대열에 이미 올라섰다는 것을 부정하지 않는다. 그러나 우리나라가 완전히 선진국으로서의 국격을 갖추고 있는지에 대하여는 많은 유보적 의견을 갖는다. 그리고 그것이 우리를 선진국으로 올라설 문지방 밑으로 내려 민다. 그 결정적 이유는 우리가 아직 벗겨내지 못하고 있는 후진적 잔재 때문인데 이것을 우리는 선진도상국증후군이라고 부른다. 그중에는 역사적 잔재 때문도 있고 관성의 문제도 있고 우리의 문화적 특성 때문인 것도 있다. 그러나 가장 치명적인 요인은 국내 정치의 후진성이다.

민주 정치의 역사가 짧은 한국에서 정치가 무엇을 위해 존재하는지 우리는 자주 고개를 갸우뚱한다. 이렇게 국력이 큰 선진 한국에서 왜 우리 정치는 이렇게 후진적 잔재를 떨어내지 못하며 깊은 수렁에서 헤어나지 못하는가? 더욱이 국제 관계를 국내 정치의 함정에 끌어들여 빠뜨리는 것은 치명적인 과오라 할 것이다.

더욱이 지금은 세기적 세력전이기에 있다. 그리고 세계 질서는 요동치고 기존의 체스판은 흔들리고 있다. 이제 이러한 전환 시대에 있어서 우리가 어떻게 우리의 주권과 생존권을 지키고 국력과 국격을 높여 나갈 것인지, 그리고 정체성을 확고히 유지할 것인지가 최대의 국가 과제로 등장하고 있다.

다음 정부 5년, 혼돈 속의 한국 외교

이 중차대한 시기에 또 한번 국내 정치의 양극단 중 어느 한쪽이 권력을 쟁취하고 그들의 당리당략을 그대로 대외관계에 적용하려 한다면 그 귀결과 파장은 예상하기 어렵지 않다. NEAR재단이 이 주제에 특별히 집중하는 이유가 여기에 있다. 따라서 이제 국정을 양극단의 이념적 대립으로 끌고 가지 않도록 국가이익을 중심으로 한 새로운 전략 개념과 현실에 기반을 둔 해법을 다시 정리할 때가 되었다. 그리고 국내 정치는 외교안보전략이 세계정세 속에서 스스로 중심을 잃지 않도록 충분히 뒷받침해야 한다. 지난 10년 동북아시아의 격동기보다 더 심각한 대립과 충돌, 봉쇄와 방어 속에 미중 전략경쟁이 계속될 것이다. 이런 시기에는 어떤 외교안보 문제에 전략적으로 대응하는 데 있어서 높은 예측 오차와 선택 비용을 강요받게 될 것이다. 우리는 이번에 NEAR재단이 마련한 이 외교안보전략지도가 다음 정부, 그다음 정부가 외교안보전략을 세울 때 준거하는 정론의 지침서Guide Post가 되기를 기대한다.

우리 모두는 지금 한창 전개되고 있는 대통령 선거전에 있어서 보수, 진보 양 진영이 외교안보 문제를 바라보는 상황 인식과 대응전략에 있어서 극단적 대립을 보이고 있다는 점을 심히 우려하고 있다. 우리는 이러한 시각 그리고 전략 선택의 매트릭스에 국내 정치 이념의 극단적 대립 상황이 그대로 반영되고 있다고 믿기 때문이다. 이로부터 조속히 벗어나는 것이 우리 외교안보에 1차적 과제라고 믿는다. 그리고 국내 정치의 파행이 국력, 국격을 훼손하거나 국제사회에서 축적된 신뢰자산을 축소 시켜서는 안 된다는 확신을 갖고 있다. 실로 외교안보는 미래 한국의 생존 방정식에 있어서 중요한 상수常數인 것이다. 정치가 이를 종속 변수로 삼아 정책 실험을 진행하거나 쉽게 틀을 바꾸려 해서도 안 된다는 생각이다. 우리는 다음 대통령이 되려는 인물들이 외교안보가 국가 생존의 틀에 있어서 상수라는 인식을 갖고 이것이 우리의 주권과 생존권을 지키는 데 필수 요소라는 것을 가슴에 새겼으면 좋겠다.

다음 대통령, 외교를 부활시키는 지도자가 되길

그리고 심모원려深謀遠慮 없이 자신의 기울어지고 제한된 지식과 인식 세계를 외교안보 문제에 그대로 대입하려 해서도 안 된다는 생각이다. 또한 외교안보의 전략 선택은 정파적 이익의 협상 대상이 아니다 라는 생각을 굳게 갖고 있다. 특히 큰 인물은 국가 공동체의 이익과 자기 개인, 정파적 이익이 서로 충돌할 때 국가 공동체의 이익을 우선 선택해야 한다는 점을 강조하고자 한다.

이제 한국과 같이 비교적 높은 수준의 국력과 국격을 갖춘 나라는 국내 정치가 국제 정치의 흐름과 외교의 길을 수용하며 큰 정치를 추구해야 한다. 이 책이 면면히 주장하는 것도 정치의 길, 외교의 길이 서로 정합적으로 만나야 한다는 것이다. 그리고 외교가 국내 정치의 하위 개념에서 벗어나 국정의 양 축으로 세워짐으로써 외교의 부활 시대를 열어야 한다고 외치고 있다. 이렇게 국내 정치의 길과 국제 정치, 외교안보의 길이 함께 조화롭게 어우러지면 제대로 된 외교의 부활로 이어지고 국력과 국격이 높아져서 선진 대한민국으로 가는 국가의 길이 열리게 될 것이다. 아무쪼록 이번에 NEAR재단이 여러 전문가들과 함께 그린 외교안보전략지도가 정론의 나침반으로 굳게 서서 외교의 부활에 긴히 쓰이는 지침서가 되었으면 하는 바람이다.

1 "US considers midrange missile deployment in Asia to counter China," Nikkei Asian Review, August 15, 2020.

2 https://newsis.com/view/?id=NISX20200207_0000911847&cID=10301&pID=10300

3 유엔사 고위 관계자와의 인터뷰, 2020.7.23.

4 박원곤, "한미동맹 미래 구상: 지휘구조 개편을 중심으로", 『국방연구』 제57권, 제3호, 2014. 9.p.12.

5 상게서, p.12.

6 Hans Binnenkijk, "Rethinking US Security Strategy," International Herald Tribune, Mach 25, 2013.

7 2020 Democratic Party Platform, July 27, 2020, p. 88.

8 Seldin, Jeff. Defense Secretary Nominee: US Faces Enemies Both at Home and Abroad," VOA, January 19, 2021.

9 Biden (2020), pp. 67-68.

10 President-Elect Biden on Foreign Policy, "China," Council on Foreign Affairs, November 7, 2020, https://www.cfr.org/election2020/candidate-tracker (검색일: 2021.1.28.).

11 Biden (2020), p. 73.

12 동 내용은 김영호, 박원곤, 이상현, 차두현, 『한미동맹의 현황과 도전』 Asan Report, 2021년 5월, pp. 42~47 중 일부를 발췌한 것이다.

13 박원곤·설인효, "트럼프 행정부 안보·국방전략 분석/전망과 한미동맹 발전 방향", 『국방연구』 제60권, 제4호 (2017년 12), p. 22.

14 합동참모본부, http://www.jcs.mil.kr/mbshome/mbs/jcs2/subview.jsp?id=jcs2_020402010000

15 Klinger, "What are the Tasks of the ROK-US Alliance," p. 288.

16 Ibid., pp. 289-290.

17 Ibid., pp. 290-291.

18 Ibid., pp. 290-291.

19 Bruce E. Bechtol, "Advancing South Korean Capabilities for the Future," Asan Workshop, January 12, 2020.

20 Klinger, "What are the Tasks of the ROK-US Alliance," p. 293.

21 김동현, "'전작권 전환, 미한동맹 악화 변수' 워싱턴서 잇단 우려 목소리", VOA, 2020.1.28., https://www.voakorea.com/korea/jeonjaggwon-jeonhwan-mihandongmaeng-aghwa-byeonsu-wosingteonseo-isdan-ulyeo-mogsoli

22 Klinger, "What are the Tasks of the ROK-US Alliance," p. 294.

23 "[단독]美, 韓 '전작권 전환' 준비에 실망.. 8·9월 2차 검증훈련 난색," 『문화일보』 2020.6.3

24 상게서.

25 Clint Work, "Alternative Futures for the US-ROK Alliance: Will Things Fall Apart?" 38 North, May 2020, p. 8..

26 김동현, "'전작권 전환, 미한동맹 악화 변수' 워싱턴서 잇단 우려 목소리", VOA, 2020.1.28., https://www.voakorea.com/korea/jeonjaggwon-jeonhwan-mihandongmaeng-aghwa-byeonsu-wosingteonseo-isdan-ulyeo-mogsoli

27 백성원, "[인터뷰: 벨 전 주한미군사령관]"

28 상게서.

29 https://mk.co.kr/opinion/contributors/view/2020/10/1098633/

30 동 내용은 김영호, 박원곤, 이상현, 차두현, 『한미동맹의 현황과 도전』 Asan Report, 2021년 5월, pp. 55~57 중 일부를 발췌한 것이다.

31 장영근, "북한 미사일 현대화의 기술적 평가", 북한연구학회 동계학술회의 발표문 (2019. 12. 20).

32 박원곤·설인효, "트럼프 행정부 안보·국방전략 분석/전망과 한미동맹 발전 방향", p. 21.

33 Johan Bergenäs, Miles A. Pomper, William Potter, and Nikolai Sokov, "Reducing and Regulating Tactical (Non-strategic) Nuclear Weapons in Europe: Moving Forward?" Monterey Institute of International Studies, April 2010. 박원곤·설인효, "트럼프 행정부 안보·국방전략 분석/전망과 한미동맹 발전 방향", p. 21에서 재인용.

34 Work, "Alternative Futures for the US-ROK Alliance," pp. 3-4.

35 본 절은 『극중지계』에서 저자의 집필 부분의 일부를 발췌했음을 알린다.

36 본 절은 『극중지계』에서 저자의 집필 부분의 일부를 발췌했음을 알린다.

37 본 장은 『극중지계』에서 저자의 집필 부분의 일부를 발췌했음을 알린다.

38 史春林, "太平洋航线安全与中国的战略对策", 『太平洋学报』, 第19卷, 第8期, 2011 年, pp. 75-87.

39 Chinese Foreign Ministry Spokesperson's Press Briefing, July 8, 2010, http://www.fmprc.gov.cn/chn/gxh/tyb/fyrbt/jzhsl/t714888.htm (accessed July 11, 2010, and July 13, 2010), http://www.fmprc.gov.cn/chn/gxh/tyb/fyrbt/jzhsl/t716403.htm (accessed July 16, 2010).

40 해양수산부, " 2018년도 한·중 어업협상 타결... 입어규모 축소 등 성과 거둬", 『보도 자료』, 2017년 11월 17일.

41 "〈김규환 기자의 차이나 스코프〉 남중국해 주변국 겁박하는 중국 해상민병대", 서울신문, 2021년 4월 23일.

42 "'중국어선, 북한 바다 못 가' 동해안 어민들 '뿔났다'", 『한국일보』, 2020년 11월 2일.

43 "习近平会见韩国总统文在寅", 『人民日报』. 2019年 6月 28日.

44 "중국, 작년 한미일 등 사정 탄도미사일 100발 이상 발사 시험", 동아일보, 2020년 3월 1일.

45 "'중국 세계위협론' 꺼낸 美 '핵탄두 200기, 10년뒤 두배 증가'", 중앙일보, 2020년 9월 2일.

46 Yun Sun, "Testimony before the U.S.-China Economic and Security Review Commission China's Contingency Planning on North Korea," April 12, 2018.

47 "Top U.S. General Breaks Bread With Chinese Soldiers onNorth Korea's Doorstep," The Wallstreet Journal, August 16, 2017.

48 미국과 러시아는 전 세계 핵탄두의 95%의 점유율을 갖고 글로벌 영향력을 행사하고 있다.

49 엄구호, "한국의 대러 통일외교: 방향과 몇 가지 제언", 『한·러수교 25주년 기념 한·러대화 컨퍼런스 발표집』 (서울: KRD, 2015), p. 65.

50 "SIPRI 미국, 세계 무기 수출 37% 점유...한국 수출 210% 급증", 『VOA』, 2021년 3월 15일. https://www.voakorea.com/korea/korea-politics/sipri-arms-export-us-rok (검색일: 2021. 05. 20).

51 "러시아는 韓 부품소재 국산화의 최적파트너…새 가치사슬 형성", 『연합뉴스』, 2019년 9월 18일.

52 강봉구, "푸틴 집권 2기 러시아의 대외정책과 한반도", 『국제문제』, 제4권, 1호 (2004), p. 264.

53 이인호, "한·러관계의 현황과 전망", 『외교』, 제51호(1999), p. 30.

54 강봉구(2004), p. 264.

55 박건영, "평화통일을 위한 한국의 통일외교전략", 『국가전략』, 제6권, 1호(2000), p. 38.

56 "'루소포비아'라는 색안경 벗고 러시아를 보자!", 『한겨레』, 2020년 9월 10일.

57 "문 대통령의 방러, 전략적 관계 내실화 호기", 『매일경제』, 2018년 6월 20일.

58 고재남, "한러 모스크바 정상회담의 성과와 향후 과제", 『IFANS 주요 국제문제분석』, 2018-24, p. 24.

59 김석환·박정호, "남·북·러 삼각협력의 새로운 기회와 접근법", 이재영 편, 『한반도 평화번영과 남·북·러 삼각협력』 (세종: 대외경제정책연구원, 2018), p. 32.

60 "극동 개발은 유라시아로 열린 기회의 창", 『중앙일보』, 2016년 9월 5일.

61 А.В. Торкунов, Е.П. Уфимцев, Корейская проблема: новый взгляд (Москва.: Анкил, 1995), С. 191-192.

62 Брутенц, К. О внешнеполитической концепции России в Азиатско-Тихоокеанском регионе(Москва : Апрель-85, 1995). С. 62.

63 박병인, "푸틴정부의 대북정책: 균형에서 개입으로?", 『한반도 포커스』, 제21호 (2015), pp. 31-32.

64 Р.В. Савельев, "Внешняя политика нового руководства России и российско-корейские отношения," Проблемы Дальнего Востока, No. 2, 2001, С. 22.

65 우크라이나 사태에 따른 서구의 대러 제재에 한국의 동참 요구와 2015년 5월 러시아 전승기념일 행사에 초청받은 박근혜 대통령의 불참 요구가 적절한 사례에 해당한다.

66 서동주·장세호(2019), p. 71.

67 "러' 美 MD 대응 적지는 역시 쿠바", 『연합뉴스』, 2008년 7월 25일.

68 "한반도 노리는 러시아의 본능… 독도 침공은 훈련 아닌 작전", 『중앙일보』, 2008년 7월 30일.

69 김태현, "중국과 러시아의 한국 방공식별구역(KADIZ) 침범과 우리의 대응", 『안보 현안분석』, 159호(2019), pp. 6-7.

70 서동주·장세호(2019), p. 72.

71 "영공 침범에 이은 러 군용기의 KADIZ 무단진입", 『연합뉴스』, 2019년 8월 11일.

72 이에 따르면 나진-핫산 프로젝트에 한국 기업인 포스코·현대상선·코레일 등 3개사의 컨소시엄이 2100억 원을 투자, 합작회사의 70%에 달하는 러시아 측 지분 중 절반가량인 34%를 인수하면서 공동 운영권을 갖게 되는데 아직 최종 지분참여는 하지 않은 상황이다. 이상준, "러시아 극동개발과 남·북·러 삼각협력", 『러시아연구』, 제25권, 제2호(2015), p. 236.

73 "[동북아 窓] '나진-핫산 프로젝트'와 한·러 경제협력", 『천지일보』, 2018년 7월 8일.

74 강태호, "푸틴의 동방외교와 극동개발의 '국제정치'", 『투코리아』, 2016년 7월 7일. http://2korea.hani.co.kr/426248 (검색일: 2021.06.05).

75 이재영 편 (2018), p. 13.

76 송홍근, "경협 재개 '1호 사업' 예상 '나진-하산 프로젝트' 상업성 없다!", 『신동아』, 2018년 9월호. https://www.donga.com/news/Politics/article/all/20180817/91557460/1 (검색일: 2021.06.10).

77 "[글로벌포커스] 나진-하산 프로젝트의 교훈", 『매일경제』, 2019년 1월 16일.

78 "'신북방 핵심국' 러시아와 서비스·투자 FTA 협상 개시", 『연합뉴스』, 2019년 6월 21일.

79 "한-러 서비스 투자 FTA 협상 전략 및 전망", KIEP 대외경제정책연구원 연구원 소식 (2019/12/09). https://www.kiep.go.kr/board.es?mid=a10509030900&bid=0033&act=view&list_no=5458&tag=&nPage=2 (검색일: 2021.06.06.).

80 "2020년 국방비 지출 규모 한국 9위·북한 74위…1위는 미국," 『연합뉴스』, 2020년 1월 31일.

81 "남북기본합의서와 비핵화공동선언", 한국민족문화대백과사전 http://encykorea.aks.ac.kr/Contents/Item/E0011928

82 김일성은 걸프전이 발생한 1991년 무렵을 아래와 같이 회고하며 국제정세를 이해하기도 하였다. "지난날에도 수십만의 일본군이 우리를 포위하고 추격하였지만 오늘은 그와는 대비도 할 수 없이 막강하고 포악한 제국주의 세력이 우리나라를 압살하려 하고 있습니다. 우리는 사실 전쟁 시기나 다름없는 상태에서 살고 있는 셈입니다." 『김일성 동지 회고록, 세기와 더불어 7』(평양: 조선로동당출판사, 1996), p. 181.

83 북중 협력강화를 위한 5가지 제의: ① 특사교환을 포함한 고위층 교류 유지, ② 내정·외교 중대 문제, 국제·지역형세, 당·국가 지도경험 등 전략적 소통강화, ③ 경제 무역

협력 심화, ④ 문화, 교육, 스포츠 등 인적교류 확대, ⑤ 국제 및 지역문제 협력강화

84 Stephen M. Walt, The Origins of Alliances (Ithaca, N.Y.: Cornell University Press,. 1987).

85 한미동맹의 연합훈련/연습이나 확장억제는 북한의 위협에 대한 방어적 차원으로만 이루어지고 있다.

86 "우리의 전략적결단은 천만번 정당하다", 『로동신문』, 2018년 1월 6일.

87 CIA, "The World Factbook," https://www.cia.gov/the-world-factbook/field/real-gdp-per-capita/country-comparison/

88 Fund for Peace, "Fragile States Index," https://fragilestatesindex.org/country-data/

89 "북한 경제: '고난의 행군 결심했다'고 말한 김정은...배경은?", BBC Korea, 2021년 4월 9일.

90 Stephen Kranser, Defending the National Interest: Raw Materials Investments and U.S. Foreign Policy (Princeton NJ: Princeton University Press, 1978).

91 Jessica Weeks, Dictators at War and Peace (Ithaca, NY: Cornell University Press, 2014).

92 Eric Brewer and Sue Mi Terry, "It Is Time for a Realistic Bargain With North Korea," Foreign Affairs, March 25, 2021

93 전경주, 『북한 정권 붕괴 가능성과 대비』(서울: 살림출판사, 2012).

94 대한민국 국방부, 『국방백서 1998』, pp. 67-68.

95 제성호, "한반도 유사시 유엔의 역할: 북한 급변사태를 중심으로", 『서울국제법연구』, 6권 2호 (1999), pp. 367-403.

96 전경주(2012), p. 13.

97 "조선인민군 총참모부《급변사태》모의에 경고", 『조선중앙통신』, 2010년 3월 26일.

98 "《어리석은 망상을 추구하지 말라》-《급변사태》 발언", 『로동신문』, 2010년 6월 23일.

99 "北, 다시 꺼낸 '고난의 행군'…'머리단장을 교양하라'", 『KBS』, 2021년 4월 9일.

100 "조선신보 '고난의 행군,' 경제난 동의어 아냐... 사생결단 의미", 『연합뉴스』, 2021년 4월 14일.

101 김병연, "당 대회가 누설한 북한경제의 비밀", 『중앙일보』, 2021년 2월 3일.

102 전경주, "정의로운 전쟁 이론의 한반도 적용에 대한 함의", 『국방논단』, 제1617호, 2016년 5월 2일.

103 "인권범죄자의 《인권》 타령", 『조선중앙통신』, 2021년 3월 21일.

104 "《비정규직》이란 말을 두고", 『조선의 오늘』, 2021년 4월 6일.

105 "참다운 인권보장과 사회제도", 『통일의 메아리』, 2020년 8월 13일.

106 "인권범죄자의 《인권》 타령."

107 이규창, "북한의 장애인권리협약 비준: 평가와 향후 과제", 『온라인 시리즈』 (통일연구원), 2016년 11월 29일.

108 Kenneth Roth "World Report 2019: North Korea," Human Rights Watch, https://www.hrw.org/ko/world-report/2019/country-chapters/325520

109 "제네바유엔사무국 및 국제기구주재 조선민주주의인민공화국 상임대표 유럽동맹이 발기한 반공화국《인권결의안》을 전면배격하여 연설", 『조선중앙통신』, 2021년 3월 25일.

110 대한민국 외교부, "북한인권문제", https://www.mofa.go.kr/www/wpge/m_3995/contents.do

111 Report of the Commission of Inquiry on Human Rights in the Democratic People's Republic of Korea, https://www.ohchr.org/en/hrbodies/hrc/coidprk/pages/reportofthecommissionofinquirydprk.aspx

112 Universal Declaration of Human Rights. 전문의 한글 버전은 다음을 참고한다. https://www.ohchr.org/EN/UDHR/Pages/Language.aspx?LangID=kkn

113 "Responsiblity to Protect," United Nations. https://www.un.org/en/genocideprevention/about-responsibility-to-protect.shtml

114 "정부, 유엔 북한인권결의안 공동제안국서 3년 연속 빠진다", 『연합뉴스』, 2021년 3월 23일.

115 유사한 주장은 조동준, "북한의 핵능력 증가가 미국의 확장억제에 주는 함의와 대처방안", 『한국국가전략』, Vol. 2, No. 1(2017), pp. 253-308.

116 이상규, "북한의 전술핵 개발 가능성과 핵전략 및 핵지휘통제 측면에서의 함의", 『국방과 기술』, 제506호(2021.04), pp. 67.

117 https://www.icasinc.org/2021/2021b/b210322b.html

118 Vipin Narang, Nuclear Strategy in the Modern Era: Regional Powers and International Conflict (Princeton University Press, 2014).

119 Vipin Narang, "Nuclear Strategies of Emerging Nuclear Powers: North Korea and Iran," The Washington Quarterly, Volume 38, Issue 1 (Spring 2015), pp.

73~91; Vipin Narang, "Why Kim Jong Un wouldn't be irrational to use a nuclear bomb first," The Washington Post, September 8 (2017), <www.washingtonpost.com/outlook> (Accessed November 12, 2018).

120 Bruce W. Bennett, Uncertainties in the North Korean Threat (RAND corporation, 2010), p. 41.

121 John V. Parachini et al. North Korean Decisionmaking: Economic Opening, Conventional Deterrence Breakdown, and Nuclear Use, RAND Report, 2020, p. 73; 브루스 W. 베넷 외, "북핵 위협, 어떻게 대응할 것인가", RAND-Asan 공동연구 보고서, 2021년 4월.

122 "파렴치한 궤변, 가소로운 객기",『류경』, 2020년 1월 29일.

123 "더욱 로골화되고 있는 대결적본색",『우리민족끼리』, 2020년 1월 5일.

124 "PAC-3 도입은 핵전쟁 기도",『노동신문』, 2014년 11월 16일.

125 "北매체, 우리 군 PAC-3MSE 방어 미사일 구매 비난 '불순 흉계'",『뉴스원 뉴스』, 2018년 11월 19일.

126 "더욱 로골화되고 있는 대결적본색",『우리민족끼리』, 2020년 1월 5일.

127 "조선반도의 평화와 안정을 파괴하는 장본인",『우리민족끼리』, 2019년 12월 28일; "《안보태세》나발 속에 가득찬 것은",『조선의 오늘』, 2019년 12월 14일.

128 "김여정부부장 남조선집권자의《북의 미싸일발사 우려》발언 비난",『조선중앙통신』, 2021녀 3월 30일.

129 국립통일교육원, "민주기지론".

130 국립통일교육원, "3대 혁명역량 강화".

131 국립통일교육원, "민족해방 인민민주주의혁명".

132 "김정은 제1비서 7차 당대회 중앙위원회 사업총화보고",『오마이뉴스』, 2016년 5월 8일.

133 "우리식 사회주의 건설을 새 승리에로 인도하는 위대한 투쟁강령 조선로동당 제8차 대회에서 하신 경애하는 김정은동지의 보고에 대하여",『노동신문』, 2021년 1월 9일.

134 박형중, 이승열,『통일대계연구: 4년 연구 종합 논의』, 통일연구원 2013년 4월.

135 상동.

136 "[통일이 미래다] 北정권, 무력통일론(광복 후~1950년대)→연방제(1960년대~1980년대)→2체제 2정부(1990년대 이후)··· 점점 分斷유지 원해",『조선일보』, 2014년 2월 3일.

137 송영훈, "박근혜 정부 대내적 통일정책의 평가와 인식론적 성찰", 『통일정책연구』제 26권 1호 (2017), pp. 51-75.

138 "통일은 대박, 무엇이 문제인가?", 『통일신보』, 2014년 1월 18일.

139 이성연 외, 『북한의 황폐산림 복구 협력 방향 및 과제』, 국립산림과학원 연구보고 제 10-11호, 2010년 6월.

140 "북남사이의 협력과 교류를 확대해나가자면", 『우리민족끼리』, 2019년 3월 7일.

141 "협력과 대결, 어느 것이 진짜인가", 『서광』, 2020년 6월 1일.

142 "북남사이의 협력과 교류를 확대해나가자면" "남협력교류를 가로막는 법률적, 제도 적장치부터 제거해야 한다", 『조선의 오늘』, 2019년 2월 27일.

143 "궁색하기 그지없는 여론 기만 놀음", 『우리민족끼리』, 2020년 3월 5일.

144 차두현, "북한 제7차 당대회 분석: 비장한 각오와 허세의 공존", 『이슈브리프』 (아산 정책연구원), 2016년 5월 18일.

145 "우리식 사회주의건설을 새 승리에로 인도하는 위대한 투쟁강령 조선로동당 제8차 대회에서 하신 경애하는 김정은 동지의 보고에 대하여", 『로동신문』, 2021년 1월 9일.

146 "남한 쌀 안 받겠다" 北 거부에…통일부, 130억 원 사업비 회수키로", 『동아일보』, 2020년 11월 30일.

147 평양선언에는 ② 남과 북은 조건이 마련되는 데 따라 개성공단과 금강산관광 사업 을 우선 정상화하고, 서해경제공동특구 및 동해관광공동특구를 조성하는 문제를 협 의해나가기로 하였다는 내용이 담겨있다. "[평양공동선언] '9월 평양공동선언' 전 문", 『연합뉴스』, 2018년 9월 19일.

148 "김정은 북한 국무위원장 2019년 신년사 〈전문〉", 『연합뉴스』, 2019년 1월 1일.

149 "《다시 가자 금강산!》, 6,150명의 시민 방문신청서 남조선 통일부에 전달", 『통일의 메아리』, 2019년 6월 18일.

150 "남조선 각계층 시민사회단체들 개성공업지구와 금강산관광재개를 성사시킬 의지 천명", 『여명』, 2019년 3월 13일.

151 "우리가 하는 일에 남의 《승인》은 필요없다", 『로동신문』, 2019년 1월 23일.

152 "우리식 사회주의 건설을 새 승리에로 인도하는 위대한 투쟁강령 조선로동당 제8차 대회에서 하신 경애하는 김정은동지의 보고에 대하여", 『노동신문』, 2021년 1월 9일.

153 《남북공동련락사무소 폭파책임은 정부에 있다》 - 6.15 공동선언실천 남측위원회 경 남본부, 창원지부 북남합의를 리행하지 않은 당국을 강력히 규탄", 『려명』, 2020년 6월 20일.

154 "3년전 봄날은 다시 돌아오기 어려울 것이다 - 김여정 조런로동당 중앙위원회 부부장 담화", 『노동신문』, 2021년 3월 16일.

155 "나라의 관광업을 발전시키기 위한 공화국정부의 노력", 『내나라』, 2018년 11월 7일.

156 "2015년 원산-금강산국제관광지대 투자설명회", 『조산중앙통신』, 2015년 5월 27일; "관광자원이 풍부한 원산-금강산국제관광지대", 『조산중앙통신』, 2016년 6월 8일.

157 "우리식 사회주의 건설을 새 승리에로 인도하는 위대한 투쟁강령 조선로동당 제8차 대회에서 하신 경애하는 김정은동지의 보고에 대하여", 『노동신문』, 2021년 1월 9일.

158 "[단독] 北 대외경제성, 중국에 원산-금강산 투자유치사무소 설립", KBS, 2019년 7월 3일; "중국 단청국제그룹 등 北 방문...금강산 합작 투자 제안", 『서울평양뉴스』, 2020년 1월 17일.

159 "[단독] 한국 2024년부터 2년 임기 안보리 비상임이사국 도전," 『서울신문』, 2018년 10월 30일.

160 유욱, 김세진, "국제사회의 대북제재와 개성공단 재개가능성에 대한 법적 검토," 『통일과 법률』, 통권 31호 (2017), pp. 27-54.

161 조현아, "북한, 1인당 국민소득 146만원...남북 경제력 격차 '47배'", 『중앙일보』 2018년 7월 20일.

162 통계청, 『북한의 주요 통계지표』, 2020년 12월 28일.

163 양문수, "북한 시장화에 대한 재조명", 『KREI 북한농업동향』, 제14권 3호, p. 5.

164 강건택, "북한 '100년만의 가뭄'에 전력난도 심각", 『연합뉴스』 2015년 6월 23일.

165 "그 어떤 자연재해에도 두려움을 모른다", 『통일의 메아리』, 2021년 4월 1일.

166 "북한 '우리는 악성 비루스 청정국...방심은 절대 금물'", 『서울경제』, 2021년 4월 21일.

167 통일부, "북한 주민에 대한 인도적 지원 추진", 『정책브리핑』, 2019년 5월 17일.

168 통일부 북한정보포털, "비핵·개방·3000".

169 "보복행동의 시각만 기다린다", 『우리민족끼리』, 2020년 6월 24일; "각지 인민들 대남삐라살포투쟁의 개시 고대", 『조선중앙통신』, 2020년 6월 23일.

170 "분노의 격류, 전체 인민의 대적보복열기 - 조선중앙통신사 보도", 『우리민족끼리』 2020년 6월 22일.

171 "조선의 단호한 결단, 응당한 징벌조치", 『로동신문』, 2020년 6월 23일.

172 통일연구원 현안분석팀, "대북전단 살포의 법적 대응과 과제", Online Series, 2020년 6월 24일.

173 통일연구원 현안분석팀 (2020).

174 상동.

175 "[특집: 싱가포르 회담 2주년] 2. 지켜지지 않은 미-북 공동성명", VOA, 2020년 6월 10일.

176 "불법무법의《북방한계선》",『로동신문』, 2011년 3월 24일.

177 상동.

178 "서해열점지역에서 또다시 로골화되는 호전적 망동",『아리랑 메아리』, 2019년 10월 26일.

179 "조선민주주의인민공화국 외무성 군축 및 평화연구소 연구보고서",『조선중앙통신』, 2020년 6월 25일.

180 방사포·軍주둔으로 서해 요새화...김정은, NLL을 넘보고 있다",『조선일보』, 2021년 4월 4일.

181 종전선언은 노무현 정부 때부터 이어져 내려오고 있다. 부시 대통령은 2006.11 하노이APEC의 한미정상회담에서 '북한이 핵을 포기할 경우 전쟁을 종결하는 협정'을 맺을 수 있다고 했고 회담 직후 브리핑에서 스노우 백악관 대변인은 이를 종전선언으로 의역했다. 당시 미국의 의도는 선 비핵화를 전제로 '평화협정'을 언급한 것이었다. 그런데 노무현 정부는 이를 평화협정에서 종전선언을 분리, 비핵화 이전에 종전선언을 추진한다고 이해하며 종전선언이 본격 추진되게 된 것이다.

외교의 부활

초판 1쇄 2021년 11월 15일

지은이 | NEAR재단

발행인 | 박장희, 이상렬
제작총괄 | 이정아
편집장 | 조한별

디자인 | 김윤남

발행처 | 중앙일보에스(주)
주소 | (04517) 서울시 중구 서소문로 100
등록 | 2008년 1월 25일 제2014-000178호
문의 | jbooks@joongang.co.kr
홈페이지 | jbooks.joins.com
네이버 포스트 | post.naver.com/joongangbooks
인스타그램 | @j__books

© NEAR재단, 2021

ISBN 978-89-278-1268-5 03340

중앙북스는 중앙일보에스(주)의 단행본 출판 브랜드입니다.